多模态与特殊人群话语丛书

语言与健康研究前沿

黄立鹤　主编

同济大学 出版社
TONGJI UNIVERSITY PRESS
·上海·

图书在版编目(CIP)数据

语言与健康研究前沿 / 黄立鹤主编. -- 上海：同济大学出版社，2024.8. -- ISBN 978-7-5765-1247-2

Ⅰ. H018.4-53

中国国家版本馆 CIP 数据核字第 2024TQ0054 号

语言与健康研究前沿

主　编　黄立鹤
出 品 人　金英伟
责任编辑　戴如月　　助理编辑　阮璐瑶　　责任校对　徐春莲　　封面设计　潘向蓁

出版发行	同济大学出版社　　www.tongjipress.com.cn
	(地址：上海市四平路 1239 号　邮编：200092　电话：021 - 65985622)
经　　销	全国各地新华书店、网络书店
排版制作	南京展望文化发展有限公司
印　　刷	苏州市古得堡数码印刷有限公司
开　　本	787 mm×1092 mm　　1/16
印　　张	17.25
字　　数	367 000
版　　次	2024 年 8 月第 1 版
印　　次	2024 年 8 月第 1 次印刷
书　　号	ISBN 978 - 7 - 5765 - 1247 - 2

定　　价　98.00 元

本书若有印装质量问题，请向本社发行部调换　　版权所有　侵权必究

序
新时代我国语言与健康研究的发展与创新

李燕云　黄立鹤

党的十八大以来,以习近平同志为核心的党中央坚持把建设健康中国和积极应对人口老龄化上升为国家战略。2016年,中共中央、国务院印发《"健康中国2030"规划纲要》,指出:"全民健康是建设健康中国的根本目的。立足全人群和全生命周期两个着力点,提供公平可及、系统连续的健康服务,实现更高水平的全民健康。"党的十九大报告正式提出"健康中国战略",旨在改善国民健康、为人民群众提供全方位全周期健康服务。党的二十大报告将"健康中国"作为二〇三五年发展的总体目标之一,把保障人民健康放在优先发展的战略位置。

语言是人类传递信息、表达思想感情、参与社会活动最基本的交流工具,与身心健康密切相关,对于实施健康中国战略、实现健康中国目标至关重要。首先,语言是调整健康状态、进行健康活动的媒介。个体利用语言这一工具进行沟通交流,获得情感支持和社会支持,有利于有效应对压力和提升生活质量,从而维护和调整身心健康状态。在健康和医疗活动中,语言作为媒介和资源扮演着重要角色。通过使用恰当的语言,提供易于理解的健康信息,可以激励人们采取积极的健康行为,开展积极的健康活动,比如戒烟、健康饮食和定期锻炼。在医疗过程中,语言不仅用于解释医疗程序和治疗选择,帮助患者在知情的条件下做出医疗决策,还作为治疗和干预的工具,直接参与治疗和康复活动。其次,语言是个体身心健康状态的外显标志物。个体的语言内容、语调、语速、说话的连贯性、清晰度以及声音的物理特征等,可以反映其健康状况是否良好、情绪状态是否稳定、认知水平是否正常。因此,语言可用作诊断工具,帮助医生和专业医疗人员初步了解和评估个体的认知功能和健康状况。在神经退行性疾病的早期诊断中,语言障碍通常是最早出现的症状之一。同时,语言作为重要的社会资源、文化资源和经济资源,在推进健康教育、塑造健康文化、完善健康政策、促进社会健康事业发展中,发挥着重要作用。积极的语言可以用来

【作者信息】黄立鹤,教授,同济大学老龄语言与看护研究中心/外国语学院。
　　李燕云,博士研究生,同济大学老龄语言与看护研究中心/外国语学院。
【注】本文根据《语言战略研究》2021年第6期"语言与健康"专题研究主持人语改写。

激励和动员社区成员参与到健康促进活动中。在社区会议、健康研讨会和媒体宣传活动中,社区成员通过语言媒介了解健康问题,参与健康活动,从而建立更健康的社区环境。在灾难发生后或公共卫生危机期间,有效的语言沟通更是不可或缺,它有助于传播紧急信息,减轻恐慌,增强社区的凝聚力。

语言不仅与个体和群体健康关系密切,也关乎"健康中国"战略的实施和国家健康治理、健康事业的发展。因此,推动语言与健康研究的发展与创新,体现了语言学界落实"健康中国"战略、服务人民身心健康的重要担当。

一、语言与个体健康的依存关系

个体既是由身、脑、心整合的生命主体,也是生活在具体社会与文化环境中的成员,具有主体性和社会性的双重特质。早在1948年,世界卫生组织就将健康分为生理、心理和社会3个维度。语言与个体健康的关系是一个多学科交叉的研究领域,受到了心理学家、神经科学家、社会学家和医学专家的广泛关注。语言作为人类沟通的重要工具,不仅反映个体的健康状况,还对个体健康产生深远的影响。

1. 个体健康是语言能力的生理和心理基础

语言能力是人类独特的认知能力之一,它涉及语音产生、表达、理解和认知加工等多个方面。儿童发展正常的语言功能,需要具备如下生理和心智条件:(1)正常的听觉及视觉;(2)正常解剖结构的发音器官;(3)健全的大脑语言中枢及神经通路;(4)正常的精神状态(孔琦等,2020)。同时,良好的外部语言环境对儿童语言发展也至关重要(Brito,2017),父母与子女的言语交互是儿童习得语言的重要输入(张洁,2019),其质量、数量、话轮频次等,对儿童早期的词汇学习和语法发展构成重要影响(Leffel & Suskind,2013;Romeo et al.,2018)。

语言理解和产出能力与大脑结构之间的关系得到持续而广泛的研究(谭力海、李辉,2016;徐秦岚、强峻、刘献增,2020;Hüsser et al.,2023)。脑部发育迟缓或脑受损对语言能力的影响已得到充分验证(孙殿荣等,2018;Abbott & Love,2023)。疾病对语言能力有着不同程度的影响,呼吸系统器质性病变会导致发音障碍,影响语言产出,而由其他系统疾病引发的神经功能性疾病则影响个体认知和语言在各个层面的使用(Dodd,2015;黄立鹤,2022;Huang,2024)。

在心理健康领域的研究中,学者发现心理健康状况对语言能力有着重要的影响。心理健康问题可影响个体对语言学习的接受和理解能力,从而影响语言学习的效果和速度(Dörnyei,2022;Papi & Khajavy,2023;Sadiq,2017;Zheng & Cheng,2018)。产生习得无助感的学习者表现为动机降低、认知出现障碍和情绪失调(冯青来、连卫,2003;吴秀玲、桑青松,2006),从而影响包括语言学习在内的学业发展(Sedek & Kofta,1990;戴育红、熊少严,2015;李霄垅、张冰清,2018)。焦虑、抑郁等心理健康问题可导致语言表达能力的减弱,影响语言沟通效果(Zheng & Cheng, 2018;袁东玲等,2023)。

个体健康的社会属性通过社交能力、社交角色、经济地位、社会融合和压力管理等方面,对语言的使用、学习和发展产生影响。儿童通过观察和与成人的互动学习语言,社交互动能力影响儿童的语言习得(皮亚杰,1980;Fahim & Amerian, 2015)。个体在社会中扮演不同的角色,如职业角色、家庭角色等,这些角色要求个体掌握并使用特定的语言形式和规范(王均裕,1995)。

2.语言对个体健康的影响

语言对生理健康的影响可以在疼痛感知和免疫系统方面得到充分体现。研究表明,通过使用积极的自我对话手段,患者能够降低疼痛感知,提高对疼痛的耐受能力(Biro, 2010;van Rysewyk, 2023)。而灾难化思维,如夸大疼痛的负面影响,会增加慢性疼痛患者的痛苦(Ciechanowski et al., 2003)。积极的情感表达与更强的免疫反应相关(Consedine & Magai, 2003),说明语言的正面使用可能有助于增强免疫功能。消极的语言表达与免疫系统功能下降有关(Kiecolt-Glaser et al., 1998),表明消极的语言可能对身体健康产生不利影响。

语言对心理健康的影响同样不可忽视。语言可以塑造我们的认知框架。萨丕尔-沃尔夫假说(Sapir-Whorf hypothesis)提出,语言能够影响我们对世界的认知和理解。不同的语言和语言中的概念可以改变人们的思维方式和世界观,从而影响情绪和行为。例如,使用正面积极词汇的人可能会有更积极的情绪体验,有益于心理健康(Lakoff & Johnson, 1980)。言语表达可以帮助个体释放压抑的情感,减少心理压力,提升情感适应能力(Pennebaker, 1997)。日记写作和叙事治疗已被证明有助于缓解创伤后应激障碍(PTSD)和其他心理健康问题(Pennebaker & Seagal, 1999)。他人的肯定语言反馈也可以提高个体的自我效能感,增强自信心(Schwoerer et al., 2005)。

社会健康注重个体能否在某群体中进行良性互动,具备良好人际关系,实现社会角色,是个体社会适应性的综合体现。语言能力是实现有效社会适应的核心要素,因为它直接影响个体与社会的互动(Vygotsky, 1978)。语言不仅是学习知识的工具,也是理解和构建知识的基础,个体如果掌握了有效的社交语言能力和学术语言能力,将更容易适应教育环境,从而提高社会适应性(Cummins, 1981)。在多语言和多文化的工作环境中,良好的语言技能有助于提高工作效率和职业发展(Ginsburgh & Shlomo, 2020)。语言障碍则可能导致就业机会的减少,进而影响个体的经济状况和社会地位(Bourdieu, 1991)。社会参与是衡量个体社会健康的重要指标,语言能力的提升有助于个体更好地参与社会活动,包括政治、文化和社区活动。语言的共享促进了社区凝聚力,增强了社区成员间的互信和合作(Woolcock, 1998)。因此,语言是实现社会参与和提高社会适应性的关键。

随着自然语言处理(NLP)技术的进步和人工智能(AI)的发展,语言资源得到更为充分的挖掘,为改善全球健康提供了新的机遇(Meystre et al., 2008)。自然语言处理技可以记录医生的笔记,解读病患的病史,深入阅读科学文献。将深度学习算法应用于可穿戴传感器、基因组信息、血液检查、扫描以及医疗数据分析,可以为病患量身定制治疗方案。由个性化AI驱动的虚拟医疗助理则可以为人们提供健康、饮食、疾病预防等方面的指导(Montenegro et al.,2019)。

二、语言是健康治理的资源要素

根据世界卫生组织的定义,健康治理是指各级政府推动卫生部门、非卫生部门、公共和私营部门以及公民为实现共同的健康和福祉采取的联合行动(Kickbusch & Gleicher,2013)。众多利益主体,为保障其健康共识和一致性行动目标的达成,会制定一系列正式和非正式制度和规则安排,解决公共健康问题(李鲁等,2017)。健康治理的质量直接影响到个体健康、公共卫生和整个社会的健康状况。

1. 健康治理对健康的影响

良好的健康治理包括制定基于证据的政策规划,这些政策和规划能够帮助个体和群体有效应对健康挑战。例如,疫苗接种政策可以降低传染病的发病率,从而保护个体免受疾病侵害(Andre et al.,2008)。资源的合理分配是健康治理的核心要素。通过确保必要的医疗资源和服务对所有人可及,可以显著改善个体健康状况,尤其是在低收入和边缘化群体中(Marmot et al.,2008)。健康治理还必须确保医疗服务的质量和安全。通过监管机构和质量保证程序,可以减少医疗错误和提高服务质量,从而直接影响个体健康(World Health Organization,2007)。公共卫生干预,如健康促进和疾病预防计划,是健康治理的关键组成部分。这些干预措施可以提高个体的健康素养,促进健康行为,从而降低疾病风险和提高生活质量(Kickbusch,2003)。健康治理还涉及社会决定因素的管理,这些因素如教育、住房和收入对个体健康产生重大影响。通过跨部门合作和政策协同,可以缓解这些决定因素引发的问题,从而改善健康结果(Solar & Irwin,2010)。健康治理对个体健康有着深远的影响。从政策制定到服务提供,健康治理的质量决定了个体能否获得必要的健康信息、服务和支持。因此,强化健康治理是提高个体和群体健康水平的关键。

2. 语言在健康治理中的作用

语言在健康治理中扮演着至关重要的角色,因为它不仅是沟通健康信息的工具,而且是塑造健康政策和实践的媒介,是影响健康服务可及性、质量和效率的关键因素。

有效的健康沟通依赖于清晰和准确的语言使用。语言不仅帮助传达健康信息,还影响人们对健康风险和治疗选择的理解(Kreps & Sparks,2008)。在多语言社区中,确保以民众能够理解的语言提供健康信息,对于促进健康公平至关重要。在制定健康政策时,语言用于构建和表达政策目标、策略和预期结果。语言的选择和使用可以影响政策的接受度和实施效果(Ingram,2007)。因此,政策制定者必须使用清晰和包容的语言,以确保所有群体都能理解并参与到健康政策的讨论和实施中。使用易于理解的语言可以增强健康信息的吸引力和影响力,尤其是在低健康素养群体中,提升其对相关信息的关注,从而促进健康教育(Kickbusch,2001)。在多元文化社会中,健康治理必须考虑到文化敏感性和多样性,以确保所有文化群体都可接受所传递的健康服务和信息(Resnik & Kushner, 2010)。

因此,语言在健康治理中具有不可或缺的作用,它影响着健康信息的传播、政策的制定与执行、法规的遵守,以及健康服务的可及性和文化适宜性。为了提高健康治理的有效性,必须确保使用清晰、准确和包容的语言。

三、语言与健康研究的广阔学术视野

长期以来,中国语言学界对语言与健康相关议题的探讨,主要集中于3个方面:一是个体健康状况受损时出现的语言障碍问题,包括相关筛查、诊断以及言语康复等临床实践;二是健康活动中患者与医护人员之间的交际互动问题;三是叙事医学,研究医生如何倾听患者叙说自己的健康或患病故事。这些研究都涉及现象描写与机制阐释。事实上,语言与健康各自的内涵与外延都很宽泛,两者关系是错综复杂、动态变化的,研究维度远超上述3个方面。

考察国际上代表性较强的文集《劳特里奇语言与健康沟通手册》(*The Routledge Handbook of Language and Health Communication*)和《分析健康传播:话语方法》(*Analysing Health Communication: Discourse Approaches*),可以发现,语言与健康领域的研究话题宽广多元。例如:自我健康评价、健康风险及健康分享的话语互动,心理精神健康与会话分析,公共健康话语分析,在线医疗咨询话语分析,健康知识普及和提升健康素养的语言资源,医学教育中的医学生会话分析、医患对话技能、常见及罕见疾病诊疗、管理及康复中的话语交际等。

以上只是从这两本书中总结出来的部分议题,尚不包括发表在各类期刊上的研究。国际上的相关研究具备跨学科属性,可结合语言学的多个研究维度,联合健康研究的各类学科,对健康涉及的各类人群、实施健康活动的多重主体等各个方面加以考察。

近年来,我国学界在语言与健康研究方面逐渐发力,虽尚未形成独立、完整的研究领域,但也取得了一定的成果。为向我国学者介绍语言与健康研究发展现状,推进相关研究,进而推动我国的健康事业发展,特编写这本《语言与健康研究前沿》。

四、本书内容提要

本书收录20篇文章,包括8篇未发表和12篇已发表研究论文,涉及语言与健康研究的多个维度,具有非常强的跨学科属性,既有语言与健康关系的综述性研究,也有研究方法的探索;有的试图建立自己的理论分析框架,有的则针对语言障碍提出应对策略,体现了很强的应用导向。这些研究既体现了语言表现是反映个体的生理和心理健康状态的标记物,也阐释了语言如何作为健康活动的核心媒介来促进医患沟通,同时关注了如何充分利用语言资源帮助个体达到健康活动目标的问题。根据论文侧重点不同,将论文编入四大篇:语言与健康关系研究篇、临床实践与研究方法篇、儿童语言障碍研究篇和老年健康与语言研究篇。

1. 语言与健康关系研究篇

本篇包含6篇论文。《语言科学研究助力国家健康治理:理据与路径》一文指出在全面实施健康中国战略中,语言科学研究是一个重大学术议题,事关民生福祉,建议从"一老一小"两类人群的语言障碍、语言与心理、精神健康、语言处理的脑神经机制、语言与社会治理、医患互动、乡村振兴中的语言健康与语言扶贫等多个路径开展语言研究。《语言与健康的关系:标记、媒介与资源》一文深入探讨语言与健康的多重关系,旨在为相关研究提供新思路与研究维度。《言语幽默现象、作用及其机制研究》一文阐释了言语幽默的认知心理加工机制、神经加工机制和生理加工机制,指出其在调节个人身心健康,增进医患沟通等方面的积极意义。《语用障碍多模态补偿的功能与机制》一文将语用障碍中的多模态补偿现象区分为三种类型,即个体和人际间补偿、语言层级间补偿和符号模态间补偿,建议秉持"大语用观"对语用障碍等现象、机制与补偿策略进行深入研究。《无障碍环境建设视域下医疗领域手语服务的现状与发展路径》一文关注聋人群体特殊需求,考察医疗领域的手语服务状况,为进一步建设医疗领域手语服务体系提出合理化建议。《基于话语分析的医患沟通不畅时的交际策略》一文根据 Spencer-Oatey 关系管理模型,挖掘医生在面对不配合患者时建立、维护关系的策略,对医患沟通具有启示作用。

2. 临床实践与研究方法篇

本篇包含4篇论文。《词汇产生交互激活模型在脑卒中后失语症患者命名错误分析中的应用》一文探讨不同类型失语症命名错误反应的规律及产生机制,利用词汇产生交互激活模型验证阶段损伤后命名错误反应的特点,弥补语言神经基础模型在失语症亚型判别方面的不足。《基于语言学的阿尔茨海默病人工智能诊断方法的研究进展》一文是一篇综述性文章,回顾了基于语言学对 AD(Alzheimer's disease,阿尔茨海默病)和 MCI(mild cognitive impairment,轻度认知障碍)进行人工智能诊断的研究,指出未来构建一套完整的基于图片描述、故事复述等任务的语音采集、话语分析、认知判定的 AD 和 MCI 人工智能诊断方法具有重要的理论和现实价值。《老年话语的计算机自动文本分析:进展与前景》介绍了 Coh-Metrix 和 LIWC 两种自动文本分析工具的特点、作用及其在老年人话语产出特征研究中的应用,指出未来可以利用技术赋能,加强对以母语为汉语的老年群体话语产出特征的定量研究及定性定量相结合的研究。《言语语言与听力康复研究的新领域与新发展:基于文献计量学的分析》一文对 WOS 数据库和中国知网数据库的文献进行梳理,分析了国内外言语语言与听力康复领域的研究进展。指出相较于发达国家,我国在该领域的研究尚处于初级阶段,在研究范式、研究方法、研究深度、理论创新及标准化等方面,与发达国家还存在明显差异,需加快发展,为"健康中国"战略的实施提供学理和技术支撑。

3. 儿童语言障碍研究篇

本篇包括3篇论文。《自闭症儿童与正常儿童的他发自我修正策略对比研究》一文通过对比研究,揭示了6~7周岁高功能自闭症儿童在汉语会话中出现显著指称障碍和预判/可接受性障碍,在成人引发下,修正成功率仍然偏低,进而建议成人充分发挥会话合作者的作用,准确定位障碍,推测交际意图,采取恰当引发方式,顺利推进话题轮替。《孤独症与全面发育迟缓儿童不同语义类型述宾谓语句的表达特征研究》则从语言障碍儿童句子训练的临床实际需求出发,探讨了发育迟缓儿童与孤独症儿童述宾谓语句表达的特征及常见错误类型,设计述宾谓语句的干预课程,提升语言障碍儿童述宾谓语句表达的有效性。《数字技术在欧美国家孤独症儿童早期筛查中的应用》梳理了欧美国家在进行儿童孤独症早期筛查时采用的最新数字技术,为我国儿童孤独症早期筛查提供思路和方法的借鉴。

4. 老年健康与语言研究篇

本篇包含7篇论文。《认知老化与老年人隐喻能力研究》一文聚焦老年人隐喻能力研究,综述了过去四十年的研究维度、方法和成果,指出老年人隐喻能力研究的深入开展对于揭示老年认知功能状况,补偿老年人语言功能衰退,提升老年人社会参与具有重要意义。《阿尔茨海默病患者语言障碍研究现状和进展》通过对病理语言学实验研究的梳理,指出目前研究对患者的语言使用复杂性关注不足,亟待从交际语用角度对患者自然话语进行基于多模态语料库的系统研究。《阿尔茨海默病老年人篇章语用障碍指标构建及测定问题》一文采用元分析的方法,对53篇DAT(Dementia of the Alzheimer type,阿尔茨海默病)患者篇章语用障碍研究进行梳理,确定了分析连续话语篇章语用能力的三个维度,即语篇衔接性、连贯性和简洁性,以此构建篇章语用层面的语言能力常模,考察阿尔茨海默病老年人的语用障碍。《基于Coh-Metrix的汉语阿尔茨海默病患者语篇语用障碍分析》则利用计算机文本自动分析工具Coh-Metrix,分析汉语阿尔茨海默病患者的语篇语用障碍,发现患者语料呈现出信息密度低、概念重复现象多的特征,这对老年人认知评估具有参考意义。《系统功能语言学观照下的阿尔茨海默病患者因果关系语义表达问题》考察了五位中国AD患者在表达因果关系时呈现的语言特征,发现相较于显性表达方式和隐性表达方式,语义脱节与患病程度呈正相关,因此建议将其作为语言障碍的重要指标,纳入患者病情量表,帮助判断患者的病情程度。《阿尔茨海默病患者语义缺陷的神经基础》一文回顾了国内外AD语义缺陷相关的fMRI实证研究,指出未来可将人工智能技术与语言本体研究深度结合,更加关注AD患者在现场即席话语中语言障碍的神经机制,探究生理老化与病理老化过程中语义记忆和情景记忆的神经关联。《汉语阿尔茨海默病患者口语非流利性研究》通过对比分析阿尔茨海默病患者和健康同龄对照组"看图说话"任务口语产出的非流利现象机器心理加工过程,发现 DAT 患者在口语流利度上的差异主要体现在语速、发音速度和无声停顿平均长度三个指标,由于语义记忆损伤、视知觉能力下降导致 DAT 患者在概念合成阶段、形式准备阶段和自我监控阶段出现无声停顿、填充停顿、重复和修正等非流利现象。

本书所选研究论文,从不同角度、不同层面展示了目前我国在语言健康领域的研究成果。这些研究成果为我们提供了深入了解语言与健康之间关系的多元视角,也为未来的研究和实践提供了宝贵的参考。语言与健康关系研究成果充分说明语言不仅仅是交流的工具,而且是健康的重要表征和促进健康的重要资源;特殊群体语言健康研究成果具有重要的临床应用价值;医患沟通研究成果对于改善医患关系,提升医疗服务和关怀质量具有重要意义;医疗服务体系话语构建研究成果对于促进健康事业发展具有重要作用。

五、结语

国外在语言与健康研究领域已有多维的成果及成熟的知识体系。相比之下,中国在该领域研究的学术视野、理论创新和实际应用等方面,与国际水准还存在一定差距,相关研究还停留在个别现象描述、部分规律总结的层面,尚未形成独立、完整的研究领域。中国发展该领域的研究,尤其要在拓展学术视野、优化研究方法、解决实际问题等方面持续发力。

1. 拓展研究格局

要通过拓宽研究视野、优化研究方法,来扩展目前中国语言与健康研究的整体格局。除了可以开展国外已有议题在中国语境下的研究外,更要拓展一些具有中国特色和资源优势的研究问题,如中国卫生健康成就的对外话语传播、中国医学文献的语篇分析与自然语言处理等。特别是基于循证医学方法对中国医学的文献进行知识本体构建,对传承中国医学文化具有重要的价值和意义。

与此同时,中国学者需要将更多研究方法运用到语言与健康的研究中,包括语料库方法、互动语言学方法、批评话语分析方法、叙事分析方法、民族志方法、多模态方法、认知语言学方法、文体学方法等;还应运用人工智能及大数据技术,加强自然语言处理的辅助分析;还应该以问题为导向,跨越学科专业壁垒,由语言学、医学、卫生健康等领域的学者携手研究语言与健康问题。

2. 加强理论创新

理论创新是一个研究领域可持续发展的根本动力。目前中国的健康话语研究大多仍然借用国外现有理论基础和传统认识论框架。学者们在基于国外通行、前沿的研究思路和操作方法从事中国具体问题的研究之外,应该努力提出自己的分析框架,甚至是分析理论,理性分析国外理论的不足;应努力将一些基于中国语境的语言与健康现实问题研究得来的假设、方法、框架及规律等,上升到理论高度,进行本土化构建。同时,要从学科建设的角度来思考语言与健康研究的相关问题。

例如，要加紧开展某些核心领域的研究，如正常衰老或某些疾病状态下语言变化的机制，健康受损情况下的语言障碍补偿机制，疾病研判的语言标志物体系构建等。相关研究要对标国际水准，具备世界眼光，力争构建并掌握原创性理论和方法。

3. 解决实际问题

对语言与健康问题的探讨，本质上体现了语言学研究的人文关怀与社会责任。基于语言学理论与方法进行健康研究，切入视角可大可小，微观层面可以是医疗互动中的词汇句法特征，宏观层面可以到健康传播的修辞策略，但最终目的都应该是努力解决健康活动中的实际问题。因此，语言与健康研究不能仅仅满足于现象描写或机制阐释，更要加大临床应用的力度。从这个角度来说，传统医患互动研究的不足在于只重视对话语现象与结构的描写。具有临床价值和应用导向的研究，应该从单纯的描写性研究升级到基于循证医学方法的医患互动研究，解决传统医患交际研究现状的局限性问题，提升医患互动分析结果的可靠性、可验证性和可应用性等。这种思路才能够更全方位、更深层次地融合语言学、健康医学的研究，避免表面融合实则两张皮的问题。

具体可从以下几个方面加大研究力度：一是结合大数据和人工智能技术，深入研究语言在健康信息传播中的作用，探索如何利用自然语言处理技术和机器学习算法改善健康信息的传播效果，以及如何利用语言资源提供更加精准和个性化的健康服务。二是着力构建健康治理话语体系，因为它影响着健康信息的传播、政策的制定与执行、法规的遵守，以及健康服务的可及性和文化适宜性，进而将影响"健康中国"战略目标的实现。三是关注语言与健康领域的跨学科研究。语言与健康的关系涉及医学、心理学、语言学等多个学科领域，因此需要跨学科的合作和研究，从而更全面地理解和解决相关问题。同时，需要加强国际交流与合作，借鉴国外的研究成果和经验，推动我国在语言与健康领域的研究与实践不断向前发展。

为了实现以上目标，从事语言与健康领域研究的语言学者，必须要狠下功夫，花时间和精力学习临床医学、康复保健等领域的基础知识，时刻做好跨学科研究的准备，立足于专业优势从事合作研究，并且要主动、善于提出专业意见。同时，还要学习医师的职业精神，学习"中国古代良医悬壶济世、现代白衣天使坚守医者仁心"，建立起发挥语言优势、守护人民健康的学术情怀。

健康医学的本质是"人"学，应具有人文主义的关怀。语言是人类独有的交际工具，与其他动物"语言"有本质区别，因此研究人类语言的语言学亦为人学。同为人学的医学和语言学具有互相交融的底层逻辑。可以说，开展语言与健康研究，除了承担构建理论知识体系的任务外，其根本目的在于服务人的健康。从这个基点出发，中国发展语言与健康领域的研究，对于推动"健康中国"建设、提升医疗服务质量、增进公众健康素养都具有重要意义。研究中应当充分体现中国立场、世界眼光、人民情怀，坚持人民至上、生命至上，把语言与健康研究作为增进民生福祉的重要方面，切实服务于"健康中国"建设，体现语言学的时代担当。也希望本文集所呈现的研究成果能够成为未来研究和实践的有益参考,推动语言与健康领域的创新与发展。

参考文献

[1] Abbott, N., Love, T. (2023). Bridging the divide: brain and behavior in developmental language disorder. *Brian Sciences*, 13, 1606. DOI: 10.3390/brainsci13111606.

[2] Andre, F. E., Booy, R., Bock, H. L., et al. (2008). Vaccination greatly reduces disease, disability, death and inequity worldwide. *Bulletin of the World Health Organization*, 86(2), 140-146.

[3] Biro, D. (2010). Is there such a thing as psychological pain? and why it matters? *Culture, medicine and psychiatry*, 34(4), 658-667.

[4] Bourdieu, P. (1991). *Language and Symbolic Power*. Cambridge, MA: Harvard University Press.

[5] Brito, N. H. (2017). Influence of the home linguistic environment on early language development. *Policy Insights from the Behavioral and Brain Sciences*, 4(2), 155-162.

[6] Burton, C. M., King, L. A. (2004). The health benefits of writing about intensely positive experiences. *Journal of Research in Personality*, 38(2), 150-163.

[7] Ciechanowski, P., Sullivan, M., Jensen, M., et al. (2003). The relationship of attachment style to depression, catastrophizing and health care utilization in patients with chronic pain. *Pain*, 104(3), 627-637.

[8] Consedine, N. S., Magai, C. (2003). Attachment and emotion experience in later life: the view from emotions theory. *Attachment & Human Development*, 5(2), 165-187.

[9] Cummins, J. (1981). The role of primary language development in promoting educational success for language minority students. In California State Department of Education (Ed.), *Schooling and language minority students: A theoretical framework* (pp. 3-49). Los Angeles: California State University.

[10] Dodd, J. W. (2015). Lung disease as a determinant of cognitive decline and dementia. *Alzheimer's Research & Therapy*, 7: 32. DOI: 10.1186/s13195-015-0116-3.

[11] Dörnyei, Z. (2022). The interface of psychology and second language acquisition. in Gervain (ed). A Life in Cognition: Studies in Cognitive Science in Honor of Csaba Pléh, 17-28. Cham: Springer International Publishing.

[12] Fahim, M., Amerian, M. (2015). First Language Acquisition: Revisiting the Social Interactionist Paradigm. *Humanising Language Teaching Magazine*, 17(3).

[13] Ginsburgh, V., Shlomo, W. (2020). The economics of language. *Journal of Economic Literature*, 58(2), 348-404.

[14] Gunn, J. (2020). Head start, two-generation ESL services, and parent engagement. *Early Childhood Research Quarterly*, 52(3), 63-73.

[15] Huang, L. (2024). Language and ageing. In Li, W., Zhu, H., Simpson, J. (Eds.) *The routledge handbook of applied linguistics*, (Vol. 2. pp. 267-279). London & New York: Routledge.

[16] Hüsser A. M., Vannasing P., Tremblay J., et al. (2023). Brain language networks and cognitive outcomes in children with frontotemporal lobe epilepsy. *Frontiers in Human Neuroscience*. 17:

1253529. DOI: 10.3389/fnhum.2023.1253529.
[17] Ingram, R. R. (2007). Health policy in the age of managed care: A rhetorical analysis of Medicaid policy change. *Journal of Advanced Nursing*, 58(5), 416-425.
[18] Kickbusch, I. (2001). Health literacy: addressing the health and education divide. *Health Promotion International*, 16(3), 289-297.
[19] Kickbusch, I. (2003). The contribution of the world health organization to a new public health and health promotion. *American Journal of Public Health*, 93(3), 383-388.
[20] Kickbusch, I., Gleicher, D. (2013). Governance for Health in the 21st Century. Copenhagen: World Health Organization.
[21] Kiecolt-Glaser, J. K., Glaser, R., Cacioppo, J. T., et al. (1998). Marital stress: immunologic, neuroendocrine, and autonomic correlates. *Annals of the New York Academy of Sciences*, 840(1), 656-663.
[22] Kreps, G. L., Sparks, L. (2008). Meeting the health literacy needs of immigrant populations. *Patient Education and Counseling*, 71(3), 328-332.
[23] Lakoff, G., Johnson, M. (1980). Metaphors We Live By. Chicago: University of Chicago Press.
[24] Leffel, K., Suskind, D. (2013). Parent-directed approaches to enrich the early language environments of children living in poverty. *Seminars in Speech and Language*, 34(4), 267-277.
[25] Lytle, S. R., Kuhl, P. K. (2018). Social interaction and language acquisition: Toward a neurobiological view. In E. M. Fernández & H. S. Cairns (Eds.), *The handbook of psycholinguistics* (pp. 615-634). New Jersey: Wiley Blackwell.
[26] Marmot, M., Friel, S., Bell, R., et al. (2008). Closing the gap in a generation: health equity through action on the social determinants of health. *The Lancet*, 372(9650), 1661-1669.
[27] Meystre, S. M., Savova, G. K., Kipper-Schuler, K. C., et al. (2008). Extracting information from textual documents in the electronic health record: a review of recent research. *Yearbook of medical informatics*, 128-144.
[28] Montenegro, J. L. Z., da Costa, C. A., da Rosa Righi, R. (2019). Survey of conversational agents in health. *Expert Systems with Applications*, 129, 56-67.
[29] Papi, M., Khajavy, G. H. (2023). Second language anxiety: construct, effects, and sources. *Annual Review of Applied Linguistics*, 42, 127-139.
[30] Pennebaker, J. W. (1997). Writing about emotional experiences as a therapeutic process. *Psychological Science*, 8(3), 162-166.
[31] Pennebaker, J. W., Seagal, J. D. (1999). Forming a story: The health benefits of narrative. *Journal of Clinical Psychology*, 55(10), 1243-1254.
[32] Resnik, D. B., Kushner, T. K. (2010). Health care reform and the need for comparative effectiveness research. *The New England Journal of Medicine*, 362(3), e6.
[33] Romeo, R., J. Leonard, S. Robinson, et al. (2018). Beyond the 30-million-word gap: children's conversational exposure is associated with language-related brain function. *Psychological Science*, 29(5), 700-710.
[34] Sadiq, J. M. (2017). Anxiety in English language learning: a case study of English language learners in Saudi Arabia. *English Language Teaching*, (10). 7.
[35] Schwoerer, C., May, D. R., Hollensbe, E. C., et al. (2005). General and specific self-efficacy in the context of a training intervention to enhance performance expectancy. *Human Resource Development Quarterly*, 16(1), 111-129.

[36] Sedek, G., Kofta, M. (1990). When cognitive exertion dose not yield cognitive gain: toward an informational explanation of learned helplessness. *Journal of Personality and Social Psychology*, 58(4), 729-743.

[37] Solar, O., Irwin, A. (2010). A conceptual framework for action on the social determinants of health. Geneva: World Health Organization.

[38] Sommer, T., Gomez, C., Yoshikawac, H., et al. (2019). Deep Medicine: How Artificial Intelligence Can Make Healthcare Human Again. New York: Basic Books.

[39] Woolcock, M. (1998). Social capital and economic development: Toward a theoretical synthesis and policy framework. *Theory and Society*, 27(2), 151-208.

[40] World Health Organization. (2007). Everybody's business—strengthening health systems to improve health outcomes: WHO's framework for action. Geneva: World Health Organization.

[41] van Rysewyk, S. (2023). A perspective on the role of language about pain. *Frontiers in Pain Research*, 4: 1251676. DOI: 10.3389/fpain.2023.1251676.

[42] Vygotsky, L. (1978). *Mind in Society: The Development of Higher Psychological Processes*. Cambridge, MA: Harvard University Press.

[43] Zheng, Y., Cheng, L. (2018). How does anxiety influence language performance? From the perspectives of foreign language classroom anxiety and cognitive test anxiety. *Language Testing in Asia*, 8(1): 13. DOI: 10.1186/s40468-018-0065-4.

[44] 戴育红, 熊少严. (2015). 中小学生学业习得性无助感现状调查. 中国德育, (16), 13-17.

[45] 冯青来, 连卫. (2003). 习得性无助感及其防治. 湖北大学学报(哲学社会科学版), (5), 104-106.

[46] 孔琦. (2020). 小儿语言发育迟缓的影响因素分析. 中国实用医药, 15(1), 71-72.

[47] 黄立鹤. (2019). 多模态语用学视域下的言语行为与情感因素：兼论在老年语言学中的应用. 当代修辞学, (6), 42-52.

[48] 黄立鹤. (2022). 老龄化和老年语言学引论. 上海: 上海外语教育出版社.

[49] 李鲁, 舞裙红, 郭清, 等. (2017). 社会医学. 北京: 人民卫生出版社.

[50] 李霄垅, 张冰清. (2018). 大学英语沉浸式教学与习得性无助：问题与对策. 当代外语研究, (6), 106-111.

[51] 皮亚杰. (1980). 傅统先, 译. 儿童的语言与思维. 北京: 文化教育出版社.

[52] 孙殿荣, 李欣, 张雷红, 等. (2018). 语言发育迟缓儿童301例随访结局及早期发育特征分析. 中国儿童保健杂志, 26(4), 415-417.

[53] 谭力海, 李辉. (2016). 导语: 中文认知加工的脑图谱研究. 当代语言学, 18(4), 544-548.

[54] 王均裕. (1995). 角色语言规范性问题研究. 四川师范大学学报(社会科学版), 22(3), 110-119+138.

[55] 吴秀玲, 桑青松. (2006). 小学生英语学习习得性无力感的成因及消除. 当代教育论坛, (20), 110-112.

[56] 徐秦岚, 强峻, 刘献增. (2020). 语言功能区定位技术及其在神经外科中的应用. 中国现代神经疾病杂志, 20(11), 944-948.

[57] 张洁. (2019). 国外贫困与儿童语言发展研究的回顾与展望. 语言战略研究, 4(1), 44-55.

[58] 袁东玲, 周筱, 张若祎, 等. (2023). 中老年人认知减退与抑郁的关系及隔代抚养的影响：基于网络分析方法. 中国临床心理学杂志, 31(4), 809-815.

Contents 目录

序 新时代我国语言与健康研究的发展与创新 ………… 李燕云 黄立鹤 001

语言与健康关系研究篇

语言科学研究助力国家健康治理：理据与路径 ………… 马 文 刘青松 003
语言与健康的关系：标记、媒介与资源 ………… 周德宇 张 惟 013
言语幽默现象、作用及其机制研究 ………… 李雪艳 朱泽科 025
语用障碍多模态补偿的功能与机制 ………… 周德宇 黄立鹤 037
无障碍环境建设视域下医疗领域手语服务的现状与发展路径 …… 倪 兰 张昕瑜 049
基于话语分析的医患沟通不畅时的交际策略
………… 田一农 张 静 车海洋 苏永刚 063

临床实践与研究方法篇

词汇产生交互激活模型在脑卒中后失语症患者命名错误分析中的应用
………… 钱 倩 王 兰 王曼曼 胡瑞萍 081
基于语言学的阿尔茨海默病人工智能诊断方法的研究进展
………… 刘 宁 李兆丰 李轩昂 089
老年话语的计算机自动文本分析：进展与前景 ………… 黄立鹤 曲惠宁 杨晶晶 104
言语语言与听力康复研究的新领域与新发展：基于文献计量学的分析
………… 陈雯珺 黄立鹤 114

儿童语言障碍研究篇

自闭症儿童与正常儿童的他发自我修正策略对比研究
………… 马博森 倪文君 曾小荣 133
孤独症与全面发育迟缓儿童不同语义类型述宾谓语句的表达特征研究 …… 姚 权 145

数字技术在欧美国家孤独症儿童早期筛查中的应用 …… 陈雯珺　余　英　黄立鹤　159

老年健康与语言研究篇

认知老化与老年人隐喻能力研究 ……………… 杨晶晶　周德宇　黄立鹤　175
阿尔茨海默病患者语言障碍研究现状和进展
　　——基于病理语言学的实验研究综述 …………………………… 刘红艳　187
阿尔茨海默病老年人篇章语用障碍指标构建及测定问题 …… 黄立鹤　杨晶晶　198
基于 Coh-Metrix 的汉语阿尔茨海默病患者语篇语用障碍分析 …… 黄立鹤　杨晶晶　209
系统功能语言学观照下的阿尔茨海默病患者因果关系语义表达问题
　………………………………………………………………… 朱莉莉　黄立鹤　222
阿尔茨海默病患者语义缺陷的神经基础 ………………………… 何爱妮　吴建设　232
汉语阿尔茨海默病患者口语非流利性研究 ……………………… 黄立鹤　杨晶晶　245

语言与健康关系研究篇

语言科学研究助力国家健康治理：
理据与路径

马 文 刘青松

1 引言

党的十八大以来,以习近平同志为核心的党中央高度重视卫生健康事业,持续推进健康中国行动,围绕影响人民生命健康的一系列突出问题展开研究攻关,国家健康治理效能得到稳步提升(杨立华、黄河,2018;刘国辉、张卫国,2021)。党的十九大报告更是明确提出"实施健康中国战略",将人民健康事业纳入国家整体发展战略统筹推进。面向人民生命健康开展学术研究和科技创新成为热点,相关研究成果为医疗卫生决策和国家健康治理提供了强大支撑和有力支持。

在针对个体及群体健康的学术研究中,语言科学研究事关民生福祉,是一个不容忽视的重大学术议题。围绕健康主题开展的语言科学研究不仅可以有力推进语言障碍的诊疗康复,还能为心理和精神疾病的评估干预提供有益参考(丁红卫等,2021;Collins et al.,2022),也有利于提升国家文明话语体系、巩固发展和谐友好的医患关系。事实上,当前社会中存在不少影响公众或个人卫生健康的语言问题亟待解决。语言问题也贯穿于社会文明的诸多方面,与社会治理、社会发展息息相关。无论是人口健康管理还是区域健康治理,都离不开语言科学研究的积极参与。

2 语言科学研究助力国家健康治理的学理基础

健康治理(governance for health)是一项复杂的系统性工程,具有丰富的内涵意义,需要来自全社会各个层面的资源要素协同保障,充分发挥各自的作用与价值(Barbazza &

【基金项目】本文系国家社会科学基金一般项目"中国老年人语言退化及障碍干预的临床语言学研究"(项目号:21BYY020)和山东省社会科学规划研究重点项目"中国老年人语用障碍的临床语言学研究"(项目号:21BYYJ01)的阶段性研究成果。
【作者信息】马文、刘青松,山东大学。
【注】本文首刊于《外语电化教学》2023年第3期。

Tello，2014；Yang & Qi，2022）。随着新时代人民健康观的不断发展,全方位、全周期的"大卫生、大健康"理念深入人心(唐钧、李军,2019)。健康治理不再简单强调人民群众的躯体健康,而是更加注重健康治理主体的跨部门协作和健康治理体系的系统化提升。从过去的"以治病为中心"到如今的"以健康为中心",国家健康治理的视野正变得更加开阔、包容和全面(杨立华、黄河,2018)。跨学科视域下的公共卫生政策规划和健康治理实践关注到了疾病以外的其他因素,如社会生态、历史文化、语言文字等。语言科学研究参与到国家健康治理的生动实践中,助力提升治理效能和社会文明程度,这与语言本身具备的多种功能属性密不可分。语言作为一种重要的资源要素,与人民群众的健康生活关系密切：个体语言能力和言语表现是反映其身心健康程度的重要指标；个体在社会环境中健康生存、社会系统健康高效运转都需要语言要素的广泛参与。因此,将语言与健康问题的考察和调查纳入到国家健康治理的系统化研判分析中,具有充分的必要性与可行性(刘国辉、张卫国,2021)。

首先,良好的语言能力是生理健康的重要标志。语言的生理基础主要包括发达的大脑语言中枢和灵活的发音器官(马文、金丽日,2021)。生理基础完备,大脑和各个发音器官密切配合、运转起来,言语得以产出和识解。个体具备良好的听、说、读、写等语言能力,可正常进行信息沟通和言语交际,则表明其语言生理基础健全、相关机能未受到损害。无论完成什么语言行为(如听、说、读、写等)都离不开大脑机制的运转和生理基础的全力支持。而当人体某一部位出现器质性病变,如创伤性脑损伤、脑卒中等,语言的生理基础被破坏,语言能力随之也受到削弱或破坏。一些疾病势必在语言上有所体现(Perkins,2011；Cummings,2022)。语言障碍往往是某些疾病的相关症状,可发生在成长的幼儿期、青春期,甚至成年阶段。临床语言学研究者一般将常见的语言障碍分为发展性语言障碍(developmental language disorder)和获得性语言障碍(acquired language disorder),其中前者往往是因为个体未能正常进行语言习得而导致的障碍,后者是因与语言功能相关的大脑组织受损而造成的理解能力、言语表达能力衰退(Cummings,2008)。当个体的语言使用需求受到制约或困扰,其日常生活、工作学习、社会交际等方面随之受到不同程度的影响。语言功能受到损害也不利于躯体健康的维持。儿童在语言习得过程中的障碍会影响智力正常发育,成人的语言障碍会诱发其他疾病,而老年人面临的语言障碍则加速了其衰老过程、降低老年生活质量。我们认为,语言功能与生理健康实际上是相辅相成、辩证统一的关系。语言能力的正常发挥须以健康完备的生理机能为前提,而和谐满意的语言生活客观上又促进了躯体健康。

其次,合理正常的话语产出(包括口语和书面语)是心理健康和精神健康的重要表现。马克思主义哲学认为,语言是意识的物质外壳,没有语言,就不会有思维和意识。由此可见,语言承载着思维,深刻反映个体的情绪、情感、认知和精神状态。积极阳光的话语折射出个体对周围世界和自身状态的肯定,是其健康向上的行为意志的映照。而当个体出现抑郁、焦虑、癔症、自闭症、精神分裂等心理或精神问题时,其语言表达往往随之呈现出混乱、模糊、消极、寡言、唠叨重复等特点,语言使用模式明显异于健康人群(黄观澜、周晓璐,2021)。有研究表明,心理障碍患者在会话能力、话题特征和互动特征等方面具有鲜明的倾向规律(马文、姚雪丽,2017)。他们的语言表现既有疾病共性也有其个性化特征,是了解其内心世界的一扇窗口,因此必须重视对该群体语言能力和语言表征的深入考察。康复治疗师关注其语言形式、语言结构和交际过程,开展"以言治病"的心理治疗实践活动,可有效增进沟通、提升诊疗效果。无论是思维的形式、过程还是具体对象,都离不开语言的参与。语言与精神健康的密切关联还在于语言系统在人脑中的生物基础。叶蜚声、徐通锵(2010)强调,"语言是思维活动的动因和载体",个体精神健康意味着其拥有良好的生物语言基础,因此才可以凭借语言官能进行逻辑思维和推演运算。

此外,语言是最重要的交际工具,具有显著的社会功能。个体在社会环境中借助语言塑造角色,建构和谐稳定的人际关系,实现良好的社会互动。从社会认知的角度来看,语言作为一套成熟完备、约定俗成的符号系统,势必与个体的健康需求产生关联,因为无论何时,个体始终是处于特定社会环境中的。比如在医患沟通中,医患双方的语言交流往往贯穿于整个诊疗活动中,是医疗过程向前推进的重要载体(顾曰国,2021)。务实高效、平等友好的言语交际有利于病情沟通、医生精准研判和医患彼此信任。语言实际上是一种值得充分利用的医疗资源,所谓"话术即是医术",合理恰当地使用该资源将促进医患双方破除障碍、达成互解(Barnes,2019)。相反,低质量、低效率的医患交际,沟通"失语",则有可能引发医患矛盾甚至冲突纠纷。语言在促进公共卫生的工作中同样发挥着不可替代的重要作用。公共卫生领域中的语言效能随处可见,特别是在健康传播(health communication)中具有重要意义,典型代表是国家管理部门通过各种媒介向民众科普健康知识,通报有关公共卫生最新的消息政策,消除谣言恐慌,正面引导语言舆情。语言作为一股无形而又强大的力量,为遏制疾病传播或蔓延,减轻风险灾害,维护社会大局稳定作出了重要贡献(史维国、邵海艳,2020)。

语言科学研究助力国家健康治理,围绕人民健康进行考察须采用跨学科的学术视野与方法。相关工作在研究范式层面超越单学科的界限,秉承取长补短、协同创新的理念思路,这是由语言与诸多学科的交叉关系决定的(程琪龙,2020)。相关研究旨在解决影响公众或个人卫生健康的语言问题,势必要从语言学、神经科学、认知科学、心理学、社会学、人类学、传播学、计算机科学等诸多学科借鉴有益理论或方法,与其产生广泛联系。交叉学科研究是一条重要的创新路径,大大深化了学界对相关问题的理论认识,客观上也加速推进了社会实际问题的解决(王刚、张译文,2022)。当前,新文科建设正由倡议宣言转化为生动实践,越来越多来自不同学科背景的专业人才聚在一起,围绕国家战略需求、学科交叉前沿课题开展密切合作和集中攻关(姜智彬、王会花,2019)。在此背景下,学界主张"语言学+"的跨学科研究理念,力求通过交叉融合、团结协作深刻揭示一系列语言与健康问题的本质(黄立鹤,2021),这与新文科时代学术发展所强调的"整体观""综合观"不谋而合,也符合社会文明的发展趋势。推进国家治理体系和治理能力现代化涉及经济、政治、文化、社会等多个领域,离不开对我国国情和语情的深刻把握与认识。事实上,语言科学研究能够为国家治理贡献的力量不限于健康治理一个方面,还包括以政治话语为代表的国家文化软实力等多个方面。无论是个人层面、社会层面还是国家层面的语言能力提升,客观上都推动了国家文明话语体系的建立健全。

3 语言与健康研究领域的重点问题

面向人民健康开展语言科学研究工作,其具体研究范畴宽广而多元。学界应充分发挥我国制度优势和人口资源优势,立足于国家战略和民生需求,全方位、多层次、宽领域探索人民群众生活工作中的语言与健康问题,为进一步提升国家健康治理效能作出应有贡献。为此,应重点从以下几条路径深入开展实证考察和理论建设。

3.1 "一老一小"两类人群的语言障碍

老年人和儿童作为两类特殊人群,在语言习得或使用过程中更有可能发生语言障碍(顾曰国,2019;李迪、李清华,2020)。当前,我国已进入中度老龄化社会,据第七次全国人口普查数据显示,我国60岁及以上人口已达2.64亿人,约占总人口的18.7%[①]。老龄人口的增加、人均寿命的延长使得老龄化语言蚀失、语言衰退、听力障碍等问题日益凸显。儿童语言障碍及听力障碍问题同样也不容忽视。按照第二次全国残疾人抽样调查数据测算[②],我国儿童语言障碍发生率约为3%,患有语言障碍的0至14岁儿童超过677万人。患有听力障碍的儿童人群规模也很庞大,听力健康需求迫切。针对语言障碍的调查和考察需充分考虑汉语语言的普遍规律特征,一般可围绕"评估"和"干预"两条主线进行。在评估方面,要结合我国人口的实际情况,积极研发适用于本土不同人群的各类语言能力评估量表,不可盲目照搬英国、日本等外国的标准(刘俊飞等,2013)。我们要逐步建成一套成熟全面的汉语语言障碍人群多模态话语语料库,构建基于语料库的语言障碍评估系统,为相关筛查诊断提供语言实证和参考指标;还需在广泛调研、系统总结的基础上建立起汉语语言能力常模,开发出适应性强、可广泛推广的语言功能评估工具。在干预方面,倡导研究人员采用跨学科的视野与方法(Cummings,2013),推动语言学者、心理学者、教育学者、言语治疗师等相关领域人才协调配合,为老年人和儿童科学合理地设置干预内容和目标,实现早评估、早诊断、早干预、早康复。要积极探索人工智能和大数据分析等技术在语言障碍评估及干预中的辅助应用,培育支持语言康复业作为一项新兴朝阳产业发展壮大。目前言语治疗行业普遍存在的问题是专业人才短缺、从业人员资质参差不齐,需加强临床语言学、语言病理学等相关学科建设,尽快建立健全言语治疗师教培体系,为言语治疗康

---

① 数据来源于国家统计局2021年5月公布的第七次全国人口普查主要数据结果。
② 数据来源于国家统计局2007年5月发布的第二次全国残疾人抽样调查主要数据公报。

复事业大力培养专门人才。

3.2 语言与心理、精神健康

心理语言学家认为,言语交际离不开个体的知觉、记忆、意念、思维和储备的知识,从本质上看,这些都是心理表征和符号(王萍,2010)。从语言的角度考察个体心理、精神问题具有显著的必要性和可行性:心理障碍和精神疾病的诊疗涉及大脑最精密复杂的区域功能,生物学、化学和临床医学手段方法尚不足以揭示问题的全貌,无法满足诊疗的全部需求(Wang et al.,2021)。深入分析心理或精神障碍患者的语言能力和话语产出有助于了解其认知基础、情感意愿和心理过程。前人已开展的研究重点关注了抑郁症患者群体语言使用的相关情况,包括其语音特征、语义加工脑机制和使用互联网社交媒体时的语言文字规律特点等(潘玮等,2018;伍麟、彭子剑,2020;叶惠玲等,2020)。这些研究为相关诊疗工作带来一定的有益启发。当前,心理疾患已成为我国较为突出的社会问题。据《中国国民心理健康发展报告(2019~2020)》披露[①],心理和精神疾病在我国疾病总负担中位居首位,新冠大流行严重影响了民众心理健康和情绪状态。以抑郁症为例,我国民众抑郁症终生患病率为6.8%,泛抑郁人数已超过9 500万。基于语言科学视角考察研究个体心理或精神健康问题,应特别关注以下群体和话题:青少年抑郁症患者、孤独症谱系障碍儿童、农村留守儿童、空巢老人、语言与焦虑情绪、语言与自杀预防、语言抚慰策略及应用等。研究人员要系统描写心理或精神障碍患者的言语表现,从语言的各个分支出发,开展大样本采集调查,形成具有汉语特色的多模态语料库。在研究路径与方法上,要注重思考和创新,既应有语言学微观研究,也应有社会学宏观思考。在微观层面,观察心理筛查、心理咨询、心理治疗等方面的医患互动会话,分析其语音语调、词汇语法、语义语篇、语类结构和话语策略;在宏观层面,要注重调查论证的学理基础,全盘考虑患者的言语表现与外部社会文化语境之间的关系,将语言因素和其他因素结合起来解析。

3.3 语言处理的脑神经机制

众所周知,语言系统的物质载体是人的大脑和大脑的神经网络。人类习得、加工、产出和理解语言,必须具备相应的生理、心理和神经基础(Wang et al.,2021;于亮等,2021)。由于语言系统和大脑本身的复杂性和精密性以及现有科学研究水平的局限性,我们目前对语言处理的脑神经机制的认识依然非常有限,甚至是粗浅的(崔刚、王海燕,2014)。失语症患者作为一类特殊的语言行为主体,最早受到神经语言学研究人员的广泛关注。传统的汉语学界神经语言学研究细致调查了失语症患者在句法和语义层面的表现,但对其在语言的其他层面的调研不足。针对中文大脑词库的实证研究虽已取得不少

---

① 《中国国民心理健康发展报告(2019~2020)》即为2020版"心理健康蓝皮书",由中国科学院心理研究所科研团队完成,全书由总报告、分报告与专题报告三个部分组成。

具有启发意义的科研成果,但也仍存在不少悬而未决的实际问题(杨亦鸣、刘涛,2010)。因此,从语言学、脑科学、认知神经科学、生物学等不同角度出发,利用先进技术和科学实验手段获取数据,充分揭示语言处理的脑神经机理十分必要。在基础理论研究方面,从语音、音位、词汇、句法、语义、语用和语篇等各个分支展开(Hinojosa et al.,2019),重点关注脑神经视角下的语言构成过程和语言能力的生物基础。考察对象既应包括健康人群,也应涉及不同年龄段的语言障碍患者。无论是建构健康人群语言发展的脑神经机制理论,还是实证探索语言障碍患者的脑损伤特征、神经基础特征和认知特征,都有利于研究人员对语言障碍及康复作出更好的解释和预测,应多头并进、形成有益参照。在应用研究方面,要加强前瞻性思考,围绕神经退行性疾病患者的脑机制和话语特征积极开展实验调查。神经退行性疾病,如阿尔茨海默病、帕金森病等,一般与脑部病变密切相关(刘红艳,2020;马文、金丽日,2021),会引发不同程度的认知功能障碍和语言障碍。研究人员可在科技伦理允许的范围内充分利用现代科技优势,特别是脑成像技术(如fMRI、fNIRS、PET、MEG等)、神经电生理学技术(如ERP等)和脑机接口技术(BCI),为探索脑区域和语言之间的密切关系、开展病理观测等提供有力支持。整合凝聚诸多学科资源,引导来自语言学、心理学、神经科学、影像学等不同学科背景的优秀人才形成合力,优势互补、共同研究。

3.4 公共卫生视域下的语言与社会治理

语言作为一项基础性要素,在服务国家战略、维护社会大局稳定方面发挥着不可替代的关键作用(李宇明,2021)。公共卫生视域下的语言与社会治理研究关注的是社会发展进程中与公众健康密切相关的突出语言问题。2020年10月在京召开的全国语言文字会议指出,语言文字工作事关党和国家工作全局,要深刻认识我国基本国情和语情,通过语言科学研究服务国计民生,切实维护社会长治久安。我国地域宽广,方言和民族语言众多,区域经济发展不平衡,与公众健康有关的实际语言需求和语言问题不尽相同。学界应针对公众健康语言服务的内容范围、内涵要义、体制机制建设等方面加强前瞻性思考和全局谋划,充分借鉴国外成熟经验,着力构建起符合我国国情和语情的公众健康语言服务理论体系(李宇明、饶高琦,2020)。全面推进语言服务科学合理规划,系统规范管理相关医学术语、科技术语、法律术语,通过平易近人、通俗易懂的科普宣传激发民众认同感和获得感。要充分考虑残障人士、孤寡老人、少数民族群众等特殊群体在寻医就医过程中面临的实际语言困难,为相应群体提供及时可靠的语言服务。面向社会公众的健康话语传播也是社会治理中的一项重大语言问题(Tseng & Zhang,2020)。研究人员需积极探索新媒体语境下当代健康传播的话语路径,基于真实语料或案例广泛考察,反思总结诸如修辞传播、叙事传播、隐喻传播、叙事医学等方面语言效能的成就和不足。去粗取精、去伪存真,通过对语言文字使用情况的深刻认识助力实现良好的社会治理。此外,也要充分重视我国健康文化特别是中医药文化的对外传播,以实际行动助推对外健康传播提速增效,讲好中国故事、建构良好的国家形象。我们强调，公共卫生视域下的语言与社会治理研究作为社会文明话语体系建设的重要组成部分，其考察调查的基本原则应是在深入考察、一线调研的基础上发现问题、解决问题。

3.5 医患互动交际中的语言沟通

加强医患沟通研究的首要意义在于提升医患互动交际的效率和质量、促进医患关系和谐发展。当前，我国医疗体制改革取得显著成效，医患关系总体趋好。但也应清醒认识到，因语言沟通不畅等原因导致的医患冲突、医患矛盾等时有发生。针对医患言语交际已开展的研究在广度和深度上仍有待进一步提升。作为一种特殊的机构性会话，医患言语交际包含重要而独特的规律及模式，涉及言语行为、会话者身份、权势关系、交际策略等重要议题(Wang et al., 2021)。医患沟通研究具有显著的跨学科属性，需要开放包容的学术视野。在研究对象方面，我们倡导以自然真实的医患、护患互动为语料，避免传统经验式的说教或假设。语料采集须确保在学术伦理允许的范围内，尽可能做到模态丰富、录音或录像清晰，语料转写则应遵循规范统一的转写标准。在研究方法上，会话分析（conversation analysis）作为一种重要的质性研究方法具有广泛的应用价值（Richards & Seedhouse, 2005; Barnes, 2019）。会话分析承袭社会学研究路径，尤其注重对会话细节的考察，可帮助研究人员透过会话的序列组织揭示医患双方如何在话轮递进中完成特定任务或开展诊疗活动（马文、姚雪丽，2017）。在实际的研究工作中，学界应积极践行医学人文理念、落实人文关怀，聚焦现实背景之下影响医患沟通的痛点堵点，努力通过对语言的研究提升沟通效率、消除患者疑虑、增进医患情谊。相关研究要注重对交际细节的多模态分析，无论是双方产出的具体话语还是伴随话语的面部表情、身势、手势、韵律等，均应视为语言的重要组成部分（顾曰国，2021）。要注意医患会话过程中涉及的信息知识和不同参与方的权利道义及实际地位，通过对语言问题的深入剖析发掘语言技巧与语言艺术。在一线调查、系统总结的基础上努力建构具有中国特色的医患沟通理论，为医务工作者沟通技巧培训提供理论基础和参照依据。

3.6 乡村振兴中的语言健康与语言扶贫

公共卫生视域下的语言扶贫关注的是我国广大农村地区人口的语言健康问题，相关研究旨在帮助农村居民实现健康和谐的语言生活，缓解甚至消除因语言障碍、言语残疾、语言蚀失、听力障碍等导致的经济发展不利因素。现代语言学认为，语言作为一种资源具有显著的经济属性，个体的语言能力与其经济能力关系密切（方小兵，2019；刘国辉、张卫国，2021）。当其语言能力得以健康发展，口语表达和书面语应用不受限制约束，则会获得更多就业创业机会。语言扶贫作为国家精准扶贫战略的重要组成部分，对提升农村人口语言文字应用能力、改善贫困地区人力资本、促进人口健康老龄化具有重要意义（杜敏、刘志刚，2020；Tang et al., 2022）。贫困地区留守儿童、西部地区少数民族儿童、各类语言障碍儿童、乡村地区语言衰退老人应是语言扶贫研究的重点人群,尤应受到学界的关注。要加强对农村地区的语言健康科普宣教,积极开展送教上门、送干预上门、远程健康教育等活动,引导农村居民重视儿童语言发育、成人语言健康问题,消除人们对语言病理认识的盲区误区。政府、学界和社会相关机构应携手努力,建立健全农村儿童语言障碍筛查体制机制,及早发现学龄前儿童语言发育迟缓、自闭症、听力障碍、构音障碍等问题,进而及早跟进、干预。对已经发现的语言障碍儿童,特别是留守儿童、少数民族儿童,要积极救助帮扶,为其进行科学合理的家庭语言规划(张洁,2019;张日培,2020)。因经济收入、人居环境、卫生保健、受教育程度等方面的制约(姚欣、杜敏,2021),农村老年人往往对语言健康的意识更为淡薄。学界应将田野调查工作不断向我国乡镇农村地区延伸,围绕老年人语言产出、语言理解、语言交际、认知障碍智能辅助诊断等议题深入考察,在定量挖掘和定性分析的基础上总结规律经验,助力延缓语言衰退、提升农村老龄人口素质。也要结合"三农"工作的实际情况,构建普惠可及、全方位的乡村适老语言服务体系(黄立鹤、张弛,2020),提高农村老人特别是留守老人、孤寡及低收入老人的语言生活质量。

4 结语

新时代赋予国家健康治理新的内涵和使命,提升国家健康治理效能需要群策群力、全社会共同参与(刘国辉、张卫国,2021;Yang & Qi,2022)。围绕人民健康开展语言科学研究工作虽艰巨繁重,但前景广阔,意义深远。我国跨学科的语言研究起步较晚,目前尚有不少未触及的考察对象和亟待开拓的研究领域。相关研究在理念及方法上仍存在一定局限性。学界应主动担当作为,强化问题意识、注重问题导向,紧盯现实生活中困扰人民群众健康的语言及言语问题。在研究理念及方法上,要勇敢破除学科壁垒,整合凝聚不同学科的资源力量,实现研究方法特色化和多元化并举。力争在构建语言与健康交叉领域的学术体系、学科体系、话语体系上有所突破。要坚持理论与实践有机结合、产学研深度融合的思路,积极倡导全生命周期的语言健康理念和语言服务思想,构建起具有中国特色的语言健康研究理论体系。

参考文献

[1] Barbazza, E., Tello, J. E. (2014). A review of health governance: definitions, dimensions and tools to govern. *Health Policy*,(1).

[2] Barnes, R. K. (2019). Conversation analysis of communication in medical care: description and beyond. *Research on Language and Social Interaction*,(3).

[3] Collins, L., Brezina, V., Demjén, Z., et al. (2022). Corpus linguistics and clinical psychology investigating personification in first-person accounts of voice-hearing. *International Journal of Corpus Linguistics*,(3).

[4] Cummings, L. (2008). *Clinical linguistics*. Edinburgh: Edinburgh University Press.
[5] Cummings, L. (2013). *Communication disorders*. Hampshire: Palgrave Macmillan.
[6] Cummings, L. (2022). Pragmatics impairment and COVID-19. *Intercultural Pragmatics*, (3).
[7] Hinojosa, J. A., Moreno, E. M., Ferré, P. (2019). Affective neurolinguistics: towards a framework for reconciling language and emotion. *Language Cognition and Neuroscience*, (7).
[8] Perkins, M. R. (2011). Clinical linguistics: its past, present and future. *Clinical linguistics and Phonetics*, (11-12).
[9] Richards, K., Seedhouse, P. (2005). *Applying conversation analysis*. New York: Palgrave Macmillan.
[10] Tang, J. Y., Ruan, H. B., Wang, C., et al. (2022). Social network, cognition and participation in rural health governance. *International Journal of Environmental Research and Public Health*, (5).
[11] Tseng, M., Zhang, G. (2020). Perceptions of and attitudes towards elastic language in online health communication in Chinese. *Lingua*, (1).
[12] Wang, P., Zhao, Z. H., Bu, L. H., et al. (2020). Clinical applications of neurolinguistics in neurosurgery. *Frontiers of Medicine*, (4).
[13] Wang, X. J., Mao, Y. S., Yu, Q. (2021). From conditions to strategies: dominance implanted by Chinese doctors during online medical consultations. *Journal of Pragmatics*, (12).
[14] Yang, K., Qi, H. Y. (2022). The public health governance of the COVID-19 pandemic: a bibliometric analysis. *Healthcare*, (10).
[15] 程琪龙. (2020). 语言研究的超学科意识. 外国语(上海外国语大学学报), (2).
[16] 崔刚, 王海燕. (2014). 神经语言学研究面临的三大问题及其可能的解决方案. 清华大学学报(哲学社会科学版), (5).
[17] 丁红卫, 王楠, 张惟, 等. (2021). "语言与健康"多人谈. 语言战略研究, (6).
[18] 杜敏, 刘志刚. (2020). 论语言扶贫在乡村振兴战略实施中的可持续性. 陕西师范大学学报(哲学社会科学版), (2).
[19] 方小兵. (2019). 海外语言与贫困研究的进展与反思. 语言战略研究, (1).
[20] 顾曰国. (2019). 老年语言学发端. 语言战略研究, (5).
[21] 顾曰国. (2021). 医学话语研究新探: 循证医学方法论. 医学语言与文化研究, (1).
[22] 黄观澜, 周晓璐. (2021). 抑郁症患者的语言使用模式. 心理科学进展, (5).
[23] 黄立鹤, 张弛. 构建中国特色适老语言服务与产品供给体系. 中国社会科学报, 2020-03-30.
[24] 黄立鹤. (2021). 语言与健康研究的发展与创新. 语言战略研究, (6).
[25] 姜智彬, 王会花. (2019). 新文科背景下中国外语人才培养的战略创新——基于上海外国语大学的实践探索. 外语电化教学, (5).
[26] 李迪, 李清华. (2020). 应用语言学视域下的语言障碍研究. 现代外语, (3).
[27] 李宇明, 饶高琦. (2020). 应急语言能力建设刍论. 天津外国语大学学报, (3).
[28] 李宇明. (2021). 试论个人语言能力和国家语言能力. 语言文字应用, (3).
[29] 刘国辉, 张卫国. (2021). 语言与健康治理——语言生活和语言经济研究的新议题. 制度经济学研究, (4).
[30] 刘红艳. (2020). 阿尔茨海默症患者语言障碍研究现状和进展——基于病理语言学的实验研究综述. 外语电化教学, (5).
[31] 刘俊飞, 管海涛, 李培, 等. (2013). 试论语言残障人群语言能力量表的制定. 语言科学, (6).
[32] 马文, 姚雪丽. (2017). 会话分析在心理阻抗研究中的作用. 中国听力语言康复科学杂志, (5).
[33] 马文, 金丽日. (2021). 癫痫鉴别诊断中的会话特征分析. 语言战略研究, (6).

［34］潘玮，汪静莹，刘天俐，等.(2018).基于语音的抑郁症识别.科学通报，(20).
［35］史维国，邵海艳.(2020).论"语言减灾"在灾害治理中的必要性、可行性及途径.江汉学术，(6).
［36］唐钧，李军.(2019).健康社会学视角下的整体健康观和健康管理.中国社会科学，(8).
［37］王刚，张译文.(2022).交叉学科门类背景下智能工程外语学术体系建设初探.外语电化教学，(2).
［38］王萍.(2010).从认知心理学视角看语言符号.湖北社会科学，(9).
［39］伍麟，彭子剑.(2020).言为心声：人工智能探测抑郁症的语言证据与价值.西北师大学报(社会科学版)，(5).
［40］杨立华，黄河.(2018).健康治理：健康社会与健康中国建设的新范式.公共行政评论，(6).
［41］杨亦鸣，刘涛.(2010).中国神经语言学研究回顾与展望.语言文字应用，(2).
［42］姚欣，杜敏.(2021).乡村振兴视域下农村的语言能力建设.西北农林科技大学学报(社会科学版)，(6).
［43］叶蜚声，徐通锵.(2010).语言学纲要.北京：北京大学出版社.
［44］叶惠玲，吕娜，范青.(2020).抑郁症语义加工异常脑机制研究进展.上海交通大学学报(医学版)，(5).
［45］于亮，胡伟，耿立波，等.(2021).中国神经语言学研究现状与展望.语言科学，(5).
［46］张洁.(2019).语言扶贫视域下的儿童早期语言发展干预政策及实践.云南师范大学学报(哲学社会科学版)，(4).
［47］张日培.(2020).中国语言政策研究报告(2020).北京：商务印书馆.

语言与健康的关系：标记、媒介与资源

周德宇　张　惟

1　引言

按照世界卫生组织的定义，"健康不仅为疾病或羸弱之消除，而系体格，精神与社会之完全健康状态"。这是一种广义的健康观，倡导个体在多种维度上实现积极向上的生活。为了达到或维持这种状态而展开的活动就是人类的健康活动，其内涵丰富、形式多样，是个体或群体追求可持续发展的充要条件。对于语言和健康这一与现实生活紧密相关的问题，语言学领域学者们的理解和探索正在向多学科融合的方向发展。

语言与身心健康的关联是目前研究的主要方面。最早明确语言和大脑关系的是生理学家皮埃尔·保罗·布洛卡(Pierre Paul Broca)，他于1861年发现了直接影响言语产出的布洛卡区；而后，卡尔·韦尼克(Carl Wernicke)发现了与语言理解相关的韦尼克区。这两个发现开启了基于神经学、生物医学的语言与大脑功能区域的研究(Fuster，2015；谭力海、李辉，2016)。除此之外，基于脑健康状态的各类语言表现及对应筛查、诊疗、康复也是语言学以及临床实践的研究重点，如由脑损伤导致的失语症、构音障碍等语言障碍，以及由正常生理衰退导致的语言老化现象。同时，语言还作为其他疾病的判断依据应用于相关检查手段中。语言测评项是检查或评估相关疾病量表的重要测评维度。目前认知健康检查量表MoCA、MMSE等，快速判断脑卒中的FAST方法、CPSS量表等，儿童自闭症常用筛查、诊断量表ABC、CARS等都含有语言测评项。另外，语言在中医"望闻问切"诊疗手段中也是不可或缺的，医生通过"闻"手段关注就诊者言语产出的状态，如气息、音调、语速等，帮助医生全面判断就诊者的健康情况。可见，语言作为反映健康状态的相关标记，为筛查与诊断提供了重要的辅助诊断维度。

虽然具备医学循证依据的相关研究直到19世纪60年代才开始，但语言与健康的关系一直存在且由来已久。中医"望闻问切"诊疗手段中的"问"就体现了话语在健康语境中

【作者信息】周德宇，讲师，华东理工大学外国语学院。
　　　　　张惟，同济大学老龄语言与看护研究中心。
【注】本文首刊于《语言战略研究》2021年第6期。

的媒介作用,帮助医生和就诊者传递健康信息和健康需求。目前语言与健康关系的研究主要包括健康传播的理论研究(Babrow & Mattson, 2003; Brown et al., 2006; Jones, 2009),围绕疾病、残障及相关健康话语展开的研究(Gwyn, 2002),基于应用社会语言学的医疗环境和公共卫生问题的研究(Sarangi & Roberts, 1998; Hall et al., 2006),基于话语的健康传播与健康教育的传统方式及未来发展方向的研究(Brown et al., 2006; Jones & Watson, 2009; Hamilton & Chou, 2014)等。

语言除了是交流互动、社会发展的重要媒介,更是可以充分挖掘和利用的资源。利用语言提高医学术语的精准性、时效性和医患沟通的高效性(Allan & Basco, 2019),不仅体现出语言的媒介属性,还呈现出语言的资源属性。在健康语境中合理、高效利用语言资源,发挥该资源的"有用性"(李宇明,2019),是有关语言与健康研究的另一个议题。

综上所述,我们认为语言与健康的关系是交织的、多重的。第一,语言是反映个体身心健康的重要标记,更是构成某些健康维度的本体;第二,语言作为健康活动的核心媒介,对健康活动影响深远,并通过此类活动影响生命健康;第三,语言的资源属性是帮助达成健康目标的核心力量。本文将从标记、媒介和资源3方面论述语言与健康的关系,在厘清二者关系的同时,对未来基于语言学的健康及健康活动的相关研究思路和方向提出建议。

2 语言是构成健康状态的标记

就语言与健康状态的关系而言,本文借用皮尔斯符号学符号模式的第二个三分法(the second trichotomy)——符号与对象中的指向属性,来进一步解释二者间的关系。皮尔斯的符号学是基于心理、思维和认知的符号学,构建符号与对象关系的过程本质上是一种认知过程。由于符号与其所指的某个对象存在动态关联,并且与人的感官、记忆有关联(Pierce, 1932),这样的关联就为"符号-对象"认知过程提供了指向。这种指向性同样可以关联语言与健康状态。原因如下,首先语言是符号,语言表现是人完成语言符号使用的客观体现,在个体间既具有共性也存在差异。其次,本节讨论的健康状态基于广义的健康概念,包含生理、心理和社会3个方面。因此在以语言表现为观测依据,健康状态为观测对象的前提下,语言与健康状态通过指向性形成关联,即在构建语言与健康关系的认知过程中,语言表现可作为标记性符号指向健康状态的某个或某些方面,从而反映出个体的健康状态。

2.1 语言与生理健康状态

人体由运动系统、呼吸系统、内分泌系统、神经系统、消化系统、泌尿系统、生殖系统、免疫系统和循环系统构成,各系统间协同作用,支撑人体正常运行。

以运动系统和呼吸系统为例。运动器官和呼吸器官的正常发育和衰老与语言产出密切相关。喉部及声带发育,如青春期女孩喉部变狭小、声带短薄,男孩喉腔变大、长出喉结、声带宽厚,会改变个体发声。正常衰老致使个体发生喉部下垂、声带结构与长度改变、黏膜腺体退化、肺部失去弹性、胸腔硬化、呼吸肌弱化等,由于肺容积和呼吸动力发生改变,肺活量下降,残气量增加,从而引起老年人音质改变、共振峰频率降低、声音震颤、音量下降等言语产出变化。同时器官病变也会引发语言问题。声带病变或其他喉部疾病影响个体正常发声,如肺部疾病(肺癌、肺气肿等),可能直接导致个体的主观发音功能障碍(Davis et al., 2021)。研究发现,近年全球流行的新型冠状病毒感染会引发认知障碍(Hampshire et al., 2021; Negrini et al., 2020; Zhou et al., 2021),影响语言功能,如引发患者找词困难等问题。

另外,系统疾病也会给语言带来直接或间接的影响。神经系统是与语言理解和产出直接相关的人体系统。除布洛卡区和韦尼克区这两个经典脑区外,其他脑区受损也可能造成语言障碍。神经退行性疾病等病理性衰老,主要体现为由大脑结构变化致使的智退现象,语言上则表现为临床语言障碍,患者的语言可能在语音层、音系层、词汇层、句法层、语用层、概念意义、话语理解、连续话语、话轮、人际关系处理、写作等方面出现障碍,具体现象包括找词困难、语义理解错误、前言不搭后语、句法错误、讲话缺乏逻辑、语篇连贯性差等(顾曰国、黄立鹤,2020)。再如,糖尿病(内分泌系统疾病)会直接损害神经元功能,导致神经元代谢紊乱,影响神经递质和神经生长因子的表达(Ceren et al., 2017),从而影响患者的认知能力;这类患者(尤其是2型糖尿病患者)在言语流畅性方面的损伤和障碍较为凸显(Katsumata et al., 2020)。高血压(循环系统疾病)则会影响语言的词汇层和句法层。研究发现,高血压会影响额叶白质的微血管,使额叶区神经连接受损,最终导致持续性的执行功能下降,此时个体会出现找词困难的现象(Albert et al., 2009);同时由于注意力、工作记忆等认知功能受损,患者还可能呈现出判断多重否定句能力受损的情况(Cahana-Amitay et al., 2013)。

2.2 语言与心理健康状态

世界卫生组织将心理健康定义为实现个人幸福感和个体有效运转的基础,它不单指没有精神障碍,还包括思考、学习和理解自身情绪和他人反应的能力。语言则贯穿这一系列能力的始终,是体现个体和社会心理健康的重要方面,也是反映个人精神卫生状况的直接表征之一。不同层面和程度的语言表达障碍本身就是一种疾病,语言障碍被收入美国精神医学学会发布的《精神障碍诊断与统计手册》(*The Diagnostic and Statistical Manual of Mental Disorders*, DSM)中就是例证。

语言健康反映心理健康。个体突然性的沉默寡言、喋喋不休、出言不逊等现象都可能预示其心理健康状态的恶化。例如,创伤后应激障碍(PTSD)患者会出现创伤性命名障碍、语言重复和话语混乱的语言障碍,具体表现为话语量减少、语言变得刻板、时态不一等问题(Auxéméry, 2020)。又如,抑郁症患者在语言上表现出第一人称单数代词使用较多,而复数代词使用较少,消极情绪词的使用多于积极情绪词的使用模式(黄观澜、周晓璐，2021）；罹患自闭症谱系障碍的儿童在指称语的使用方面存在困难，例如不能完成指称语和指称对象的精确匹配（马博森等，2019），语外指称和指称模糊现象的多发（Fine et al.，1994）等；患有焦虑症的儿童在词汇语义流畅性以及口头和书面语言方面存在障碍（Sbicigo et al.，2020）；12个月大时出现中度或严重身心调节问题的个体，在其5岁和11岁的语言评估测试中的得分较对照组低，语言能力较差（Cook et al.，2021）。

除上述精神障碍引发的疾病外，已有研究表明语言交际与情感和情绪息息相关（Lynch，1985；Pennebaker & Stone，2003）。一方面，情感在语言的各层面（语音、句法、语义、语用）有着不同程度、直接或间接的影响（黄立鹤，2019）；另一方面，语言可以反映出交际一/多方情感和情绪的健康状态。激越或不当的语言和言语活动可能会通过情绪的变化影响交际者的生理与心理健康，如影响交际者的心脏功能、血压、性格等（Cline，2003）。同时这样的情绪和情感的健康状态也会影响身边人的语言发展，研究表明母亲的心理健康状态（罹患焦虑症或抑郁症）影响着子女的家庭语言环境和表达性语言的发展（Clifford et al.，2021）。

2.3 语言与社会健康状态

近年来，关于个体健康的概念从身与心的维度扩展到社会维度，例如Ware等人（1980）提出生理健康、心理健康与社会健康组成健康的3个主要维度。该文认为社会健康既是整体健康的独特维度之一，也作为社会支援系统介入调节不利个体身心健康的环境因素。文章承认对于个体社会健康的具体范畴还未如对身心健康般取得共识，但社会健康大致被认为反映的是人与社会的关系，包括人际关系的数量和质量以及社会参与程度。我们认为，将社会健康维度纳入整体健康状态考量的思路是有意义的，同时语言如何作为指向社会健康状态的标记也是值得探讨的议题。不过要深入讨论语言与社会健康的关系还有待社会健康范畴的明确和具体的实证研究。

简言之，语言作为标记，在一定程度上反映着生理、心理和社会3个方面的健康状态，具备一定的指向性，能够为进一步研究提供参考与方向。

3 语言作为进行健康活动的重要媒介

健康活动的本质是通过健康传播帮助个体积极地、高质量地生活，其形式多样，范畴宽广。语言是人们进行健康活动的重要媒介。

3.1 语言与医疗照护活动

医疗照护活动主要涵盖医疗场景和照护场景中产生的活动，其话语互动关系涉及医生、患者、照护者三方，医疗照护活动场景包括但不限于就诊、治疗、复诊、康复、临终关怀等。其中医患互动中产生的医患关系是此类活动中"最重要、最基本的人际关系"（黄宇、王胜,2001),这种人际关系的构建以会话为基础并贯穿整个互动过程,语言则是构建、促进或改善人际关系的直接媒介。怎样平衡好医患双方在知识、信息、地位、权利等方面的不对称性(Drew & Heritage, 1992; Parsons, 1991),取决于医务人员如何利用好语言这一媒介,充分借助语言及知识优势,加强临床医务者个人沟通技能培训(Villagran & Baldwin, 2014),制定医患沟通的交际规范(王一方,甄橙,2019),处理好医患关系,完成接诊任务。语言各层面的适切选择,如词汇(Heritage et al., 2007)、句子结构、提问方式等(The Gerontological Society of America, 2012),以及会话策略的适切性,皆可提升医患语言沟通的效率,丰富诊断与判断依据,避免造成医患间沟通不畅或健康决策的偏误,促进患者健康。

同时在其他医疗照护活动中,尤其是在对自闭症患者、失能老人、失智老人等特殊群体的照护中,照护人员不仅要留意被照护者的言语互动,更要注重过程中的非言语互动。以认知症患者为例,他们可能会采用一些人际补偿(Perkins, 2007)的方式完成交际,如不讲话但注视着对方。与这类群体交际时,健康群体需要调用更多的资源或调整现有语言资源以完成日常交际,如调整其发音和语速(Lubold et al., 2021),以增加人际补偿,完成交际。因此,对于相关机构的照护人员来说,除了聆听被照护者的需求,也要观察其交际需要,在适当的时候给予必要的交际互动帮助,以进行健康的身心照护活动。

3.2 语言与日常健康教育

日常健康教育是最常见的健康活动之一。其目的之一是帮助人们认识影响健康的风险因素(Waters et al., 2014),传递早发现、早干预、早治疗的理念,引导人们健康地生活。语言作为这一健康活动的核心媒介,在各类健康教育中发挥着积极作用。

一方面,有效的健康教育离不开精准的话语策略。在以即时形式实施的非书面健康教育场景中,如科普讲座、媒体传播、课堂教学等,根据健康教育对象的特点增加适当的交际性话语策略、合理安排健康教育过程中期或末期的答问环节等,都有利于营造互动氛围、提升共情效果,实现健康教育的目标。以非即时形式实施的书面健康教育,如公共卫生海报、健康教育书籍等,适当的语篇修辞结构、语言各种模态间的互动都有利于增强传播效果、构建有助于身心健康的语篇内容和健康教育内容。

另一方面,语言的每一种媒介形态,即符号,都须予以重视。对于由器质性因素导致的沟通障碍人群,如听障、视障、失语人士等,语言的媒介形态对健康教育的影响主要体现在健康资讯的获取和沟通上。如今数字鸿沟问题已经受到了社会的关注,但如何跨越鸿沟,关注沟通障碍人群的健康教育问题有待进一步深入研究。语言能以多种符号系统表示,如视觉符号、听觉符号、触觉符号,任何一种都是重要的沟通媒介。使用各符号系统的沟通障碍人士可通过人工智能的语言无障碍赋能,公平地获得健康教育信息。这不仅能保障健康教育的全人群普及,还能让沟通障碍人群更好地融入社会交际,推动全人群的心理健康建设。

3.3 语言与健康表达

要传递适合人类的健康发展观,语言在健康相关的社会活动中的表达非常重要。适切的表达对健康具有促进作用,而表达欠妥,甚至是扭曲事实(如某一疾病),传递错误信息,则不利于健康的发展和健康观的传播。在健康的相关表达中,疾病的隐喻、转喻和污名化现象值得我们深思。

隐喻、转喻是修辞方式,但其本质反映的是认知现象,即人们看待世界、认识世界的视角和构建概念的方法(Lakoff & Johnson,1980),在人类的具象认知和抽象概念两者间架起桥梁,代表着人们的立场。当人们谈及疾病时,说话人表达的立场、态度、观点等大多趋于消极,而这些都是通过语言及其隐喻或转喻传达的。但Sontag(1978)强调,疾病不是隐喻,是客观事实,我们应该用真实、客观的方式描述、看待疾病,而不应用构建的意义取代事实,"赋予"本不属于疾病的消极伦理道德属性。

例如,老龄化情势加剧的当下,很多老年人表示害怕得老年痴呆(阿尔茨海默病),语言表达就是引发担忧的原因之一。汉语的"痴呆"隐含"呆板""愚蠢""迟钝"等负面含义,这样的隐喻会加重老年人的心理负担。"忧思重重"的老年人会面临患焦虑症和/或抑郁症的风险,而"讳疾忌医"的老年人会因为害怕面对消极诊断结果而拒绝就医,从而增加患病风险,影响其健康。因此有学者使用"智退症""认知症""认知障碍"替代"痴呆症""老年痴呆",尽量不增加消极隐喻,从而避免词汇的隐喻意义给某类疾病增添"色彩",影响个体对疾病的判断并波及个体生命健康。再如脑血管疾病"脑卒中"(又称"中风")也是人们畏惧的一种疾病,因为大多数人会将"中风"与"瘫痪"联系,用半身不遂、瘫痪等行动能力损伤或丢失取代对该疾病的认识。这样的转喻表达同样会给人造成较大的心理负担,不利于健康的发展。

另外,当表述引发的道德歧视被用于传递符合说话方的利益形象,并对接收方产生消极影响时,则可能引发污名化现象。污名化会严重破坏被污名对象的客观形象,甚至颠覆其原本的积极形象,这不仅不利于健康活动的开展,反而会扰乱健康观点的传播与发展。"中国病毒"等疾病污名,以及与特殊疾病相关的身份污名,都是关注度较高的污名化现象。社会各界正在尝试以多种方法"去污名化",如规范命名时的词语选用——2015年世界卫生组织就疾病的命名原则做出明确规定,如避免使用地理方位、人名等涉及文化、人口等煽动性语词。再如加强健康知识科普——例如科普精神疾病相关知识。精神疾病主要表现为认知、情感、行为等持续性异常,但由于这些异常表现会影响他人或社会秩序,引发不佳的道德体验,精神疾病的污名便随之产生,主要体现在将精神疾病与"疯子""傻子"相关联。因此,通过科普健康知识,可以使人们更加了解并专注疾病本身,而非其背后的道德体验,从而逐步完成"去污名化"。无论是何种方式的减少或去除污名化现象都显示出语言在疾病与健康表达方面的重要作用,对促进健康观的传播有积极作用。

4 语言作为促进实现健康目标的重要资源

20世纪70年代,学者们开始注意到语言的资源属性(Fishman,1974;Karam,1974)。Ruíz(1984)提出应将语言视为一种资源。随着人类文明的进步和社会的发展,人们意识到语言是人类重要的社会资源、文化资源和经济资源。语言资源类型多样,包括口头语言资源、书面语言资源和语言衍生资源,其中语言衍生资源包括语言知识、语言技术、语言艺术、语言人才等(李宇明,2019)。语言作为一种不可或缺的资源,在促进健康活动、实现健康目标,推动健康话语传播等方面发挥着举足轻重的作用。在如此背景下,个体、社会、国家都应积极建立语言资源意识(李宇明,2019),构建基于语言资源的"个体—社会—国家"三位一体的健康目标,推动健康中国战略目标的实现,促进人类健康事业的发展。

4.1 语言资源促进实现个体健康目标

语言是一种实现个体健康的便捷资源,主要体现在个体语言资源获取和语言资源监测两个方面。个体语言资源的获取主要表现为学习语言知识,提高自我认知储备。研究表明,学习外语可以扩大大脑的认知储备,维持大脑语言区动力,提升个体语言能力,维护认知健康,以及延缓认知衰退(Schweizer et al.,2012)。除此之外,由于我国拥有丰富的方言资源,学习一种与普通话差别较大的方言也可增强个体认知储备,维护个体健康。另外,个人语言资源的调用还可以人际互动的形式开展。尤其是对于老年人来说,由于退休生活灵活性强、系统性弱、活动范围的局限性变大,因此,鼓励老年人保持或增加自发活动,维持适量的人际交往,通过各类人际活动开展会话互动,是保持个体健康的有效途径。

语言资源的监测主要表现为语言标记物作为资源监测健康的手段。个体可以通过语言能力自评和监测了解当下的自身健康状态,例如自发或请身边人关注其是否出现舌尖现象、命名困难、词语流畅、发音困难、语速出现重大变化等情况,以实时监控其语言状态,从而了解其健康状况。

4.2 语言资源传递社会健康目标

语言是一种特殊的社会资源,语言资源的价值立足于语言本体,体现在社会应用中(陈章太,2014),因此语言资源肩负着促进社会健康发展的重要职责。

社会活动是连接个体与社会的"桥梁"。健康活动作为社会活动的一种,可以将社会健康目标传递给个体,从而完成其联结作用。语言作为不可或缺的资源,为健康活动提供了保障。其类型的多样性可以为健康活动提供多种语言形式资源,包括话语策略、不同媒体形式(书籍、网络、广播等),以及多种语言文化资源,通过将传统文化融入话语活动、丰富话语形式,激发文化认同感,促进健康目标的达成,进而促进人口健康。

其次,充分利用语言资源,促进健康目标的实现。在研发、推广符合各人群生理需求的语言相关辅助器具(如听力辅助、阅读辅助)等"硬"产品的同时,也应加大语言相关的"软"产品的研发力度,提供相应的语言服务。通过合理利用语言的形式资源和文化资源促进各人群的健康发展,如研发适用于各人群的语言能力评估量表,纳入体检常规检查项目,以实现早发现、早干预、早治疗的健康目标。同时,在人口老龄化加剧的当下,语言资源的合理使用可切实促进老龄友好型语言信息体系的建设、老年患者谈话疗法在疾病康复中的应用、老年患者生命关怀的医患沟通与医学人文教育等(黄立鹤、张弛,2020),从而为社会积极应对老龄化贡献资源和力量。

4.3 语言资源服务国家卫生健康目标

随着平均寿命的延长和生活水平的提升,人民对健康生活的向往愈加强烈。中国正通过政府、社会、个人三方协同推进一系列重大行动,促进以治病为中心向以健康为中心的转变,稳步落实健康中国战略,改善重点人群健康状况,提高全体人民健康水平。语言资源以其类型多样、形式丰富、覆盖范围广泛等特点,在逐步健全健康教育体系,引导人民建立正确健康观等服务国家健康目标的行动中发挥积极效用。尤其是在突发公共事件中,国家应急语言能力为国家健康目标提供了坚实的保障。

2019年底暴发的COVID-19(2019冠状病毒病)"严厉考核"了我国的应急语言服务。语言资源为实现疾病治疗、病毒防控以及在健康教育等应急语言服务中发挥了关键作用,最大程度地保护了境内人民的安全,功不可没。

COVID-19期间,方言资源和外语人才资源的调用为解决医患沟通障碍问题发挥了积极效用,为病毒防控提供了坚实保障。病毒暴发初期,由方言和语种导致的诊疗与救治活动的不顺畅,给疾病救治、病毒防控和全球信息交流增加了不小的阻力。《抗击疫情湖北方言通》的发布,以时效性高、覆盖面广的服务特点,解决了驰援武汉的医护人员与患者间的沟通问题。在保障人民健康的同时,给应急语言服务增添一抹"暖色调"(王玲、陈新仁,2020)。同时,根据国家卫健委发布的防控方案、诊疗方案和公众防护指南,北京语言大学紧急调配外语人才,研发了包含40余种语言的《疫情防控外语通》,为在华和来华留学生、外籍人员提供病毒防控和诊疗方面的语言服务,内容主要涵盖日常注意事项、入境注意事项、就诊常用句,供医疗机构、机场港口、外交外事机构、海关、教育机构、社区管理部门等机构使用,用语言为国人和来华人员构筑健康壁垒。要重视应急语言服务人才培养与储备,加快应急翻译人才培养,在必要时成立国家应急语言服务组织,如"战疫语言服务团"(李宇明,2020)。语言资源在应急语言服务的应用还应当涉及"应急语言基础设施、应急语言规划、应急语言标准、应急语言能力和应急语言学科"等诸多方面(王立非等,2020)。

总之,我们要认识到语言资源的"有用性",意识到语言资源作为一种"隐形"资源正在以各种形式显现其对人类健康的影响,正在为实现人类卫生健康共同体增砖添瓦。

5　结语

语言与健康的关系是一个拥有丰富学科背景、覆盖多个研究领域、涉及各类机构环境、惠及世界人民的研究议题，兼具深刻的理论意义和极广的应用价值。厘清二者的关系不仅有助于语言研究和健康研究间的互补，更能为二者相关研究提供新思路与研究维度。虽然国内外有关语言与健康的研究正逐步深入，但仍有诸多问题亟待解答。

基于本文提出的标记、媒介与资源的三重关系，未来可考虑通过以下路径促进语言与健康关系的进一步探索：(1) 强化循证理念，加强语言循证。健康相关的临床研究为语言研究提供了有力的医学循证依据，而语言研究的循证反哺相对较少。未来可充分利用语言资源（如构建大规模语料库，并从中提取各类疾病的语言标记物，完善并扩大筛查和诊断范围），增强语言资源的临床应用及意义，凸显语言资源的临床验证功能（顾曰国，2020）。(2) 注重人文素养，融入人文关怀。发挥医学人文学和社会学学科在语言与健康研究中的效用，加强健康从业者的人文素养、规范语言技能，彰显医学价值中的人文关怀，凸显语言的媒介属性与资源属性。(3) 研究医学哲学，拓展研究视野。语言和健康的概念随着生命健康和社会发展不断变化，如何正确理解、定义语言和健康以及二者的关系是一个潜在的哲学议题。(4) 立足时间维度，重视人生历程。将语言与健康关系的探索置于生命的整个过程，立足共时维度和历时维度探索语言与健康关系的发展规律、变化趋势等。(5) 提升国际健康话语权，服务全球健康治理。积极推进中国对外传播话语体系构建，发挥中医文化自信，打造具有中国特色且融通中外的健康医学新概念、新范畴、新表述；积极进行全球健康卫生议程设置，提升中国国际健康卫生事业话语权，为构建人类卫生健康共同体提供全方位支持。

参考文献

[1] Albert, M. L., Spiro, A. III., Sayers, K., et al. (2009). Effects of health status on word finding in aging. *Journal of the American Geriatrics Society*, (57), 2300-2305.

[2] Allan, D. M., Basco, R. C. (2019). *Medical language for modern health care*. (4th ed.). New York: McGraw-Hill Education.

[3] Auxéméry, Y. (2020). A new approach to diagnose psychological trauma starting from a pilot study. *European Journal of Trauma & Dissociation*, 5(4).

[4] Babrow, A. S., Mattson, M. (2003). Building health communication theories in the 21st Century. In T. L. Thompson, R. Parrott, J. F. Nussbaum (Eds.), *The Routledge handbook of health communication*. New York: Routledge.

[5] Brown, B., Crawford, P., Carter, R. (2006). *Evidence-based health communication*. Maidenhead: Open University Press.

[6] Cahana-Amitay, D., Albert, M. L., Ojo, E. A., et al. (2013). Effects of hypertension and

diabetes on sentence comprehension in aging. *Journals of Gerontology*, Series B: *Psychological Sciences and Social Sciences*, 68(4), 513-521.

[7] Ceren, E., Agnieszka, K. C., Dagmara, M. G., et al. 2017. Antidiabetic effect of brain-derived neurotrophic factor and its association with inflammation in type 2 diabetes mellitus. *Journal of Diabetes Research*, (14), 1-14.

[8] Clifford, B. N., Stockdale, L. A., Coyne, S. M., et al. (2021). Speaking of state of mind, maternal mental health predicts children's home language environment and expressive language. *Journal of Child Language*, (5), 1-17.

[9] Cline, R. J. (2003). Everyday interpersonal communication and health. In T. L. Thompson, R. Parrott, J. F. Nussbaum (Eds.), *The Routledge handbook of health Communication*. New York: Routledge.

[10] Cook, F., Conway, L., Omerovic, E., et al. (2021). Infant regulation: Associations with child language development in a longitudinal cohort. *The Journal of Pediatrics*, (233), 90-97.

[11] Davis, R. J., Messing, B., Cohen, N. M., et al. (2021). Voice quality and laryngeal findings in patients with suspected lung cancer. *Otolaryngology Head and Neck Surgery*, (20).

[12] Drew, P., Heritage, J. (1992). *Talk at work*. Cambridge & New York: Cambridge University Press.

[13] Fine, J., Bartolucci, G., Szatmar, P., et al. (1994). Cohesive discourse in pervasive developmental disorders. *Journal of Autism and Developmental Disorders*, 24(3), 315-329.

[14] Fishman, J. A. (1974). Language planning and language planning research: The state of the art. In J. A. Fishman (Ed.), *Advances in language planning* (pp. 15-33). The Hague: Mouton.

[15] Fuster, J. M. (2015). *The prefrontal cortex* (5th ed.). Amsterdam: Elsevier.

[16] Gwyn, R. (2002). *Communication health and illness*. London: SAGE Publications Ltd.

[17] Hall, C., Slembrouck, S., Sarangi, S. (2006). *Language practices in social work: Categorization and accountability in child welfare*. New York: Routledge.

[18] Hamilton, H. E., Chou, W. S. (2014). Introduction: Health communication as applied linguistics. In H. E. Hamilton, W. S. Chou, (Eds.), *The Routledge handbook of language and health communication* (pp. 47-60). New York: Routledge.

[19] Hampshire, A., Trender, W., Chamberlain, S. R., et al. (2021). Cognitive deficits in people who have recovered from COVID-19. *eClinical Medicine*, 17(03).

[20] Heritage, J., Robinson, J. D., Elliott, M. N., et al. (2007). Reducing patients' unmet concerns in primary care: The difference one word can make. *Journal of General Internal Medicine*, 22(10), 1429-1433.

[21] Jones, L., Watson, B. (2009). Complex health communication: A language and social psychological perspective. *Journal of Language and Social Psychology*, (28), 115-118.

[22] Karam, F. X. (1974). Toward a definition of language planning. In J. A. Fishman, (Ed.), *Advances in language planning* (pp. 103-124). The Hague: Mouton.

[23] Katsumata, Y., Karanth, S. D., Nelson, P. T., et al. (2020). Type 2 diabetes and cognitive status: A causal inference approach to estimate effects. *Alzheimer's & Dementia*, 16 (Suppl. 6).

[24] Lakoff, G., Johnson, M. (1980). *Metaphors we live by*. Chicago: University of Chicago.

[25] Lubold, N., Willi, M. Borrie, S., et al. (2021). Healthy communication partners modify their speech when conversing with individuals with Parkinson's disease. *Journal of Speech Language and Hearing Research*, 64(5), 1539-1549.

[26] Lynch, J. J. (1985). *The language of the heart: The human body in dialogue*. New York: Basic Books.
[27] Negrini, F. I., Ferrario, D., Mazziotti, D., et al. (2020). Neuropsychological features of severe hospitalized COVID-19 patients at clinical stability and clues for post-acute rehabilitation. *Archives of Physical Medicine and Rehabilitation*, Sept. 28.
[28] Parsons, T. (1991). *The social system*. London: Routledge.
[29] Pennebaker, J. W., Stone, L. D. (2003). Words of wisdom: Language use over the life span. *Journal of Personality and Social Psychology*, 85(2), 291-301.
[30] Perkins, M. (2007). *Pragmatic impairment*. Cambridge: Cambridge University Press.
[31] Pierce, C. P. (1932). Division of signs. In C. Hartshorne, P. Weiss, (Eds.), *The collected papers of Charles Sanders Pierce* (Vols. I-VI). Cambridge, MA: Harvard University Press.
[32] Ruíz, R. (1984). Orientations in language planning. *NABE Journal*, 8(2), 15-34.
[33] Sarangi, S., Roberts, C. (1998). *Talk, Work and Institutional Order: Discourse in Medical, Mediation, and Management Settings*. New York: Mouton de Gruyter.
[34] Sbicigo J., Rudineia, T., Natália, B., et al. (2020). Memory and language impairments are associated with anxiety disorder severity in childhood. *Trends in Psychiatry and Psychotherapy*, 42(2), 161-170.
[35] Schweizer, T. A., Ware, J., Fischer, C. E., et al. (2012). Bilingualism as a contributor to cognitive reserve: Evidence from brain atrophy in Alzheimer's disease. *Cortex*, 48(8), 991-996.
[36] Sontag, S. (1978). *Illness as metaphor*. Toronto: McGraw-Hill Ryerson Ltd.
[37] The Gerontological Society of America. (2012). *Communicating with older adults: An evidence-based review of what really works*.
[38] Villagran, M. M., Baldwin, P. K. (2014). Healthcare team communication. In II. E. Hamilton, W. S. Chou (Eds.), *The Routledge handbook of language and health communication* (pp. 362-374). New York: Routledge.
[39] Ware, J. E., Brook, R. H., Davies, A. R., et al. (1980). *Conceptualization and measurement of health for adults in the health insurance study: Vol. I, Model of health and methodology*. Santa Monica, CA: RAND Corporation.
[40] Waters, E. A., McQueen, A., Cameron, L. D. (2014). Perceived risk and health risk communication. In Hamilton, H. E., Chou, W. S. (Ed.), *The Routledge handbook of language and health communication* (pp. 47-60). New York: Routledge.
[41] Zhou, Y., Xu, J., Hou, Y., et al. (2021). Network medicine links SARS-CoV-2/COVID-19 infection to brain microvascular injury and neuroinflammation in dementia-like cognitive impairment. *Alzheimer's Research & Therapy*, 13(1), 110-110.
[42] 陈章太. (2014). 论语言资源. 语言文字应用研究论文集Ⅲ. 北京：语文出版社.
[43] 顾曰国. (2020). 医学话语研究新探：循证医学方法论. 医学话语研究. (2).
[44] 顾曰国, 黄立鹤. (2020). 老年语言学与多模态研究. 上海：同济大学出版社.
[45] 黄观澜, 周晓璐. (2021). 抑郁症患者的语言使用模式. 心理科学进展. (5).
[46] 黄立鹤. (2019). 多模态语用学视域下的言语行为与情感因素：兼论在老年语言学中的应用. 当代修辞学, (6).
[47] 黄立鹤, 张弛. (2020). 构建中国特色适老语言服务与产品供给体系. 中国社会科学报, 3月30日第004版.
[48] 黄宇, 王胜. (2001). 医患互动——医患关系发展的必然趋势. 中国医学伦理学, (1).

[49] 李宇明. (2019). 中国语言资源的理念与实践. 语言战略研究, (4).
[50] 李宇明. (2020). "应急语言服务"不能忽视. 人民日报, 4月8日第005版.
[51] 马博森, 曾小荣, 赵玉珊. (2019). 汉语自闭症儿童图片命名诱发话语中的多模态指称行为研究. 外国语文研究, (10).
[52] 谭力海, 李辉. (2016). 导语：中文认知加工的脑图谱研究. 当代语言学, (4).
[53] 王立非, 任杰, 孙疆卫, 等. (2020). 应急语言服务的概念, 研究现状与机制体制建设. 北京第二外国语学院学报, (1).
[54] 王玲, 陈新仁. (2020). 试论突发公共事件中的语言应急服务. 东南大学学报(哲学社会科学版), (6).
[55] 王一方, 甄橙. (2019). 北京大学医患关系蓝皮书——语言与沟通. 北京：北京大学医学出版社.

言语幽默现象、作用及其机制研究

李雪艳　朱泽科

1　引言

党的十九届五中全会首次对科技创新提出了"面向人民生命健康"的新方位,除了提升生物医药创新源头供给能力、提升基因科技研究能力、增加卫生健康领域的高层次人才的培养,还需要研发药物之外的辅助治疗方法,这将给人民生命健康的提升提供新思路。语言是信息传递的重要途径,有其内在神经基础和心理及生理加工机制。随着人体各项生理机能的发展,其言语认知能力也一并发展。通过语言的认知功能和内在机制辅助治疗疾病具有一定的临床意义和社会效益。言语幽默是创造性的语言,存在于人们日常生活中的各个方面,涉及笑话、相声、小品、喜剧和电影等载体(王晓军、林帅,2011)。作为一种高级别的认知活动,积极的言语幽默对人们的身心健康有着积极的影响(Martin,2018)。

言语幽默加工过程涉及认知相关的不一致探测和消解,这能够帮助人们突破固有的思维模式,从创新的角度思考问题,形成更为积极的对事物的观察角度;言语幽默加工引发的情感反应会激发积极情绪,降低人们对疼痛的感知,消减抑郁、焦虑等负性情绪。因此,言语幽默加工能够激活认知和情感加工相关的脑区,通过生理激素的分泌从而在一定程度上调节生理和心理的某些功能。

2　言语幽默的研究现状

历史上有关言语幽默的研究最早可追溯到古希腊的柏拉图和亚里士多德时代,随后不断发展,从不同视角出发形成了三大幽默理论:即社会行为视角的优越论(Superiority

---

【基金项目】本文系国家社会科学基金项目"言语幽默消减负性情绪的认知神经机制及智能路径研究"(项目号:21BYY102)的阶段性成果。
【作者信息】李雪艳,副教授,大连理工大学外国语学院。
　　　　　　朱泽科,硕士研究生,大连理工大学外国语学院。

Theory)、心理分析视角的释放论(Relief Theory)和认知分析视角的不一致-消解论(Incongruity-Resolution Theory)。在我国,言语幽默的概念,以"谑而不虐"的形式最早出现于《诗经·卫风》,近现代的言语幽默概念出自1924年林语堂的翻译作品。国内学者将西方的幽默概念与我国对幽默的传统定义相结合,根据幽默的语言表现形式将其纳入修辞学的范畴,从语言学的角度研究言语幽默,认为语音歧义、词汇歧义、句法歧义均可构建言语幽默(师静,2000)。

在认知科学发展的推动下,与言语幽默相关的认知神经科学研究转向明显。国内外学者利用功能性磁共振成像和脑电等先进的神经科学技术手段从空间维度、时间维度和频率维度探究了言语幽默认知神经加工进程,研究结果表明言语幽默的加工涉及复杂的认知神经加工过程,包括不一致探测、不一致消解和欢笑情绪表达三个阶段,并且受到左、右利手,智力,性别,年龄等多个因素的影响。

20世纪五六十年代以来,言语幽默突破其传统的社会娱乐功能,被初步应用于保健领域,随后经历一系列实践,逐步形成了幽默疗法,作为辅助手段调节人们的生理和心理健康相关的功能。近年来,虽然很多实证研究表明言语幽默欣赏对身心健康能够起到积极的作用,但对其内在的机理或机制缺乏深入的研究和系统的阐述,本文将从生理、心理等角度系统综述言语幽默对身心健康起到的正向作用并试图探讨其内在机制。

3 言语幽默的认知心理加工机制

言语幽默的认知心理加工过程可大致分为认知和情感两个阶段,认知阶段又可分为不一致探测阶段和不一致消解阶段。Suls(1972)提出的"不一致-消解"理论认为,言语幽默的笑话背景和笑话结尾之间存在"不一致",认知加工过程须解决这种"不一致"。Suls(1972)通过实验进一步将该加工过程划分为两阶段:在言语幽默加工的不一致探测阶段(incongruity detection),言语幽默的接收者会发现他对笑话的期望与笑话的结尾并不一致;在不一致消解阶段(incongruity resolution),言语幽默的接收者会改变认知规则或思维视角,整合笑话中的不一致信息。Raskin(1985)的语义脚本理论(Semantic Script Theory of Humor)以及Attardo和Raskin(1991)的言语幽默一般理论(General Theory of Verbal Humor)同样认为当言语幽默信息的接收者探测到当前信息与自己的预测不一致时,需要改变认知视角,进行"框架转换"(frame-shifting),整合语境中的不一致。言语幽默加工的情感阶段主要涉及欢笑(mirth)的引发或愉悦情绪的产生,当言语幽默信息的接收者发现笑话的结尾违反了自己原本的预期,但同时从特殊的视角找到了解决问题的路径,会有一种惊讶愉悦的感觉,欢笑便产生了(Goel & Dolan, 2001)。神经科学研究也为"不一致-消解"理论提供了证据,将言语幽默加工的认知和情感两个阶段进行了初步分离(Chan et al., 2012);又进一步对不一致探测、不一致消解和欢笑三个阶段进行了界定和划分(Du et al., 2013)。

4 言语幽默的认知神经加工机制

4.1 空间维度

为了探究言语幽默加工两阶段所涉及的脑区,研究人员利用 fMRI 空间分辨率高的特点开展了一系列实验。研究显示,在认知阶段,语义笑话激活了双侧颞叶,语音笑话(双关)激活了跟言语产出相关的左脑脑区;而在情感阶段,语义笑话和语音笑话都激活了腹内侧前额叶的中央奖励系统(Goel & Dolan, 2001)。在另一 fMRI 实验中,研究人员采用笑话、非笑话和花园路径句作为实验刺激,研究结果表明双侧额下回和左额上回可能参与言语幽默加工的认知阶段,左腹内侧前额叶和双侧杏仁核和双侧海马旁回可能参与感情阶段的加工(Chan et al., 2012)。为了进一步探究言语幽默认知过程中不一致探测和不一致消解两个阶段涉及的脑区特点,研究人员以笑话、非笑话和无意义语句作为实验材料,结果发现不一致探测与右侧颞中回和右内侧额回的明显激活有关,而不一致消解与左侧额上回和左侧顶下小叶的显著激活有关。虽然上述实验因刺激材料的不同导致部分结果有所差异,但总体而言,言语幽默加工过程中,额叶、颞叶和包含杏仁核、海马体的中脑边缘奖励网络核心(mesolimbic reward regions)会产生显著激活。

4.2 时间维度

为了考察言语幽默的认知神经加工过程的时程特点,研究人员利用 ERP 时间分辨率高的优势,将言语幽默加工过程进一步分解为 3 个阶段:即与认知相关的不一致探测阶段和不一致消解阶段,以及与情感相关的欢笑阶段。在一项实验中,研究人员以笑话和非笑话作为实验刺激,探究了言语幽默加工的不同阶段,结果显示:在不一致探测阶段,即 350~450 ms 时间窗内,笑话在左侧颞回和左内侧额回引发了负波;在不一致消解阶段,即 600~800 ms 时间窗内,笑话在前额中央区域引发了负偏转,激活了前扣带皮层;在欢笑阶段,即 1 250~1 400 ms 时间窗内,笑话在头皮前部和后部区域引发了正波,并激活了额中回和梭状回(Du et al., 2013)。在另一 ERP 实验中,研究人员采用笑话、非笑话和无意义语句作为实验刺激,结果表明:在 350~500 ms 时间窗内,无意义语句引起了最大的 N400,原因在于其不一致程度最高;在 500~700 ms 时间窗内,与无意义语句相比,笑话和非笑话引发了最大的 P600,原因在于笑话和非笑话的不一致消解程度更高;在 800~1 500 ms 时间窗内,笑话引发了最为积极的晚期正成分(Late Positive Potentials, LPP),原因在于比起不可笑的非笑话和无意义语句,笑话能够引发积极情绪(Feng et al., 2014)。虽然上述实验因刺激材料的不同导致部分结果有所差异,但总体而言,言语幽默神经加工过程的 3 个阶段发生在 350~450 ms,500~800 ms,1 200~1 500 ms 之间,分别与时间窗 N400,P600 和晚期正成分 LPP 有关。

4.3 频率维度

目前关于言语幽默加工过程中频率特征提取的实验相对较少。有研究表明，与普通语句加工相比，言语幽默加工的 Beta 频段功率在 700~900 ms 内有所下降，研究人员根据时间窗将 Beta 频段的功率变化与言语幽默加工的情感阶段相联系，但关于非字面意义语言加工的文献此前未曾报道过 Beta 频段的功率变化，因此研究人员未能对此提供可靠解释（Canal et al.，2019）。而另一项研究发现，在 800~1 200 ms 的时间窗内，言语幽默的 Theta 频段功率边缘大于普通语句，并且详述了言语幽默加工中的 Theta 频段功率的增强与其情感成分的加工有关（Li et al.，2022）。

5 言语幽默的生理加工机制

言语幽默引发的欢笑会使人体产生一系列生理变化，涉及神经系统和内分泌系统，人们利用"言语幽默—欢笑—生理变化—健康"的模式调节身心健康（李梅等，2007），具体而言，言语幽默的加工会在生理上调动面部肌肉和呼吸器官，从而引发欢笑，使神经系统和内分泌系统产生生理激素，人们借助这些生理激素在人体内引起的不同生理变化，相应地调节自身健康。研究发现，大脑中的黑质纹状体在言语幽默的刺激下会产生令人愉快的神经递质多巴胺，可以激活多巴胺系统，引起血管舒张和降低血压（孙菲，2022）。脑下垂体和下丘脑在言语幽默的刺激下会产生内啡肽，内啡肽作用于大脑的鸦片受体，可以用于镇痛和缓解压力（Hoare，2004）。言语幽默加工过程中的感情抒发阶段也会诱导人体分泌荷尔蒙激素，从而减少压力和焦虑（Akimbekov，2021）。也有一些学者认为言语幽默加工还会降低应激激素的浓度、促进血液循环、增加机体免疫能力等（Martin & Ford，2018）。

6 言语幽默加工调节生理功能

6.1 言语幽默加工辅助缓解疼痛

生理上的疼痛是机体为保护自身而做出的防御性反应，给人们带来痛苦甚至折磨（赵俊，1993）。临床上在治疗疼痛时，多以鸦片类药物作为处方药，但长期使用这类药物会产生耐药性和成瘾性。言语幽默作为一种低成本、低风险、简单有效的应对方案被用于缓解疼痛。言语幽默辅助缓解疼痛的证据最早可追溯至 20 世纪 60 年代。当时一位名叫 Cousins 的美国人不幸患上难以治愈的强直性脊柱炎，在了解言语幽默欣赏的益处后，Cousins 开始每天欣赏笑话，并伴以服用高剂量的维生素 C，希望能够以此唤起积极情绪，抵消负性情绪带来的痛苦。在此疗法下，Cousins 发现言语幽默引发的开怀大笑具有显著的镇痛效果,能够增加一定时间的无痛睡眠(Cousins,1976)。研究者通过实证研究也证明了言语幽默的确可以辅助缓解疼痛。一些专家在临床上观察到,使用幽默疗法的患者在术后2天内要求服用阿司匹林等轻微止痛药物的频率更低,这表明幽默疗法至少可以缓解轻微程度的疼痛(Rotton & Shats,1996)。对健康人群的研究表明,观看30分钟的喜剧能够显著提高其疼痛阈值(Lapierre et al.,2019)。

言语幽默缓解疼痛是多种机制共同作用的结果。从生理机制角度分析,言语幽默的加工会刺激大脑产生内啡肽,内啡肽是一种类吗啡激素,能与吗啡受体结合,会产生跟鸦片剂一样的止痛效果,如同天然的镇痛剂(Dunbar et al.,2012)。从心理加工机制角度分析,言语幽默通过认知加工和情绪加工缓解疼痛:言语幽默欣赏过程涉及的不一致探测和不一致消解会分散人们对疼痛认知的注意力(Strick et al.,2009),从而减少疼痛加工的认知资源;言语幽默引发的欢笑能够唤起积极情绪,降低对疼痛的感受性(Villemure & Bushnell,2002)。

6.2 言语幽默加工辅助降低血压

2001年,全世界近760万例死亡可归因于血压收缩压过高,约占所有死亡人数的14%,近54%的中风和47%的缺血性心脏病可归因于高血压(Williams,2009)。《中国心血管病报告2017》显示,我国心血管病患病率及死亡率仍处于持续上升阶段,心血管病死亡率居各病因之首,占居民疾病死亡构成的40%以上;与此同时,心血管病住院总费用也在快速增加(马丽媛等,2017)。积极的言语幽默被认为是应对高血压疾病的有效辅助手段之一。最新研究表明,言语幽默欣赏引发的欢笑有助于降低血压、保护心血管(Oliveira & Arriaga,2022)。临床试验也证明言语幽默可以显著降低血压,在2010—2011年期间,伊朗一所医院的40名血液透析患者参与了幽默疗法干预临床试验,患者血液透析期间持续使用30分钟的幽默疗法,每周2次,持续8周,实验结果显示参与者的血压得到了明显的改善(Eshg,2017)。

言语幽默欣赏降低血压、保护心血管很有可能与减少儿茶酚胺和肾上腺素有关。Tan(2007)等研究人员假设每天欣赏幽默会减少儿茶酚胺的产生并促进心脏康复,并将48例近期发生心肌梗死的糖尿病患者分为幽默组和对照组,在其心脏康复计划中随访1年。其中,幽默组须每天观看自选幽默30分钟,作为标准心脏治疗的辅助手段,每月监测血压、尿、血浆肾上腺素和去甲肾上腺素水平以及进行24小时动态记录。结果发现,与对照组相比,幽默组被试心律失常发作次数显著降低,血压较低,尿、血浆肾上腺素和去甲肾上腺素水平较低,心绞痛使用的硝酸甘油较少,心肌梗死复发率明显降低,表明言语幽默很可能通过减少儿茶酚胺改善高血压和心肌梗死。

6.3 言语幽默加工辅助延长寿命

在言语幽默影响身心健康的各种研究中,有一假说认为经常表现言语幽默、具有较强幽默感的人群更加长寿,但相关研究涉及多个变量和意外因素,经历了从单一变量到多个变量的深入考察,有实证研究表明幽默感有助于延长寿命,并且幽默感在降低患病风险、延长寿命方面具有普适作用,不受性别、健康水平差异的影响(Svebak et al.,2010)。言语幽默欣赏有利于延长寿命的较早研究可追溯到20世纪90年代。Yoder和Haude(1995)两位学者让33位平均年龄为72.3岁的老年人用多维度幽默感量表给自己和已故的兄弟姐妹打分,分析数据后发现两组在幽默欣赏量表上有显著差异,数据分析表明幽默欣赏的能力与长寿呈正比。Pressman和Cohen(2012)研究了著名已故心理学家自传中使用特定类型的积极和消极情感词汇,在对性别、出版年份、健康状况(基于自传中披露的疾病)、母语和出生年份进行控制后,发现幽默的使用与寿命的长短呈正相关。Romundstad等学者(2016)开展了一项15年随访研究,探究幽默感与长寿是否有相关性,53 556名被试在幽默感的维度下进行了认知、社会和情感方面的测量,并通过风险比(Hazard Ratio)评估幽默感与全因死亡率、心血管疾病、感染、癌症和慢性阻塞性肺疾病之间的关系,数据分析发现幽默感维度下的认知成分与心血管疾病和感染相关的存活率呈正相关,但幽默感的社会和情感支持与存活率无关。该研究还表明,幽默感作为一种保护健康的认知应对资源具有群体效应,且对总人口而言,幽默的认知成分对生存的积极影响可一直持续至85岁。

7 言语幽默加工调节心理功能

7.1 言语幽默加工改善抑郁情绪

COVID-19加速了全球抑郁人数增长的过程。Santomauro等(2021)的研究表明,如果没有COVID-19,模型估计2020年全球将有1.93亿例重度抑郁症病例(每10万人2 470.5例),而实际分析显示2020年全球有2.46亿例重度抑郁症病例(每10万人3 152.9例),较2019年增加了27.6%。长期使用抗抑郁药会造成耐药性、副作用以及相应的经济负担。为应对这些问题,抑郁症患者须采用一种低成本、有效无害的方式应对抑郁。言语幽默则具备低成本、人人可接触的优势,是对抗抑郁的一种保护因素,可作为抑郁症患者日常生活的一种工具(Menéndez-Aller et al.,2020)。Falkenberg(2020)在实验中让一些重度抑郁症患者参加提高幽默能力的项目,8周训练后(玩味语言,双关语和其他言语幽默等),实验参与者的短期情绪得到了改善,认为自己更有能力使用幽默作为应对抑郁的策略。Konradt等研究者(2013)对老年抑郁症患者展开研究,发现与未经幽默疗法干预的被试者相比,经常品味笑话并大笑的老年抑郁症患者的生活质量显著提升,其消极情绪得到了有效的缓解,自杀倾向走低,生命韧性进一步增强。

言语幽默应对抑郁是多种机制共同作用的结果。第一,言语幽默加工中的不一致消解阶段涉及认知重评,提供了新颖且具有洞察力的重新评价,能够转变抑郁症患者看待消极事件的视角并增加情感距离(Perchtold et al.，2019);第二,言语幽默加工会占用认知资源,通过分散认知资源使人们从消极情绪中抽离出来,这种认知资源的分散在负性情绪的调节中起着至关重要的作用(Strick et al.，2009);第三,以情制情,言语幽默是唤起积极情绪的有效手段(Samson et al.，2014),积极情绪能够削减甚至消除负性情绪(Wu et al.，2021);最后,言语幽默的加工有其内在神经机理,可通过改善大脑脑区功能应对抑郁。言语幽默加工过程中激活的脑区海马体可能参与调节抑郁症的认知方面,如记忆障碍和自杀倾向,而在情感加工中起重要作用的杏仁核可能参与调节负性情绪、快感缺失和动机降低(Nestler et al.，2002)。

7.2 言语幽默加工减轻焦虑情绪

COVID-19 增加了人们患上焦虑的可能性,期间焦虑人数几乎翻倍(Racine et al.，2021)。Kan 等研究人员 2021 年的调查结果显示,COVID-19 期间普通人群焦虑患病率为 27.3%,而感染 COVID-19 的患者的焦虑患病率为 39.6%。长期焦虑会严重影响一个人正常的生理功能,造成认知功能受损,影响正常的人际沟通、社会交往、生活和工作,理应引起人们的重视,并采用有效的方法应对这种负性情绪(杨柯等,2021)。实证研究也表明言语幽默能够有效地应对焦虑,能促进至少中小效应的心理健康(Schneider,2018)。Yovetich(1990)在一项实验室研究中,引导参与者误以为自己会在 12 分钟内遭受电击,在测试期间,被分为三组的参与者分别执行了以下实验条件:听言语幽默的磁带、听非幽默磁带和不听磁带。实验因变量是自我报告的焦虑、心率和颧骨面部活动的重复测量,结果显示三个实验条件下参与者的焦虑程度都显著提高,且实验条件和焦虑时间之间的显著交互作用表明,欣赏言语幽默磁带的参与者的焦虑程度显著低于其他两组参与者。Szabo(2003)的对比研究显示,尽管言语幽默欣赏和身体锻炼对心理压力和积极幸福感都有同样积极的影响,但观看 20 分钟言语幽默喜剧所带来的情感益处不输 20 分钟的有氧运动所带来的效果,幽默比运动更能降低焦虑。相关临床研究进一步表明言语幽默欣赏在调节焦虑方面不受年龄差异的影响,也能显著缓解儿童病患的术前焦虑(Berger,2014)。在新冠期间,言语幽默也可用于传递积极情绪,增强人们之间的凝聚力和相互支持,帮助人们从情感上减少焦虑、痛苦和压力(Amici,2020)。

言语幽默欣赏减轻焦虑具有一定的可操作性和可行性,积极的言语幽默通过多种机制调节焦虑。言语幽默不仅会通过认知重评、认知资源分散、以情制情3个方面调节情绪(Wu et al.，2021),还会从以下两个生理层面调节焦虑情绪:第一,言语幽默加工促进人体分泌荷尔蒙,可减少压力和焦虑;第二,言语幽默激发的大笑可从生理上减轻应激因子,增加提升情绪的抗应激因子,减少焦虑(Akimbekov,2021)。此外,言语幽默能够辅助应对焦虑还基于其脑机制的作用,言语幽默加工过程会激活一些参与调节焦虑的大脑脑区如杏仁核、前额皮层(Taylor & Whalen,2015),有利于相应脑功能的恢复,从而减轻焦虑。

7.3 言语幽默加工应对创伤后应激障碍

直接或间接接触对生命构成威胁的事件均有可能造成不同程度的创伤后应激障碍（PTSD）（May & Wisco，2016）。创伤后应激障碍患者往往会很恐惧或无助，出现包括记忆入侵、做噩梦、注意力难以集中、惊吓、过度警觉、睡眠障碍等症状（Bremner，2005）。言语幽默欣赏能够帮助创伤后应激障碍患者更好地应对创伤并且促进幸存者的心理恢复（Garrick，2006）。有研究表明在恐怖袭击中受伤的以色列人借助积极幽默（如发表一些幽默的言论，开善意的玩笑）应对过往创伤（Besser，2016）。Sliter（2013）检验了创伤性应激源对179名消防员的影响，发现创伤事件显著预测倦怠、创伤后应激障碍和旷工事件，而借助戏谑、调侃等言语幽默能缓解倦怠和创伤后应激障碍。临床经验表明积极的言语幽默欣赏会在以下几个方面为老年人提供帮助：建立良好的医患关系、解决创伤问题、挑战消极思维过程，培养一种更积极乐观的世界观（Monahan，2015）。

在应对创伤后应激障碍时，言语幽默至少可以从以下几个方面发挥一定作用：第一，积极言语幽默能够减轻患者的情绪调节困难，促进心理上的积极转变，以此应对心理创伤（Boerner，2017）；第二，借助言语幽默有利于患者转变认知视角，从过去的创伤经历中过渡到强化自我意识、自我赋权和生命韧性（Kuiper，2012）；第三，言语幽默激活的部分脑区与创伤后应激障碍患者受损的中脑缘、额叶等脑区一致（Dossi et al.，2020），患者利用言语幽默加工过程可恢复下降的认知功能和情感功能。医疗保健领域也需普及言语幽默的效用，让更多的心理治疗师帮助心理创伤患者借助言语幽默减轻创伤应激反应。

8 对未来研究的思考

作为一种特殊的语言现象，言语幽默一直在社会娱乐功能上发挥着重要作用，其在保健领域的转向运用拓展了人们对言语幽默的新知。目前有关言语幽默作用及其机制的研究虽有一定成果，但主要涉及缓解疼痛、改善高血压、延长寿命、改善抑郁、减轻焦虑和应对创伤后应激障碍等方面，对其他生理或心理上的疾病涉及较少。并且，相关研究多为行为实验和临床观察，缺乏客观的认知神经科学证据，被试群体也有待进一步扩展。

在今后的研究中，应结合现代认知科学不断发展的有利条件，利用先进的神经科学研究手段对言语幽默消减负性情绪进行探索。同时，未来的研究应纳入更多的被试群体，从性别、性格、年龄等多个角度出发探讨其认知机制和神经基础。言语幽默的应用亦可进一步扩展到对强迫症、自闭症和多动症等疾病的研究上。虽然言语幽默无法取代必要的医学手段和药物治疗，但凭借成本低、疗效佳、操作性强和受众广的优势，可应用于临床及日常辅助治疗。学者们也应通过实证研究将积极的言语幽默干预形成一套行之有效的系统疗法，为人们身心健康的调节提供更优方案，从而有效地服务于"面向人民生命健康"的国家战略。

[1] Akimbekov, N. S., Razzaque, M. S. (2021). Laughter therapy: A humor-induced hormonal intervention to reduce stress and anxiety. *Current Research in Physiology*, (4), 135-138.

[2] Amici, P. (2020). Humor in the age of COVID-19 lockdown: An explorative qualitative study. *Psychiatria Danubina*, 32(1), 15-20.

[3] Attardo, S., Raskin, V. (1991). Script theory revis(it)ed: Joke similarity and joke representation model. *Humor*, 4(3-4), 293-348.

[4] Berger, J., Wilson, D., Potts, L., et al. (2014). Wacky Wednesday: Use of distraction through humor to reduce preoperative anxiety in children and their parents. *Journal of PeriAnesthesia Nursing*, 29(4), 285-291.

[5] Besser, A., Weinberg, M., Zeigler-hill, V., et al. (2015). Humor and trauma-related psychopathology among survivors of terror attacks and their spouses. *Psychiatry*, 78(4), 341-353.

[6] Boerner, M., Joseph, S., Murphy, D. (2017). The association between sense of humor and trauma-related mental health outcomes: Two exploratory studies. *Journal of Loss and Trauma*, 22(5), 440-452.

[7] Bremner, J. D. (2005). Effects of traumatic stress on brain structure and function: Relevance to early responses to trauma. *Journal of Trauma & Dissociation*, 6(2), 51-68.

[8] Canal, P., Bischetti, L., Di Paola, S., et al. (2019). 'Honey, shall I change the baby? — Well done, choose another one': ERP and time-frequency correlates of humor processing. *Brain and Cognition*, 132: 41-55.

[9] Chan, Y. C., Chou, T. L., Chen, H. C., et al. (2012). Segregating the comprehension and elaboration processing of verbal jokes: An fMRI study. *NeuroImage*, 61(4), 899-906.

[10] Chan, Y. C., Chou, T. L., Chen, H. C., et al. (2013). Towards a neural circuit model of verbal humor processing: An fMRI study of the neural substrates of incongruity detection and resolution. *NeuroImage*, 66: 169-176.

[11] Cousins, N. (1976). Anatomy of an illness (as perceived by the patient). *New England Journal of Medicine*, 295: 1458-1463.

[12] Dossi, G., Delvecchio, G., Prunas, C., et al. (2020). Neural bases of cognitive impairments in post-traumatic stress disorders: A mini-review of functional magnetic resonance imaging findings. *Frontiers in Psychiatry*, 11: Article 176.

[13] Du, X., Qin, Y., Tu, S., et al. (2013). Differentiation of stages in joke comprehension: Evidence from an ERP study. *International Journal of Psychology*, 48(2), 149-157.

[14] Dunbar, R. I. M., Baron, R., Frangou, A., et al. (2012). Social laughter is correlated with an elevated pain threshold. *Proceedings of the Royal Society of London: Biological Sciences*, 279(1731), 1161-1167.

[15] Eshg, Z., Ezzati, J., Nasiri, N., et al. (2017). Effect of humor therapy on blood pressure of patients undergoing hemodialysis. *Journal of Research in Medical and Dental Science*, 5(6), 85-88.

[16] Falkenberg, I., Buchkremer, G., Bartels, M., et al. (2011). Implementation of a manual-based training of humor abilities in patients with depression: A pilot study. *Psychiatry Research*,

186(2-3), 454-457.

[17] Feng, Y. J., Chan, Y. C., Chen, H. C. (2014). Specialization of neural mechanisms underlying the three-stage model in humor processing: an ERP study. *journal of neurolinguistics*, 32: 59-70.

[18] Fry, P. S. (1995). Perfectionism, humor, and optimism as moderators of health outcomes and determinants of coping styles of women executives. *Genetic, Social, and General Psychology Monographs*, 121(2), 211-245.

[19] Garrick, J. (2006). The humor of trauma survivors. *Journal of Aggression, Maltreatment & Trauma*, 12(1-2), 169-182.

[20] Goel, V., Dolan, R. (2001). Functional neuroanatomy of humor: segregating cognitive and affective components. *Nature Neuroscience*, 4(3), 237-238.

[21] Hoare, J. (2004). The best medicine: when we laugh, the ensuing endorphin rush makes us feel better. So we can stimulate relief from stress or pain just by having fun. *Nursing Standard*, 19: 14-16.

[22] Kan, F. P., Raoofi, S., Rafiei, S., et al. (2021). A systematic review of the prevalence of anxiety among the general population during the COVID-19 pandemic. *Journal of Affective Disorders*, 293: 391-398.

[23] Konradt, B., Hirsch, R. D., Jonitz, M. F., et al. (2013). Evaluation of a standardized humor group in a clinical setting: a feasibility study for older patients with depression. *International Journal of Geriatric Psychiatry*, 28: 850-857.

[24] Kuiper, N. A. (2012). Humor and resiliency: towards a process model of coping and growth. *Europe's Journal of Psychology*, 8(3), 475-491.

[25] Lapierre, S. S., Baker, B. D., Tanaka, H. (2019). Effects of mirthful laughter on pain tolerance: a randomized controlled investigation. *Journal of Bodywork and Movement Therapies*, 23(4), 733-738.

[26] Li, X., Sun, J., Wang, H., Xu, Q., et al. (2022). Dynamic impact of intelligence on verbal-humor processing: evidence from ERPs and EROs. *Journal of Neurolinguistics*, 62: 101057.

[27] Martin, R. A., Ford, T. (2018). *The psychology of humor: An integrative approach*. London: Academic Press.

[28] May, C. L., Wisco, B. E. (2016). Defining trauma: How level of exposure and proximity affect risk for posttraumatic stress disorder. *Psychological Trauma: Theory, Research, Practice, and Policy*, 8(2), 233-240.

[29] Menéndez-Aller, Á., Postigo, Á., Montes-Álvarez, P., et al. (2020). Humor as a protective factor against anxiety and depression. *International Journal of Clinical and Health Psychology*, 20(1), 38-45.

[30] Monahan, K. (2015). The use of humor, jesting, and playfulness with traumatized elderly. *Social Work in Mental Health*, 13(1), 17-29.

[31] Nestler, E. J., Barro, M., Dileone, R. J., et al. (2002). Neurobiology of depression. *Neuron*, 34(1), 13-25.

[32] Oliveira, R., Arriaga, P. (2022). A systematic review of the effects of laughter on blood pressure and heart rate variability. *HUMOR*, 35(2), 135-167.

[33] Ortiz, C. (2000). Learning to use humor in psychotherapy. *The Clinical Supervisor*, 19(1), 191-198.

[34] Perchtold, C. M., Weiss, E. M., Rominger, C., et al. (2019). Humorous cognitive reappraisal:

More benign humour and less "dark" humour is affiliated with more adaptive cognitive reappraisal strategies. *PLoS ONE*, 14(1), e0211618.

[35] Pressman, S. D., Cohen, S. (2012). Positive emotion word use and longevity in famous deceased psychologists. *Health Psychology*, 31(3), 297-305.

[36] Racine, N., Mcarthur, B. A., Cooke, J. E., et al. (2021). Global prevalence of depressive and anxiety symptoms in children and adolescents during covid-19: A meta-analysis. *JAMA Pediatr*, 175(11), 1142-1150.

[37] Raskin, V. (1985). *Semantic mechanisms of humor*. Dordrecht: D. Reidel.

[38] Romundstad, S., Svebak, S., Holen, A., et al. (2016). A 15-year follow-up study of sense of humor and causes of mortality: The nord-trøndelag health study. *Psychosomatic Medicine*. 78 (3), 345-353.

[39] Rotton, J., Shats, M. (1996). Effects of state humor, expectancies, and choice on postsurgical mood and self-medication: A field experiment. *Journal of Applied Social Psychology*, 26(20), 1775-1794.

[40] Samson, A. C., Glassco, A. L., Lee, I. A., et al. (2014). Humorous coping and serious reappraisal: short-term and longer-term effects. *Eur J Psychol*, 10: 571-581.

[41] Santomauro, D. F., Herrera, A. M. M., Shadid, J., et al. (2021). Global prevalence and burden of depressive and anxiety disorders in 204 countries and territories in 2020 due to the COVID-19 pandemic. *The Lancet*, 398: 1700-1712.

[42] Schneider, M., Voracek, M., Tran, U. S. (2018). "A joke a day keeps the doctor away?" Meta-analytical evidence of differential associations of habitual humor styles with mental health. *Scandinavian Journal of Psychology*, 59: 289-300.

[43] Sliter, M., Kale, A., Yuan, Z. (2013). Is humor the best medicine? The buffering effect of coping humor on traumatic stressors in firefighters. *Journal of Organizational Behavior*, 35(2), 257-272.

[44] Strick, M., Holland, R. W., van Baaren, R. B., et al. (2009). Finding comfort in a joke: consolatory effects of humor through cognitive distraction. *Emotion*, 9: 574-578.

[45] Suls, J. M. (1972). A two-stage model for the appreciation of jokes and cartoons: An information-processing analysis. In *The psychology of humor: Theoretical perspectives and empirical issues* (pp. 81-100). New York: Academic Press.

[46] Svebak, S., Romundstad, S., Holmen, J. (2010). A 7-year prospective study of sense of humor and mortality in an adult county population: The hunt-2 study. *The International Journal of Psychiatry in Medicine*, 40(2), 125-146.

[47] Szabo, A. (2003). The acute effects of humor and exercise on mood and anxiety. *Journal of Leisure Research*, 35(2), 152-162.

[48] Tan, S. A., Tan, L. G., Lukman, S. T., et al. (2007). Humor, as an adjunct therapy in cardiac rehabilitation, attenuates catecholamines and myocardial infarction recurrence. *Advances in Mind-body Medicine*, 22(3-4), 8-12.

[49] Taylor, J. M., Whalen, P. J. (2015). Neuroimaging and anxiety: The neural substrates of pathological and non-pathological anxiety. *Current Psychiatry Reports*, 17: 49.

[50] van Dillen, L. F., Koole, S. L. (2007). Clearing the mind: A working memory model of distraction from negative mood. *Emotion*, 7: 715-723.

[51] Ventis, W. L., Higbee, G., Murdock, S. A. (2001). Using humor in systematic desensitization to

reduce fear. *The Journal of General Psychology*, 128(2), 241-253.

[52] Villemure, C., Bushnell, M. C. (2002). Cognitive modulation of pain: How do attention and emotion influence pain processing? *Pain*, 95(3), 195-199.

[53] Weisenberg, M., Tepper, I., Schwarzwald, J. (1995). Humor as a cognitive technique for increasing pain tolerance. *Pain*, 63(2), 207-212.

[54] Williams, B. (2009). The year in hypertension. *Journal of the American College of Cardiology*, 55(1), 65-73.

[55] Wu, X., Guo, T., Zhang, C., et al. (2021). From "Aha!" to "Haha!" using humor to cope with negative stimuli. *Cerebral Cortex*, 31(4), 2238-2250.

[56] Yoder, M. A., Haude, R. H. (1995). Sense of humor and longevity: Older adults' self-ratings compared with ratings for deceased siblings. *Psychological Reports*, 76(3), 945-946.

[57] Yovetich, N. A., Dale, J. A., Hudak, M. A. (1990). Benefits of humor in reduction of threat-induced anxiety. *Psychological Reports*, 66(1), 51-58.

[58] 李梅, 张向葵, 赵欣欣. (2007). 幽默感对生理健康的作用(综述). 中国心理卫生杂志, (12), 871-874.

[59] 马丽媛, 吴亚哲, 王文, 等. (2018).《中国心血管病报告 2017》要点解读. 中国心血管杂志, (01), 3-6.

[60] 师静. (2000). 英语幽默中的歧义现象. 解放军外国语学院学报, (2), 35-37.

[61] 孙菲. (2022). 急诊重症肺炎合并心力衰竭患者采取多巴胺联合酚妥拉明治疗的意义. 中国医药指南, 20(35), 113-115+119.

[62] 王晓军, 林帅. (2011). 国内语言幽默研究十年回顾与思考. 外语研究, (05), 28-33+112.

[63] 杨柯, 郑柳, 周蜀溪, 等. (2021). 大学生焦虑状态的研究综述. 心理月刊, 16(12), 227-23.

[64] 赵俊. (1993). 疼痛治疗概述. 中级医刊, (04), 4-5.

语用障碍多模态补偿的功能与机制

周德宇 黄立鹤

1 引言

语用障碍是个体表达和识解交际意图能力的损伤(Cummings，2021)，涉及言语和非言语维度的社会互动障碍(Stainton，2011)，即无法通过合理使用言语和非言语资源实现交际目的(Perkins，2007)，是"相对于正常的语用能力或语用行为而言的"(冉永平、李欣芳，2017)。虽然学界对语用障碍的定义尚无统论，但分析各家之言，至少可得出两个结论：一是语用障碍涉及言语与非言语资源，相关研究宜采用多模态视角；二是语用障碍机制涉及多个方面，宜秉持"大语用观"的研究格局。本文首先论述多模态补偿的外在表现及其分类，随后阐释其内在机制，最后在此基础上解释"大语用观"的形成。

此处先举例说明语用障碍中的多模态补偿现象。文中汉语语料源于笔者自建的"老年人话语多模态语料库"(Multimodal Corpus of Gerontic Discourse，MCGD①)，实例转写采用了 Gail Jefferson(2015)的转写体系。

(1)
1　采访人：((一边摆放道具一边问))肉-肉要怎么弄呢
2　受访人：肉-肉酱
3　采访人：嗯
4　受访人：((**右手拿起"刀具"对着"肉"上下挥动，作挖东西状后并向右移动手臂**))
5　　　　　(4.6)
6　　　　　摆嘞当中

【基金项目】本文系国家社科基金重大项目"我国老年人语言能力的常模、评估及干预体系研究"(项目号：21&ZD294)的阶段性成果。
【作者信息】周德宇，讲师，华东理工大学外国语学院。
　　　　　　黄立鹤，教授，同济大学老龄语言与看护研究中心/外国语学院。
【注】本文首刊于《现代外语》2023年第1期。
①　该语料库建设已通过作者所在单位研究伦理委员会审查(登记编号：tjsflrec202101)。

7		((右手拿起"锅铲"比划))
8		(1.6)
9		((右手拿起锅,将锅里的东西倒入碗中))
10		(4.9)
11	采访人:	啊,摆在当中,然后把它盖起来是吧
12	受访人:	((小声))嗯

此例中受访人整体话语量较少、单个话语较短且不连贯。受访人在蛋饺的关键制作流程上未产出连贯性话语,而使用手部比划这一非言语行为实施意义补偿。例如"上下挥动"表示用刀把肉剁碎,做成肉糜,"挖"表示挑出一部分肉糜至蛋皮等。这些非言语行为补偿了个体因认知障碍导致的话语产出量少和话语产出不连贯等言语障碍,呈现出个体在发生语用障碍时的多模态补偿策略。

2 相关研究回顾

从上例可知,当面临语用障碍时,个体会采取多模态补偿策略,实现补偿功能,从而完成语用交际。本节将就多模态补偿的语用功能与相关探索展开讨论。

2.1 语用障碍中的多模态补偿现象及其语用功能

补偿是有机体内部的一种相对力量,通过自身调整适应动态变化(Perkins, 2007),可发生在包括语用障碍交际者的各个群体中(Perkins, 2007; Cummings, 2008)。

近年来,已有学者初步研究了语用障碍的补偿现象及其功能问题:(1)从研究人群上看,相关研究涉及脑损伤患者(Penn & Cleary, 1988)、失语症患者(Simmons-Mackie & Damico, 1997)、遗传性言语障碍患者(Paradis & Gopnik, 1997)、特定语言障碍患者(Perkins, 2001)、自闭症患者(Damico & Nelson, 2005)、神经退行性疾病患者(Perkins, 2007; Cummings, 2020; 黄立鹤等, 2021)等;(2)从考察形式上看,研究以具体补偿现象及补偿策略为主,多聚焦包括重复、停顿、自言自语、修正、程式化语言等具体补偿策略,关注语言系统内部的语音、词汇、句法、语篇资源以及手势、身势等非言语资源;(3)从功能目的上看,个体实施补偿策略具备一定的语用功能,如通过对失语症患者交际中多模态资源补偿的研究发现,补偿可实现传递信息、表达情感、调节互动、修复断续等语用功能(Simmons-Mackie & Damico, 1997)。针对认知障碍患者的研究表明,患者在进行交际时经常伴有多模态资源使用现象(Hubbard et al., 2002; Caballero et al., 2018),主要实现发起、加强和维持会话等语用功能(Hubbard et al., 2002);(4)从阐释机制上看,研究着眼考察补偿策略与语用障碍患者的记忆功能、执行功能、注意力、语言能力以及其他认知功能的关系。研究发现程式化语言弥补了说话人的记忆缺陷(Wray & Perkins, 2000);

叙事性、说明性和程序性话语可反映早期执行功能障碍(Cummings，2019a；2019b)；陈述性记忆(例如依靠组块、语义、明确的规则和策略)补偿了患者的语用障碍(Ullman & Pullman，2015)等。

上述研究的立足点和出发点不尽相同，尽管如此，这些研究结果均表明，推进会话、促进交际互动是语用障碍患者实施补偿策略时的语用目的。但围绕这些目的达成的语用功能研究相对零散，对不同语用障碍和语境条件下补偿现象的分类及实现机制的研究尚待深入。另外，语用补偿是否在语境构建、言语行为实施、身份识别、面子维护、话轮设计、交际调节等方面具备一定作用，以及补偿资源调用的具体方式有哪些等，皆需进一步探索。

2.2 多模态补偿的语用维度探索

本文所述的多模态的内涵，包含了基于神经感官系统的多模态定义和基于符号学的多模态定义。两种"模态"的概念差异，可参见顾曰国(2015)和黄立鹤、张德禄(2019)。

首先，基于神经感官系统的多模态研究为探索语言的脑机制提供了循证方向。借助神经影像学的发展，研究表明正常脑老化的语言加工中存在脑区间的补偿机制，其实现方式主要是脑区间神经资源的征募和调配，例如视觉模态所对应的脑区间补偿可通过HAROLD模型和PASA模型(韩笑、梁丹丹，2019)予以解释，这些研究对证实语言加工过程中存在神经补偿具有重要贡献，但将此类模型应用于语言障碍人群的语言现象及机制研究还需进一步拓展。此外，其他借助电生理技术(如ERP等)的研究也为语言的脑机制探索提供了有力支撑。

其次，基于符号学的多模态补偿特征研究受到广泛关注，其中以多模态语料库研究方法居多。目前国内外研究机构已建成一些不同规模、形式各异的多模态语料库(TalkBank、CCC、CorpAGEst、MCGD[①])，推进了各类人群多模态话语特征的描写性研究，并取得了一系列成果。如CorpAGEst团队从语用标记(pragmatic marker)入手，发现多模态手势具备一定的语用标记功能(Bolly & Boutet，2018)。但就已有研究来说，各类多模态语料库的研究重点围绕符号模态的表现形式，以及在各类语言(障碍)人群中的特点、功能等方面，尚未对各符号模态层面间的关系进行深入探讨，故难以呈现符号模态之间的关联性问题。

近年来，有学者发现研究补偿现象在一定程度上可填补当前语用学理论对一些语用障碍现象阐释力不足的问题，并着手基于补偿现象的语用学理论创新。其中Perkins(2007)的语用补偿理论具有一定代表性。该理论以结合语用、认知、病理和神经等维度综合审视交际障碍为逻辑基础，建构了一个可用于审视语用障碍的"浮现"模型(emergentist model of pragmatics)，为分析各类语用障碍提供了综合性阐释机制。在"浮现"视角下，语用能力并非独立"模块"或"功能"，而是一种在其他各功能互动过程中"浮现"出的综合

---

① 各语料库简介可参见 https://ageing.tongji.edu.cn/info/1006/1265.htm

现象,是交际者语言、认知、神经、感觉等多层面、多系统间综合协调的结果,对应表征为构成交际行为基础的符号、认知、运动、感觉系统(见表1)。当各层面、各系统中的要素无法相互作用使语用能力维持稳定状态时,交际者则表现出意义编码与解码的选择障碍,语用障碍随之"浮现"(Perkins,2007;冉永平、李欣芳,2017;黄立鹤,2022b)。Perkins 提出的语用补偿理论立足"大语用观",在临床和语用学研究中具有重要的理论价值,拓展了语用交际研究的知识体系,但需进行更多理论思考和实践应用。

表1 构成语用交际行为的符号、认知、运动、感觉系统(Perkins,2007)

符号(Semiotic)	认知(Cognitive)	运动(Motor)	感觉(Sensory)
语言	推理	声道	听觉
语音	心智能力	手部	视觉
韵律	执行功能	胳膊	
形态	记忆	脸部	
句法	情绪	眼睛	
语义	态度	身体	
语篇			
手势			
眼神			
表情			
身姿			

纵观当前研究,围绕补偿现象的描写性研究居多,且大多针对具体、特定的语用障碍,研究成果相对松散、系统性欠佳,同时鲜有研究关注多模态资源作为补偿手段的问题,缺少对其外在表现及神经认知机制的系统性梳理,无法为语用障碍与补偿现象研究提供有效的阐释工具。据此,我们认为当前研究存在三个缺口:(1)缺少基于感官系统和神经科学依据的语用障碍及补偿研究;(2)缺少基于符号学的语言层级间补偿机制研究;(3)缺少结合基于符号学和感官系统的多模态补偿机制研究。本文将针对这些缺口重点论述多模态补偿的形式与功能,阐释相应的神经认知机制。

3 多模态补偿的功能与阐释机制

本节从外在表现类型及其内在神经认知机制两个层面入手,阐释个体在发生语用障碍时实施多模态补偿的形式与功能,并举实例详细阐述。

3.1 多模态补偿的外在表现类型

外在表现是指个体实现多模态补偿功能时所呈现的行为规律。通观各类存在语用障碍的交际互动,我们发现主要存在3种表现类型:以补偿的实施主体为观察视角,补偿现象可发生在个体内部和人际层面;以补偿的言语手段为观察视角,补偿可发生在语言内部的不同层面;以资源调用为观察视角,补偿可发生在多种模态资源之间。这里需要指出的是,3种外在表现的分类并非割裂、独立的,是基于不同视角观察的结果。

3.1.1 个体与人际间补偿

个体与人际间的补偿机制包括两个方面:个体补偿和人际补偿。在语用交际中,个体内部和人际层面的交际资源构成了相应的动态系统,其完整性和平衡性通过一个连续的补偿性适应过程加以维持,两者往往相互配合、实时协作。

在个体内部,当句法系统受损引发交际障碍时,个体往往通过调用语音、韵律等资源的方式补偿相应缺陷,完成整体调控,达成话语语用目的;当言语符号系统受损导致交际障碍时,个体又会结合自己的手势、动作等非言语行为完成交际。本文例(1)和例(2)(阐释详见下文)均是个体补偿的实例。

当个体补偿机制不足以实现语用补偿时,则需要启动人际层面补偿机制,以顺利推进交际活动。因此,分析言语障碍不能仅从说话人方寻找线索与佐证,更要基于交际各方,从交际系统的角度加以分析,考察说话人是否能使交际方理解相关话语(Clark,2002)。例如,当语用障碍患者出现找词困难、话语缺损、认知理解困难等现象时,通过交际方适应患者话语特征,给出便于患者理解的交际话语(例如提示某个词语的第一个音),仍可使患者完成诸如话轮转换等交际行为。有时个体还会使用多种模态资源,间接提示或邀约交际方为自己提供具体帮助,这属于较为典型的人际补偿现象(详见例(2))。

(2)
1 采访人:北京去过伐①?
2 受访人②:去③
3 妻　子④:((笑声))
4 采访人:北京有什么呀?
5 受访人:北京么(.)((笑声⑤))
　　((视线从看着采访人转为低下头看手,手部有摆弄动作))
6 妻　子:北京有什么?
7 受访人:北-北京么((面部微笑,视线未朝向采访人或妻子,手部有摆弄动作,持续2秒))
8 妻　子:毛主席住的地方在哪里啊?[天安城吗?]

---

① 伐,上海方言,语助词,相当于"吗"。
② 受访人,77岁,男,阿尔茨海默病确诊患者。
③ "去"的韵律特征:高语阶、快语速、降调,且伴随拖音(0.2)和重音。
④ 指受访人的妻子。
⑤ 笑声,持续2秒,对应具体发音为"呵呵呵.呵",韵律特征为中语阶、中语速、降调,未伴随重音。有关韵律特征的判定,可参考Huang(2022a)。

```
9   受访人：                        ［唉唉］
10  采访人：嗯,北京除了有毛主席还有什么呀?
11         （（沉默））(5.1)
12  妻  子：毛主席(1.2)检阅的地方在哪里啊？(3.2)
13  受访人：（（左手摸头））（（看向妻子））
14  妻  子：天什么？
15  受访人：啊？（（左手持续摸头，一直持续至第19行））
16  妻  子：天∷毛主席在的地方
17  采访人：［北京有天∷天安］
18  妻  子：［叫同志们好的在哪里啊？］
19  受访人：天安门
```

本例中，个体补偿出现在第5行和第7行，且补偿表现一致，即先言语后非言语模态。首先，受访人先后接过话轮，产出话语"北京么"，其中"么"字作为话语标记实现了占据话轮、延缓回答的语用功能，表明受访人正在思考，主要体现在第5行0.1秒的短暂停顿。但受访人因罹患阿尔茨海默病记忆严重受损，致使其无法调取记忆内容。此后，受访人启动"试图补偿"[①]，具体表现为通过调用笑声/微笑的模态手段占据话轮，意图为自己获取更长的思考时间，以补偿自身由记忆损伤导致的语用障碍。但通过多模态线索（视线躲闪、手部摆弄）可推测出受访人努力回忆但仍然无法忆起的事实，故本次"试图补偿"的结果为"失败补偿"。尽管如此，个体在补偿过程中仍然调用了韵律、视觉、肢体多种资源，是启用了个体补偿机制的有力佐证。同时，本例在汉语语境中证实了以下发现："笑声"（韵律资源）经常被认知障碍老年人用来表达理解话语有困难或自身表达有障碍，是用以克服语用障碍的典型补偿行为（Lindholm，2008）。

人际补偿体现在第13行和第15行，且以非言语模态为主要补偿资源。受访人先后用左手摸头，但话语产出量极少。摸头反映出受访人正努力回忆，同时也表明其知晓自己是当前话轮的持有者；但极少的话语产出，显现出说话人无法忆起的事实。除此之外，第13行受访人看向妻子的视线变化，以及第15行一直摸头的体貌表现，是受访人启动人际层面补偿的具体表现。该补偿的本质是自我启动的他人补偿[②]，本例的实施方式为受访人调用多模态资源（视觉资源、肢体资源、韵律资源）启动交际方的协助，以补偿其言语模态的损伤，推进整体交际互动。特别是第15行的非言语模态资源，受访人利用多模态特征补足了话语内容，进一步明确了受访人的意图，强化了受访人"请求（帮助）"的言语行为。

[①] 补偿包括试图补偿、成功补偿和失败补偿三种，具体参见 Cabeza & Dennis(2012)。
[②] 这里我们借用了会话分析中的术语 self-initiated other-repair（自我启动的他人修正），并结合本文的多模态补偿概念做出相应整合。

除本例外,基于笔者自建的 MCGD 初步发现,认知障碍(尤其是阿尔茨海默病)患者呈现出的语用障碍特征相对突出,其互动中的人际间多模态资源的调用与整合在实现面子维护、实施言语行为、传递信息、调节交际互动(话轮转换、话题接续)、调节交际关系等方面均具有积极作用。

3.1.2 语言层级间补偿

语用交际所进行的资源调用或选择并不局限于语言系统的特定领域,而是存在于语言的各个层级中,包括语音、词法、句法、语义、语篇等,说话人会根据情绪状态、交际意图和许多其他因素或条件,"选择"话语的韵律特征、词汇的正式性、语法的复杂度等(Perkins,2007)。已有不少研究发现阿尔茨海默病患者在句法层面存在一定的障碍(Bates et al.,1995;Emery,2000;Orimaye et al.,2017),但这些研究都是在句法层内部审视患者的语用障碍。同时,过往的语用障碍研究大多将语用视为语言交际中的一个层级,较少秉持语音、句法和语用的界面交互观,缺少不同层级间的关联性研究。若从交际互动的"大语用观"出发,则为深入探索这些障碍是否呈现出与其他语言层级间的互动补偿提供了更广的研究视野,具备较大的研究空间和意义。这里我们列举两个语言层级间补偿实例:

(3) I get up- to make sure- that my legs- will take me- where. I want. to go.

(4) 辫搭①//②辫搭是//玉——呃 x//xxxx//xxxxx//也不是 xx//这个 x:一个 x//xxxxxxx//xxxxxx

例(3)是一位六十多岁的男性 Len(Perkins 2007:53),他因口腔癌手术切除舌部造成语音产出能力受损,但他在语用交际中通过句法手段来补偿语音受损,将话语切分为简短、语调连贯的语块,语块之间的语音停顿就是划分句法短语边界的信号。例(4)是 MCGD 中的一位 79 岁阿尔茨海默病女性患者,该说话人的语用障碍发生在识物情景中。与例(3)清晰的话语内容相比,例(4)的话语内容相对模糊,转录员无法识别具体语音,但说话人的每一个发音声调清晰,其交际方能够判断说话人正在实施"观察"的言语行为。与例(3)不同的是,说话人不仅调用了句法层面的补偿功能,还调用了汉语声调这一区别于其他语言的重要韵律资源,帮助说话人传递交际意图,推动语用交际。(3)、(4)两例中,说话人充分利用了韵律和句法之间的互动,通过语言层级间的补偿实现语用功能,使交际方能够理解自身话语,从而传递话语意义和自身意图。

3.1.3 符号模态间补偿

语用交际的资源选择是多模态的,因此即使口头交际的线性表达具有局限性,这种局限性仍能通过其他模态的表达来弥补。在临床语言学上,基于多模态视角审视非言语行为对于言语交际的重要作用并不鲜见,相关研究已从手势、表情、语调、笑声等多个方面考

---

① 辫搭,上海方言,表示这里。
② 符号"//"用于分割说话人发音中的韵律单位。

察了语用障碍现象(Hamilton, 2008)。例如, Bolly 和 Boutet(2018)、Duboisdindien 等人(2019)以语用标记为分析单位,基于多模态语料库研究发现,当轻度认知障碍老年人发生语用障碍时,非言语行为可提供重要的补偿资源,共同实施语用功能、协调人际交往;言语内容越复杂,老年人使用指代或指称作用的非言语行为(referential and deictic gestures)越多。例如,上文例(1)、(2)都是符号模态间补偿的典型案例,例(1)第 4、7、9 行的手部动作产生的符号和例(2)第 5、7、13、15 行的眼部和头部动作产生的符号皆补偿了言语产出的符号,从而形成符号模态间的补偿。

符号模态间的补偿本质上是符号系统背后所对应神经资源的调用与补偿。尽管有关符号模态间补偿的理论探索尚待加强,但符号模态间的补偿效用已应用于临床干预和康复治疗。例如,唐氏综合征(Down syndrome)儿童存在短期声觉记忆障碍,但其短期视觉记忆能力相对较强,因此在干预和康复过程中往往会引导该类儿童充分利用视觉信息,触发多模态补偿机制(Cummings, 2008)。又如,言语失用伴口颜面失用语言障碍的康复治疗会加大视觉、触觉模态在康复中的比例,以利于患者的整体恢复(陆云等,2020),自闭症康复会采用听觉模态刺激患者的语言理解,提升患者的语言认知能力(赵玉霞等,2020)。这些方法均借助了神经资源的多模态补偿以实现预期干预或康复效果。

3.2 多模态补偿的神经认知机制

补偿现象的整体神经机制的根本是大脑的自适应性,即神经系统对外部环境(感官输入)或内部环境(系统损害)变化的调整(Thomas, 2003)。当大脑面对神经变化或损伤时,能够进行功能重组与修复、支架建立,从而调节变化或损伤对认知表现(包括语用交际)的影响(韩笑、梁丹丹,2019)。因此,语用障碍中语言层级间、符号模态间的补偿与大脑中的跨层级与跨模态补偿的神经机制相对应(黄立鹤,2022b)。

首先,在语言加工过程中,补偿机制横跨各语言层级。一项基于 ERP 的神经认知研究表明,句子语境对词汇语义加工具有补偿作用,且这种补偿机制并非阿尔茨海默病老年人所特有,认知健康老年人也存在类似认知机制(Schwartz et al., 2003),例如老年个体可以有效使用话语语境来补偿词汇识别(Wingfield et al., 1991; Pichora-Fuller et al., 1995),或使用语音语调来帮助识别复杂句子中的从句或"思想单位"(thought unit)(Kjelgaard et al., 1999)等。

其次,多模态补偿的外在表现是大脑不同模态(即感官模态及其神经系统)①相互补偿、支持的结果,根本上依赖于时、空两个维度的神经认知补偿机制(Martins et al., 2015)。空间维度上,fMRI 等脑成像研究能够呈现大脑各区间的代偿激活与脑区调用,以及除主要激活脑区外的更广泛的脑区激活(Getzmann & Falkenstein, 2011; Du et al.,

---

① 按照现代脑科学以及生理学对"模态"的定义——感官及其相对应的神经系统(Kolb & Whishaw, 2005)——可发现语用交际补偿的神经机制通常是跨模态的。

2016);时间维度上,主要呈现在相关脑区加工时间的延长,从而补偿感知功能的衰退(Bellis et al.,2000;肖容等,2020)。如例(1)中受访人通过手部、肢体形成的符号将其所想"说"出来,用符号模态间的互动实现补偿,本质上是手部等肢体对应的前额叶区的激活补偿了言语表达对应的额下回后区,属于大脑空间维度的补偿。

此外,基于空间维度的神经认知补偿研究逐步形成了"补偿假说"(compensation hypothesis),以进一步揭示认知老化引发的补偿脑机制。该假说认为老年人的大脑激活了年轻人未激活的脑区(额叶区为常见征募区),用以补偿因增龄导致的神经激活特异性下降的问题,从而保证较好的认知表现水平。目前,越来越多的研究证实了"补偿假说"的合理性(Reuter-Lorenz & Cappell, 2008; Berlingeri et al., 2010; Eyler et al., 2011; Cabeza & Dennis, 2012),然而该假说在探索多模态补偿的神经机制上是否具有积极作用仍待进一步研究。

4　结语

本文阐释的多模态补偿是一种基于"大语用观"的探索,即秉持语用交际是符号、认知、运动、感觉等系统中各要素交互的结果,故语用障碍包含了言语及非言语等层面多种符号模态在语用交际中的表现。说话人根据交际意图、情感状态等各类影响因素"选择"语用交际资源,这种"选择"超越了语言系统的特定层级及其对应的大脑中的单独"模块",涉及从语音到语篇的各个语言层级(Verschueren,1999)及其他模态,即通过不同的语言层级资源(语音韵律、话语内容、语法结构或语义关系等)或者不同符号模态资源加以体现。因此,任何符号、认知、运动、感觉系统的使用本质上都是语用行为,且在脑机制上呈现出多脑区的协同作用。

语用交际障碍中的多模态补偿现象普遍存在,其基础是大脑功能的神经生物学适应性和可塑性(Wingfield & Grossman, 2006),通过神经储备和神经补偿机制,使个体能够在认知资源受限的现实条件下进行资源优化,实现语用交际目的。整体来看,多模态补偿的功能在语用障碍人群话语和互动中相对凸显,且存在共性。然而由于语用障碍的诱因不同,语用能力受损维度具有一定差异,对语用障碍的多模态补偿表现仍需更多维、更具针对性的研究。

对语用障碍等现象、机制与阐释理论的深入探讨,有助于推动语用学理论的发展,也具有一定的临床价值。相关研究宜采取多模态视角并服务于语用障碍知识体系的构建,以弥补仅关注语言维度而忽略其他维度造成的不足,从而增强对人类脑认知变化规律的科学阐释力。未来的研究可在以下三个方面持续发力:一是以"大语用观"为指引思想,以多模态补偿为重要研究问题进行细致化描写,总结各模态资源间的互动规律及功能实现;二是进行机制阐释,联手语言学、神经科学、脑认知研究、多模态行为学等,开展语用交际及认知能力衰退与补偿机制之间关系的研究;三是提出能够解释乃至预测某些语用障碍的多模态理论，进一步应用于各类语用障碍的早筛、干预和康复。

参考文献

[1] Bates, E., Harris, C., Marchman, V., et al. (1995). Production of complex syntax in normal ageing and Alzheimer's disease. *Language & Cognitive Processes*, 10(5), 487-539.

[2] Bellis, T. J., Nicol, T., Kraus, N. (2000). Aging affects hemispheric asymmetry in the neural representation of speech sounds. *Journal of Neuroscience*, 20(2), 791-797.

[3] Berlingeri M., Bottini, G., Danelli, L., et al. (2010). With time on our side? Task-dependent compensatory processes in graceful aging. *Experimental Brain Research*, 205(3), 307-24.

[4] Bolly, C. T., Boutet, D. (2018). The multimodal corpagest corpus: Keeping an eye on pragmatic competence in later life. *Corpora*, 13(3), 279-317.

[5] Caballero, J. A., Vergis, N., Jiang, X., et al. (2018). The sound of im/politeness. *Speech Communication*, 102(C), 39-53.

[6] Cabeza, R., Dennis, N. A. (2012). Frontal lobes and aging: deterioration and compensation. In Stuss, D. T., Knights, R. T. (eds.). *Principles of frontal lobe function*. New York: Oxford University Press.

[7] Clark, H. H. (2002). Speaking in time. *Speech Communication*, 36(1-2), 5-13.

[8] Cummings, L. (2008). Clinical linguistics. Edinburgh: Edinburgh University Press.

[9] Cummings, L. (2019a). Describing the cookie theft picture: Sources of breakdown in Alzheimer's dementia. *Pragmatics and Society*, 10(2), 151-174.

[10] Cummings, L. (2019b). Narrating the Cinderella story in adults with primary progressive aphasia. In Capone, A., Carapezza, M., Lo Piparo, F. (eds.). Further advances in pragmatics and philosophy. Part 2: Theories and applications. Cham, Switzerland: Springer International Publishing AG.

[11] Cummings, L. (2020). The role of pragmatics in the diagnosis of dementia. *East Asian Pragmatics*, 5(2), 147-168.

[12] Cummings, L. (2021). Pragmatic impairment. In Damico, J. S., Müller, N., Ball, M. J. (eds.). *Handbook of language and speech disorders* (2nd ed.), 192-208. New Jersey: Wiley-Blackwell.

[13] Damico, J. S., Nelson, R. L. (2005). Interpreting problematic behavior: systematic compensatory adaptations as emergent phenomena in autism. *Clinical Linguistics & Phonetics*, 19(5), 405-417.

[14] Du, Y., Buchsbaum, B. R., Grady, C. L., Alain, C. (2016). Increased activity in frontal motor cortex compensates impaired speech perception in older adults. *Nature Communications*, (7), 1-12.

[15] Duboisdindien, G., Grandin, C., Boutet, D., et al. (2019). VIntAGE: Videos to study interaction in ageing - a multimodal corpus to check on pragmatic competence for mild cognitive impaired aging people. *Corpus*, 19, 1638-9808.

[16] Emery, V. O. B. (2000). Language impairment in dementia of the Alzheimer Type: A hierarchical decline? *International Journal of psychiatric Medicine*, 30(2), 145-164.

[17] Eyler, L. T., Sherzai, A., Kaup, A. R., et al. (2011). A review of functional brain imaging correlates of successful cognitive aging. *Biological Psychiatry*, 70(2), 115-22.

[18] Getzmann, S., Falkenstein M. (2011). Understanding of spoken language under challenging

listening conditions in younger and older listeners: A combined behavioral and electrophysiological study. *Brain Research*, 1415: 8-22.

[19] Hamilton, H. E. (2008). Language and dementia: Sociolinguistic aspects. *Annual Review of Applied Linguistics*, 28, 91-110.

[20] Huang, L. (2022a). *Toward multimodal pragmatics: a study of illocutionary force in Chinese situated discourse*. New York: Routledge.

[21] Hubbard, G., Cook, A., Tester, S., et al. (2002). Beyond words: older people with dementia using and interpreting nonverbal behaviour. *Journal of Aging Studies*, 16(2), 155-167.

[22] Jefferson, G. (2015). *Talking about troubles in conversation*. New York: Oxford University Press.

[23] Kjelgaard, M. K., Titone, D., Wingfield, A. (1999). The influence of prosodic structure on the interpretation of temporary syntactic ambiguity by young and elderly listeners. *Experimental Aging Research*, 25(3), 187-207.

[24] Kolb, B., Whishaw, I. Q. (2005). Fundamentals of human neuropsychology. New York: Worth Publishers.

[25] Lindholm, C. (2008). Laughter, communication problems and dementia. *Communication and Medicine*, 5(1), 3-14.

[26] Martins, R., Joanette, Y., Monchi, O. (2015). The implications of age-related neurofunctional compensatory mechanisms in executive function and language processing including the new temporal hypothesis for compensation. *Frontiers in Human Neuroscience*, 9: 221.

[27] Orimaye, S. O., Wong, S. M., Golden, K. J., et al. 2017. Predicting probable Alzheimer's disease using linguistic deficits and biomarkers. *BMC Bioinformatics*, 18(1), 34.

[28] Paradis, M., Gopnik, M. (1997). Compensatory strategies in genetic dysphasia: declarative memory. *Journal of Neurolinguistics*, 10(2), 173-185.

[29] Penn, C., Cleary, J. (1988). Compensatory strategies in the language of closed head injured patients. *Brain Injury*, 2(1), 3-17.

[30] Perkins, M. R. (2001). Compensatory strategies in SLI. *Clinical Linguistics & Phonetics*, 15(1-2), 67-71.

[31] Perkins, M. R. (2007). *Pragmatic impairment*. New York: Cambridge University Press.

[32] Pichora-Fuller, M. K., Schneider, B. A., Daneman, M. (1995). How young and old adults listen to and remember speech in noise. *Journal of the Acoustical Society of America*, 97(1), 593-607.

[33] Reuter-Lorenz, A. K., Cappell, K. A. (2008). Neurocognitive aging and the compensation hypothesis. *Current Directions in Psychological Science*, 17(3), 177-182.

[34] Stainton, R, (2011). Pragmatic impairments. *International Review of Pragmatics*, 3(1), 85-97.

[35] Schwartz, T. J., Federmeier, K. D., Van Petten, C., et al. (2003). Electrophysiological analysis of context effects in Alzheimer's disease. *Neuropsychology*, 17(2), 187-201.

[36] Simmons-Mackie, N. N., Damico, J. S. (1997). Reformulating the definition of compensatory strategies in aphasia. *Aphasiology*, 11(8), 761-781.

[37] Thomas, M. S. C. (2003). Essay review: limits on plasticity. *Journal of Cognition and Development*, 4(1), 95-121.

[38] Ullman, M. T., Pullman, M. Y. (2015). A compensatory role for declarative memory in neurodevelopmental disorders. *Neuroence & Biobehavioral Reviews*, 51: 205-222.

[39] Verschueren, J. (1999). *Understanding pragmatics*. London: Arnold.

[40] Wingfield, A., Aberdeen, J. S., Stine, E. (1991). Word onset gating and linguistic context in

[41] Wingfield, A., Grossman, M.（2006）. Language and the aging brain：patterns of neural compensation revealed by functional brain imaging. *Journal of Neurophysiology*，96（6），2830-2839.

[42] Wray, A., Perkins, M. R.（2000）. The functions of formulaic language：an integrated model. *Language & Communication*，20(1)，1-28.

[43] 顾曰国. (2015). 多模态感官系统与语言研究. 当代语言学, 17(04)：448-469.

[44] 韩笑，梁丹丹. (2019). 正常老化脑的语言加工及其自适应机制. 当代语言学, 2019, 21(04)：586-601.

[45] 黄立鹤. (2022). 老龄化与老年语言学引论. 上海：上海外语教育出版社.

[46] 黄立鹤，杨晶晶，刘卓娅. (2021). 认知障碍老年人语用补偿研究. 语言战略研究, 6(06)：33-44. DOI：10.19689/j.cnki.cn10-1361/h.20210603.

[47] 黄立鹤，张德禄. (2019). 多核并行架构：多模态研究的范式、路径及领域问题之辨. 外语教学, 40(01)：21-26. DOI：10.16362/j.cnki.cn61-1023/h.2019.01.005.

[48] 陆云，雷斌，冉军，等. (2020). 手势引导对言语失用伴口颜面失用的临床疗效观察. 中国听力语言康复科学杂志, 18(01)：57-61.

[49] 冉永平，李欣芳. (2017). 临床语用学视角下语用障碍的交叉研究. 外国语（上海外国语大学学报），40(02)：28-38.

[50] 肖容，梁丹丹，李善鹏. (2020). 汉语普通话声调感知的老年化效应：来自 ERP 的证据. 心理学报, 52(01)：1-11.

[51] 赵玉霞，张姝妤，吴静静，等. (2020). 音乐活动和韵律压力感知训练对孤独症和智力障碍儿童认知功能和语言的影响. 临床精神医学杂志, 30(05)：312-315.

无障碍环境建设视域下医疗领域手语服务的现状与发展路径

倪 兰 张昕瑜

1 引言

面对不断增加的残障人口,消除残障歧视,为残障者提供无障碍社会服务,是现代社会治理的重要内容之一,从设施建设无障碍,到信息交流无障碍,再到社会服务无障碍,无障碍环境建设是新的残障观念在现代社会治理方式转变过程中的具体体现。

根据2006年第二次全国残疾人抽样调查数据,全国听力言语残疾人数达2 000多万,其中约有20%~30%的人使用手语作为主要沟通工具,他们通常被称为聋人。聋人是残疾人中较为特殊的一类,他们无法与社会进行正常沟通,语言障碍是他们在社会生活中遇到的最大难题,由于缺少手语服务的社会供给机制,他们在社会中往往会遭遇信息障碍。

医疗服务与每个人的日常生活息息相关,聋人群体同样需要无障碍地获取医疗服务,但医疗服务过程中聋人的沟通问题却较少获得社会广泛关注。由于沟通障碍与相关医疗健康知识的缺乏,聋人群体比一般人群更容易陷入就诊困境,误诊、漏诊、拖延治疗的情况时有发生,聋人的医疗服务诉求难以得到顺畅实现,这是聋人家庭面临的一大现实问题,解决聋人就医难的瓶颈问题迫在眉睫。

2 医疗领域手语服务研究现状

2.1 手语服务在医疗领域的作用

手语是聋人群体使用的特殊语言和主要交际工具,"手语服务"是政府、社会、企业为消除聋人群体的交际障碍、促进聋人群体更好地融入社会而提供的一系列语言服务措施

【基金项目】本文系国家语言文字工作委员会"十四五"科研规划项目(项目号:YB145-22)的阶段性成果。
【作者信息】倪兰,教授,上海大学文学院。
张昕瑜,本科生,上海大学文学院中文系。

之一(倪兰等,2021)。为聋人患者提供一个无障碍的语言环境是促进聋人患者与医护人员进行沟通的"基础设施",也是无障碍环境建设在医疗领域深入发展亟待解决的社会现实问题(郭聪等,2023)。手语在面向聋人患者的医疗服务工作中必不可少,它不仅可以实现医生与聋人病患间的顺畅沟通,还能够减轻医护人员在医疗过程中的压力。然而,医学术语复杂且繁多,目前国内尚未形成一套标准、规范、详尽的医学专业手语,并且受过专业培训的医学手语翻译及手语志愿者数量明显不足,这些困境都导致国内医疗领域的手语翻译服务长期处于停滞不前的状况(容敏华,2006)。

国内外学者详细分析了聋人在获取医疗服务时使用的各类沟通方式,肯定了手语翻译在医疗过程中的重要地位。Witko调查了新西兰聋人手语(NZSL)使用者获得医疗服务的情况,发现面对聋人患者时,医护人员普遍采用了临时性沟通策略,如唇读、书写、身势语等。这类沟通方式往往不够准确,又因为时间限制,医护人员无法把所有细节以书写或者打字的方式完整告知聋人(Witko,2017)。Chaveiro等学者认为在为聋人患者提供完善的医疗服务时,手语沟通非常重要。该研究还认为聋人患者和医护人员需要克服额外的沟通障碍,而这些障碍很可能影响诊断和治疗(Chaveiro et al.,2009)。尽管书面语言可能是克服与聋人患者沟通困难的一种方式,但是对于那些在使用口语之前就失聪的人来说效果可能有限,因为手语才是他们的第一语言。因此聋人对于通过唇读或手写的方式获取医疗服务的感受是无法从医护人员处获取完整信息。对于依靠家庭成员作为翻译人员进行医患沟通的方式,聋人强烈认为这种做法侵犯了他们获得医疗服务的权利(Witko,2017)。如果使用非专业手语翻译,聋人的隐私权可能同样会受到侵害(Haricharan,2013)。相关文献表明,尽管书写和唇读在医疗机构中很常用,但是聋人患者与医护人员都认为专业的手语翻译是首选交流方式(Yet,2022)。

手语服务成为协助医护人员开展医疗工作的迫切需求,它一方面是医患双方进行有效沟通的桥梁,另一方面这种为聋人所熟悉的沟通方式可以缓解患者的就医压力。因此手语的正确使用可以在准确描述病情、精准制定治疗方案、解决聋人患者的病痛等方面起到至关重要的作用。

2.2 医疗领域手语服务的困境

2.2.1 聋人视角

由于听力损失,语言障碍使聋人成为医疗领域中的弱势群体,与医护人员之间的沟通障碍常常引发聋人的就医困难,甚至加重了他们对于获取医疗服务的恐惧与排斥心理。

聋人患者在获取医疗服务过程中遇到的困境首先在于其自身对医疗信息的认识缺乏,这导致他们对于急诊科(ED)的使用率高于普通患者。一项针对美国纽约州罗切斯特地区一家大型医院聋人急诊科就诊率的调查显示,与健听人群相比,美国聋人更频繁地选择急诊科而非门诊,他们使用ED的频率是健听人群的1.97倍(McKee,2015)。专家分析了这一现象的产生原因:一是聋人对于常见病症的严重程度无法作出准确判断,因此会过度担心自身病症,认为某些症状需要紧急治疗;二是医疗常识缺乏导致聋人患者不知道自己的病症应该去哪些诊室就诊,因此更多地选择急诊科;三是美国大部分医院更注重在急诊科安排手语翻译,因此聋人患者更愿意选择能够获得沟通协助的科室。正是由于聋人缺乏医疗常识,他们面临着不恰当地获取医疗服务的风险。

聋人患者在获取医疗服务过程中的困境之二在于沟通障碍。就诊前聋人无法听到就诊信息,只能通过密切关注医护人员的口型、神态等视觉信息获取信息;就诊中聋人倾向于以手语进行交流,而医护人员更愿意选择唇读或书写,但是聋人有限的书写能力导致他们与医护人员间沟通不畅,聋人无法理解医生给出的诊断指示,并认为医生在自己未授权的情况下直接进行了治疗(Haricharan,2013)。与此同时,如果出现多位医生会诊的情况,由于无法听懂医生之间的病情交流,也会引发聋人的焦虑与沮丧情绪,进一步加深对于医护人员的不信任。住院治疗的聋人与家人分离,通过亲人传递信息的沟通方式中断,这使他们更有可能遭遇医护人员的忽视或消极对待(Witko,2017)。

聋人患者在获取医疗服务过程中的困境之三在于聋人文化与语言需求的独特性。聋人无法及时接收到外界信息,因此对于外部听人世界,大部分聋人保持着警惕与敏感,不愿轻易相信外界,导致聋人患者在就诊过程中比普通患者更容易形成对医护人员的不信任。加之听人医护人员对其文化与独特语言需求的不了解,往往会造成各类就诊过程中的误会与矛盾,医疗服务质量降低,有过失败就诊经历的聋人患者更加不愿意独自前往医院就诊,最终导致拖延治疗。

针对医疗领域面向聋人患者的服务现状,许多学者就面对面就诊以及线上虚拟就诊两个方面,对聋人进行访谈、调研,调查他们对医疗服务的满意度。调查发现,在有手语翻译参与的面对面就诊中,聋人更有可能获得较满意的医疗经历;而当没有手语翻译在场时,聋人患者与医护人员的沟通较少、满意度低,他们指出医护人员无法准确判断病情,他们也难以理解医护人员的医嘱。COVID-19期间,为了降低就医风险,广泛开展线上就诊,各国研究者对聋人远程获取医疗服务的情况开展调研,分析其利弊。一项针对美国聋人发起的调查结果显示,近一半的参与者指出这类视频服务常常聘用普通传译员,而非专业的医疗手语翻译来帮助进行视频沟通。1/3 的聋人指出由于传译员缺乏医疗知识,沟通效果并不理想(Mussallem et al., 2022)。同时,由于宽带限制、屏幕上较难呈现多种语言选项以及各种环境制约因素,远程就诊往往是低效的(Venugopalan,2022)。

2.2.2 医护人员视角

医生在患者就诊中发挥着重要作用,他们是所有医疗保健相关流程的主导者和关键协调者。但医护人员在面对聋人进行治疗时也面临着巨大挑战,这些挑战使得医护人员对于接诊聋人患者存在担忧和排斥心理。

首先,医护人员对聋人文化缺乏认知。"耳聋等同于智力残疾"的误解仍然普遍存在,这导致他们对聋人存在固有偏见,影响了医护人员的行为与选择。一项针对开普敦 Retreat 社区健康中心医疗工作人员的研究结果显示,当地医护人员尽量避免为聋人提供服务,当必须接诊聋人时,他们以近乎决断性的强硬态度进行诊断,这在极大程度上剥夺了聋人的自主权与选择权,导致聋人在就诊过程中感到未被尊重以及双方地位的不平等,因此对于医疗服务的满意度较低。大多数聋人患者对医护人员的态度表示出不满,这也阻碍两者形成良好的医患关系。

其次,医护人员的手语能力普遍无法达到与聋人交流的程度,医院也未提供手写板或在线翻译等设备的支持,以书写、唇读方式或依赖聋人家人进行交流的方式无法令聋人准确把握诊断信息,因此很多时候会出现无效沟通的情况。医护人员紧张繁忙的工作时间与工作环境,使得他们无法反复向聋人解释,这导致聋人视角下的医护人员缺乏耐心、武断诊疗,进一步引发其对医护人员的不信任感。

医护人员在很大程度上需要依赖手语翻译的帮助。但即使在手语翻译在场的情况下,由于手语翻译非专业的缘故,医护人员会发现他们从聋人的文字表述中获得的信息与从手语翻译处听到的转述信息不相符,这样的信息差加大了医护人员诊断的难度(Hill,2022)。

此外,新型冠状病毒肺炎期间,医疗机构实行佩戴口罩的防护措施也影响到聋人与医生的有效沟通。对于通过读唇语进行沟通的医患来说,口罩使原本关键的沟通技能不再发挥作用。

2.2.3 手语翻译视角

作为聋人患者与医护人员间的桥梁,手语翻译对于帮助聋人获取医疗服务至关重要,但是他们在服务过程中也会遭遇挑战。

首先,医学术语的翻译难度远高于日常手语翻译,因此准确的翻译需要经过系统训练,但是社会并没有提供医学领域手语翻译的系统化教育培训项目。手语翻译不仅仅是简单地将口语转换为手语表达,它还涉及医生与聋人间意图、感受的解释。手语还存在地区差异,这种差异也加大了翻译的难度(Witter,2022)。不仅如此,手语翻译在场有时会使聋人感到个人隐私受到侵犯。一项针对聋人孕妇对手语翻译态度的调查研究发现,1/3的聋人患者在分娩时没有要求手语翻译,因为对他们来说,产房是一个非常私密的场合,增加一个他们并不熟悉的翻译可能会造成身心不适(James et al.,2023)。此外,医疗服务语境下的手语翻译存在时间紧迫、准确度高等要求,这些都会增加手语翻译的心理压力。

目前,手语翻译人员面临的困境还在于手语翻译的职业现状不容乐观。以中国为例,2017年国家人力资源和社会保障部公布的《国家职业资格目录》未将"手语翻译员"职业资格列入,因而大部分城市暂停了手语翻译的培训和认证考试。失去了法律和政策支持,手语翻译市场呈现出复杂和混乱的状况,手语翻译就业面临挑战。医疗手语翻译是手语服务的重要领域,然而从事手语翻译的译员数量较少,大部分手语翻译以兼职或志愿者身份提供手语翻译服务,临时岗位的工作模式使手语服务的"供"远小于"求",这也造成手语翻译的专业性较难提高。(倪兰等,2021)

聋人与医护人员间的沟通困境受到多方面因素的影响,包括法律制度保障不足、专业手语翻译的稀缺、医护人员对聋人文化的刻板印象等,这使得聋人患者、医护人员与手语翻译在复杂的医疗保健系统中共同遭遇瓶颈。

3 聋人就医手语服务的调查

聋人因沟通障碍而普遍面临就医困难,在无障碍环境建设的背景之下,为聋人群体提供医疗领域的语言服务是保障聋人基本权益、完善相关领域语言服务的重要内容。为进一步了解国内医疗领域手语服务的现状,我们以上海市为例对聋人就医过程中的手语服务进行了相关调查。

3.1 调查设计

我们在上海市开展了面向聋人群体医疗手语服务的问卷调查,问卷内容包括经常或主要就诊的医院及科室、医患沟通语言障碍的主要解决路径、有无借助手语翻译的就诊经历以及对手语翻译质量的评价、对就诊手语服务的期待等。调查通过聋协发动聋人参与,共回收有效问卷833份,参与调查的聋人覆盖上海市16个市辖区。我们还分别调查了公益性"助聋门诊"和市场化就医手语翻译服务的供给情况,实地探访和电话访谈覆盖了上海市开设助聋门诊的10家医院,此外还通过网络检索,对聋协、手语翻译服务专业机构负责人的访谈,针对手语翻译服务机构的问卷调查等收集了数据。

3.2 调查结果

问卷调查的结果显示,聋人群体对就医问题高度关注,从833份有效问卷的区域分布看,除个别偏远城区,参与调查的聋人基本占各区聋人总数的4%～5%,就医难问题受到聋人群体的广泛关注,尤其是中老年聋人群体,有效问卷中被调查人年龄在30岁以上的占87.76%。随着年龄增长,中老年聋人群体的就医需求不断增加。

(一)聋人就医手语服务需求迫切

大多数被调查人需要通过手语进行信息沟通。被调查者中听力残疾 级的有688人,占比达82.59%。这部分聋人,特别是其中3岁之前失聪的语前聋,依靠助听器或残余听力获得信息的可能性非常小。

聋人就医过程中,解决医患沟通障碍的主要路径有2种:一是通过文字沟通(如现场书写、语音转文字软件等);二是通过手语沟通。有效问卷中70.71%的被调查人表示就医过程中会通过文字方式和医生交流,同时尚有近30%的被调查人,特别是大部分老年聋人,囿于文化水平不高,无法通过文字进行有效沟通。聋人就医在无健听人员陪同的情况下,尤其需要手语翻译服务。医患通过手语沟通也有2条路径:一是医护人员具备手语能力,二是通过具备手语能力的健听人作为手语翻译。在有效问卷中,45.62%的被调查人表示在就医过程中无健听人陪同。

（二）聋人就医手语服务需求广泛

聋人就医手语服务需求涉及各级医院。在"经常或主要就诊的医院"调查项上，有效问卷中选择三级医院、二级医院和社区医院的被调查人都占有较高的比例，分别达到63.87%、49.22%和43.34%，其中三级（甲等）医院占比最高，二级医院次之。

聋人就医手语服务需求涉及多个科室。在"经常或主要就诊的科室"调查项上，有效问卷数据显示，普通外科、皮肤科、耳鼻喉科、口腔科、消化内科、呼吸内科、妇科、骨科、眼科、心血管科是就医排名前10的科室，其中普通外科的比例最高，达48.14%（表1）。从需求的角度看，三级医院的普通外科等科室，是聋人就医手语服务建设的重点。

表1 聋人就医科室分布

就医科室	人数	比例
普通外科	401	48.14%
皮肤科	237	28.45%
耳鼻喉科	208	24.97%
口腔科	198	23.77%
消化内科	190	22.81%
呼吸内科	184	22.09%
妇科	180	21.61%
骨科	163	19.57%
眼科	146	17.53%
心血管科	123	14.77%

（三）聋人就医手语服务需求未能得到有效满足

聋人在就医过程中能够获得的家人或其他健听人群的帮助十分有限。调查结果显示，在聋人家庭生活中，与健听家庭成员之间使用手语交流的比例偏低，健听家庭成员的手语水平普遍不高，大多只是掌握了一些简单的生活用语以满足日常交流需要。74.81%的调查对象表示其家庭成员不能做他们的手语翻译，手语水平不佳为主要原因，有能力且愿意做手语翻译的家庭成员仅占19.18%。除了家人手语水平不高的原因，"工作忙""觉得麻烦""聋人不愿意让家人知道"等原因也导致听人家庭成员无法对其提供切实的帮助。就医过程中使用过手语翻译的聋人比例很低。仅有7.44%的被调查人有过手语翻译陪同就医的经历，只有约20%的被调查人表示在就医过程中通过各种方式（如手语志愿者服务、线下手语翻译、远程手语翻译等）使用过手语翻译。

（四）聋人对就医手语服务的期待

问卷调查显示，聋人对多方式、多渠道加强就医手语服务充满期待。具体见表2。

表2 聋人对就医手语服务的期待

选 项	人 数	比 例
医院提供绿色通道	534	64.11%
提供现场手语翻译服务	486	58.34%
医院配备手语志愿者	429	51.50%
提供手语翻译预约服务	290	34.81%
提供网上的手语翻译服务	223	26.77%

调查中,聋人普遍希望进一步提高手语翻译质量和专业性。在使用过手语翻译的约20%的被调查人中,对翻译质量表示很满意的占44.7%,比较满意的占48.5%,不满意的占6.8%。表示不满意的原因如表3所示。

表3 聋人对手语翻译服务不满意的原因

选 项	占 比
其他原因	35.17%
医学术语翻译不出来	27.25%
看不懂手语翻译	26.29%
手语翻译的时间太短	20.05%
手语翻译没有用上海手语	19.93%
手语翻译的态度不好	3.60%

调查显示手语翻译质量问题是就医手语服务的瓶颈之一,手语词汇的地域差异性、手语翻译对手语的认知程度、手语翻译的专业化程度都是造成翻译质量不高的重要因素。

聋人对市场化的手语翻译服务普遍接受度不高,而更期待公益性的手语服务。目前主要是由各级残联承担医院义工之外志愿者的津贴,如需聘请专业手语翻译,则需要聋人支付额外费用。有效问卷中,只有25.09%的被调查人可以接受支付全部费用,23.17%的被调查人可以接受支付部分费用,而有51.74%的调查人表示不能接受收费服务,但受教育程度在本科以上的聋人对支付费用的接受度较高。相关数据见表4。

表4 聋人对支付手语翻译费用的态度

对支付费用的态度	人 数	比 例
不能接受	431	51.74%
可以接受	209	25.09%
可以接受支付部分费用	193	23.17%

当前国内医疗领域手语服务供给主要包括2类：一是各级残联、精神文明委和医疗卫生部门在有关医院推出的公益性"助聋门诊"；二是有关机构、企业等提供的市场化手语翻译服务。

（五）公益性助聋门诊供给不足

助聋门诊是聋人就诊的绿色通道，可以优先挂号、优先就诊，同时提供全程手语服务。手语服务由各级聋协等负责提供部分手语翻译人员、志愿者津贴，由医院负责招募助聋志愿者和义工。前者是经专业认证的手语翻译员，后者是具有基本手语能力的志愿者。志愿者包括医院的窗口服务人员、医护人员、义工，以及社区志愿者、社会人员等。

助聋门诊自开设以来成效显著，开设助聋门诊的医院都会面向窗口服务人员、医护人员和义工等开展手语培训工作，其中有很大一部分是医护人员。截至2022年12月，上海市开设助聋门诊的医院共10家，分布在7个市辖区。不同医院采取了不同的服务方式，大多数在固定就诊时间提供手语翻译或手语志愿者服务，也有不固定就诊时间，提前预约手语翻译或手语志愿者即可。

当前，助聋门诊还存在明显不足。第一，相对于医院总量和广泛的聋人需求，数量上仍显供给不足，区域分布上较难实现全覆盖。第二，志愿者的手语能力不足，聋协提供的专业手语翻译员难以满足面广量大的需求，临时培训的助聋志愿者（包括院外的志愿者和院内窗口服务人员、医护人员等）手语能力普遍不高，只能开展日常生活交际，仅仅掌握基础医疗手语词汇的人占大多数，遇到与听障人群交流不畅的情况，还是需要依靠写字或软件中的语音转文字功能来解决问诊中的沟通问题。

（六）市场化医疗手语翻译服务发展不充分

针对手语翻译服务机构、企业等的问卷调查和访谈显示，在18种手语翻译服务工作场景中，医疗领域手语翻译服务位列第4，位列前三的分别是教育培训、讲座/工作坊和公益活动，部分机构由于没有相关资质，会尽量避开医疗领域的服务。对手语翻译员的调查数据也显示，专业手语翻译员的服务场合位列前三的是活动（79.17%）、教学（70.83%）和会议（62.50%），而医院仅排在第6位（41.67%）。这2个数据都与聋人的手语服务需求有较大差异，我们另一项对全国聋人的手语服务需求调查的数据显示，聋人期待的服务场合排序第一位的是医院（70.41%）。这种差异性产生的原因是多方面的，医疗手语翻译服务的准入门槛、价格、专业特殊性、翻译员资质与能力等都会造成供需不平衡。

4 面向聋人的医疗手语服务发展路径

4.1 法律保障

1993年，世界聋人联合会（WFD）发布相关文件，指出人们有权获得口语和手语间高质量传译服务,建立合格的传译员培训计划,并在各国建立机制,以便广泛提供专业传译员[1]。2006年,联合国发布《残疾人权利公约》,其中第25条明确规定:缔约国为残疾人提供相同质量和标准的医疗保健,并防止其因残疾而被歧视性地拒绝医疗服务[2]。

除在世界范围内的手语地位立法外,各国针对聋人获取医疗服务的过程也逐步建立了法律保障制度。以手语服务体系较为完善的美国为例,美国医学研究所(IOM)将以患者为中心的医疗服务定义为:尊重患者个体偏好、需求和价值观的医疗服务。为了实现以患者为中心的护理,患者和临床医生之间必须进行有效沟通[3]。根据《美国残疾人法案》,所有医护人员在照顾聋人时都必须提供合理的沟通方式,包括合格的手语翻译[4]。根据美国《民权法案》第六章,如果医护人员拒绝或拖延这种语言协助,将被视为歧视行为[5]。美国于1776年颁布的《联邦条例》、1973年颁布的《康复法案》,以及奥巴马医改法案《患者保护与平价医疗法案》(Patient Protection and Affordable Care Act, PPACA)在内的多部法律,皆对医疗机构为聋人患者提供有效的沟通渠道作出规定。这些法规要求医疗机构尊重聋人患者对首选沟通方式的要求,这种尊重也被称为"优先考虑",其基础是聋人患者最了解自身的残疾情况,因此能够选择最适合自己的沟通方式。

2023年6月28日,我国十四届全国人大常委会第三次会议表决通过《中华人民共和国无障碍环境建设法》,这部法律自2023年9月1日起施行。该法案中的"无障碍社会服务"一章中明确规定"公共服务场所涉及医疗健康、社会保障等服务事项的,应当保留现场指导、人工办理等传统服务方式""医疗卫生机构应当结合所提供的服务内容,为残疾人、老年人就医提供便利"[6]。

医疗领域手语服务得到法律法规的保障意味着国家与社会意识到了聋人在医疗领域面临的沟通困境,从而在制度层面进行设计以保障聋人获得更为公平、合理的对待。然而由于医疗领域的特殊性以及各类社会制约因素,部分制度在落地实施中困难重重。

4.2 人才培养

由于聋人群体的特殊性,他们难以与外部世界或是听人群体建立信任,而愿意集中生活在同为听障的聋人社群内部。因此改善聋人患者获取医疗服务现状的主要动力来自医疗体系内部。如何加强医疗领域手语服务人才的培养是改善聋人就诊环境的重要策略之一。医疗手语服务人才培养主要有两方面内容:一方面是加强对手语翻译的专业能力培养,为手语翻译提供必要的医学知识培训;另一方面是针对医护人员开展聋人语言文化

---

[1] https://wfdeaf.org/
[2] U.N. GAOR, 76th plen. mtg., U.N. Res. A/RES/61/106, at art. 25 (Dec. 13, 2006), http://www.un.org/disabilities/documents/convention/convoptprot-e.pdf
[3] Committee on Quality Health Care in America, Institute of Medicine. (2001). Crossing the quality chasm: A new health system for the 21st Century. Washington, D.C.: National Academy Press.
[4] LEWIS, T. T. (2022). Americans with Disabilities Act. Salem Press Encyclopedia, [s. l.].
[5] https://www.doc88.com/p-2022997183493.html?r=1
[6] https://www.gov.cn/yaowen/liebiao/202306/content_6888910.htm

培训。

由于目前国内缺少专业领域手语翻译的认证,也缺少针对手语翻译的医学术语培训,导致手语翻译中医学术语翻译的非专业性;并且由于各地区手语的差异性,也难以从各地调配均衡的手语翻译,造成了手语翻译分布的不均衡性。针对这一现实困境,为满足聋人患者的需求,美国社会建立了较为成熟的手语翻译培养体系,包括手语翻译的教育培训、资格认证和聘用体系(Olson, 2017)。Jason等学者创建并评估了教育干预和视觉沟通工具对紧急医疗服务(EMS)人员与聋人沟通的影响,共有2 701名EMS从业人员参加培训,结果显示在完成该教育培训后,大多数参与者认为该项目提高了他们与聋人患者间的沟通效率。一项针对急诊科护士医疗服务的研究指出,医院应鼓励急诊护士积极主动地进行手语文化的自学,以及组织急诊科护士专门学习用于护理聋人患者的知识,并对急诊科护士为聋人患者提供医疗服务的情况进行评估,以达到督促效果(Lyons & Normandin, 2023)。

人才培养不仅包括教育干预,也包括人才多样性选择的问题。许多研究者提出将聋人和听力障碍(deaf and hard-of-hearing, DHoH)卫生专业学生纳入培训计划,增加DHoH医生在医护人员中的数量。将具有不同背景、经历的DHoH纳入医疗体系,有助于促进医学教育和医疗保健系统的完善。培训DHoH医生不仅可以提供手语流利的医生,而且可以让DHoH人员不是作为患者而是作为同事参与诊疗,这可以进一步改善医生与聋人患者的关系。将DHoH卫生专业学生纳入培训计划不仅仅涉及医疗服务领域,也与聋人教育问题紧密相关。如何使聋人群体能够自主地选择就读方向,并建立一个针对聋人的完善的医学教育体系,还需要医学界与教育界共同合作。

4.3 技术革新

各国在法律保障的基础上,不断探索从技术层面着手为医患双方沟通提供更多选择。一方面依托手语翻译,以电话或是视频方式在聋人就医过程中介入手语翻译;另一方面以技术代替手语翻译。在第一类技术革新中,包括文本电话(TTY)、视频中继服务(VRS)、视频远程传译(VRI)在内的各种传译设备得到开发与应用(Witter, 2022)。应用TTY技术,聋人可以使用手机键盘输入文字,由操作员读给医护人员听;医护人员的回应则由操作员打字并显示在聋人屏幕上。VRS技术是一种以带摄像头的移动无线设备连接互联网的电信服务形式,聋人患者使用它呼叫手语翻译,手语翻译将信息同步传递给医护人员。VRI与VRS类似,使用带视频电话的电视让不在同一地点的手语翻译与医护人员实现同步交流。第二类技术革新摆脱了手语翻译短缺造成的沟通困境,以技术代替真实手语翻译的存在。建立动态手势数据集,用于识别聋人患者的手语,进行实时翻译,解决缺少传译员导致的沟通问题(Venugopalan, 2022)。

在国内,技术层面的革新也从未中断,主要集中在两方面:一方面是拥有语音转文字功能的软件,即以技术代替手语翻译的类型。市面上已有的软件包括音书、慧译、手之声、讯飞听见、小米闻声等，但是这些软件的应用也受限于聋人的文字能力，并且翻译水平参差不齐。另一方面是手语翻译软件，这类软件目前仍然主要依赖于手语翻译的存在，以电话或是视频的方式在聋人患者就医过程中介入真实手语翻译，在线提供沟通协助。而基于手语识别合成技术的软件开发才刚刚起步，大多仅限于孤立手势的识别，对手语句子、篇章的识别错误率仍然较高。

5 结语

语言是最重要的信息载体，面向残障者等特殊群体的语言服务规划是国家语言政策的重要组成部分。医疗手语服务也是无障碍信息服务的重要内容，体现了服务和权利导向的国家语言规划理念。在全社会进行无障碍环境建设过程中，我们要不断完善医疗手语服务法规制度，健全专业化、常态化的医疗手语服务体系；大力培养手语服务人才，优化医疗手语服务基础设施，丰富医疗手语服务产品和技术；科学构建评估指标体系和工作机制，提高医疗手语服务的专业性和效能，发挥医疗手语服务在国家医疗健康事业中的重要作用。

（一）加强医疗手语服务的政策法律建设及落地实施

医疗语言服务是在国家语言规划框架之下的政府和社会行为，应以相关法律和政策为依据，纳入国家相关语言服务规划中，体现对语言弱势群体的权益保障。应在国家已有政策法规基础上出台或完善相关法律法规和考核评价体系，确定医疗手语服务的管理部门，制定规范标准和实施方案，制定服务准则，规范、监督各类医疗手语服务，为医疗手语服务落地提供法律和政策保障。

（二）建立公益性和商业化结合的医疗手语服务运作管理模式

聋人群体的社会占比不大，医疗手语服务完全采取公益模式，不仅成本投入巨大，还会造成资源浪费。而社会组织和企业中蕴含着巨大的语言资源和服务潜力，因此可以尝试建立公益性与商业化结合的医疗手语服务供给模式，由政府通过购买企业和机构的服务实现医疗领域语言服务。政府倡导下的志愿者服务，结合由企业和机构提供专业认证的手语翻译等方式，能够基本解决聋人群体的就医困难问题。此外可以通过招募手语志愿者进入特殊语言人才库，从而化解紧急需求的不确定性和手语人才难以长期储备之间的矛盾。

（三）加强医疗手语服务资源建设

为提高医疗等各领域手语翻译服务质量，应着力建设手语人才数据库和手语语言资源知识库，后者包含地方手语语料库、国家通用手语语料库、医疗手语知识资源库等资源库体系。手语人才数据库可以按照专业类别进行有序规划，不同专业领域的手语翻译有不同的技术要求，如医疗、法律、经济等特定领域。医疗语言资源知识库体系则能为不同场景下的语言服务提供强有力的支撑。专业术语、专有名词等电子数据方便手语翻译在紧急情况下获取语言资源知识库的支持，避免语言服务中的理解偏差。此外该资源库还应包含国家通用手语与地方手语的比对，以及中国境内"手语方言分布图"等相关信息，为手语服务人员提供必要的语言知识，从而保证翻译的准确性和专业性。

（四）建立医疗手语服务技术支持体系

随着网络技术的发展，对聋人群体的医疗语言服务可以更多地借助电子媒介和网络技术。应进一步提升语音软件的准确性，同时努力推动手语机器翻译技术研发和相关产品应用。应建设统一的医疗手语服务系统平台，科学调配人力、技术、应用软件等各类手语翻译服务资源，努力降低专业服务的成本，积极推进线上手语服务，努力构建线下公益服务和线上专业服务相结合的医疗手语服务供给体系。

参考文献

[1] Bennett, R. Time for Change: Rethinking the Term 'Hearing Impaired'. *The Hearing Journal*, 72(5): 16. DOI: 10.1097/01.HJ.0000559500.67179.7d.

[2] Chaveiro, N., Porto, C. C., Barbosa, M. A. (2009). The relation between deaf patients and the doctor. *Brazilian Journal of Otorhinolaryngology*, 75(1), 147-150.

[3] Committee on Quality Health Care in America, Institute of Medicine. (2001). *Crossing the quality chasm: A new health system for the 21st Century*. Washington, D.C.: National Academy Press.

[4] Crume, B. (2021). The silence behind the mask: my journey as a deaf pediatric resident amid a pandemic. *Academic Pediatrics*. DOI: 10.1016/j.acap.2020.10.002.

[5] Fang, B., Co, J., Zhang, M. (2017). DeepASL: Enabling ubiquitous and non-intrusive word and sentence-level sign language translation. *Proceedings of the 15th ACM Conference on Embedded Network Sensor Systems 2017*. DOI: 10.1145/3131672.3131693.

[6] Gökce, İ. (2018). In *Accessibility of the deaf to the television contents through sign language interpreting and SDH in turkey*. EDEBİYAT FAKÜLTESİ.

[7] Grote, H., Izagaren, F., Jackson, E. (2021). The experience of D/deaf healthcare professionals during the coronavirus pandemic. *Occupational Medicine*, 71(4-5), 196-203. DOI: 10.1093/occmed/kqab048.

[8] Haricharan, H. J., et al. (2013). Can we talk about the right to healthcare without language? A critique of key international human rights law, drawing on the experiences of a deaf woman in cape town. *South Africa. Disability & Society*, 28(1), 54-66. DOI: 10.1080/09687599.2012.699277.

[9] Hill, C., et al. (2022a). Establishing a deaf and American sign language inclusive residency program. *Academic Medicine*, 97(3), 357-363. DOI: 10.1097/ACM.0000000000004469.

[10] Hill, C. S., et al. (2022b). Creating inclusive and accessible residency training programs: Lessons learned from establishing a deaf and American sign language inclusive model for residency training. *International Journal of Radiation Oncology, Biology, Physics*, 114, e8-e9.

[11] Hommes, R. E., et al. (2018). American sign language interpreters perceptions of barriers to healthcare communication in deaf and hard of hearing patients. *Journal of Community Health*, 43(5), 956-961. DOI: 10.1007/s10900-018-0511-3.

[12] James, T. G., Panko, T., Smith, L. D., et al. (2023). Healthcare communication access among

deaf and hard-of-hearing people during pregnancy. *Patient Education and Counseling*, 112(7), 107743.

[13] Kushalnagar, P., Paludneviciene, R., Kushalnagar, R. (2019). Video remote interpreting technology in health care: cross-sectional study of deaf patients' experiences. *J Med Internet Res*, 21.

[14] Lee, S., Jo, D., Kim, K-B., et al. (2021). Wearable sign language translation system using strain sensors. *Sensors and Actuators A: Physical*. DOI: 10.1016/j.sna.2021.113010.

[15] Luton, M., Allan, H. T., Kaur, H. (2022). Deaf women's experiences of maternity and primary care: An integrative review. *Midwifery*. DOI: 10.1016/j.midw.2021.103190.

[16] Lyons, G., Normandin, P. A. (2023). Strategies to improve emergency department care of the deaf and hard of hearing patient. *Journal of Emergency Nursing*. 49(4), 489-494.

[17] Mahase, E. (2021). Covid-19: D/deaf healthcare workers faced "widespread, systemic discrimination" during pandemic, study finds. *BMJ (Clinical research ed.)*, 373: n1365. DOI: 10.1136/bmj.n1365.

[18] McKee, M. M., Smith, S., Barnett, S., et al. (2013). Commentary: what are the benefits of training deaf and hard-of-hearing doctors. *Academic Medicine*. DOI: 10.1097/acm.0b013e31827c0aef.

[19] McKee, M. M., Winters, P. C., Sen, A., et al. (2015). Emergency department utilization among deaf american sign language users. *Disability and Health Journal*. DOI: 10.1016/j.dhjo.2015.05.004.

[20] McKee, M., Moran, C., Zazove, P. (2020). Overcoming additional barriers to care for deaf and hard of hearing patients during COVID-19. *JAMA Otolaryngology-Head & Neck Surgery*. DOI: 10.1001/jamaoto.2020.1705.

[21] Moreland, C. J., et al. (2021). Deaf adults at higher risk for severe illness: COVID-19 information preference and perceived health consequences. *Patient Education and Counseling*, 104(11), 2830-2833. DOI: 10.1016/j.pec.2021.03.020.

[22] Mussallem, A., Panko, T. L., Contreras, J. M., et al. (2022). Making virtual health care accessible to the deaf community: findings from the telehealth survey. *J Telemed Telecare*. DOI: 10.1177/1357633X221074863.

[23] Nilsson, A. L., et al. (2013). *A Prescription for Change: Report on EU Healthcare Provision for Deaf Sign Language Users*. Stockholms universitet, Avdelningen för teckenspråk.

[24] Olson, A. M., Swabey, L. (2017). Communication access for deaf people in healthcare settings: understanding the work of American sign language interpreters. *Journal for Healthcare Quality*, 39(4), 191-199. DOI: 10.1097/JHQ.0000000000000038.

[25] Oppong, A. M., Fobi, D., Fobi, J. (2016). Deaf students' perceptions about quality of sign language interpreting services. *International Journal of Educational Leadership*, 7(1), 63-72.

[26] Pertz, L., Plegue, M., Diehl, K., et al. (2018). Addressing mental health needs for deaf patients through an integrated health care model. *J Deaf Stud Deaf Educ*, 23: 240-248. DOI: 10.1093/deafed/eny002.

[27] Reeves, D., Kokoruwe, B. (2009). Communication and communication support in primary care: a survey of deaf patients. *Audiol Med*, (3), 95-107. DOI: 10.1080/16513860510033747.

[28] Reiher, J. (2022). New pathways for successfully reducing health inequities experienced by the deaf and hard of hearing community. *Academic Medicine*. DOI: 10.1097/acm.0000000000004533.

[29] Roguski, M., et al. (2022). Ableism, human rights, and the COVID-19 pandemic: healthcare-related barriers experienced by deaf people in Aotearoa New Zealand. *International Journal of*

Environmental Research and Public Health, 19(24). DOI: 10.3390/ijerph192417007.

[30] Rotoli, J. M., Hancock, S., Park, C. (2021). Emergency medical services communication barriers and the deaf American sign language user. *Prehospital Emergency Care*.

[31] Ryrie, S., Motsohi, T. (2018). Challenges experienced by healthcare workers in managing patients with hearing impairment at a primary health care setting: a descriptive case study. *South Afr Fam Pr*, 60: 207-211. DOI: 10.1080/20786190.2018.1507566.

[32] Sani, H., Zulkufli, N. S., Wahidah, I., et al. (2021). Bridging the gap between medical students and the deaf-mute population. *International Journal of Human and Health Sciences*（IJHHS）. DOI: 10.31344/ijhhs.v5i0.302.

[33] Sheppard, K. (2014). Deaf adults and health care: giving voice to their stories. *J Am Assoc Nurse Pr*, 26: 504-510. DOI: 10.1002/2327-6924.12087.

[34] Shuler, G. K., et al. (2013). Bridging communication gaps with the deaf. *Nursing*, 43(11), 24-30. DOI: 10.1097/01.NURSE.0000435197.65529.cd.

[35] Stone, C. (2010). The Deafness, Cognition and Language (DCAL) Research Centre, University College London. Access all areas—sign language interpreting, is it that special? *The Journal of Specialised Translation*.

[36] Venugopalan, A, Reghunadhan, R.（2022）. Applying hybrid deep neural network for the recognition of sign language words used by the deaf COVID-19 patients. *Arabian Journal for Science and Engineering*, 48（2）: 1349-1362. DOI: 10.1007/s13369-022-06843-0.

[37] Witko, J.（2017）. Deaf New Zealand sign language users' access to healthcare. *New Zealand Medical Journal*.

[38] Witter, M., de Rooij, A., van Dartel, M., et al.（2022）. Bridging a sensory gap between deaf and hearing people—A plea for a situated design approach to sensory augmentation. *Frontiers in Computer Science*, 4.

[39] Yet, A. X. J., Hapuhinne, V., Eu, W., et al.（2022）. Communication methods between physicians and deaf patients: a scoping review. *Patient Education and Counseling*. DOI: 10.1016/j.pec.2022.05.001.

[40] 郭聪, 杨承淑.（2020）. 国际医疗语言服务的需求分析与人才培养. 外国语言与文化, 4(02), 79-91. DOI: 10.19967/j.cnki.flc.2020.02.011.

[41] 倪兰, 唐文妍, 和子晴, 等.（2021）. 中国手语服务行业现状与发展趋势. 语言产业研究, 3(00), 111-123.

[42] 容敏华, 柳亮, 何敏.（2006）. 浅谈手语在医疗护理工作中的应用. 现代医药卫生,（06）, 891-892.

基于话语分析的医患沟通不畅时的交际策略

田一农　张　静　车海洋　苏永刚

　　医患沟通展现出医学的艺术性。医患交际中,医生常借助话语来引导患者,达成较为理想的治疗效果。一旦医患关系紧张,医生可以在交流中表现出为对方着想的倾向,从而改善关系[1]。这种回应对患者的满意度和遵守治疗计划也有积极影响[2]。医生的陈述可以将患者对治疗建议的反对转化为接受[3]。然而,由于咨询时间和其他因素的限制,情况往往相反。医患冲突不可避免,甚至会导致关系破裂。医生倾向于忽视和避免这些冲突[4],但这会阻碍有效沟通。医患的融洽关系仍是语用学和会话分析中未被充分开发的研究领域。本研究旨在分析医患会诊中的关系管理策略。具体而言,旨在揭示医生在患者出现关系威胁行为时如何建立融洽关系。本研究还回答了处理不配合的过程中的语用效果。本文首先回顾医患对话和关系管理的文献,基于研究问题,讨论在关系管理模型(RMM)的4个领域中医生建立关系的策略。本研究的贡献有两个方面:(1)对4个领域中患者威胁关系的行为进行分析;(2)根据该分析建立与关系威胁相关的医生策略体系。

1　医患对话

　　医患对话已经通过多种方法被研究过。医学对话的主题之一是不对称性。许多研究描述了医生性别[5]、话题和任务不对称性[6]、医学议程[7]、主动性、不对称性[8]、医学面试不对称性[9]以及不对称性的显著持久性[10]。家长式的关系中,不对称性允许医生控制过程。在过去的20年里,医患间不平衡的互动受到质疑[11]。因此,如何适应不对称性成为

【基金项目】本文系山东省人文社科重点项目(22BYYJ01)和山东省自然基金面上项目(ZR2022MG063)阶段性成果。
【作者信息】田一农,博士研究生,山东大学外国语学院。
　　　　　　张静,硕士研究生,山东大学外国语学院。
　　　　　　车海洋,淄博市妇幼保健院。
　　　　　　苏永刚(通讯作者),教授,山东大学外国语学院。
【注】本文英文原稿 Weaving rapport: doctors' strategies towards patients' noncompliance 刊于 *BMC Health Services Research*（2023）23:14。此处转载为中译本。

了研究焦点。将医生视为双重代理人，合同式或法律上的激励[12]可以成为解决不对称的方法[13]。早在1999年，有人指出闲聊可以减轻支配局面的负面影响[14]。话语分析手册中，Nancy[15]提到问题通常被视为不对称性的体现，因此应该适当地加以应对。此外，从信息共享到解释方案共享的转变[16]也提供了新的见解。此后，人工智能被用来解决信息不对称问题[17]，但技术推广非常困难。许多研究支持共同理解和共同决策促进关系这一观点，包括Zhang[18]、McCabe[19]、Kee[20]、Langberg[21]、Rostoft[22]、Caitríona和Zoë[23]、van Dael[24]。然而，这些策略是有限的。医生不仅需要学习更多的策略，而且会在关系管理方面面临着更加艰巨的挑战，因此探索与人际关系相关的框架是有必要的。关系管理模型是其中一个框架，能够揭示医疗咨询中对人际关系产生强大影响的策略。

2 关系管理

"礼貌"理论可应用于各种对话，但其中一个问题是"礼貌"策略涵盖的互动类型有限[25]。基于礼貌理论，Spencer-Oatey提出了关系管理模型，旨在超越面子挽回或威胁行为，转向某些情境下的人际关系焦点。该模型引入了新观点，人们接近关系的方式因几个因素而异，包括增进关系（增进和谐的关系）、维护关系（维持和谐的关系）、忽视关系（对关系不关心）和挑战关系（挑战或损害关系）。关系管理由许多相关领域组成，包括言语行为域、话语域、参与域、文体域和非语言域。言语行为域与言语行为话语紧密相关，从言语成分的选择、直接-间接的程度到语气升降的选择都有所不同。例如，Černý（2007）基于该领域研究了医学交互中言语行为的功能和特点。在话语域方面，相关研究旨在揭示远程家庭护理会话中的开场白和结束语[27]，或WhatsApp线上聊天中的关系管理[28]。在参与域方面，有关研究涉及轮流发言系统[29]和在场人员的包容与排斥。文体域经常讨论语调[30]和文体[31]，非语言域通常通过多模态方法进行研究。然而，在关于医患咨询的研究中，这些领域内的关系管理策略只有少数被提及。近年来，关系管理模型的概念被认为是涵盖礼貌研究[32]和语言学研究的不礼貌分析中的最优框架之一[33]。因此，这种多面的方法可以解析医疗咨询的复杂性，并提供适合医疗环境的关系策略。

3 研究方法

3.1 研究问题

1. 当患者在咨询中出现不配合行为时，医生如何管理与患者的关系？
2. 在处理患者不配合行为的过程中，医生的言语实现了哪些语用效果？

3.2 数据收集

数据收集严格按照《定性研究报告一致性标准》（COREQ）进行操作。本研究采用便利抽样方法,研究人员采访了10名不同科室的医生,有7名医生拒绝参与或中途退出研究。从体检中心、骨科和理疗科选择了3名医生,平均年龄为33岁,有丰富临床经验。表1是患者的人口统计信息。其中包括知情后同意跟踪调查的患者。有51名患者到体检中心就诊,29名患者到骨科门诊就诊,17名患者到物理治疗科就诊。自然对话收集自某地级市三甲医院,时长为10小时,记录于2021年12月至2022年2月之间,形成了小型语料库(约87 000个单词),总共包括100场咨询。

表1 患者人口统计情况

		数 量	百 分 比
性别	女性	45	45%
	男性	55	55%
年龄	≤20	1	1%
	21—40	15	15%
	41—50	12	12%
	51—60	18	18%
	61—70	30	30%
	71—80	21	21%
	81—90	3	3%
对医生的熟悉度	全部新患者		

3.3 数据分析

这100场咨询均根据Jeferson(2004)开发的转录系统进行转录。根据RMM理论,4个相互关联的领域包括:言语行为域(言语行为的表现)、话语域(话语内容和结构)、参与域(如轮流发言和包容或排斥在场的人)、文体域(如语气、文体)[35]。在大量关于医患关系的研究中,人际关系管理很少被分析。即使是那些提到这些领域的研究[36-38],也没有进一步讨论说话者如何利用人际关系管理策略来维护和改善沟通效果。本研究从录音数据中提取了4个相互关联的领域内的主题以及医生使用的关系策略。这些策略特别适用于医生在会诊中不得不处理威胁关系的行为的情况。

4 研究发现

4.1 言语行为域

大部分研究空间集中在言语行为域[35]。言语域主要关注言语行为所产生的威胁或增进关系的情况。言语域涵盖了道歉、请求、赞美、感激等内容[39]。适当处理言语行为对于建立和谐关系至关重要[40]。本研究中的医生倾向于通过赞美和开玩笑来建立关系。赞美通常通过支持或认可来改善人际关系[41]。如例 1 所示，医生在体检中赞扬了患者的健康状况。

例 1

1　　D：平时这个走路啊，腿酸麻胀痛吗？
2　　　　(1.5)
3　　P：不疼
4　　D：不疼吭，现在还能出去遛弯吗？
5　　　　就这八十多了＝
6　　P：＝还能溜这溜啊还能太极呢
7　　　　啥事没有不用拐杖
8　　D：＝那那那很好啊(hhenhh)
9　　　　您这是宝刀未老啊
10　　　行行啊没事
11　　P：好啊
12　　D：昂
13　　　　(0.3)
14　　　　你现在现在整体状况整体状况很好啊
15　　C：°是吧°
16　　D：他现在呢就是主要就是这个就是到了这个年龄啊↑
17　　　　就是出去遛弯：
18　　　　(1.0)
19　　　　注意防止摔倒.
20　　　　以后出去啊一定拿着呃拿着拐杖＝
21　　P：＝拐杖(hhenhh)＝
22　　D：＝对对对
23　　　　一定拿着拐杖
24　　　　(1.0)
25　　P：那拐着怕丢人
26　　　　(.)
27　　D：呃♯你这八十多了呵呵：你这八十多岁了你：
28　　　　要是腿磕一下
29　　　　还敢不拿拐杖吗(hhenhh)

30　　虽然**还有**另外一条腿呢
31　　**但是**咱也**不能**学丹顶鹤啊(hhenhh)
32　P：哈哈哈(hhenhh)
33　　放心吧一定照做＝
34　D：＝哈哈哈(hhenhh)

　　赞美经常用于增强参与者的相互理解,加强情感交流[42]。例1中,患者进行了定期健康检查,报告显示他的身体状况比同龄老年人要好。医生首先肯定了患者在这个年龄段的健康状况,然后赞扬了患者仍然练习太极拳,虽然已经超过八十岁也不需要拐杖,最后评价了他行走的能力("很好";第8行)。在患者看来,他希望因健康状况而受到赞赏,这意味着得到尊重。因患者外向的个性和外显的愿望,医生立即用成语赞美("宝刀未老";第9行)。这一成语不仅增强患者信心,还表现出医生对患者的尊重。在第10行,病人立刻接受了医生的称赞("行行啊没事"),表现出积极的情绪,更愿意接受医生的肯定,而不是托辞。医生用不同方式重复了赞美的话("你现在现在整体状况整体状况很好啊",第14行)。此时,患者也对自己的健康状况做出了积极的评价,如第15行。例1中,患者在关系中扮演平等的角色,并在随后的会诊中保持了关系。正如沃尔夫森所说,恭维的一个功能是鼓励期望的行为[43]。这位患者所需的尊重体现在自我认知和健康状况之间的一致性。由于恭维话可能会使对象面子受损,医生应选择适当的措辞而不是高度夸张的恭维内容,以建立共同语言,达成关系管理。

　　关系增进行为的另一个子类是开玩笑。玩笑在关系管理中扮演着重要角色,应在谈话中运用自然。开玩笑是用特定的术语指向特定的人[44],如医生、护士、患者,以及他们的身份。医院里持续的疼痛和抱怨,让医护和患者更有可能感到疲惫[45]。因此,医疗咨询非常需要使用开玩笑的策略来放松患者。例1展示了一个带有玩笑的序列。医生发现患者对于使用拐杖感到尴尬(第25行),为了让患者感到自在,医生劝说患者拐杖不是尴尬的(第27行)。在类似的情况下,许多医生更倾向使用关系敏感的言语行为,包括请求或命令[46]。然而,医生的命令通常带有权力和地位的压迫[47],可能会威胁平等权利,甚至引起厌烦。例1中的医生通过开玩笑,以一种幽默轻松的方式呈现了使用拐杖的重要性。玩笑的使用范围多样,包括问候或告别、介绍不同的话题或人、缓解紧张、掩盖尴尬、填补尴尬时刻[48]。例1中的医生在面对固执的患者时束手无策,幽默(比如开玩笑)是建立关系的方式之一。一般来说,症状而不是患者本人更有可能成为玩笑的目标。此玩笑的对象是患者腿部的高风险和对拐杖的抵抗。医生首先在第28行和29行笑声中指出严重后果是失去一条腿。笑声可以理解为释放紧张情绪。之后,医生夸张地说,如果患者跌倒并仍然拒绝使用拐杖,可能会变成"丹顶鹤"(第31行)。医生将决策权交给了患者。患者在第32行放声大笑,表示遵循医生的建议。医生也在第34行通过笑声来回应。他们在谈话中得到了情绪的释放,关系得到缓和。例1中,医生和患者的"成本和收益"并不相同。

通过轻松的玩笑和笑声,平衡得到了校准。因此,权利的平等和良好的关系自然得以实现。总体而言,医生使用赞美或笑话来帮助患者树立信心。言语行为域中的赞美和玩笑可以解决医患沟通问题,并对关系管理策略提供有用的启示。

4.2 话语域

话语域的形成源于话语结构[49],如话题的选择管理及信息的序列组织。因为社交互动是按照社交行为的顺序发生的[39],所以序列组织是最重要的组成部分。医疗环境里序列组织的特征是,从医生的策略开始并以患者的反馈结束。本研究中的序列分析表明,在会诊中,故事叙述是常见的关系"润滑剂"。将话语权交给患者,医生查看 X 光和其他可能的致病因素。然而,当患者希望得到比医生提供的更多的治疗方法时,他们最不愿配合[50],并经常将之前的生活方式作为借口。例 2 中,一位患者采取了积极抵抗的方法进行协商,提出符合她想法的治疗方式。

例 2

1　　D:血压高啊你看都 160 了
2　　　 (1.5)
3　　P:不高啊就是偶尔才 160
4　　D:hh.你走路的时候脚疼不疼啊=
5　　P:=而且我早上起来、午睡后、晚上睡前测得都正常啊
6　　　 就是看到白大褂紧张了
7　　D:哈哈哈哈
8　　　 (4.0)
9　　P:我脚::我脚上贴着膏药.
10　 D:哦贴着膏药哈,因为我一看你的膝盖好像有点变形啊
11　 P:我感觉还行啊
12　 D:你这个大姨就是说-如果啥的话想治的话:
13　　 你得查一下,
14　　 我妈也是这样=
15　　 =后来拖着就不行了哎
16　　 孩子是疼在心里也是没辙了
17　 P:哎
18　 D:我作为孩子辈实在见太多这种例子了
19　　 吭:::就特别你这个膝盖,我因为我-你一进来-我看到膝盖变形了.
20　　 还是尽快做个核磁共振看看吧
21　　 你看前面几个身体不如你都好了

22　　**身**子骨**能**好得**更快**
23　　医保也**能**报销啊
24　P：行吧
25　D：提**前**治.**不然到**后**期**啊**你要**再变形再-然后再厉害了
26　　你难受孩子也心疼啊
27　　**到时候**就得-换-换膝盖了
28　P：＝吓人啊那肯定**很**疼啊
29　　**行**我就听你**的**！

第5行,患者以正常的血压值进行解释,然后将血压不正常归因于"白大褂"(第6行),"白大褂"导致自己出现高血压[51]。该解释旨在否认身体出现高血压的问题。医生感觉到解释的时间不是很恰当,医患关系可能会受到威胁。因此,医生没有直接给出答案,而是在第7行笑了笑,以缓解尴尬。医生有责任确保患者在和谐的关系中接受适当的治疗。针对医生关于脚痛的问题(第4行),患者提到了她脚上的膏药(第9行)。突然的话题转换打断了医生的思考。医生还观察了她从脚到膝盖的部位,注意到膝盖的弯曲。医生指出膝盖的弯曲可能是高血压的潜在症状。尽管医生直接反对了患者的提议,但他使用的权威话语很少,从而避免了潜在的负面后果。医生准确了解了患者"嘴硬"的特点,并决定使用讲故事策略。医生巧妙地讲述了自己母亲的真实经历(第14行)。故事的高潮是分享他母亲的身体痛苦(第15行)和自己的无助(第16行)。这种叙述的说服力明显和其他说服力不同。讲故事常常伴随着共情的产生,成为建立关系的引擎[52]。从患者紧张悲伤的语气可以看出,医生建立的同理心是恰当的。医生接着介绍了康复患者的案例,向患者保证通过治疗可以更快地康复。患者的反感情绪得到了缓解,但仍然没有直接同意。在这种情况下,医生鼓励患者权衡早期干预和症状加重的选择(第25行)。同时,患者高声表示对痛苦经历的惊讶和认同(见第28行和29行的感叹符号)医生得到了患者对于进一步接受治疗的认可。在例2中,医生讲述其他患者的故事,并让患者置身其中,产生情感连接。医生与患者建立情感联系不仅是通过讲故事,医生还反复描述疼痛感受。通过分享故事,医生对他人的生活进行评述,让患者理解自己的处境。讲故事对于患者获得情感信息和提高情感参与度是有效的。

4.3　参与域

参与域在关系管理方面受到的关注较少。参与域的关键是在场人员的包含和排除。在医疗咨询中,医生和患者交换信息,分享医疗知识,建立强情感联系,共同做出决策。治疗的满意度与医生参与情况密切相关。正如例3所示,在患者表现出威胁情感联系的行为时,医生的参与在情感联系和治疗接受方面发挥了重要作用。例3中,一位高血压老年患者第一次到心脏科就诊。

例 3

    1   D：如果不吃药啊,很危险.
    2   P：这这这十盒药都要三百啊
    3   长期吃哪行啊
    4   D：是是不过大姨咱们吃国产的一样啊
    5   只要能降压就行
    6   吭,脑溢血就麻烦了.
    7   P：我还是挺正常的,就这两年
    8   D：吭大姨作为大夫来说,你整体很好.
    9   咱现在条件好,咱不是说没钱啊,每个月拿着这么多退休金
    10   咱得好好活着啊.多看看小孙子小孙女啊
    11   不能说我不把这个东西当回事儿,
    12   大姨你说,我高的时候一百五,
    13   我低的时候一百三十多,这个就不用管了.
    14   你就不用吃药了.
    15   但是你现在是什么问题啊,
    16   高的时候一百六七了,这就不行了.
    17 P：也是啊,俺还要看小孙女嘞
    18   身体不能不行.

在例 4 中,一位患有脑血管疾病的老年患者接受全面体检后向医生咨询。

例 4

    1   D：对对对,因为您这个年龄啊,咱一定要睡眠质量好
    2   不然的话,咱这个心脑血管儿这个疾病的风险=
    3   P：=我去年吃安定了感觉没事了啊
    4   D：啊对对对,你吃安定这不是个长法儿
    5   安定吃多了还会骨折啊
    6   这个年纪可摔不起啊
    7   P：也是啊一把年纪了

患者最初拒绝医生的建议,挑战和谐关系(见例 3 第 2 行和第 7 行,例 4 第 3 行)。患者的话意味着他们认为自己不应被不必要地控制或强加治疗建议。这种行为期望可能会影响患者的思考方式。然而,这种行为阻挠医生履行个人职责。被直接给出医疗建议是有损面子的,医生应选择适当的关系策略来减轻面子威胁。在例 3 中,医生首先开具替代药物(第 4 行),并提到价格更低的药物药效也相同。然后,医生告诉患者她与孙子女在一起的重要性。中国的大多数老年人在情感上更依恋孙子女。医生的论点会感动患者,患

者可能会为了有更多时间与孩子在一起从而接受建议。在例 4 中,医生提到了长期服用抗精神病药物的严重后果,并强调患者已经到了一定年龄。考虑到年龄,患者最终接受了医生的建议。在以上例子中,在医生参与后,患者表现出更积极的态度和更高的配合度。患者参与和医生参与,共同创造了和谐的往来。从对话中可以看出,医生们花费了大量精力来管理关系。医生需要提供专业建议,还应表现出同理心,加强医患联盟。此外,还包括一系列以患者为中心的关系策略,例如创造互惠机会、提供选择和表达情感。总的来说,相互信任和相互尊重的关系是共同参与,特别是医生参与的标志,在这种关系中,患者接受及时治疗,医生拥有更高的工作满意度和自尊心。当患者无视建议,破坏了关系时,医生的参与既有助于医治也可以修复双方关系。

4.4 文体域

通常,在文体域内会讨论三个关键组成部分,包括语调选择和使用、与文体风格相符的词汇和语法,以及使用与文体风格相符的敬语和头衔。研究人员普遍认同文体域的重要性,但通常从患者的角度展开讨论。在语用学中,文体相符的敬语或头衔在医疗咨询中的作用逐渐变得清晰[53]。本文研究的该领域内的主要关系管理策略是选择适当的头衔以表现尊重、礼貌或敬意。在以患者为中心的咨询中,医生通常在开场时问候患者并建立和谐融洽的联系。问候时使用适当头衔可以创造好的第一印象,帮助双方找到自己的位置。数据表明使用频率高或范围广的头衔包括"老师""大姨"和"大爷"。在例 5 中,医生称呼一位年长女患者为"大姨",启动了一系列积极的序列。医生将患者吸纳到自己的圈子里,顺利地询问了她的医疗历史。后续咨询中,患者表现出持续的合作,这反映了礼貌头衔的关系功能。

例 5

    1   D:**来,大姨坐到**凳子上.

    2   P:哦,**好**:::

    3   (4.0)

    4   P:谢谢啊,

    5   D:**行,大姨.**

"大叔"这个称谓具有类似的作用。例 6 中,患者有时会感到腿部麻木疼痛。医生称呼患者为"大叔",让患者从一开始就感受到自己是一个完全的参与者,产生亲近感。当咨询自然而然地以轻松口吻开场,就能轻松自如地建立起良好关系。

例 6

    1   D:**来,大叔坐到**凳子上.

    2   (清嗓子)

    3   (4.0)

    4   **平时有手麻或者头晕吗?**

5　P：没有.

6　P：好好,谢谢.

7　D：哎,没事儿。

医生使用尊敬语气称呼男性患者为"大叔",提高了患者地位并缩小了心理距离。咨询的中间部分包括全面的病史和体格检查。医生在整个过程中都使用"大叔"这一称谓,这是下意识展示出来的。在最后阶段,患者更少焦虑于症状,并且对药的耐受性更高。通过称谓的语言行为,患者以积极的态度进入咨询,建立了良好关系,产生了更好的治疗效果。总的来说,亲属关系的扩展将非亲属患者社会化为家庭关系。

医生使用这些称呼可以增加礼貌性,促进了关系和谐。第三个头衔是"老师儿"。它曾是对教师的尊称,逐渐发展为指传授知识或具有值得其他人学习的品质的人[54]。作为一个性别中立的头衔,在山东中部普遍用来称呼任何职业的个人[55]。在整个语料库中,"老师儿"的使用很流畅,如例7。

例7

1　D：对.然后老师您这个呢,先：：**不要乱做按摩**.

2　　　吭钱也没少花.

3　D：吭,咱**不能说**老师您这儿：：整天这治那治,**现在**

4　　　**目前来说**,就是效果不好.

5　D：**行老师**,建议做核磁,**不着急**.

6　　　您这个回**去看看**.

7　　　咱**说**看**清楚了**,咱咱**说**怎么治.

8　P：嗯.

9　D：对对对.

在例7中,患者发起了关于不规则自我药疗的讨论。这种情况不允许医生表达自己的意见。因此,他称呼患者为"老师儿"来打破僵局(第1行和第3行),然后开启一个新的序列。为了防止患者感到被评判,医生在患者做出挑战性回应时总是礼貌回应,使用尊称"老师儿"。患者受到鼓励,表达了满意。咨询结束时,患者遵守医生的指示并接受完整的治疗计划。以"老师""阿姨""叔叔"等称谓开始对话,相当于认可患者地位,表达医生的礼貌和尊重。医生将患者视为家人,并在咨询过程中礼貌地提供建议。医生必须恰当地使用头衔,还需要清楚不同程度的礼貌的语用条件。具体的称谓语因患者的地位、年龄和性别而有所不同。患者非常清楚医疗咨询中的权力地位相关性,医生应该学习如何称呼患者。总之,带有尊重意义的称呼对于医患关系的建立十分重要。

5　讨论

有效咨询是以患者为中心的护理的核心。在各种策略中,最重要的一项策略是在面对挑战关系行为时能够进行关系管理。无法管理关系会阻碍治疗。因此,基于上述研究结果,本研究建立了门诊医患关系管理模型(图1)。

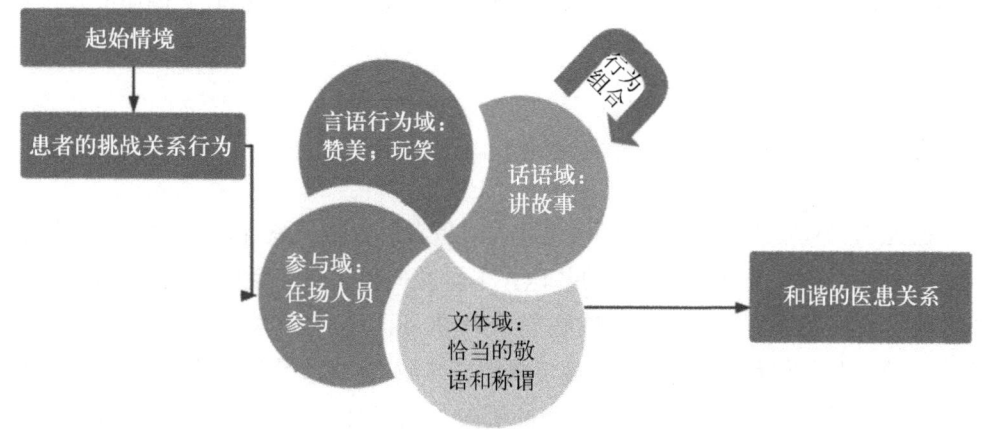

图1 门诊医患关系管理模型

医生可能会遇到患者的问题行为,如抵制治疗同盟,并威胁到医患联系。鉴于医患互动深受治疗过程中不断发展的关系的影响[56],医患关系策略,尤其是当患者冒犯医生并出现威胁关系行为时,变得尤为重要。根据RMM,数据表明医生采用的策略分为4个部分,即言语行为域、话语域、参与域和文体域。

在言语行为域,赞美维护并支持了患者的面子,尤其是体面面子。Spencer-Oatey(2005)指出,体面面子指的是一个人在社区内拥有的声望、荣誉或"好名声"。这是一个有趣的社会语境,可以据此研究不合作的患者的面子问题[57]。本研究中,体面面子被确定为患者期望的重要元素。同样,公平权利为医疗咨询提供了新的洞见。公平权利维护人们的独立自我概念[58]。然而,在开玩笑时,患者的公平权利具有新的表现形式,即医生应该注意患者的行为期望,提供公平的医疗服务。开玩笑能够引导患者遵循计划,使医患关系按照医生期望的方式发展。

在话语域中,讲故事是建立关系的主要策略。讲故事更能体现情感参与而非交互参与的重要性。当患者抵制治疗建议时,讲故事是一种行之有效的方法,可以引发笑声,打破僵局,而不会激起愤怒,这在以前的研究中很少被讨论。

参与域,即在场人员的参与,对于建立关系的结果有重要影响。交互参与,源于Erving Goffman的早期研究,描述了个人在共同环境中的参与程度。最微小的不当行为都有可能在咨询中破坏精巧编织的社交纽带。本研究调整了医生参与的威胁情况,这是一个实用性亮点。

在文体域中,使用适当的敬语或称呼是建立良好关系的基石。称呼被分为3种类型[59]:通用称号、亲属称号和职业称号。在中国的门诊中,称谓很少被讨论。在本研究中,中国医生通过使用恰当的称谓,努力在医患互动中引用礼貌,从而证明了称谓的关系功能。此外,相关的临床策略也具有一致性。这是由于医生经常整合多种策略,以促进和谐医患关系。这些策略有助于医生更自信地应对挑战关系行为。理想情况下,他们的参与会创造和谐医患关系的良性循环。此时,预期的药物效应、症状减轻和健康改善也都会发生。

6 总结

本研究以 RMM 为基础,解析了医生在面对患者的威胁关系行为时建立关系的策略。意识到关系的重要性已成为医生们的共识。本研究提供了更广泛的洞见,探讨了门诊医生的策略。研究展示了如何在患者威胁关系的情况下,医生同时建立关系并履行职责。在四个领域,即言语行为域、话语域、参与域和文体域,为高质量的医疗提供了新的启示。在言语行为领域中,医生可以给患者适当的赞美,提高他们的信心,缓解患者在拒绝治疗建议时表现的不适。即使患者表现出抵抗性,也可以用开玩笑的方式打破僵局,以轻松的方式传达治疗方案。在话语域中,讲故事可以激发患者讲述和重述故事,以建立共情。共同参与,特别是医生参与,也促进了患者服药。合适的称呼可以让医患更亲近,巩固医患关系。这些发现展示了医生在门诊中面对患者威胁关系的行为时,实施关系管理策略的实践。医生的言语可以实现 4 个主要的语用效应,分别是面子工作,尤其是体面面子,权利平等,情感参与,互动参与和礼貌考虑。

未来相关关系研究可采取不同方向。本研究的局限性在于,由于获取数据的途径有限,没有讨论非语言策略。结合音频和视频数据,将为此类研究提供更加多元化的视角。本文呈现的关系管理仅代表医疗语境中待探索的潜在研究的一部分,希望未来的研究能够扩展或挑战医患之间广泛的关系建立策略。

参考文献

[1] Cordner, Z. A., et al. (2020). The care of patients with complex mood disorders. *Focus (American Psychiatric Publishing)*, 18(2), 129-138. DOI: 10.1176/appi.focus.20200007.

[2] Frankel, R. M. (1995). Emotion and the physician-patient relationship. *MotivEmot*, 19(3), 163-73. DOI: 10.1007/BF02250509.

[3] Stivers, T., Timmermans, S. (2020). Medical authority under siege: how clinicians transform patient resistance into acceptance. *J Health Soc Behav*, 61(1), 60-78. DOI: 10.1177/0022146520902740.

[4] Wolf, S. M. (1988). Confict between doctor and patient. Law. *Medicine and Healthcare*, 16(3-4), 197-203. DOI: 10.1111/j.1748-720x.1988.tb01946.x.

[5] West, C. (1984). When the doctor is a "lady": power, status and gender in physician-patient encounters. *Symb Interact*, 7(1), 87-106.

[6] Have, T. P. (1991). Talk and institution: a reconsideration of the "asymmetry" of doctor-patient interaction. In: *Talk and social structure: Studies in ethnomethodology and conversation analysis*,

159.

[7] Roberts, F. (2000). The interactional construction of asymmetry: the medical agenda as a resource for delaying response to patient questions. *Sociol Q.*, 41(1), 151-70.

[8] Robinson, J. D. (2001). Asymmetry in action: sequential resources in the negotiation of a prescription request. *Text & Talk*, 21(1-2), 19-54.

[9] Gallagher, T. J, et al. (2005). Examining medical interview asymmetry using the expectation states approach. *Soc Psychol Q.*, 68(3), 187-203.

[10] Pilnick, A., Dingwall, R. (2011) On the remarkable persistence of asymmetry in doctor/patient interaction: a critical review. *Soc Sci Med*, 72(8), 1374-82.

[11] Kaba, R., Sooriakumaran, P. (2007). The evolution of the doctor-patient relationship. *Int J Surg*, 5(1), 57-65.

[12] Blomqvist, Å. (1991). The doctor as double agent: information asymmetry, health insurance, and medical care. *J Health Econ*, 10(4), 411-32.

[13] Georgopoulou, S., Prothero, L., D'Cruz, D. P. (2018). Physician-patient communication in rheumatology: a systematic review. *Rheumatol Int*, 38(5), 763-75.

[14] Binbin, Z. (1999). Asymmetry and mitigation in Chinese medical interviews. *Health Commun.*, 11(3), 209-14.

[15] Ainsworth-Vaughn, N. (2005). The discourse of medical encounters. In: *The handbook of discourse analysis*, 454.

[16] Barile, S., Saviano, M., Polese, F. (2014). Information asymmetry and co-creation in health care services. *Australas Mark J AMJ*, 22(3), 205-17.

[17] Yamasaki, K., Hosoya, R. (2018). Resolving asymmetry of medical information by using AI: Japanese people's change behavior by technology-driven innovation for Japanese health insurance. In: Portland international conference on Management of Engineering and Technology (PICMET). Honolulu, HI, USA: *IEEE: 2018*.

[18] Zhang, W., et al. (2018). Unhappy patients are not alike: content analysis of the negative comments from China's good doctor website. *J Med Internet Res*, 20(1), e8223.

[19] McCabe, R., Healey, P. G. T. (2018). Miscommunication in doctor-patient communication. *Top Cogn Sci*, 10(2), 409-24.

[20] Kee, J. W. Y., et al. (2018). Communication skills in patient-doctor interactions: learning from patient complaints. *Education*, 4(2), 97-106.

[21] Langberg, E. M., Dyhr, L., Davidsen, A. S. (2019). Development of the concept of patient-centredness – a systematic review. *Patient Educ Couns*, 102(7), 1228-36.

[22] Rostoft, S., et al. (2021). Shared decision-making in older patients with cancer – what does the patient want? *Journal of Geriatric Oncology*, 12(3), 339-42.

[23] Cox, C., Fritz, Z. (2022). Presenting complaint: use of language that disempowers patients. *BMJ*, 377: e066720.

[24] van Dael, J., et al. (2022). Patient-clinician communication research for 21st century health care. *Br J Gen Pract*, 72(715), 52-53.

[25] Kitamura, N. (2000). Adapting Brown and Levinson's 'politeness' theory to the analysis of casual conversation. *Proceedings of ALS 2000 Conference of the Australian Linguistic Society*, 7.

[26] Černý, M. (2007). On the function of speech acts in doctor-patient communication. *Linguistica online*, 6(2007), 1-15.

[27] Ilomäki, S., Ruusuvuori, J. From appearings to disengagements: openings and closings in video-mediated tele-homecare encounters. Social Interaction. Video-Based Studies of Human Sociality. 2020, 3(3), 1-4. DOI: 10.7146/si.v3i3.122711.

[28] Sampietro, A. (2019). Emoji and rapport management in Spanish WhatsApp chats. *J Pragmat.*, 143, 109-120.

[29] Sakr, M. (2018). Multimodal participation frameworks during young children's collaborative drawing on paper and on the iPad. *Think Skills Creat*, 29: 1-11.

[30] van Coller-Peter, S., Manzini, L. (2020). Strategies to establish rapport during online management coaching. *Hum Resour Manag*, 18: 9.

[31] Feng, W., Ren, W. (2019). 'This is the destiny, darling': relational acts in Chinese management responses to online consumer reviews. *Discourse, Context & Media*, 28: 52-59.

[32] Bargiela-Chiappini, F., Harris, S. (2006). Politeness at work: issues and challenges. *Journal of Politeness Research. Language, Behaviour, Culture*, 2: 7-33.

[33] Haugh, M., Kádár, D. Z., Mills, S. (2013). Interpersonal pragmatics: issues and debates. *J Pragmat*, 58(1), 1-11.

[34] Jeferson, G. (2004). Glossary of transcript symbols. Conversation analysis: Studies from the first generation: 24-31.

[35] Spencer-Oatey, H. (2015). Rapport management model. In: *The International Encyclopedia of Language and Social Interaction*, 1: 1-6.

[36] Egbert, L. D., et al. (1964). Reduction of postoperative pain by encouragement and instruction of patients: a study of doctor-patient rapport.. *N Engl J Med*, 270: 825-827.

[37] Bakić-Mirić, N. M., Bakić, N. M. (2008). Successful doctor-patient communication and rapport building as the key skills of medical practice. *Facta Univers*, 15(2), 74-9.

[38] Kaul, P., Choudhary, D., Garg, P. K. (2021). Deciphering the optimum doctor-patient communication strategy during COVID-19 pandemic. *J Surg Oncol.*, 12(2), 240-241.

[39] Burt, S. M. (2002). Culturally speaking: managing rapport through talk across cultures. *Language*, 78: 353-354. DOI: 10.1353/lan.2002.0069.

[40] Bargiela-Chiappini, F., Haugh, M. (2009). *Face, communication and social interaction*. London: Equinox Pub.

[41] Brown, P., Levinson, S. C., Levinson, S. C. (1987). *Politeness: Some Universals in Language Usage*. Cambridge: Cambridge University Press.

[42] Al-Azzawi, J. N. (2011). Compliments and positive politeness strategies. *Journal of the college of basic education*, 17: 71.

[43] Wolfson, N. (1981). Compliments in cross-cultural perspective. *TESOL Q.*, 15(2), 117-24.

[44] Handelman, D., Kapferer, B. (1972). Forms of joking activity: a comparative approach. *Am Anthropol*, 74(3), 484-517.

[45] Ghafari, F., Dehghan-Nayeri, N., Shali, M. (2015). Nurses' experiences of humour in clinical settings. *Med J Islam Repub Iran*, 29: 182.

[46] Tu, J., et al. (2019). Outpatient communication patterns in a cancer hospital in China: a qualitative study of doctor-patient encounters. *Health Expect*, 22(3), 594-603.

[47] Pijl-Zieber, E. M. (2013). Doctors' orders and the language of representation. *Nurs Philos*, 14(2), 139-47.

[48] Norrick, N. R. (1993). *Conversational joking: humor in everyday talk*. Bloomington, Indiana:

Indiana University Press.

[49] Stivers, T. (2013). 10 Sequence Organization. In: *The handbook of conversation analysis*, 1: 191.

[50] Heritage, J., Maynard, D. W. (2006). Communication in medical care: interaction between primary care physicians and patients. Cambridge: Cambridge University Press.

[51] Pickering, T. G., et al. (1988). How common is white coat hypertension? *Jama*, 259(2), 225-8.

[52] Manney, P. J. (2008). Empathy in the time of technology: how storytelling is the key to empathy. *Journal of Evolution & Technology*, 19: 1.

[53] Bismire, H., et al. (2022). Doctor who? Honorifc titles and their influence on patients' perceptions of healthcare professionals. *J R Soc Med*, 115(3), 91-4.

[54] Boland, R. (2014). The 'problem patient': modest advice for frustrated clinicians. *Rhode Island Medical Journal*, 97(6), 29.

[55] Spencer-Oatey, H. (2005). (Im) Politeness, Face and Perceptions of Rapport: Unpackaging their Bases and Interrelationships: 95-119.

[56] Cordella, M. (2017). No, no, I haven't been taking it doctor: noncompliance, face-saving, and face-threatening acts in medical consultations. In: *Research on politeness in the spanish-speaking world*: 191-212. London: Routledge.

[57] Markus, H. R., Kitayama, S. (1991). Culture and the self: implications for cognition, emotion, and motivation. *Psychol Rev*, 98(2), 224.

[58] Gramley, S., Patzold, K. (1992). *A survey of modern english*. England: Clays Ltd.

[59] 徐崇清. (2021). 社会语言学视域下对称谓词泛化的探讨——以"老师"为例. 汉字化, (17), 181-184. DOI: 10.14014/j.cnki.cn11-2597/g2.2021.17.048.

临床实践与研究方法篇

词汇产生交互激活模型在脑卒中后失语症患者命名错误分析中的应用

钱 倩　王 兰　王曼曼　胡瑞萍

　　失语症是脑卒中患者常见的并发症,占脑卒中人群的 20%～40%[1],所有卒中后失语症患者均存在不同程度的命名障碍[2]。命名障碍是由于语言系统受损导致无法随意提取已熟知的实质性词汇,引起交流中断,严重影响沟通能力[3]。分析和探讨不同类型失语症患者命名错误反应规律及产生机制,探索有针对性的治疗方案,对失语症患者词汇提取能力的改善至关重要。词汇产生交互激活模型(interactive activation model of word production,IA 模型)[4,5]是命名的认知神经心理学模型之一,以言语错误分析为基础建立,根据模型可将命名错误反应进行分类并解释其产生机制。该模型在英语失语症患者命名能力研究中得到广泛应用[6-8]。国内语言学专家也对该模型进行了研究[9,10],但尚未广泛应用于汉语失语症命名错误反应的分析。本研究基于该模型对 41 例卒中后失语症患者的命名反应进行分类和分析,探讨不同类型命名错误产生机制及针对性治疗方法。

1 资料与方法

1.1 一般资料

　　2019 年 1 月至 2020 年 11 月在同济大学附属养志康复医院进行言语语言治疗的脑卒中后失语症患者 41 例,其中脑梗死 25 例,脑出血 16 例,男性 28 例,女性 13 例,年龄 20—79(47.92±16.42)岁。入组患者的病程为 67—1 633(258±347)天,失语商(aphasia quotient,AQ)得分为 17.48—92(64.85±17.48)分,非语言性认知功能评分为 10—80(58.13±19.40)分。

【基金项目】本文系上海市"科技创新行动计划"生物医药科技支撑专项项目(20S31905700)阶段性成果。
【作者信息】钱倩、王兰、王曼曼,同济大学附属养志康复医院。
　　　　　　胡瑞萍(通讯作者),复旦大学附属华山医院。
【其他】本研究经同济大学附属养志康复医院医学伦理委员会批准(批号:YZ2019-065)。
【注】本文首刊于《中国康复医学杂志》2022 年第 8 期。

纳入标准：① 左侧大脑半球脑卒中；② 病程 1 个月及以上；③ 经西方失语成套测验 (Western Aphasia Battery，WAB)评估诊断为失语症，即 AQ＜93.8；④ WAB 命名能力评估项中出现命名错误；⑤ 发病前熟练掌握普通话；⑥ 自愿参与本研究并签署知情同意书。

排除标准：① 年龄＜18 岁或年龄＞80 岁；② 存在其他神经性疾病，如帕金森、脑外伤等；③ 存在听力、视力损伤，无法完成评估；④ 经非语言性神经心理测验(non-language-based cognitive assessment，NLCA)评估，存在显著认知功能障碍，即总分＜10 分；⑤ 有显著的构音障碍、言语失用、精神疾病。

1.2 方法

由经过专业培训的言语语言治疗师对患者的语言能力及视图命名能力进行评估，评估过程进行录音，采集每位患者的命名反应，再对命名反应进行分类并计算各类型命名反应比率，进行统计分析。

1.3 评定方法

1.3.1 非语言性神经心理测验(non-language-based cognitive assessment，NLCA)[11]

为保证患者满足语言能力评估所需的基本认知功能，采用 NLCA 评估患者的非语言认知能力，筛选出具备一定记忆力、注意力和视空间能力的患者，即至少能完成上述 3 项能力评估的第一题，总分≥10 分；排除存在显著认知功能障碍的患者，即总分＜10 分。

1.3.2 西方失语症成套测验(Western Aphasia Battery，WAB)[12,13]

采用 WAB 评估患者语言能力，根据 Benson 言语流畅性评价标准，将失语症分为非流利性和流利性两大类，并按照改良 Benson 法对患者进一步分类。

1.3.3 中文版波士顿命名测验(Boston naming test，BNT)[14]

中文版 BNT 包含 30 幅黑白线条图，目标词从高频词(如"树""铅笔")到低频词(如"圆规""竖琴")，是目前最常用的检测命名障碍的方法之一。评估时让患者说出黑白线条图的名称，记录患者在无提示下的第一反应，如果患者没有作出反应，30 s 后换下一张图。

1.4 对命名错误反应进行分类

基于词汇产生交互激活模型(IA 模型)对患者命名错误反应进行分类[15]。如图 1 所示，IA 模型包含语义特征、词汇和语音 3 层，层与层之间双向连接，构成了复杂的词汇知识网络。词汇产生的两个阶段：选择词汇和语音编码，都是通过网络内信息的扩散激活来实现的，它们同时发生，相互影响。基于该模型，图片命名开始于识别图片，在选择词汇阶段激活与目标词相关的语义特征，再将激活扩散到词汇层，选择出目标词；在语音编码阶段，激活与目标词相应的音位并进行编码。以上任一阶段或环节发生障碍将可能导致不同类型的命名障碍(表 1)。除表 1 中的命名错误外，如果患者的命名反应与目标词代表的物品存在视觉相似性，则将其归为视觉相似性错误 E9；由于汉语的特点，还存在组词错误 E10,指说出目标词的部分音素或词素,如将"冰箱"说成"冰"。

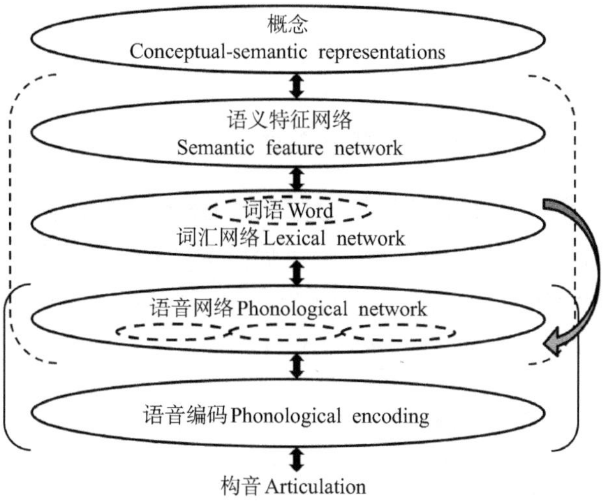

```
               概念
     Conceptual-semantic representations
               ↕
           语义特征网络
       Semantic feature network
               ↕
           词语 Word
       词汇网络 Lexical network
               ↕
       语音网络 Phonological network
               ↕
     语音编码 Phonological encoding
               ↕
         构音 Articulation
```

注: ---- 阶段1:选择词汇　——— 阶段2:语音编码

图 1　词汇产生交互激活模型

表 1　基于 IA 模型的命名错误反应类型

命名错误反应类型	定义及举例(目标词:猫)
遗漏错误 E1	未能产生一个完整的命名尝试,包括沉默或只有一个单词片段,与个人相关的绕弯子(我知道那是什么),以及模糊的描述(这是一个东西)
语义性错误 E2	与目标词语义相关的名词,包括同范畴中并列关系(狗),上位概念(动物),下位概念(波斯猫),联想关系(老鼠)
描述性错误 E3	与目标词语义相关的非名词(抓老鼠,喵喵叫)
完全无关 E4	与目标词没有语义、语音、视觉上等任何相关性(碗),持续性言语属于此类错误
混合性错误 E5	与目标词同时存在语义、语音相关(喵)
语音性错误 E6	与目标词仅存在语音相关的真词(捞)
非词/新词 E7	不存在或新造的词,与目标词存在相同音位(wao)
赘语 E8	围绕一个说不出的词,不停地说出一串无意义的词或代以虚词

1.5　统计学分析

采用 SPSS 23.0 进行统计学分析,视图命名测试时正确反应和各类型错误反应等计数资料用率进行描述,组间比较采用卡方检验。采用 Fisher 判别来比较流利性和非流利性失语症患者命名错误反应的特点。采用 Pearson 相关性分析来分析语义性错误占错误数的比率与命名正确率之间的相关性。$P<0.05$ 表示差异有显著性意义。

2 结果

2.1 不同类型失语症患者命名正确率的比较

通过对流利性失语症和非流利性失语症患者的命名正确率进行比较,流利性失语症患者的命名正确率(42.0%)高于非流利性失语症患者(28.6%),($\chi^2=23.808$,$P<0.001$)(表2),其中命名性失语症患者的命名正确率(47.1%)是运动性失语症患者(33.3%)的1.414倍,是完全性失语患者的4.710倍(10.0%)。

表2 流利性及非流利性失语症命名反应比较

失语症分类	正确命名反应(例)	错误命名反应(例)	χ^2 值	P 值
流利性	277	383	23.808	<0.001
非流利性	163	407		

2.2 流利性和非流利性失语症患者命名错误反应的比较

将失语症患者按照流利性失语和非流利性失语分类,比较其不同类型命名错误反应比率,前者出现最高的是语义性错误 E2(19.7%),后者是遗漏错误 E1(21.1%)和语义性错误 E2(17.2%)(表3)。

表3 不同类型命名错误比率

| 失语症类型 | 例数 | 不同类型命名错误比率(%) | | | | | | | | | | χ^2 值 | P 值 |
		E1	E2	E3	E4	E5	E6	E7	E8	E9	E10		
所有失语症	41	14.0	18.5	7.2	5.6	1.1	2.6	3.5	8.9	1.0	1.2	18.941	<0.001
流利性	22	7.9	19.7	7.9	4.7	0.9	2.1	2.0	10.2	1.7	0.9		
非流利性	19	21.1	17.2	6.3	6.7	1.4	3.2	5.3	7.5	0.4	1.6		

采用 Fisher 判别分析法对患者命名错误反应的情况进行比较,步进统计表明,遗漏错误 E1 和组词错误 E10 是最能够用以区分流利性或非流利性失语症类型的两种命名错误反应类型,F 值分别为 14.948 和 12.277,$P<0.001$,差异具有显著性意义。据此可写出典型判别函数 D1=−1.843+10.163×E1+34.776×E10,该函数可以解释 100% 的总变异,且函数具有显著性意义($\chi^2=18.941$,$P<0.001$)。

2.3 失语症患者语义性错误反应的规律

如表3所示,通过对所有失语症患者不同类型的命名错误反应情况进行比较,语义性错误反应E2比率(18.5%)最高,其次是遗漏错误E1(14.0%)。如图2所示,每位患者的语义性错误占错误数的比率与命名正确率之间显著相关(Pearson r 值=0.529,$P<0.001$),随着命名正确率的提高,语义性错误占错误数的比率也升高。

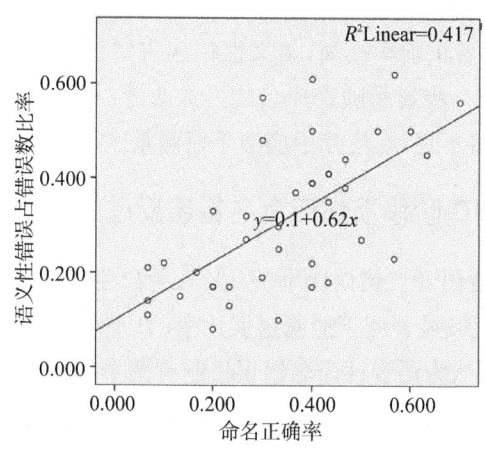

图2 语义性错误占错误数的比率与命名正确率之间的相关性

3 讨论

3.1 IA模型中选择词汇阶段损伤后命名错误反应的特点

本研究中非流利性失语症患者出现率最高的两种命名错误类型为遗漏错误(21.05%)和语义性错误(17.19%),流利性失语症患者出现率最高的是语义性错误(19.7%)。有关研究表明[16,17],视图命名任务中出现的错误反应类型可以反映IA模型中词汇选择阶段(语义-词汇系统)或语音编码阶段(语音系统)内的损伤,前者损伤可能导致语义性错误、描述性错误、遗漏错误,后者损伤可能出现语音性错误、新词/非词等[18]。因此,非流利性和流利性失语症中出现率最高的遗漏错误、语义性错误均与词汇选择阶段(语义-词汇系统)损伤有关,可能是因为核心语义知识受损,或者语义知识相对保留,但是语义知识和词汇表征间的连接不足。这两类命名错误反应的区别是,语义性错误是由于在词汇层一个语义相关的非目标词达到足够高的激活,而遗漏错误是由于在词汇层没有任何词汇得到足够的语义输入,从而被激活,导致没有命名尝试产生[19]。因此,为了提高脑卒中后失语症患者命名能力,可主要针对核心语义及语义-词汇间的连接进行加强,可选择层级提示法(cueing hierarchies)[20]、语义特征分析法(semantic feature analysis,SFA)[21]以及国外广泛应用的动词网络强化法（verb network strengthening treatment，VNeST）[22,23]等。此外，功能性神经成像和神经心理学研究的证据表明，双侧颞叶前部是语义认知的关键中枢[24]；左前颞叶损伤可能削弱语义特征的激活[25]或从语义特征到词汇的连接[18]；额下回对有效的词汇选择至关重要[25,26]。基于以上研究结果，使用重复经颅磁刺激（repetitive transcranial magnetic stimulation，rTMS）、经颅直流电刺激（transcranial direct current stimulation，tDCS）等技术进行非侵入性脑刺激能否对提高失语症患者词汇提取能力有突破性进展有待进一步探索。

本研究结果显示，命名正确率提高，语义性错误占错误数的比率也升高，这一结果与以往研究结果[5]吻合，进一步显示随着命名能力的改善，核心语义知识不断完善，但语义知识与词汇表征间的连接不足，在治疗中应当予以侧重。

3.2　IA 模型中语音编码阶段损伤后命名错误反应的特点

本研究中失语症患者语音性错误比率（3.2%）、混合性（语音语义性）错误比率（1.4%）以及非词/新词比率（5.3%）显著低于遗漏错误比率（21.1%）和语义性错误比率（17.2%）。国外针对 IA 模型的研究认为语音性命名错误机制有两个：① 在选择词汇阶段，词汇层受到语音层的激活反馈，从而选择出一个与目标词存在语音相关的词语[6,15]；② 在语音编码阶段发生目标词的单个音位遗漏、添加或替换[18]。但国内学者对汉语词汇产生中选择词汇与语音编码之间的交互作用进行研究后发现，在汉语词汇产生中不存在从语音编码阶段对选择词汇阶段的激活反馈，因此汉语语音性错误可能仅发生于语音编码阶段[10]。针对语音编码阶段的障碍，临床可以进行最小音位对比训练、真词假词的复述和朗读等[15]。

3.3　脑卒中后失语症亚型的判别

临床广泛应用的失语症分类方法是基于 19 世纪的语言神经基础模型（Wernicke-Lichtheim 模型）[27]，从言语流利度、听觉理解和复述 3 个功能方面对失语症进行分类，在此框架下，根据 Benson 言语流畅性评价标准将失语症分为非流利性和流利性两大类。本研究结果发现遗漏错误和组词错误最能够用以区分这两大类失语症，并得出了典型判别函数，可以指导临床根据患者命名错误类型特点对脑卒中后失语症进行分类。值得一提的是，失语症经典分类法虽然应用广泛，但大量的研究和临床实践发现其存在以下问题：① 相同亚型失语症个体间的语言功能障碍特征高度可变[28,29]；② 应用不同标准化量表得出的失语症亚型诊断结果一致性较差；③ 病变部位与失语症亚型间的对应关系差[30-32]。最近的一些研究[33-35]将失语症患者分为轻度语言缺陷、语音处理缺陷和语义认知缺陷 3 个组别，通过对病灶位置的比较显示出与每个亚组高度相关的脑区域。轻度语言缺陷通常与左侧大脑中动脉核心区域的较小病灶有关；语音处理缺陷主要与缘上回及向前延伸至中央后回的损伤有关；语义认知缺陷与额叶区域损伤有关。因此，上述研究提出从语义认知（概念知识）、语音处理（语音的识别和产生）、流畅性（句子水平的语音计划和产生)3个维度对失语症进行分类,但尚未形成系统的评估方法。本研究采用的 IA 模型将不同类型命名错误与语义语音系统的功能损伤相关联,这与新失语症分类框架相适应,可以探讨应用于新分类框架下的失语症亚型判别。

参考文献

[1] Hamilton, R. H., Roy, H. (2016). Neuroplasticity in the language system: reorganization in post-stroke aphasia and in neuromodulation interventions. *Restor Neurol Neurosci*, 34(4), 467-471.

[2] Nardo, D., Holland, R., Leff, A. P., et al. (2017). Less is more: neural mechanisms underlying anomia treatment in chronic aphasic patients. *Brain*, 140(11), 3039-3054.

[3] Michael, J. A., Robert, B. D. (2014). *Encyclopedia of the Neurological Sciences*. (2nd ed), 194-197. Salt Lake City: Academic Press.

[4] Dell, G. S., Schwartz, M. F., Martin, N., et al. (1997). Lexical access in aphasics and nonaphasic speakers. *Psychol Rev*, 104(4), 801-838.

[5] Foygel, D., Dell, G. S. (2000). Models of impaired lexical access in speech production. *J Mem Lang*, 43(2), 182-216.

[6] Dell, G. S., Martin, N., Schwartz, M. F. (2007). A case-series test of the interactive two-step model of lexical access: evidence from picture naming. *J Mem Lang*, 56(4), 490-520.

[7] Minkina, I., Rosenberg, S., Kalinyak-Fliszar, M., et al. (2017). Short-term memory and aphasia: from theory to treatment. *Semin Speech Lang*, 38(1), 17-28.

[8] Walker, G. M., Hickok, G., Fridriksson, J. (2018). A cognitive psychometric model for assessment of picture naming abilities in aphasia. *Psychol Assess*, 30(6), 809-826.

[9] 张清芳,杨玉芳. (2003). 言语产生中的词汇通达理论. 心理科学进展, 11(1), 6-11.

[10] 张清芳,杨玉芳. (2006). 汉语词汇产生中词汇选择和音韵编码之间的交互作用. 心理学报, 38(4), 480-488.

[11] 吴积宝,刘晓加,吴小琴,等. (2013). 非语言性认知功能评估量表的验证. 国际脑血管病杂志, 21(4), 282-287.

[12] 王荫华. (1997). 西方失语症成套测验(WAB)介绍(一). 中国康复理论与实践, 3(2), 87-89.

[13] 王荫华. (1997). 西方失语症成套测验(WAB)介绍(二). 中国康复理论与实践, 3(3), 135-140.

[14] 郭起浩,洪震. (2016). 神经心理评估. (第2版), 130-135. 上海: 上海科学技术出版社.

[15] Papathanasiou, I., Coppens, P., Potagas, C. (2016). Aphasia and related neurogenic communication disorders. *Learning*, 281(729), 1378.

[16] Meier, E. L., Sheppard, S. M., Goldberg, E. B., et al. (2020). Naming errors and dysfunctional tissue metrics predict language recovery after acute left hemisphere stroke. *Neuropsychologia*, (148)107651.

[17] Chen, Q., Middleton, E., Mirman, D. (2019). Words fail: lesion-symptom mapping of errors of omission in post-stroke aphasia. *J Neuropsychol*, 13(2), 183-197.

[18] Dell, G. S., Schwartz, M. F., Nozari, N., et al. (2013). Voxel-based lesion-parameter mapping: identifying the neural correlates of a computational model of word production. *Cognition*, 128(3), 380-396.

[19] Halai, A. D., Woollams, A. M., Lambon Ralph, M. A. (2017). Triangulation of language-

cognitive impairments, naming errors and their neural bases post-stroke. *Neuroimage Clin*, (17), 465-473.

[20] Meteyard, L., Bose, A. (2018). What does a cue do? Comparing phonological and semantic cues for picture naming in aphasia. *J Speech Lang Hear Res*, 61(3), 658-674.

[21] Quique, Y. M., Evans, W. S., Dickey, M. W. (2019). Acquisition and generalization responses in aphasia naming treatment: a meta-analysis of semantic feature analysis outcomes. *Am J Speech Lang Pathol*, 28(1S), 230-246.

[22] Edmonds, L. A., Mammino, K., Ojeda, J. (2014). Effect of verb network strengthening treatment (VNeST) in persons with aphasia: extension and replication of previous findings. *Am J Speech Lang Pathol*, 23(2), S312-S329.

[23] Li, R., Li, W., Kiran, S. (2020). Effect of mandarin verb network strengthening treatment (VNeST) in mandarin-English bilinguals with aphasia: a single-case experimental design. *Neuropsychol Rehabil*, 31(8), 1224-1253.

[24] Ralph, M., Jefferies, E., Patterson, K., et al. (2017). The neural and computational bases of semantic cognition. *Nat Rev Neurosci*, 18(1), 42-55.

[25] Piai, V., Riès, S. K., Swick, D. (2016). Lesions to lateral prefrontal cortex impair lexical interference control in word production. *Front Hum Neurosci*, (9), 721.

[26] Riès, S. K., Dronkers, N. F., Knight, R. T. (2016). Choosing words: left hemisphere, right hemisphere, or both? Perspective on the lateralization of word retrieval. *Ann N Y Acad Sci*, 1369 (1), 111-131.

[27] Tremblay, P., Dick, A. S. (2016). Broca and Wernicke are dead, or moving past the classic model of language neurobiology. *Brain Language*, 162, 60-71.

[28] Kasselimis, D. S., Simos, P. G., Peppas, C., et al. (2017). The unbridged gap between clinical diagnosis and contemporary research on aphasia: a short discussion on the validity and clinical utility of taxonomic categories. *Brain Language*, 164, 63-67.

[29] Henseler, I., Regenbrecht, F., Obrig, H. (2014). Lesion correlates of patholinguistic profiles in chronic aphasia: comparisons of syndrome-, modality- and symptom-level assessment. *Brain*, 137 (Pt3), 918-930.

[30] Yourganov, G., Smith, K. G., Fridriksson, J., et al. (2015). Predicting aphasia type from brain damage measured with structural MRI. *Cortex*, 73, 203-215.

[31] Charidimou, A., Kasselimis, D., Varkanitsa, M., et al. (2014). Why is it difficult to predict language impairment and outcome in patients with aphasia after stroke? *J Clin Neurol*, 10(2), 75-83.

[32] Halai, A. D., Woollams, A. M., Lambon Ralph, M. A. (2017). Using principal component analysis to capture individual differences within a unified neuropsychological model of chronic post-stroke aphasia: revealing the unique neural correlates of speech fluency, phonology and semantics. *Cortex*, 86, 275-289.

[33] Lacey, E. H., Skipper-Kallal, L. M., Xing, S., et al. (2017). Mapping common aphasia assessments to underlying cognitive processes and their neural substrates. *Neurorehabil Neural Repair*, 31(5), 442-450.

[34] Fridriksson, J., Yourganov, G., Bonilha, L., et al. (2016). Revealing the dual streams of speech processing. *Proc Natl Acad Sci U S A.*, 113(52), 15108-15113.

[35] Landrigan, J. F., Zhang, F., Mirman, D. (2021). A data-driven approach to post-stroke aphasia classification and lesion-based prediction. *Brain*, 144(5), 1372-1383.

基于语言学的阿尔茨海默病人工智能诊断方法的研究进展

刘 宁 李兆丰 李轩昂

1 引言

阿尔茨海默病(Alzheimer's disease,AD)是一种起病隐匿且不可逆的神经系统退行性疾病,以认知功能损害为核心,并导致患者日常生活能力、学习能力、工作能力和社会交往能力减退。其多发于65岁以上的人群,是当今世界最为普遍的一种痴呆症。临床医学认为,痴呆的发生是由于脑功能的障碍而导致持续性、获得性智能障碍或者受损,并且在认知(计算、判断、概括等方面)、记忆、语言、视空间功能、人格等多项中至少受损3项[1]。轻度认知功能障碍(mild cognitive impairment,MCI)是AD的早期阶段,具有极高向痴呆转化的风险[49]。AD的典型症状是大脑神经元外的蛋白质碎片-淀粉样蛋白(斑块)的积累和神经元内tau蛋白(缠结)的扭曲,这些变化伴随着神经元的死亡和脑组织的损伤。在临床医学领域,由于大脑神经认知机制与语言本身的关系尚不明确,影响了AD语言学的发展。而对AD患者语言特征的分析,特别是语言特征与患者脑损伤区之间的关系,可以深入探索AD的内在发病机制。

研究人员曾经发现,AD除了对患者的情绪、注意力、记忆、运动等产生影响,还对患者的语言功能产生深远的影响[2]。话语是心理活动的表征,它能清楚地反映语言、认知和交际之间密切而交错的关系[3],语言受到干扰是AD患者的普遍表现[4],语言的困难甚至可能早于定向和记忆的困难[5-6],量表中也包括语言能力的最低评估。同时,认知的状况也是不断变化的,Larrieu[14]和Howieson[15]的研究发现,一些人会从轻度认知障碍(MCI)发展为AD,而另一些人会保持稳定多年,甚至少数人也能恢复到正常的认知状态。语言能力长期以来被认为是AD的一个重要特征。Faber-Langendoen[6]等人发现48%的轻度AD患者在标准语言测试中表现出失语症的症状。Forbes-McKay等人[7]分别记录了轻

【基金项目】本文系浙江科技学院大学生创新创业训练计划项目"基于脑影像的阿尔兹海默病健康识别方法研究"(2023cxcy102)以及"基于言语特征的阿尔茨海默病早期诊断关键技术研究"(2023cxcy109)资助项目。
【作者信息】刘宁、李兆丰、李轩昂,浙江科技学院理学院/大数据学院。

度和中度 AD 患者产生的语言错误。在 MCI 阶段,基于语言的评估方法提高了预测 AD 进展的准确性[9-11]。所以,相比于记忆、学习和其他认知功能指标,在 AD 的筛查中,语言可能是一个更好的辨识指标[12]。语言的变化可能是早期发现认知衰退的敏感标志[13-14],基于语言学的 AD 自动检测方法具有很大潜力。

本研究主要是一篇基于语言学对 AD 和 MCI 进行人工智能诊断的研究综述,通过对目前这一领域有影响力的算法进行分类介绍,并针对不同的算法做出评价。即介绍近些年这一领域普遍采用的两种方法:特征分析法和基于深度学习的算法。第一种方法主要介绍采用语音和文本提取 AD 和 MCI 语言学特征的基本方法。其中基于语音的诊断法包括 AD 和 MCI 诊断过程中采用的语音处理技术,基于文本的诊断方法回顾近些年几种自然语言处理方法,从简单的词法分析到临床评估中最先进的语言模型。论文的最后指出了目前研究的不足之处,研究建议和未来发展方向的展望。

2 国内外研究现状与趋势分析

自动语音识别技术(automatic speech recognition,ASR),自然语言处理(natural language processing,NLP)技术和机器学习已经改变了人类和计算机交互的方式,使语言处理应用程序成为日常生活中的一部分。ASR 是将语音的内容转换为计算机可读的输入,使计算机具有能够处理人类语言的能力。NLP 的发展归因于机器学习算法的最新进展、更大的分布式计算能力、海量的数据集,以及对人类语言结构的更深层次的理解。在临床领域的应用方面,这些技术无疑正在改变我们评估 AD 和 MCI 等神经退行性疾病的能力。由于临床诊断的各种不尽如人意的方面,能够快速、可靠地对疾病进行诊断变得尤为重要。人工智能的方法能够满足这些目标,甚至可以识别那些处于疾病风险的人群,如主观认知障碍(subjective cognitive impairment,SCI)和 MCI 阶段的人群。有了远程监测的能力,持续评估疾病的方法可能会发生变化,常规的 AD 监测可以在不需要医院探访的情况下完成。

很多国内外的大赛也开始重视基于语言学诊断 AD 和 MCI 疾病,这一领域也是目前全世界研究的热点。如 2019 年科大讯飞举办的 AD 预测挑战赛,Interspeech 2020,Interspeech 2021,国际顶级语音学会议连续两年举办了基于语音诊断 AD 和 MCI 的国际性大赛。通过语言学(包括语音和转录文本)检测 MCI 和 AD 疾病,目前国内外的研究主要采用以下两种方法。第一种方法是基于语音和转录文本建立特征工程,再利用机器学习算法识别 AD 和 MCI,这种方法需要手工提取语音和文本的特征,对专业知识的要求较高,特征的完整性和准确性无法保证。而且,这种方法一般是与具体任务场景相关联的,一旦场景发生变化,这些依靠人工设计的特征和先验设置无法适应新的场景,需要重新设计算法模型,所以模型的通用性不强,但是模型的可解释性比下面介绍的第二种方法要好,在临床医学领域,模型的可解释性对临床诊断的意义重大[32]。第二种方法是采用深度学习的算法，它利用具有多个隐藏层的强大神经网络功能来解决一般的机器学习任务，深度神经网络可以通过使用多级非线性处理单元的级联数据进行表征学习[21]，从而自动提取深层语义特征，而不需要手工建立特征工程。设计一种像人脑一样可以自动学习和调整的通用智能系统一直是人类的愿望，深度学习是最接近通用智能的算法之一。它摒弃了第一种方法需要针对具体任务手工设计特征、添加先验假设的做法，模型的性能较好，适应性较强，而且深度学习的表现一般优于第一种方法。目前而言，因为深度学习模型是一个"黑盒"[17]，透明度随着隐藏层数量的增加而降低，它的可解释性不如第一种方法。本研究着重于基于语言学的 AD 和 MCI 检测算法，下面分别介绍这两种方法的分类预测模型，包括目前主流算法的特点及模型的评价指标等，并针对不同的算法进行分析、比较和评价。

2.1 特征分析法

从数据中识别 AD 和 MCI 可以归纳为分类的问题，特征分析法是通过提取与目标息息相关的特征参数，放入机器学习的分类器中，达到最终分类识别的目的。这种方法的关键是特征向量的提取与选择，以及强大的分类器性能。此外，由于临床医学对人工智能算法的可解释性要求较高，医生更想知道通过人工智能算法诊断的原因所在。相比于深度学习的"黑盒子"[17]，特征分析法比较"透明"的模型特征及架构更适用于临床医学，基于语言特征的提取方法对大脑的认知、AD 患者的诊断和治疗都具有重要的意义，我们认为基于口语语言标记的 AD 诊断方法是未来重要的研究方向。

2.1.1 基于语音学特征的 AD 诊断

声学分析可以利用 ASR 来计算口语交流的障碍，这些障碍通常与神经退行性衰退有关。目前虽然大量的研究是通过分析复杂的文本获取病人的认知状况，但对有认知障碍的人进行语音信号的分析可以获得额外的补充信息，这是因为声流是认知和语言处理过程的实时物理表现，演讲过程中的停顿可能与词汇检索困难（即找词困难）或者信息形成所需的额外处理时间有关，言语中的节奏和旋律的变化可能表明了认知的变化。从语音信号中获得的信息可以单独使用，也可以与文本特征结合使用。鉴于目前语音学特征提取的研究现状，我们分别从以下二个方面讨论基于语音学的特征分析方法。

（1）韵律特征：韵律是指说话的节奏和旋律。特征参数包括浊音段持续时间、响度、周期度量、基频（F0）和许多其他类似的特征[18-19]。这些测量指标可以显示说话的节奏和时间上的不规则。此外，非语言的线索，例如计算中断的次数、感叹词的个数、自然转向以及反应时间，也可以表明不规则语言模式的特征识别[20]。例如 MCI、AD 和其他形式的痴呆症与受影响个体的思维普遍迟缓有关。通过分析韵律特征检测 MCI 和 AD 的研究有很多，例如在 König 的研究[18]中，健康对照组、MCI 和 AD 的参与者被要求在执行各种任务时记录声音，包括倒计数、图像描述、句子重复和语言流利测试，计算浊音段、周期性段和非周期性段的时间韵律特征。在此基础上，计算发声段与不发声段的平均持续时间之比，作为表征被试言语连续性的特征。与 MCI 或 AD 患者相比，健康对照组在这些指标上表现出更大的连续性。这些 MCI 和 AD 患者语言的可量化变化使得 AD 患者从健康对照组中分离出来，得到 87% 的准确率，MCI 患者从 AD 患者分离得到大约 80% 的准确率。Pakhomov 等人[20]早期尝试使用 ASR 提取图像描述任务语音学的韵律特征（包括停顿词比，标准化停顿长度等）检测 AD。Tóth 等人[21-22]最近的两项研究探索了使用 ASR 检测 MCI，主要使用韵律特征包括：发音率、语速、发音长度、沉默与填补停顿的持续时间、沉默与填补停顿的数量，作者能够展示 ASR 和手动方法在 MCI 检测中的可比结果，最终手动特征提取的准确率为 82%，而 ASR 的准确率为 78%。许多自发性的言语分析表明，AD 患者的清音语音比例较高，表明 AD 的流利性下降，流利段缩短，当使用韵律特征时，分类的准确率较好。

（2）音质特征：音质是衡量产品纯度、清晰度和分化程度的客观指标。人的声音是在大脑的控制下，由发声器官的生理运动产生的，它具有语法和语义的特点。许多研究[25-26]指出，痴呆的存在增加了自发言语中的犹豫程度，音质的变化与认知障碍相关[27]，这些都可以通过分离语音产生源从语音信号中测量出来，包括通过肺部和声门的空气流动，并影响可感知的音质。在认知和思维障碍的背景下使用的声音质量测量包括：

抖动（jitter），语音发声时声门脉冲时间的变化。

振幅微扰（shimmer），发声时声门脉冲幅度的变化。

谐波噪声比（harmonic-to-noise ratio，HNR），共振峰谐波与非谐波谱峰的比率，即那些不是 F0 的整数倍的峰。

López-de-Ipiña 等人[26]的研究表明，从自发语音样本中提取声学特征（与韵律、频谱分析和带有情绪内容的特征相关），对 AD 参与者进行不同阶段（早期、中期和晚期）的分类。计算的韵律特征包括浊音和浊音段持续时间的平均值、中值和方差，F0 的轮廓和信号源特征（微光、抖动和谐波噪声比）。最后，他们提出了一个新的特征，他们称之为情绪温度（ET），这是一个标准化的测量，范围从 0 到 100。基于几个韵律、副语言特征和音质特征，他们注意到，当使用情感特征（即提出的 ET 度量）时，准确率得到提高。

（3）发音特征：在临床语言文献中，一些捕捉发音者运动的频谱特征被用于测量认知语言缺陷的声学表现，包括计算与附加共振峰谐波频率相关的统计数据，即 F1，F2 和 F3，计算随时间变化的共振峰轨迹[29]，或计算元音空间面积[30]。对于 Peeters 研究[29]的每一帧语音信号，也可以计算信号频谱的质心，它与音频中感知到的声音的亮度或者音色有关。由于语音信号是非平稳的，时频信号处理技术被广泛使用。例如，用梅尔尺度滤波器组计算梅尔频率倒谱系数（MFCC），提供了语音的压缩和白化谱表示，这些发音特征通常被用作 ASR 系统的输入，但是也可以随着时间的推移进行监测，以识别由于认知或思维障碍而导致的语音异常。例如，可以跟踪 MFCC 随时间变化的平均值、方差、偏度和峰度等常见的统计特征，以确定健康个体与某些认知或思维障碍患者之间的异常情况[33]。Sun 等人[31]的研究探讨了频率干扰、声门参数等声学特征对情绪识别的影响。Gharavian

等人[32]提取了基频、共振峰、MFCC等参数，进行相关性分析，得到二十五维向量，然后使用FAMNN算法进行分类，最终得到较好的情感识别结果。Meilán[33]利用Praat软件提取了30例AD患者与36例健康对照者的间断次数、闪烁次数、间断百分比、噪声与和声比等声学特征，最终获得了84.8%的准确率。

语音特征的提取可以通过openSMILE(open-source Speech and Music Interpretation by Large-space Extraction)工具箱[37]提取，以命令行方式运行，通过配置config文件对音频文件进行特征提取。现在openSMILE被世界上的研究学者和公司广泛应用，该工具箱在新版本中具有图形用户界面和配置文件，可以用于提取声学的最小特征集和扩展特征集，并且已经广泛应用于说话人识别[38]、情绪识别[39]等研究中。另外语音领域的顶级会议InterSpeech会议每年举办一次，经常会呈现一些新的语音学方面的研究成果，比如很多经典的、在后续研究中被经常使用的语音学特征。如2009年的InterSpeech Emotion Challenge提出的384个语音学特征[40]，2013年InterSpeech ComparE挑战赛提出的ComParE(Computational Paralinguistics ChallengE)语音学特征[41]，2010年InterSpeech Paralinguistic Challenge上提出的10IS语音学特征，2016年InterSpeech提出的BoAW(bag-of-audio-words)特征[42]，以及2016 IEEE Trans on Affective Computing提出的eGeMAPS特征[43]。这些特征都可以通过openSMILE软件提取，具体的特征介绍可以参考相关论文。

2.1.2 基于转录文本特征的AD检测

以往对语言与AD关系的研究表明，低的语言能力与认知功能障碍[44]有很大关系。医学和语言学是AD文本特征分析的基础，在医学领域，因为AD疾病的复杂性和多变性，至今没有完全弄清楚AD发病的机理。因为目前研究的语料库复杂多变，样本的规模本身不大，文本特征的研究还缺乏合适的话语分析的理论框架的指导[45]。在老年痴呆症的病程中，AD语言功能的损害可能不仅包括疾病特定阶段的特征，还包括它的前驱症状，即MCI阶段，这一阶段最具特色的语言变化包括较长时间的犹豫和较低的语速。文本分析是以语料库中的"标记"(token)作为研究对象，针对不同的语料库提出不同的文本分析方法。

文本特征的提取包括基于词汇、语法、语义、语篇和语用等特征。一些研究试图利用计算技术定性研究语言障碍，跟踪认知状态的微妙变化，口语中仍然存在的许多差异可以提供AD的鉴别标记，例如语篇和语用特征确定了话语中有助于对话继续的要素，包括衔接、连贯、代词和连词的正确使用。这些特征衡量了语境对所产生的话语意义的贡献，并用于计算适当的信息量。Fraser等[50]通过分析AD患者的语言表现，发现AD语言学在语法、语用和语义方面呈现了很多共性，包括语言的不完整、重复和缺乏人称指代的问题，词汇量逐步减少，并且日趋简化，重复话语增多，大量使用代词等。这些语言的特点导致患者的话语内容匮乏，难以有效地传递必要的交流信息。患者重复使用简单的动词词组，表明他的动词资源缩减，无法采用多样化的动词表达语义。名词词组的使用比较恰当，但是以简单的词组作为主导，缺乏定性和分类的成分，表明他的词汇资源在缩减。同时，还发现表达环境成分存在省略定性成分、模糊性和详述信息的一些特征，使用一些简单重复和缺乏具体表征的特征。虽然患者的词汇语法功能保存良好，但是在对信息的详述、扩展和说明方面存在一定的困难。所以，AD 患者虽然能够提供一些简单的重要的信息，但是因为无法对话语说明、扩展以及使之具体化，最终影响了语言表达的质量、准确性和明晰性。同时，AD 患者也出现了空语、修改和指称错误、不完整的语句等错误，这些都可以作为 AD 诊断的标志。AD 患者在语义相关的词汇方面提取困难，导致物体命名的问题，在话语的整体和局部的连贯、衔接、话题维系、重复、空语、模糊语、不完整的语句、话题骤转、代词误用等方面都出现问题。其他方面出现的问题包括使用冗余、迂回的语言，词汇查找错误，使用空洞、模糊和杜撰的词语等。

总结一下，AD 的语言学表现在以下几方面具有较明显的特征：

重复：对一个或多个单词的重复，有时候也包括音节的重复性。

空语：内容空泛的语句或者没有内容的语句。

话语的简练性：话语不存在重复单位。

详述性：对话题做的解释性说明。

停顿：话题时不时被中断的可能，研究中一般以 2 秒作为最小的停顿单位。

模糊语：没有具体指向性的一些词语，如"这个""那个""东西"等。

话题维系：在图片描述中保持话题的一致或因为话题的转移而造成描述的中断。

话题骤转：话题的突然转移或者与目前语言任务偏离。

不完整语句：语句中没有修正或发展的不完整表达，包括缺乏谓语动词、宾语，甚至于一个孤立的词等。

其中，停顿是 AD 患者语言中比较常见的问题，停顿可能揭示话语规划的困难，在流畅性和话语规划方面的困难可能导致犹豫（填充词和停顿），这表明某种形式的认知失误。停顿有许多种解释，包括几个语言层次：发音困难，词汇获取障碍（找词困难），句法和语篇规划的缺陷。在一项研究[52]中，作者通过在 BERT 深度学习模型中添加 AD 表现较明显的停顿信息，获得 2020 年 InterSpeech 挑战赛的冠军，表明停顿信息是表征认知状况的非常重要的特征之一。

文本特征的提取没有统一的标准，不同的数据集及标注方式提取的特征也不尽相同，各种文本测量方法的优劣已经超出了我们的研究范围，总结一下，常用的文本特征包括以下内容。

（1）词性特征（Part-of-Speech，PoS）

研究表明，名词的使用数量和语义记忆有关联，动词的使用表明对语境的依赖，功能词的使用表明对事物的认知结构。在各种词性使用方面，AD 患者和正常人有很大的区别。在副词、代词、介词、连词、程度副词的使用方面，AD 患者使用较多，而冠词的使用频率较低。语气词如（mhm, uh, er, umm）使用频率远高于健康对照组。在人称代词方面,AD 患者第一人称使用频率过高,其次是第三人称的 he 和 she 使用较多,非人称代词如 it 的使用频率也明显高于健康对照组。目前学术界比较一致的观念是 AD 的词汇提取能力与语义记忆的损伤有关。POS 主要用来调查每一类词性平均出现的频率,包括名词、名词短语、动词短语、代词、动名词、动词等。例如名词使用率的公式为 num_noun/num_sentences,num_noun 代表名词的数量,num_sentences 代表句子词语的数量。Bucks 等人[46]第一次通过计算方法使用英语的语音诊断 AD,8 个 AD 和 16 个正常人参与实验,要求在 20 到 45 分钟的时间内介绍自己以及经历,然后被提问一些特定的问题,在研究中许多语言学的特征如名词率、形容词率、代词率、动词率被从他们的语音记录中提取出来用于训练分类器。Jarrold 等人[47]发现 AD 患者比健康对照组喜欢使用更多的动词、形容词、代词和更少的名词,并且通过使用词性特征、声学特征和心理动机词表获得了 88% 的最佳准确率。Orimaye 等人[48]发现 AD 患者使用较少的句法成分和显著性较高的词汇成分。

（2）词汇丰富度

词汇使用越丰富,表明单词提取和使用的能力越强,认知相对较好。一般用 Type-Token Ratio(TTR)计算[60],量化词汇的丰富程度或多样性。TTR 是对话中使用的词汇量(V)与对话中总词汇量(N)的比值。公式为：TTR=V/N,TTR 的大小主要取决于文本长度。

（3）Brunét's Index(简称 BI)[61]

BI 与 TTR 不同,是在不考虑单词数量的情况下,对使用的词汇进行限定。公式为：$BI=NV(-0.0165)$,其中 N 是总文本长度,V 是参与者使用的总词汇量。这个值通常在 10 到 20 之间,值越低,表明说话者的词汇量就越丰富。

（4）R-Honore's Statistic[62]

Honore 的统计(R)是基于这样一个概念：说话者只出现过一次的单词越多,说话者使用的词汇就越丰富。只使用一次的词汇(V1)和使用的词汇总量(V)已经被证明是线性相关的,公式为：$R=100\log N/(1-V1/V)$,其中 N 为文本长度。R 值越大,表明说话者使用的词汇量越丰富。

（5）自动易读性指数(automated readability index,ARI)[63]

ARI 表示文本的可解释性,计算公式为：4.71 * (num_char/num_words) + 0.5 * (num_words/num_sentence) - 21.43,其中 num_char 为字符的数量,num_words 为单词的数量,num_words/num_sentence 为文章的平均句子长度。文章越难,ARI 值越高。

（6）Coleman-Liau 指数(Coleman-Liau Index,CLI)

CLI 与 ARI 类似,是指一篇文章的理解难度,公式为：CLI=0.0588 * L - 0.296 * S - 15.8,其中 L=(num_char/num_words) * 100,S=(num_sentence/num_words) * 100。

（7）平均话语长度(mean length of utterance,MLU)

MLU 的计算是通过计算一个样本中的语素总数除以话语总数得到的。

(8) 流利度

包括记录停顿次数、不可理解的语句数量、不完整句子的数量、重复的次数等，公式为：SIM_score＝1－cos(sen1，sen2)。sen1，sen2 是指两个句子，SIM_score 是计算两个句子的余弦相似度的公式。例如 Guinn 等人[55]利用填充停顿、重复和不完整词作为语言特征，证明了这一特征比词性标签和词汇多样性特征具有更强的鉴别能力，最终获得了79.5％的准确率。

(9) 语义特征

文本中提到的概念的数量，如在图片描述任务中，场景中的物体、人物、动作、发生的事件等都可以诠释图片描述的完整性和正确性。

当然，也有很多研究综合地使用上述文本的特征。例如 Santosh[56]和 Kathleen 等[57]使用了词性标记、句法复杂性等语言特征、心理语言学特征(包括词汇和形态复杂性、词信息和可读性等)检测 AD。综合使用语音和文本的特征做 AD 检测的效果一般好于单独使用语音学或者文本学特征，例如 Gosztolya 等研究[58]就是基于两种特征分析方法，效果好于单独依靠语音学特征或者文本特征的方法。Yancheva[49]和 Fraser[50]等人在一个 Cookie 盗窃图片任务中提取了 477 个声学特征、语义特征和词汇句法特征，在 DementiaBank 数据库中提取了 40 个信息量最大的特征，最终在 AD 与健康对照中的识别准确率达到 92％以上。

2.2 基于深度学习算法的文本分析

深度学习是机器学习的一种，也是包含多个隐藏层(越多即为越深)的多层感知器。它通过组合低层的特征，形成更为抽象的高层表示，用来描述被识别对象的高级属性或特征。它能自动生成数据的中间表示，虽然这个表示不能被人类所理解，但这一点是深度学习区别于其他机器学习算法的不同之处。深度学习算法可以自动提取深层的语义特征，其效果往往好于手动提取的特征。将数据投入到算法中，系统会自动从数据中学习。它从原始输入层开始，到中间每一个隐含层的数据抽取变换，到最终输出层的判断，所有的特征抽取，全程是没有人工干预的自主训练过程。且隐含层层数多于传统机器学习算法，具有更强的抽象能力(即数据表征能力)，能够产生更好的分类结果，其可扩展性优于传统机器学习算法。由于语言功能在 AD 不同阶段的认知缺陷检测中发挥着重要的作用，转录文本可以帮助早期发现疾病。因此，自然语言处理和深度学习技术的结合为早期 AD 检测提供了更精准和方便快捷的解决方案。

深度学习的第一步是对文本的表征学习，即文本向量化的过程，它是将一段文本表示成能够表达文本语义的向量，这种基于神经网络的表示一般被称为词向量、词嵌入(word embedding)或者分布式表示(distributed representation)。在 NLP 领域，常用的文本向量化的算法都可以用在 AD 检测中，如 word2vec[70]，GloVe[71]，词袋模型、连续词袋模型(Continuous Bag of Words，CBOW)，Skip-gram，N-Gram，Term Frequency-Inverse Document Frequency

(TF-IDF)等。这些算法在创建词嵌入时有一些局限性,例如无法对一词多义(即同一个词有多个意思)的词进行区别性的建模。而一些新的算法尝试去克服这个问题,如无监督双向语言预训练模型 ELMo(Embedding from Language Models)[72],它从整个句子中学习单词嵌入[73],BERT(Bidirectional Encoder Representations from Transformers)模型[74]和 EARP(Embeddings Augmented by Random Permutations)模型[75],它们通过更深的神经网络考虑词序,捕捉向量中上下文依赖的差异,这些更新的技术在一系列的 AD 检测的语言任务中发挥着一定的作用,可以提高准确性和精确度。目前这一领域很多的研究都是通过深度学习的模型或模型的简单的线性组合方式,或者简单更改模型结构对 AD 或 MCI 进行预测。例如有研究提出了卷积神经网络(CNN)和长短期记忆网络(LSTM)组合的模型(CNN-LSTM),利用词性(PoS)标签在 DementiaBank Cookie 子语料库上对 AD 疾病进行分类,准确率高达 89.7%。Jarrold 等[47]结合深度神经网络和深度语言模型对疾病进行分类。在一个稀疏的临床语言数据集上,该模型可以预测 MCI 和 AD 型痴呆,准确率为 83%。Orimaye 等[48]使用深度学习、神经网络方法从 DementiaBank 集合中对较小的群体进行分类。深度学习代表了复杂算法的子集,它包含一个或多个额外层,能够学习特征之间的交互,而不必首先提取特征,最终检测 AD 的 AUC 值为 0.83,MCI 的 AUC 值为 0.80(与对照组相比),层次越多的模型表现越好,证明了深度学习在该领域研究的有效性。然而却无法从这些模型中提取有关特征重要性的信息,只能以黑盒方法渲染[17],而且透明度随着层数的增加而降低。还有一些研究结合手工提取的特征和深度学习自动提取的特征,以得到更好的表现模型。例如有研究采用混合的方法,使用 CNN 和 RNN 体系结构,将通过语言嵌入(如 word2vec, GloVe, sentence2vector)获得的潜在特征与手工制作的特征结合起来,准确率达到 89% 左右。

自从 2018 年 ELMo 的出现解决了一词多义的问题后,预训练语言模型得到飞速发展。它的通用范式是"预训练+微调",首先基于大规模文本,预训练得到通用的语言表示,再通过微调的方式,将学习的知识传递到不同的下游任务。随后谷歌(Google)在 2017 年提出的更强大的 Transformer 模型,被应用到后续各种预训练语言模型(如 GPT,BERT 等)中,刷新了 AD 检测的记录。Transformer 创新性地提出使用自注意力(Self-Attention)的机制,更善于捕捉长距离的特征,同时其并行能力也非常强大,成为 NLP 领域最主要、表现较好地完成各种下游任务的模型。如有研究采用 Transformer 作为特征提取器,Logistic Regression 作为分类器,在 DementiaBank 数据集的准确率达到 88.08%,这一结果优于同类的研究。预训练模型如 Transformer 及其 BERT 等在各项 NLP 任务中表现突出,目前已经成为基于语言学的 MCI 和 AD 诊断研究主流的模型。

3 总结与展望

这一部分将探讨使用语言学和人工智能方法检测 AD 和 MCI 存在的问题和未来的发展方向。

3.1 研究的不足之处

人类的语言是神经功能的外化，患者的话语可以灵敏地反映患者神经认知功能的活动情况。从语言学的角度研究 AD 和 MCI 病理性的损伤，不仅为临床医学的预防和诊断提供了一定的参考价值，也是研究大脑、语言和认知关系的一种方法与途径，具有独特的领先性和学科优势。在过去的 20 年里，国内外学者对 AD 患者的发病机理、认知障碍、语言流畅性等进行了广泛的研究，迄今为止有关 AD 患者语言学的研究还不够深入，MCI 的语言学研究更是寥寥，究其原因，主要是研究的复杂性使然。语言作为一种高级认知活动，涉及精密的神经网络系统的协同运作，人类要彻底洞察自身认知机制的工作原理尚存在不小的难度，要真正弄清 AD 和 MCI 患者这一特殊群体的言语表达和言语理解困难并不容易。目前基于人工智能方法诊断 AD 和 MCI 的不足之处主要有以下两点。

（1）基于特征提取的系统功能语言学理论还不完善。从理论层面，因为语言学方面对 AD 的研究还不多，MCI 的研究更是寥寥。针对基于文本的特征分析法，国内外的研究还没有统一的标准，使得特征的提取受到一定的限制，只能从词性、语法和语义等方面分析，既不全面也不完整。AD 语言学的完善是人工智能的算法提取特征的理论基础。

（2）中文公共数据集较少且不规范。在语料的收集方面，因为客观条件的限制，很多研究是以公共数据集作为研究对象。DementiaBank 是这一领域全世界都在使用的数据集，包括许多语言的语料库，其中英文语料居多，中文数据集只有六十几条，中文数据集的匮乏使得中文在这一领域的研究受到一定限制。

3.2 未来研究的展望

随着大数据、机器学习的发展，尤其深度学习大规模预测模型的发展，可以在不需要专业知识的情况下，自动提取语义特征，诊断的效果甚至好于专科医生。因此，构建一套完整的基于图片描述、故事复述等任务的语音采集、话语分析、认知判定的 AD 和 MCI 人工智能诊断方法具有重要的理论和现实价值。在未来人工智能应用于 AD 和 MCI 的研究中，还可以从以下两个方向开展进一步的探索。

（1）无监督学习和自监督学习

目前这一领域大部分的研究都是有监督的学习模式，这种模式主要依赖数据标签的信息对模型进行训练，导致模型获取标签的成本高、鲁棒性不佳、泛化能力差等。研究的数据量一般从几十个到几百个不等。数据集的标注需要依靠医学诊断方法，如采用量表法或者影像法，过程复杂而繁琐，而且医学诊断也无法达到 100% 的准确率，所以需要减少对手工标注数据的依赖性。无监督和自监督的算法可以替代有监督算法，是未来很重要的研究方向。无监督不需要人工标注的标签信息，直接利用数据本身作为监督信息学习样本数据的特征表达，并用于下游的任务。自监督可以作为无监督算法的补充，使用固有标签学习真实数据的潜在关系。如目前的研究热点之一，对比学习，就是自监督算法的延伸，通过将数据分别与正负样本对比，学习样本的特征表示方法。所以无监督学习和自监督学习可以作为有监督训练的替代方法，解决数据集不足的问题。

（2）多模态的融合[46]

本研究涉及语音和文本领域，两个模态的特征对齐和特征融合也是目前研究的热点。不同模态之间的信息是可以互相补充和验证的，充分利用不同模态的信息，让模型更好地学习语音和文本两个模态的信息的对应关系，互相促进，进而提升模型的效果。如有研究[52]在深度学习提取的文本特征的基础上加入语音的停顿信息，进一步提升了模型的效果，如有研究[48]通过Transformer融合跨模态的特征得到SOFA（state-of-the-art）的分类结果。

利用人工智能的方法诊断AD和MCI的研究具有非常广阔的前景。虽然目前的研究显示深度学习的准确率已经高于临床上常用的量表法（准确率约为70%～80%）。但是这种诊断方法还仅限于研究阶段，尚未纳入临床指导，未来的研究需要大规模的临床实验验证这一方法的有效性。另外，我国在基于语言学的AD检测或者相关的认知功能障碍领域的检测、干预尚不成熟，与西方发达国家在语言检测和治疗神经类疾病方面还有很大的差距，基于中文的语料库还很少。各个学科之间应该打破门户之见，通力合作，整合与语言检测和治疗密切相关的医学、语言学、计算机学、心理学等各个学科的优势，共同推动中国语言检测与治疗学科的建设与发展。建议政府相关部门建设大规模的AD多模态的语言类数据库，为政府制定养老、社会支持及医疗保障政策提供客观的依据，并且将相关的研究成果投入实际应用，如养老院、医院的老年科等，这对于AD的早期发现、早期诊断、早期干预、早期治疗具有重要的现实意义。

参考文献

[1] Sabat, S. R. (1994). Language function in Alzheimer's disease: a critical review of selected literature. *Language & Communication*, (4), 331-351.

[2] Ulatowski, H. K., Cannito, M., Hayashi, M., et al. (1985). Language abilities in the elderly. In H. K. Ulatowska (Ed.), *The aging brain: Communication in the elderly*, 125-139.

[3] Appell, J., Kertesz, A., Fisman, M. (1982). A study of language functioning in Alzheimer patients. *Brain and Language*, 17, 73-91.

[4] Wechsler, A. F., Verity, M. A., Rosenschein, S., et al. (1982). Pick's disease. A clinical, computed tomographic, and histologic study with golgi impregnation observations. *Archives of Neurology*, 39, 287-290.

[5] Corkin, S., Davis, K., Growdon, J. (1982). *Some relationships between global amnesias and the memory impairments in Alzheimer's disease* (pp. 149-164). New York: Raven Press.

[6] Faber-Langendoen, K., Morris, J. C., Knesevich, J. W., et al. (1988). Aphasia in senile dementia of the Alzheimer type. *Annals of Neurology*, 23(4), 365-70.

[7] Forbes-McKay, K., Shanks, M. F., Venneri, A. (2013). Profiling spontaneous speech decline in

Alzheimer's disease: a longitudinal study. *Acta Neuropsychiatrica*, 25(6), 320-327.

[8] Bondi, M. W., Edmonds, E. C., Jak, A. J., et al. (2014). Neuropsychological criteria for mild cognitive impairment improves diagnostic precision, biomarker associations, and progression rates. *J Alzheimers Dis*, 42 (1), 275-289.

[9] Laske, C., Sohrabi, H. R., Frost, S. M., et al. (2015). Innovative diagnostic tools for early detection of Alzheimer's disease. *Alzheimer's and Dementia*, 11(5), 561-578.

[10] Oulhaj, A., Wilcock, G. K., Smith, A. D., et al. (2009). Predicting the time of conversion to MCI in the elderly: Role of verbal expression and learning. *Neurology*, 73(18), 1436-1442.

[11] Bayles, K. A. (1982). Language function in senile dementia. *Brain and Language*, 16: 265-280.

[12] Tsantali, E., Economidis, D., Tsolaki, M. (2013). Could language deficits really differentiate Mild Cognitive Impairment (MCI) from mild Alzheimer's disease? *Archives of Gerontology and Geriatrics*, 57(3), 263-270.

[13] Bryant, L., Ferguson, A., Spencer, E. (2016). Linguistic analysis of discourse in aphasia: A review of the literature. *Clinical Linguistics & Phonetics*, 30(7), 489-518.

[14] Larrieu, S., Letenneur, L., Orgogozo, J., et al. (2002). Incidence and outcome of mild cognitive impairment in population-based prospective cohort. *Neurology*, 59: 1594-1599.

[15] Howieson, D., Camicioli, R., Quinn, J. (2003). Natural history of cognitive decline in the old. *Neurology*, 60: 1489-1494.

[16] Jarrold, W., Peintner, B., Wilkins, D., et al. (2014). Aided diagnosis of dementia type through computer-based analysis of spontaneous speech. In *Proceedings of the workshop on computational linguistics and clinical psychology: from linguistic signal to clinical reality*.

[17] Roark, B., Mitchell, M., Hosom, J. P., et al. (2011). Spoken language derived measures for detecting mild cognitive impairment. In *IEEE Transactions on Audio, Speech, and Language Processing*, 19(7), 2081-2090.

[18] König, A., Satt, A., Sorin, J. P., et al. (2015). Automatic speech analysis for the assessment of patients with predementia and Alzheimer's disease. *Alzheimer's & Dementia: Diagnosis, Assessment & Disease Monitoring*, 1(1), 112-124.

[19] Tahir, Y., Chakraborty, D., Dauwels, J., et al. Non-verbal speech analysis of interviews with schizophrenic patients. (2016). In *2016 IEEE International Conference On Acoustics, Speech and Signal Processing* (ICASSP), 5810-5814.

[20] Pakhomov, S. V. S., Smith, G. E., Chacon, D., et al. (2010). Computerized analysis of speech and language to identify psycholinguistic correlates of frontotemporal lobar degeneration. *Cognitive and Behavioral Neurology: Official Journal of the Society for Behavioral and Cognitive Neurology*, 23(3), 165-177.

[21] Tóth, L., Gosztolya, G., Vincze, V. (2015). Automatic detection of mild cognitive impairment from spontaneous speech using ASR. In *Proc. interspeech* (pp. 2694-2698). Dresden, Germany: ISCA.

[22] Tóth, L., Hoffmann, I., Gosztolya, G. (2018). A speech recognition-based solution for the automatic detection of mild cognitive impairment from spontaneous speech. *Current Alzheimer Research*, 15(2), 130-138.

[23] Barth, S., Sch€onknecht, P., Pantel, J., et al. (2005). Mild cognitive impairment and Alzheimer's disease: an investigation of the CERAD-NP test battery. *Fortschritte der Neurologie-Psychiatrie*, 73(10), 568-576.

[24] Juncos Rabadan, O., Pereiro, A. X., Facaly, D., et al. (2010). A review of cognitive level language research. *Journal of Language, Phonetics and Listening*, 30(2), 73-83.

[25] Hailstone, J. C., Ridgway, G. R., Bartlett, J. W., et al. (2011). Voice processing in dementia: A neuropsychological and neuroanatomical analysis. *Brain*, 134(9), 2535-2547.

[26] López-de-Ipiña, K., Alonso, J. B., Travieso, C., et al. (2013). On the selection of non-invasive methods based on speech analysis oriented to automatic Alzheimer disease diagnosis. *Sensors*, 13(5), 6730-6745.

[27] Horwitz-Martin, R. L., Quatieri, T. F., Lammert, A. C., et al. (2016). Relation of automatically extracted formant trajectories with intelligibility loss and speaking rate decline in amyotrophic lateral sclerosis. In *Proc. interspeech* (pp. 1205-1209). San Francisco, CA, USA: ISCA.

[28] Sandoval, S., Berisha, V., Utianski, R. L., et al. (2013). Automatic assessment of vowel space area. *The Journal of the Acoustical Society of America*, 134(5), EL477-EL483.

[29] Peeters, G. (2004). A large set of audio features for sound description (similarity and classification) in the CUIDADO project. *CUIDADO IST Project Report*, 54(0), 1-25.

[30] Fraser, K. C., Meltzer, J. A., Rudzicz, F. (2015). Linguistic features identify Alzheimer's disease in narrative speech. *Journal of Alzheimer's Disease*, 49(2), 407-422.

[31] Sun, R., Moore, E., Torres, J. F. (2009). Investigating glottal parametersfor differentiating emotional categories with similar prosodics. In *2009 IEEE International Conference on Acoustics, Speech, and Signal Processing* (pp. 4509-4512). Taipei, Taiwan, China.

[32] Gharavian, D., Sheikhan, M., Nazerieh, A., et al. (2012). Speech emotion recognition using FCBF feature selection method and GA-optimized fuzzy ARTMAP neural network. *Neural Computing and Applications*, 21(8), 1-12.

[33] Meilán, J. J. G, Martínez-Sánchez, F., Carro, J., et al. (2014). Speech in Alzheimer's disease: Can temporal and acoustic parameters discriminate dementia. *Dement Geriatr Cogn Disord*, 37: 327-334.

[34] Eyben, F., Weninge, F., Gross, F., et al. (2013). Recent developments in open SMILE, the Munich open-source multimedia feature extractor. In Proc. of ACM MM 2013 (ppl 835-838). Barcelona, Spain. New York, NY, USA: ACM.

[35] Schuller, B., Steidl, S., Batliner, A., et al. (2012). The Interspeech 2012 speaker trait challenge. *Proc. Interspeech*, 1-4.

[36] Schuller, B., Steidl, S., Batliner, A. (2009). The Interspeech 2009 emotion challenge. *Proc. Interspeech*, 312-315.

[37] Sethu, V., Epps, J., Mbikairajah, E. A., et al. (2013). GMM based speaker variability compensated system for Interspeech 2013 compare emotion challenge. *Interspeech*.

[38] Zhang, L., Han, J., Deng, S. (2018). Unsupervised temporal feature learning based on sparse coding embedded boaw for acoustic event recognition. *Interspeech*.

[39] Eyben, F., Scherer, K. R., Schuller, B. W., et al. (2016). The Geneva minimalistic acoustic parameter set (gemaps) for voice research and affective computing. *IEEE Transactions on Affective Computing*, 7(2), 190-202.

[40] Snowdon, D., Kemper, S., Mortimer, J. (1996). Linguistic ability in early life and cognitive function and Alzheimer's disease in late life. *J Amer Med Assoc.*, 275(7), 528-532.

[41] March, E. G., Wales, R., Pattison, P. (2006). The uses of nouns and deixis in discourse production in Alzheimer's disease. *Journal of Neurolinguistics*, 19(4), 311-340.

[42] Tsai, Y., Bai, S., Liang, P. P., et al. (2019). Multimodal Transformer for Unaligned Multimodal Language Sequences. In *Proceedings of the 57th Annual Meeting of the Association for Computational Linguistics*.

[43] Reisberg, B., Gauthier, S. (2008). Current evidence for subjective cognitive impairment (SCI) as the pre-mild cognitive impairment (MCI) stage of subsequently manifest Alzheimer's disease. *Int. Psychogeriat*, 20(1), 1-16.

[44] Lynne, M. (1992). A transitivity analysis of discourse in dementia of the Alzheimer's type. *Journal of Neurolinguistics*, 7, 309-324.

[45] Yuan, J., Cai, X., Bian, Y., et al. (2021). Pauses for detection of Alzheimer's disease. *Frontiers in Computer Science*, 2.

[46] Bucks, R. S., Singh, S., Cuerden, J. M., et al. (2000). Analysis of spontaneous, conversational speech in dementia of Alzheimer type: Evaluation of an objective technique for analysing lexical performance. *Aphasiology*, 14(1), 71-91.

[47] Jarrold, W., Peintner, B., Wilkins, D. (2014). Aided diagnosis of dementia type through computer-based analysis of spontaneous speech. In *Proceedings of the ACL Workshop on Computational Linguistics and Clinical Psychology*, 27-36.

[48] Orimaye, S. O., Wong, S. M., Golden, K. J., et al. (2017). Predicting probable Alzheimer's disease using linguistic deficits and biomarkers. *BMC Bioinformatics*, 18(1), 34.

[49] Yancheva, M., Fraser, K., Rudzicz, F. (2015). Using linguistic features longitudinally to predict clinical scores for Alzheimer's disease and related dementias. In *6th Workshop on Speech and Language Processing for Assistive Technologies*.

[50] Fraser, K. C., Meltzer, J. A., Rudzicz, F. (2015). Linguistic Features Identify Alzheimer's Disease. *Narrative Speech. Journal of Alzheimer's Disease*, 49: 407-422.

[51] Holmes, D. I., Singh, S. (1996). A stylometric analysis of conversational speech of aphasic patients. *Literary and Linguistic Computing*, 11(3), 133-140.

[52] Raymond, A. G., Brunet, E., Dugast, D. (1983). Le Vocabulaire de Jean Giraudoux. Structure et Evolution. *Modern Language Journal*, 66(1), 85.

[53] Yun, Y., Zhang, S. S., Zhang, W. (2015). Readability index and English reading teaching—analysis of long and difficult sentences from the perspective of core sentence theory. *Foreign Languages and Literature*, 32(03), 208-215.

[54] Marcano-Cedeo, A., Quintanilla, J., Cortina-Januchs, M. G., et al. (2010). Feature selection using Sequential Forward Selection and classification applying Artificial Metaplasticity Neural Network. In *IECON 2010 - 36th Annual Conference on IEEE Industrial Electronics Society*.

[55] Guinn, C. I., Habash, A. (2012). Language analysis of speakers with dementia of the Alzheimer's Type. *AAAI Fall Symposium: Artificial Intelligence for Gerontechnology*, 8-13.

[56] Santosh, K. B., Uma, S. T. (2017). Using psycholinguistic features for the classification of comprehenders from summary speech transcripts. In *International Conference on Intelligent Human Computer Interaction*, 122-136.

[57] Kathleen, C. F., Jed, A. M., Frank, R. (2016) Linguistic features identify Alzheimer's disease in narrative speech. *Journal of Alzheimer's Disease*, 49(2), 407-422.

[58] Gosztolya, G., Vincze, V., Tóth, L., et al. (2018). Identifying mild cognitive impairment and mild Alzheimer's disease based on spontaneous speech using ASR and Linguistic Features. *Computer Speech & Language*, 53.

[59] Mikolov, T., Sutskever, I., Chen, K., et al. (2013). Distributed representations of words and phrases and their compositionality. *Advances in Neural Information Processing Systems*, 26, 3111-3119.

[60] Pennington, J., Socher, R., Manning, C. (2014). Glove: Global vectors for word representation. *Proceedings of the 2014 conference on empirical methods in natural language processing (EMNLP)*, 1532-1543.

[61] Peters, M. E., Neumann, M., Iyyer, M., et al. (2018). Deep Contextualized Word Representations. In *Proceedings of the 2018 Conference of the North American Chapter of the Association for Computational Linguistics: Human Language Technologies*, Volume 1, (pp 2227-2237), New Orleans, Louisiana. Association for Computational Linguistics.

[62] Devlin, J., Chang, M. W., Lee, K., et al. (2018). BERT: Pre-training of Deep bidirectional transformers for language understanding. ArXiv Preprint ArXiv: 1810.04805.

[63] Cohen, T., Widdows, D. (2018). Bringing order to neural word embeddings with embeddings augmented by random permutations (EARP). In *Proceedings of the 22nd Conference on Computational Natural Language Learning*, 465-475.

[64] Sweta, K., Tong, N., Mohit, B. (2018). Detecting linguistic characteristics of Alzheimer's dementia by interpreting neural models. *arXiv preprint arXiv*, 1804.06440.

[65] Flavio, D. P., Nataliem, P. (2019). Enriching neural models with targeted features for dementia detection. *arXiv preprint arXiv*, 1906.05483.

[66] Bahman, M., Daniel, B., Traci, W., et al. (2018). Detecting signs of dementia using word vector representations. *INTERSPEECH*, 1893-1897.

[67] Mikolov, T., Sutskever, I., Chen, K., et al. (2013). Distributed representations of words and phrases and their compositionality. *Advances in Neural Information Processing Systems*, 3111-3119.

[68] Quoc, L., Tomas, M. (2014). Distributed representations of sentences and documents. *International Conference on Machine Learning*, 1188-1196.

[69] Vaswani, A., Shazeer, N., Parmar, N., et al. (2017). Attention is all you need. *NIPS*. arXiv.

[70] Roshanzamir, A., Aghajan, H., Baghshah, M. S. (2020). Transformer-based deep neural network language models for alzheimer's disease detection from targeted speech. DOI: 10.21203/rs.3.rs-49267/v1.

[71] 高素荣. (1998). 痴呆的诊断与鉴别诊断. 脑与神经疾病杂志. (2).

[72] 李雨明, 何璇, 朱宏博, 等. (2021). 结合表型信息的阿尔兹海默症图卷积神经网络分类方法研究. 中国生物医学工程学报, 40(02), 177-187.

[73] 吕雪倩, 赵沈佳, 李佩伦, 等. (2020). 基于可解释卷积神经网络的肽胎血管新生时间模式研究. 中国生物医学工程学报, 39(05), 524-531.

[74] 潘燕七, 陈睿, 张旭, 等. (2020). 基于浅层与深层特征融合的胃癌前疾病识别. 中国生物医学工程学报, 39(04), 413-421.

[75] 卓奕楠, 杨鹏, 邓云, 等. (2018). 基于多模态典型相关特征表达的阿尔兹海默病诊断. 中国生物医学工程学报, 37(01), 1-7.

老年话语的计算机自动文本分析：
进展与前景

黄立鹤　曲惠宇　杨晶晶

1 引言

近年来，随着全球人口老龄化程度的持续加深，对老年人话语产出特征的研究在国内外广泛开展。与记忆、思维等认知过程相似，人类语言产出能力也会随着自然年龄的增长或疾病侵袭而逐渐衰退(Burke & Shafto，2004)。

与年轻人相比，老年群体有其独特的话语产出特征。国内外学者对不同年龄段群体进行对比分析后发现，老年人在词汇提取、词汇丰富度、句法复杂度、口语流利性等方面均有不同程度的衰退，具体表现为：(1) 词汇提取困难。在言语产出方面，老年人比年轻人经历更多的"舌尖现象"，即知道自己想要表达的词汇，却不能成功提取词汇的发音(Burke et al.，1991；Heine et al.，1999)；在书写产出方面，老年人更容易出现提笔忘字现象(何洁莹、张清芳，2017)，在听写单词时正确率也比年轻人低，尤其是对高频单词的拼写(MacKay & Abrams，1998)；此外，老年人在日常交流沟通中产出句子的精确度和词汇丰富度都有所下降，具体表现为较少使用情态助动词以及带有情态动词的动词词组或句法结构(Kynette & Kemper，1986)，较少使用"you know""I mean"等插入语(Kemper & Sumner，2001)。(2) 句法复杂度下降。这一点不仅表现在老年人的口语交际上，在书面表达上也有所体现，如较少产出带有内嵌从句的句子，尤其是带有左分支嵌入结构的句子(Kemper，1987)。(3) 口语流利性下降。随着年龄的增加，老年人口语中大量出现各种非流利现象，如对某一内容无意识地重复(Sitek et al.，2015)、由于大量使用填塞语造成的非流利性填塞(Nicholas et al.，1985)、无特定交际目的的大量停顿(Ahmed et al.，2013)等。除了以上3点，老年人在语音韵律、句法语义、语用话语等方面也都有显著特

【基金项目】国家社科基金重大项目"我国老年人语言能力的常模、评估及干预体系研究"(21&ZD194)。
【作者信息】黄立鹤，教授，同济大学老龄语言与看护研究中心/外国语学院。
　　　　　　曲惠宇，硕士研究生，同济大学老龄语言与看护研究中心/外国语学院。
　　　　　　杨晶晶，博士研究生，同济大学老龄语言与看护研究中心/外国语学院，斯坦福大学。
【注】本文首刊于《语言战略研究》2022年第3期。

征。语言是揭示认知功能的重要指标之一,鉴于老年人语言的独特性,开展老年人话语产出特征研究可以厘清语言随年龄及认知状态的变化情况,有助于认知功能障碍等相关疾病的诊断和预测,对延缓语言能力衰退也具有重要意义。

目前,基于人工智能的老年语言学研究正逐步展开。通过与老年语言学研究成果相结合,人工智能可以帮助实现相关疾病的风险预测、智能诊断、个性化治疗与智能康复(黄立鹤,2019)。使用计算机自动文本分析工具研究老年人话语产出特征就是智能技术在老年语言学领域中应用的一个重要实例,相关研究不仅提高了分析的效率和准确率,也解决了以往难以从大规模老年话语中精确提取和分析话语特征的问题,从而可以更科学、系统地描写老年人话语产出能力,为人工智能在老年语言学领域基于老年语言特征的风险预测、智能诊断等应用提供基础数据。

2 计算机自动文本分析概述

文本是丰富的资源,不仅可以反映说话人的语言能力,也可体现说话人的思维方式、内心状态,甚至人格特征(张信勇,2015),因此文本分析方法被广泛应用于各个领域的研究中。早期的文本分析采用人工手段,研究人员根据研究需要手动标注文本,但随着文本数量的增多和篇幅的增长,这种传统方式逐渐暴露了其工作量大、耗时长、成本高等缺点(Aluísio et al.,2016),阻碍了文本分析在相关领域的应用和发展。随着计算机技术的发展,计算机自动文本分析应运而生。自动文本分析可在有限时间内快速高效地实现对复杂文本信息的解码和统计,不仅提高了研究效率,还在一定程度上避免了人工标注误差,使得研究结果更具客观性和科学性(Toledo et al.,2018),近年来得到越来越多学者的重视,并被广泛应用于语言学、管理学、政治学等学科。

文本分析法是语言学常用的研究方法之一,该方法不仅可以从句法、语义、文体等不同方面对文本进行分析研究,也可以与语音学、语用学等传统语言学领域相结合,为传统语言学研究提供新视角(Stubbs,2005)。在语言学研究中,该方法既可用于探索不同人群某一语言特征的差异,如 Reid(1992)使用自动文本分析工具 Writer's Workbench(WWB)调查了不同语言背景的演讲者在使用衔接于段方面是否具有差异,也可用于探索某一特定语言目的的实现方式,如对语篇主题展开特定分析(Gómez-González,1998;Green et al.,2000)。社会问题也是文本分析关注的重点之一(Sarangi & Coulthard,2000)。在社会语言学研究中,计算机自动文本分析被广泛应用于政治文本分析、媒体文本分析、性别与身份研究等多个领域,如 Diermeier 等人(2011)使用文本分类算法分析了第 101 至 108 届美国国会期间参议院的立法演讲记录,从中提取最能代表保守派和自由派立场的信息,并预测第 108 届国会参议员的意识形态立场,准确率高达 94%。总的来看,计算机自动文本分析在探索与分析语言特征方面有着显著优势。

如前所述,老年群体具有独特的话语产出特征,计算机自动文本分析为开展老年人话语产出的句法复杂度、词汇丰富度、语篇流利性等方面的研究提供了技术支持,也为探究老年期的内心状态和思维方式提供了新的路径与视角,相关研究成果可应用于老年群体的语言能力评估、疾病预测与诊断,兼具研究意义与临床价值。在目前主流的自动文本分析工具中,Coh-Metrix 和"语言探索与字词计数"软件 Linguistic Inquiry and Word Count (LIWC)应用广泛。前者包含数百项测量指标,可对文本篇章结构特征进行详细总结,反映说话人的语言运用能力;后者从语言的心理特征出发,对说话人的内心状态、情感特征进行分析。本文分别从篇章结构视角和心理测量视角出发,介绍这两种工具的特征及其在老年语言研究中的应用。

3 篇章结构视角:Coh-Metrix 工具

计算机自动文本分析工具 Coh-Metrix 由美国孟菲斯大学的 McNamera 等人开发,整合了词性赋码器、模式分类器、句法分析器、浅层语义分析器等自然语言处理分析技术和语篇分析领域的最新理论,可以实现对文本的表层和深层特征的自动量化(杜慧颖、蔡金亭,2013;McNamara et al.,2014)。Coh-Metrix 可对 200 多项指标进行分析,涵盖了指称衔接、潜在语义分析、词汇多样性、情景模式、句法复杂度等 11 个模块,是一款可从多个层面进行文本分析的计算语言学工具(Graesser et al.,2014;江进林,2016)。

随着国内外基于 Coh-Metrix 的研究逐渐增多,该工具应用范围不断扩大,在语言习得、外语教学与研究、认知语言学等多个研究领域均发挥了作用。例如,在二语写作领域,Crossley 和 McNamara(2011)对中国香港高中生撰写的 1 200 篇英语作文分析显示,词汇多样性、词频、词汇意义关联度等指标可以预测作文质量;秦朝霞和顾琦一(2011)对国内某高校英语学习者的 204 篇英语写作文本进行分析,发现学习者对作文话题的熟悉程度并不影响其对连接语的整体使用,但会对照应类和词汇重复类衔接手段的使用产生影响。综合已有研究发现,Coh-Metrix 在二语写作研究领域的应用主要有两类:一类采用量化比较的方法,将母语为英语的学生和二语为英语的学生作为比较对象,以揭示二语学习者英语写作特点。此类研究多采用 Coh-Metrix 测量指标中的连接语、照应、词汇重复等衔接性指标进行数据测量与分析。另一类是探究 Coh-Metrix 某些指标与写作文本质量的关系,为二语写作教学提供建议与启示。此类研究多通过测量 Coh-Metrix 的词频、词汇多样性、词汇同指关系等指标进行文本分析。

目前,Coh-Metrix 在老年人话语产出特征研究的应用主要致力于阿尔茨海默病、轻度认知障碍等疾病的早期诊断,该类研究也激发了针对失智症人群而开发的 Coh-Metrix-Dementia 的创建与发展(Cunha,2015)。Coh-Metrix-Dementia 利用自然语言处理以及机器学习技术,旨在自动检测失智症患者的语言和认知衰退状况,以发现有助于失智症诊断的高敏感性语言特征,实现对失智症的自动诊断和分类(Cunha,2015;Aluísio et al.,

2016)。Coh-Metrix-Dementia 在 Coh-Metrix 原有指标的基础上纳入了 25 个新指标，涉及非流利性、潜在语义分析、词汇多样性、句法复杂度和语义密度等领域。Aluísio 等人（2016）从认知健康老年人、阿尔茨海默病患者和轻度认知障碍患者的叙述性语言测试中提取了 73 个语言特征进行分析，考察了 Coh-Metrix-Dementia 对这 3 类老年人群进行自动分类的能力。为了评估 Coh-Metrix-Dementia 指标在分类和回归任务中的表现，该研究分析了上述 3 类老年人对灰姑娘故事口头叙述的转录文本，共采用 7 种分类方法和 4 种回归方法来预测被试所属组别，结果显示 Coh-Metrix-Dementia 成功鉴别 3 类人群的准确率达 81.7%，鉴别认知健康老年人和轻度认知障碍患者的准确率高达 90%。这些研究表明，Coh-Metrix-Dementia 是帮助筛查与诊断老年语言障碍的有效工具。但目前该类研究采用的数据集规模有限，还需要更多的数据样本来建立稳定的回归或分类模型。

在相关研究基础上，Toledo 等人（2018）利用 Coh-Metrix-Dementia 对比分析了 60 名年龄在 60 岁以上的健康老年人、轻度阿尔茨海默病患者、轻度遗忘型认知障碍患者个人叙述中的语言特征，旨在验证故事叙述任务是否能够区分 3 类老年人群，并同时使用定量参数和定性参数来验证 3 组人群在信息量、整体连贯性等宏观结构方面的表现。表 1 列出了 Coh-Metrix-Dementia 中可提供有关宏观结构信息的测量指标。该研究使用 SPSS14.0 进行数据分析，运用 Kruskal-Wallis 非参数检验比较 3 类人群在所关注指标方面的表现，当有显著性差异时进行 Tukey 多重比较。结果表明，轻度阿尔茨海默病患者的整体表现较差，具体表现为信息量更少、整体连贯性和叙事结构更差等。该研究证实了轻度阿尔茨海默病患者话语宏观结构的病理性变化，与先前研究的结论相互印证（Cuetos et al.，2007）。未来研究还可以从单个域出发，探究该类人群话语的微观结构变化。在国内，黄立鹤、杨晶晶（2022）利用 Coh-Metrix 汉语版，分析了母语为汉语的阿尔茨海默病患者的看图说话语料，发现信息量少、信息密度低、语篇概念相似度高等问题。

表 1　Coh-Metrix-Dementia 特征（Toledo et al.，2018）

潜在语义分析（latent semantic analysis，LSA）	
相邻句子间 LSA 平均数	相邻句子对间的相似度平均数。（相邻句子间 LSA 指相邻句子之间语义向量的 LSA 余弦均值，范围在 0～1 之间。若数值趋向 1，说明两个句子的语义相关性较大，所讨论的是同一或相似命题，具有较高连贯性。）
相邻句子间 LSA 标准差	相邻句子对间的相似度标准差。
所有句子间 LSA 相似度平均数	文本中所有句子对之间的相似度平均数，而不仅仅是相邻句子对之间。（所有句子间 LSA 指文本内一个句子和其他所有句子间语义向量的 LSA 余弦值，反映文本内所有句子的连贯性。）
所有句子间 LSA 标准差	文本中所有句子对之间的相似度标准差，而不仅仅是相邻句子对之间。
相邻段落间 LSA 平均数	相邻段落间的相似度平均数。
相邻段落间 LSA 标准差	相邻段落间的相似度标准差。

续表

潜在语义分析（latent semantic analysis，LSA）	
句子的平均已知性（givenness）	单个句子与其之前的所有句子的相似度平均数。从第二个句子开始，文本中每个句子的已知性的平均值。如果文本中只有一个句子，则度量值设为 0.0。一个句子的已知性被定义为这个句子与其前面的所有文本之间的 LSA 相似性。
句子已知性的标准差	单个句子与其之前的所有句子的相似度标准差。从第二个句子开始，文本中每个句子的已知性的标准差。如果文本中只有一个句子，则度量值设为 0.0。
句子的平均跨度	从第二个句子开始，每个句子的平均跨度。如果文本只有一个句子，则度量值设为 0.0。一个句子的跨度及已知性，是衡量一个句子和它前面的语境之间的接近程度的一种方式。不同之处在于句子跨度试图捕捉的不仅包括与文本前面所呈现的明确内容的相似性，也包括与从该内容中可以推断出的所有内容的相似性。
句子跨度的标准差	从第二个句子开始，每个句子的跨度的标准差。如果文本中只有一个句子，则度量值设为 0.0。

语义密度（semantic density，SD）	
思想密度总和	文本中每 10 个单词中出现的命题数。不考虑空命题和不流畅的命题，并且在修订的文本上进行命题的计算以提高工具的性能。

研究表明，失智症引起的认知退化可能在首个认知效应被察觉之前数年甚至数十年就开始了（Sperling et al.，2013），因此寻找能够及早体现认知衰退的语言标志物十分重要。Coh-Metrix 从篇章结构特征出发，通过评估老年人群的话语连贯性、衔接性等特点，有望实现对失智症的早期发现、自动诊断与分类，具有临床意义。

4　心理测量视角：LIWC 工具

LIWC 是一款基于心理学的计算机自动文本分析工具，主要包括词典和程序主体两个部分，前者定义了词语归属的类别名称以及字词列表，后者通过将文本中的词语和词典一一对比，量化因果词、情绪词、认知词等心理词类以反映人类口头和书面语言中存在的各种情感、认知和结构成分（Pennebaker et al.，2007）。国内已有学者对 LIWC 2007 进行了介绍，该版本包含 22 个语言性类别、32 个心理特性类别、7 个个人化类别、3 个副语言学类别以及 12 个标点符号类别，共 80 个字词类别，可用于对文本情感、心理特征、语言流利度等的综合考察（张信勇，2015）。目前，LIWC 已经更新到 LIWC-22 版本，最新版本在原有版本的基础上增加了辅助处理模块，包含构建词典、可视化记录词频词云和主题模型等 8 种功能（Boyd et al.，2022），方便研究者对多个文本文件进行高效处理。

作为一个测量语言心理特征的工具,LIWC 在心理学领域应用广泛。例如,Rude 等人(2004)使用 LIWC 2001 对目前、曾经及从未处于抑郁状态 3 类大学生群体的作文进行了语言差异检查,针对作文中出现的单数第一人称代词、复数第一人称代词、社会关系(如对朋友、家人等的提及)等语言特征展开测量分析。结果发现,相比从未处于抑郁状态的被试,有抑郁经历者更多地使用负面情感词;更多地使用单数第一人称代词,表明该类人群更倾向于关注自身;代词的使用与社会关系的质量也与抑郁状态相关。Simmons 等人(2008)调查分析了 98 名强迫症或急性焦虑症且伴有恐惧症的门诊患者,利用 LIWC 对患者与其主要亲属互动过程的录音以及对其亲属进行的半结构式访谈录音材料进行文本分析,主要测量指标包括单数第一人称代词、第二人称代词、单数第三人称代词等。结果表明,第二人称代词的使用可以预测不良亲密关系。除此之外,LIWC 在分析语词特征与思维过程、情绪情感、社会关系等的研究中也被广泛应用(张信勇,2015)。LIWC 在心理学研究领域的应用,有力证实了文本分析是探索人类心理机制的有效方法,也说明 LIWC 工具可以为探索老年人心理认知过程提供路径。

与在其他领域的应用类似,LIWC 在老年人话语产出特征研究中使用的测量指标需根据研究目的而定。该工具主要被用于探究健康老年人和特殊老年群体的语言特征,以及诊断检测阿尔茨海默病和轻度认知障碍等疾病。

(一)探究个体正常衰老过程中的话语特征

Pennebaker 和 Stone(2003)利用 LIWC 中的过去时动词、将来时动词、因果关系词等 14 个与人格和衰老有关的测量指标,使用共时文本和历时文本,分两个项目横向和纵向探索了语言使用与衰老之间的关系。第一个项目使用的共时文本是来自 3 个国家的 3 000 多名被试对生活中情感经历的书面或口头叙述,第二个项目的历时文本来自过去 500 年中 10 位著名小说家、剧作家或诗人的作品。研究基于相关分析和方差分析两种统计方法来探究语言特征(包括线性和曲线变化)随被试年龄变化的程度。两项研究都表明,随着年龄的增长,人们使用积极情感词和使用未来时态的频率增高,使用消极情感词、自我指称以及过去时动词的频率降低,并表现出认知复杂性增加的一般模式。这说明对语言使用情况的分析可以代替现在普遍使用的用自我报告来揭示人格和发展过程的方法,对心理学领域的相关研究具有启示意义。

(二)探究特殊老年群体的话语产出特征

Shibata 等人(2016)通过 LIWC 调查分析了母语为日语的阿尔茨海默病患者口语单词的特征。18 名被试根据简易精神状态检查量表(Mini-Mental State Examination, MMSE)的测试分数被分为健康对照组(测试分数为 22 分及以上的被试)和阿尔茨海默病组(测试分数为 21 分及以下的被试),研究对被试与医务人员之间的对话进行了文本分析。由于 LIWC 当时只适用于英语语种[①],该研究通过翻译英语 LIWC 来制作日语

---

① 目前已有 LIWC 授权的日语版网站,详见 Igarashi et al.(2021)。

LIWC,删除了与目标疾病无关以及不可翻译为日语的单词种类,最终提取了22种与疾病相关的单词类别作为测量指标。结果显示,与健康被试相比,患有阿尔茨海默病的被试对非人称代词的使用更加频繁。该研究证明了LIWC在阿尔茨海默病患者等特殊老年群体话语产出特征研究上的适用性。

（三）探究失智症老年患者的语言心理特征

一些研究表明,神经退行性疾病患者可能出现焦虑、抑郁、情感淡漠等情绪症状(Levenson et al., 2014),对与语言产出相关的神经认知系统产生影响,如工作记忆、语音回路、发音模式、词汇选择等(Cummins et al., 2015),这为临床上通过语言特征鉴别患者提供了可能。Asgari等人(2017)利用LIWC对14名患有轻度认知障碍的被试和27名具有完整认知能力的被试临床试验中非结构化对话进行分析,以期通过老年人话语内容区分轻度认知障碍患者和认知健康老年人。研究采用了支持向量机（Support Vector Machine, SVM）和随机森林分类器（Random Forest Classifier, RFC）两种机器学习算法来训练统计模型以区分两类被试,并使用了五折交叉验证方案来检验实验结果独立于研究数据集的能力。结果表明,使用LIWC获得的语言特征可以有效区分轻度认知障碍患者与健康老年人群,准确率达84%。研究还发现,与LIWC单词词典中的其他类别相比,从属于"相对性"类别的单词子类别中提取的语言特征明显更易发现轻度认知障碍诊断的线索。Shibata et al.(2016)和Asgari et al.(2017)两项研究都有力说明了对口语的语言心理特征分析可能是早期检测与诊断阿尔茨海默病和轻度认知障碍等失智症的有效途径。

总的来说,LIWC工具在老年人话语产出特征及老年语言学研究中的应用,有利于通过对语言特征的分析来揭示健康老年人以及特定老年人群的内心状态和心理特征,从该视角帮助阿尔茨海默病等老年疾病的评估和诊断。

5 结语

计算机自动文本分析是一种可以识别个体早期语言障碍疾病的有效工具,且与传统的人工手动分析相比,该类方法更具客观性、准确性和高效性。本文介绍了Coh-Metrix和LIWC 2种自动文本分析工具的特点、作用及其在老年人话语产出特征研究中的应用。Coh-Metrix通过词汇多样性、句法复杂度等指标测量文本的衔接性、连贯性,从篇章结构的角度反映老年人的语言能力；LIWC基于心理学,通过文本单词归类分析考察老年人的思维方式、内心状态及人格特征。两种工具从文本的不同方面入手,前者侧重语篇,后者侧重词汇。二者的研究视角也有所不同,前者从语篇结构视角出发,着眼于文本的语言产出特征；后者从心理测量视角出发,着眼于文本的语言心理特征。虽然侧重不同,但二者在老年人话语产出特征研究及老年语言学研究的应用,体现出利用计算机自动文本分析工具对失智症进行早期诊断和评估的可行性,在老年认知健康日益受到重视的今天具有重要的临床意义。

然而，两种工具目前尚存在不足，如 LIWC 在分析文本时没有充分考虑单词所在的语境，可能对反讽、隐喻等修辞的分析存在偏差；自动文本分析前需要人工转录话语内容、手动切分编辑句子，耗费较多的时间与精力。未来研究可以从多方面入手，进一步推动计算机自动文本分析在老年人话语产出特征研究及老年语言学研究领域的应用。首先，可以探索自动化转录和切分的可行性，在加快分析进程的同时也能消除手动注释造成的研究误差。目前，已有面向汉语的分词与标注工具问世（如百度 LAC 等），未来可考虑将这一算法功能纳入分析程序。其次，目前研究多集中于利用计算机自动文本分析工具对语言本文的分析来鉴别和诊断失智症，今后可进一步尝试利用此工具考察老年人或失智症患者语言能力随年龄或病程发展的动态变化，从而提高对患病程度判断的精准度。同时，未来研究可面向更大规模和多样化的老年队列，尤其是应用于临床实践，结合老年人的年龄、性别、教育程度和失智症家族史等人口统计学信息来调整预测参数，提高筛查准确性，并和老年人其他神经心理测评结果相结合来探讨与语言能力相关的认知基础。此外，目前相关研究中鲜有以母语为汉语的研究对象，这可能与 LIWC 等自动文本分析工具尚无法与汉语匹配有关，因此未来研究可以从两方面入手：一方面加快建设中国老年人话语语料库，为我国老年群体话语产出特征研究及其他相关研究提供语料基础，建设时可对标国外已有的 DementiaBank 等共享数据库；另一方面，要充分利用中国老年人话语语料库，开展针对汉语的自动文本分析工具的开发，或对 Coh-Metrix 等现有工具进行后续优化等，加强对以母语为汉语的老年群体话语产出特征的定量研究及定性定量相结合的研究。

参考文献

[1] Ahmed, S., Haigh, A. M. F., de Jager, C., et al. (2013). Connected speech as a marker of disease progression in autopsy-proven Alzheimer's disease. *Brain*, 136(12), 3727-3737.

[2] Aluísio, S., Cunha, A., Scarton, C. (2016). Evaluating progression of Alzheimer's disease by regression and classification methods in a narrative language test in Portuguese. In Silva, J., Ribeiro, R., Quaresma, P., et al. (eds) *Computational processing of the portuguese language*. PROPOR 2016. Lecture notes in computer science, vol 9727. Cham: Springer, DOI: 10.1007/978-3-319-41552-9_10.

[3] Asgari, M., Kay, J., Dodge, H. (2017). Predicting mild cognitive impairment from spontaneous spoken utterances. *Alzheimer's & Dementia: Translational Research & Clinical Interventions*, 3 (2), 219-228.

[4] Boyd, R. L., Ashokkumar, A., Seraj, S., et al. (2022). *The development and psychometric properties of LIWC-22*. Austin, TX: University of Texas at Austin.

[5] Burke, D. M., Shafto, M. A. (2004). Aging and language production. *Current Directions in Psychological Science*, 13(1), 21-24.

[6] Burke, D. M., MacKay, D. G., Worthley, J. S., et al. (1991). On the tip of the tongue: What causes word finding failures in young and older adults. *Journal of Memory and Language*, 30(5),

542-579.

[7] Crossley, S. A., McNamara, D. S. (2011). Understanding expert ratings of essay quality: Coh-Metrix analyses of first and second language writing. *International Journal of Continuing Engineering Education and Life Long Learning*, 21(2-3), 170-191.

[8] Cuetos, F., Arango-Lasprilla, J. C., Uribe, C., et al. (2007). Linguistic changes in verbal expression: A preclinical marker of Alzheimer's disease. *Journal of the International Neuropsychological Society*, 13(3), 433-439.

[9] Cummins, N., Scherer, S., Krajewski, J., et al. (2015). A review of depression and suicide risk assessment using speech analysis. *Speech Communication*, 71, 10-49.

[10] Cunha, A. L. V. D. (2015). Coh-Metrix-Dementia: Análise Automática de Distúrbios de Linguagem nas Demências Utilizando Processamento de Línguas Naturais. Doctoral dissertation, Universidade de São Paulo.

[11] Diermeier, D., Godbout, J.-F., Yu, B., et al. (2011). Language and ideology in congress. *British Journal of Political Science*, 42(1), 31-55.

[12] Gómez-González, M. A. (1998). A corpus-based analysis of extended multiple themes in PresE. *International Journal of Corpus Linguistics*, 3(1), 81-113.

[13] Graesser, A. C., McNamara, D. S., Cai, Z., et al. (2014). Coh-Metrix measures text characteristics at multiple levels of language and discourse. *The Elementary School Journal*, 115(2), 210-229.

[14] Green, C. F., Christopher, E. R., Mei, J. L. K. (2000). The incidence and effects on coherence of marked themes in interlanguage texts: A corpus-based enquiry. *English for Specific Purposes*, 19(2), 99-113.

[15] Heine, M. K., Ober, B. A., Shenaut, G. K. (1999). Naturally occurring and experimentally induced tip-of-the-tongue experiences in three adult age groups. *Psychology and Aging*, 14(3), 445-457.

[16] Igarashi, T., Okuda, S., Sasahara, K. (2021). Development of the Japanese version of the linguistic inquiry and word count dictionary 2015 (J-LIWC 2015). *Frontiers in Psychology*, 665.

[17] Kemper, S. (1987). Life-Span changes in syntactic complexity. *Journal of Gerontology*, 42(3), 323-328.

[18] Kemper, S., Sumner, A. (2001). The structure of verbal abilities in young and older adults. *Psychology & Aging*, 16(2), 312-322.

[19] Kynette, D., Kemper, S. (1986). Aging and the loss of grammatical forms: A cross-sectional study of language performance. *Language & Communication*, 6(1-2), 65-72.

[20] Levenson, R. W., Sturm, V. E., Haase, C. M. (2014). Emotional and behavioral symptoms in neurodegenerative disease: A model for studying the neural bases of psychopathology. *Annual Review of Clinical Psychology*, 10, 581-606.

[21] MacKay, D. G., Abrams, L. (1998). Age-linked declines in retrieving orthographic knowledge: Empirical, practical, and theoretical implications. *Psychology and Aging*, 13(4), 647-662.

[22] McNamara, D. S., Graesser, A. C., McCarthy, P. M., et al. (2014). *Automated evaluation of text and discourse with Coh-Metrix*. New York: Cambridge University Press.

[23] Nicholas, M., Obler, L. K., Albert, M. L., et al. (1985). Empty speech in Alzheimer's disease and fluent aphasia. *Journal of Speech, Language and Hearing Research*, 28(3), 405-410.

[24] Pennebaker, J. W., Stone, L. D. (2003). Words of wisdom: Language use over the life span.

Journal of Personality & Social Psychology, 85(2), 291-301.

[25] Pennebaker, J. W., Chung, C. K., Ireland, M. E., et al. (2007). *The development and psychometric properties of LIWC 2007.*

[26] Reid, J. (1992). A computer text analysis of four cohesion devices in English discourse by native and nonnative writers. *Journal of Second Language Writing*, 1(2), 79-107.

[27] Rude, S., Gortner, E. M., Pennebaker, J. W. (2004). Language use of depressed and depression-vulnerable college students. *Cognition & Emotion*, 18(8), 1121-1133.

[28] Sarangi, S., Coulthard, M. (2000). *Discourse and social life*. London: Longman.

[29] Shibata, D., Wakamiya, S., Aramaki, E., et al. (2016). Detecting Japanese patients with Alzheimer's disease based on word category frequencies. *Proceedings of the Clinical Natural Language Processing Workshop*, 78-85.

[30] Simmons, R. A., Chambless, D. L., Gordon, P. C. (2008). How do hostile and emotionally overinvolved relatives view relationships? What relatives' pronoun use tells us. *Family Process*, 47(3), 405-419.

[31] Sitek, E. J., Kluj-Kozłowska, K., Barczak, A., et al. (2015). Overlapping and distinguishing features of descriptive speech in Rich-ardson variant of progressive supra-nuclear palsy and non-fluent progressive aphasia. *Postępy Psychiatrii i Neurologii*, 24(2), 62-67.

[32] Sperling, R. A., Karlawish, J., Johnson, K. A. (2013). Preclinical Alzheimer disease—the challenges ahead. *Nature Reviews Neurology*, 9(1), 54-58.

[33] Stubbs, M. (2005). Computer-assisted text and corpus analysis: Lexical cohesion and communicative competence. In D. Schiffrin, et al. (Eds.), The handbook of discourse analysis. New Jersey: Wiley-Blackwell Publishers Ltd Hoboken.

[34] Toledo, C. M., Aluísio, S. M., Santos, L. B., et al. (2018). Analysis of macrolinguistic aspects of narratives from individuals with Alzheimer's disease, mild cognitive impairment, and no cognitive impairment. *Alzheimer's & Dementia: Diagnosis, Assessment & Disease Monitoring*, 10, 31-40.

[35] 杜慧颖, 蔡金亭. (2013). 基于 Coh-Metrix 的中国英语学习者议论文写作质量预测模型研究. 现代外语, (3).

[36] 何洁莹, 张清芳. (2017). 老年人书写产生中词汇频率和音节频率效应的时间进程: ERP 研究. 心理学报, (12).

[37] 黄立鹤. (2019 年 3 月 5 日). 充分利用人工智能推进老年语言学研究. 中国社会科学报, 003.

[38] 黄立鹤, 杨晶晶. (2022). 基于 Coh-Metrix 的汉语阿尔茨海默病患者语篇语用障碍分析. 语言文字应用, (1).

[39] 江进林. (2016). Coh-Metrix 工具在外语教学与研究中的应用. 中国外语, (5).

[40] 秦朝霞, 顾琦一. (2011). 写作话题熟悉度与国内习作者书面语语篇衔接手段运用——基于一种自动测量方法的对比研究. 西安外国语大学学报, (1).

[41] 张信勇. (2015). LIWC: 一种基于语词计量的文本分析工具. 西南民族大学学报, (4).

言语语言与听力康复研究的新领域与新发展：基于文献计量学的分析

陈雯珺　黄立鹤

言语、语言与听力康复(简称语言康复)是对各种言语障碍、听力障碍和交流障碍进行评定、治疗和研究的行业，是康复医学的重要组成部分。通过提升个体的交流能力和社会融合水平，语言康复为构建健康社会、提高国民素质发挥着积极作用，在健康中国战略中具有重要的地位。

语言康复实践包括评估和治疗言语发育迟缓与障碍(发声、构音、运动性言语障碍)、语言发育迟缓与障碍(语言理解、表达观点和情感方面的障碍)、社交沟通障碍(包括语言性和非语言性的人际交流障碍)、认知沟通障碍(注意、记忆、推理以及问题解决能力缺失)、吞咽障碍、听力障碍等。语言康复还包括指导患者利用辅助沟通设备进行训练、交流，以及为语言健康人群提供语言能力提升训练等(图1)。语言康复是一个跨学科领域，

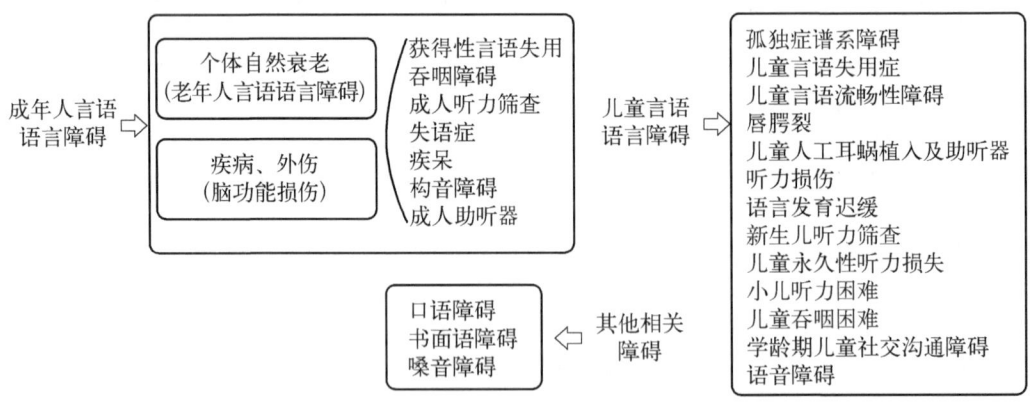

图1　语言康复服务涵盖的内容(基于 T/CARD 010—2021 修订)[1]

【基金项目】本文系 2022 年度浙江省哲学社会科学规划项目"数字化改革背景下远程语言康复实践研究"(23NDJC320YB)的阶段性成果。
【作者信息】陈雯珺，副教授，宁波工程学院外国语学院。
　　　　　黄立鹤(通讯作者)，教授，同济大学老龄语言与看护研究中心/外国语学院。

它集医学、心理学、教育学和认知科学等多学科知识于一体。面对复杂且多样的语言障碍，不同学科间的交流与协作显得尤为重要。随着社会持续向多元化发展，语言康复的实践需具备对不同文化、语言和社会背景的灵活适应能力。这使得跨文化的研究和实践成为语言康复领域的一个重要环节。另外，全球化的快速发展和人工智能技术的突破给语言康复带来了新的挑战和机遇，要求该领域的研究和实践不断创新，以满足新时代的高标准需求。

我国存在数量庞大的语言损伤群体，包括聋人、口吃患者、唇腭裂患者、创伤性脑损伤患者、神经退行性疾病患者以及因各种原因（孤独症、自闭症等）而导致的语言发育迟缓人群。此类群体对各种专业语言康复治疗有着强烈的需求。另一方面，中国正逐步进入老龄化社会，根据全国第七次人口普查数据显示，中国60周岁以上老年人口达到了2.6亿，占总人口比重18.7%[2]，预计在未来三十年，65岁以上老年人口比例将迅速增长到总人口的30%以上。数量庞大的老年群体中将不可避免地产生相当数量的语言功能退化患者[3]。这些语言能力退化人群也需要国家和社会为其提供长期有效的语言康复服务，从而改善其生活品质，促进社会的和谐稳定。

在国际上，言语语言及听力障碍领域受到了广泛的社会关注，相关的研究和实践正朝着专业化、产业化和个性化的方向快速发展。相较而言，中国在这一领域的研究还处于初级阶段，无论是在研究的深度、技术设备的创新运用，还是在社会关注和支持的广度上，都与发达国家存在明显的差距。为了明确这些差距并寻找改进的路径，本研究利用CiteSpace软件对国内外近十年的言语语言及听力康复研究进行了细致的梳理和比较。通过分析研究现状、热点主题和趋势的异同，本研究旨在为中国语言康复领域的发展提供有价值的借鉴和启示。

1 资料与方法

1.1 数据来源

本研究数据来源于 Web of Science 核心数据库（WOS）和中国知网（CNKI）中文数据库，选用主题词进行检索，包含"言语""语言""听力""障碍""康复"等主要元素。在 WOS 中的检索公式为：TS=（Speech OR Language OR Hearing）AND（Rehabilitation OR Disorder），在 CNKI 中的检索公式则为 SU=（'言语'+'语言'+'听力'）*（'康复'+'障碍'）。检索年限设置为 2012-01-01 至 2022-01-01。最终，分别检索到英文文献 18 583 篇、中文文献 12 857 篇。本研究通过审阅文献的标题和摘要来判断其内容是否与言语、语言及听力康复相关。文献的纳入和排除标准包括：（1）仅在 WOS 平台上选择英文文献，在 CNKI 平台上选择中文文献；（2）文献的研究对象必须是言语、语言或听力障碍的人群；（3）排除主要研究其他疾病而只是简单提及言语、语言与听力障碍的文献。进行文献筛选后,保留 WOS 文献 15 778 篇、CNKI 文献 6 659 篇。

1.2 研究方法

本研究首先从 WOS 和 CNKI 数据库提取数据,对国内外在语言康复领域的发文量及其涉及的学科领域进行了整理。使用 Excel 2019 软件对提取的数据进行了统计分析和图形绘制。接着,将 WOS 和 CNKI 的数据分别导出为文本格式和 Refworks 格式,利用 CiteSpace 5.8.R1 软件进行可视化分析,包括研究涉及的相关国家、学科领域,以及通过关键词聚类和关键词突现技术,对中外语言康复研究的现状、研究热点和趋势进行比较分析。

2 结果与分析

2.1 发文量对比

在过去的十年里,WOS 平台上关于语言康复领域的研究发文量持续上升。具体来看,2012 至 2015 年,文献数量稳步增长;2015 至 2018 年,研究发文量迅速上升;从 2018 至 2020 年,增长速度进一步加快,文献总量达到了 8 038 篇。相对地,CNKI 平台上的语言康复研究发文量在 2015 至 2016 年间经历了一次显著的增长,这一时期也见证了国家自然科学基金和哲学社会科学基金在言语、语言与听力康复相关主题的增加。2014 年,随着《关于统筹建立城乡居民基本养老保险制度的意见》等一系列政策的实施,中国语言康复的理论研究和临床实践得到了显著推动,导致 2015 至 2019 年研究数量呈现增长趋势。然而,从 2020 年开始,相关研究的总量出现了下降,主要是由于新型冠状病毒感染对语言康复实践的影响所致。

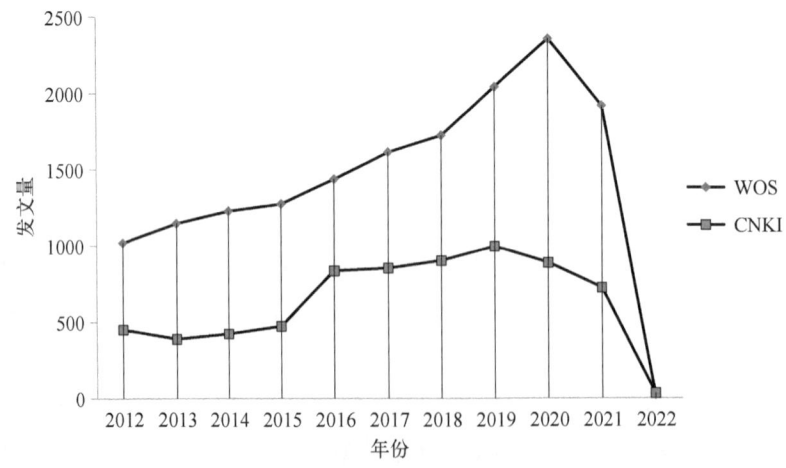

图 2 中外语言康复研究年度发文分布

2.2 主要国家发文占比

十年间,语言康复研究的主要贡献来自于美国、英国、澳大利亚、加拿大和德国等国家。在 WOS 平台上,美国总发文量达到了 7 759 篇,总引用率达 146 360 次,篇均被引 18.4 次,H 指数(研究水平)为 128。而英国和澳大利亚的总发文量也都达到了 2 000 以上,具体见表 1。值得注意的是,这十年间中国研究者在国际平台上的发文量达到了 805 篇,篇均被引 21.21 次,H 指数 40,整体处于持续上升的态势。在 2020 年到 2021 年间,中国研究者发文量(154~171 篇)和被引频次(3 601~4 060 次)均达到了历史最高值。这表明中国言语康复研究正逐步走向国际,参与国际合作的程度不断增强,国际接轨能力有所提高。

表 1 WOS 平台上语言康复研究发文排名前 5 国家

国　　家	文献总量	被引频次	篇均被引	H 指数
美国	7 759	146 360	18.4	128
英国	2 475	62 223	25.14	98
澳大利亚	2 007	44 218	22.03	75
加拿大	1 539	36 715	23.86	72
德国	956	24 451	25.58	58

2.3 学科对比

在 CiteSpace 以"Category"为节点进行统计,得到 WOS 和 CNKI 平台上语言康复研究各自的学科分类。表 2 列举了两个平台上排名前 10 的学科,显示了中外在语言康复研究学科领域上的差异:在 WOS 上发文频次最高的是康复学(Rehabilitation)、言语语言病理学(Audiology Speech Language Pathology)和精神病学(Psychiatry),而这三项的中心性也较高;相比而言,在 CNKI 上发文频次最高的是"眼科与耳鼻喉学科""临床医学"和"外国语言文学",高中心性的是"眼科与耳鼻喉学科""临床医学"和"成人教育与特殊教育"等学科。

表 2 中外语言康复研究领域所涉相关学科对比

	WOS			CNKI		
	学　科	发文频次占比	中心性	学　科	发文频次占比	中心性
1	Rehabilitation	25.3%	0.3	眼科与耳鼻咽喉学科	15.9%	0.41
2	Audiology Speech Language Pathology	18.2%	0.53	临床医学	11.3%	0.35

续表

		WOS				CNKI	
	学科	发文频次占比	中心性		学科	发文频次占比	中心性
3	Psychiatry	17.8%	0.69		外国语言文学	11.3%	0.18
4	Linguistics	17%	0.2		成人教育与特殊教育	9.4%	0.35
5	Psychology Development	12.7%	0.1		中等教育	7.5%	0.1
6	Neurosciences	9.6%	0.2		神经病学	7.4%	0.3
7	Clinical Neurology	8.6%	0.05		中医学	7.3%	0.15
8	Psychology Clinical	6.5%	0.11		中国语言文字	5.6%	0.1
9	Education Special	6.1%	0.05		初等教育	5.2%	0.13
10	Otorhinolaryngology	5.4%	0.21		教育理论与教育管理	3.7%	0.1

学科差异凸显了中外在语言康复研究与实践方面的不同视角和深度。在国际层面，语言康复研究表现出更高的专业化和学科细化水平，发达国家建立了独立的康复学科和言语语言病理学（Audiology Speech Language Pathology），这些领域专注于言语、语言与听力康复的诊断和治疗，研究重点涵盖语言学、心理学和神经科学等多个维度（占总研究的71.5%），并在临床医学中进行了进一步的专业细分。相比之下，国内的语言康复研究主要归属于眼科与耳鼻咽喉科，尚未形成专门的语言康复学科领域；此外，国内的研究还拓展到了教育、教育理论以及中医理论等领域（这些领域在前10位的研究中占比达到了33.1%），显示出其跨学科的广度。然而，这些领域中的循证研究强度仍需提高。

3 热点主题

在 CiteSpace 中选择"Keyword"为节点类型，分别得到 WOS 和 CNKI 上的关键词共现图谱（图3，图4）。WOS 关键词图谱上共有219个节点和243条连线，出现频次排前5的关键词依次是自闭症谱系障碍（autism spectrum disorder）(1 475)、自闭症（autism）(1 098)、语言（language）(755)、康复（rehabilitation）(552)、儿童（children）(510)；中心性排名前5的关键词依次是学前（preschool）(1.07)、儿童（child）(0.93)、父母（parent）(0.87)、言语语言病理学（speech language pathology）(0.74)、干预（intervention）(0.61)；CNKI 关键词图谱上共有171个节点和191条连线，出现频次排前5的关键词依次是听力障碍（406）、脑卒中（405）、语言障碍（266）、失语症（231）、听障儿童（177）；而中心性排名前十的关键词依次是语言训练（0.97）、耳声发射（0.97）、健康教育（0.96）、语言发育迟缓（0.88）、听力检查（0.85）。

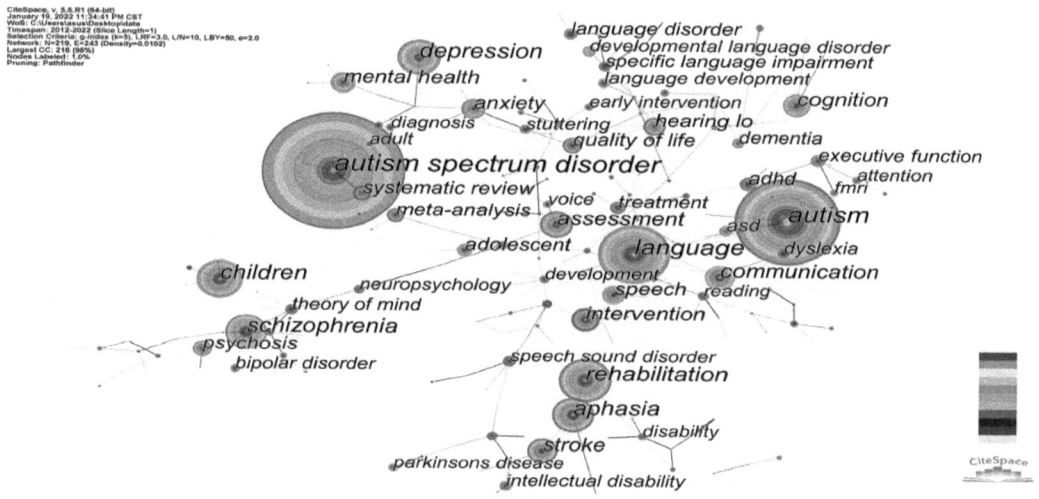

图 3　WOS 关键词共现图谱

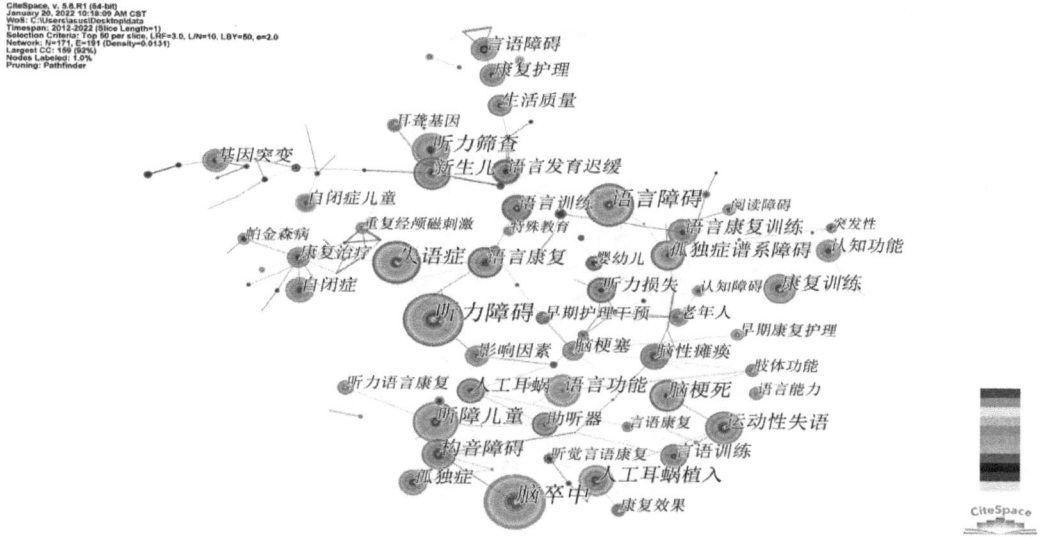

图 4　CNKI 关键词共现图谱

利用可视化软件 CiteSpace 在关键词共现的基础上绘制关键词聚类图(图 5,图 6),将有内在联系、数量较多的一组研究进行归类,探索中外在语言康复领域的研究热点。

WOS 聚类图谱参数 Q=0.857 3,S=0.972 1,而 CNKI 聚类图谱参数 Q=0.857 5,S=0.97。两个聚类图谱 Q 值均高于 0.3,S 值高于 0.5,说明两个平台上的数据聚类结果信度效度良好。

3.1　中外共同关注的热点问题

通过对比 WOS 和 CNKI 的聚类图,我们发现在语言康复领域中外研究热点有所重

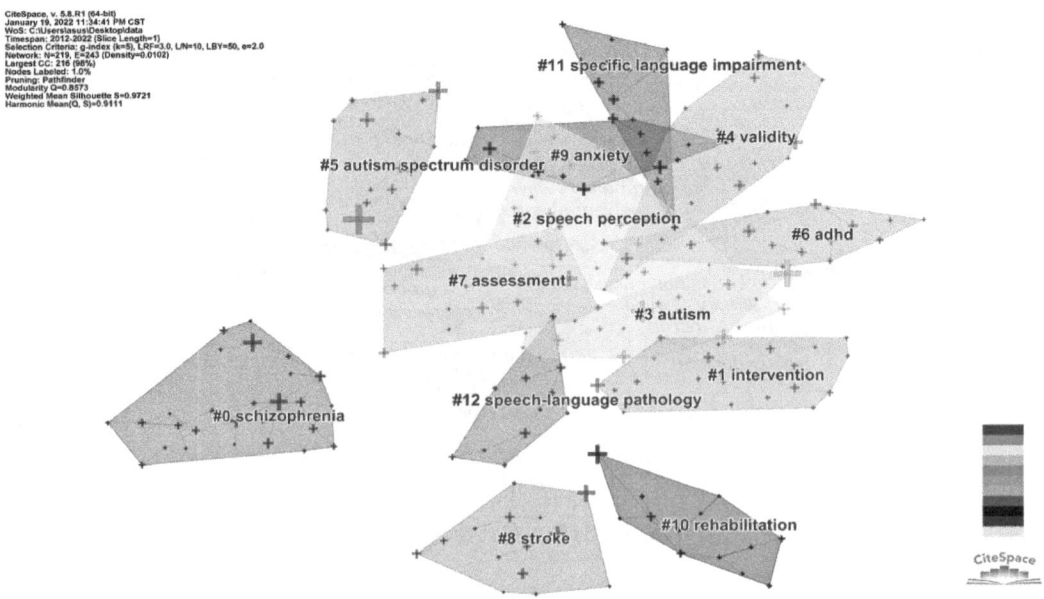

图 5　WOS 关键词聚类图

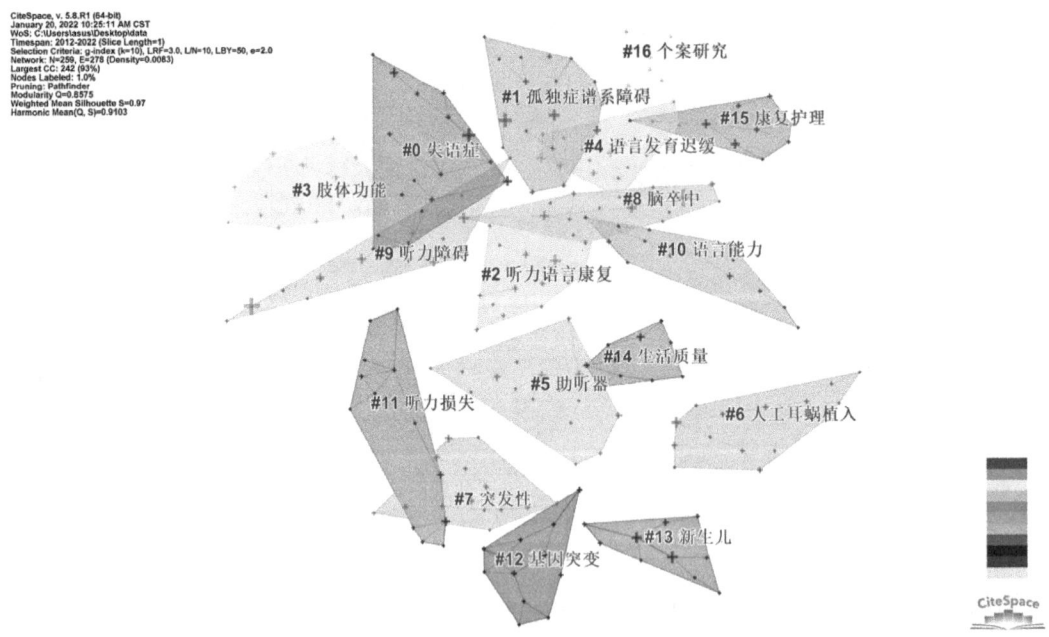

图 6　CNKI 关键词聚类图

合,涵盖了如下几个关键领域:"孤独症谱系障碍的语言康复""老年人的语言障碍(包括中风、失语症和脑卒中)与康复""儿童语言障碍与康复(涉及 ADHD、特殊语言损伤和语言发育迟缓)",以及"听力语言康复技术"。这些领域成为国内外科研人员和临床医疗工作者高度关注的焦点。

在儿童的语言康复问题上，国际文献关注点包括"发展性语言障碍""注意缺陷与多动障碍中的语言问题""儿童孤独症中的语言问题"和"口吃问题"等研究领域[4-7]，涵盖了儿童语言障碍的广泛范畴。国内的研究主要集中于"语言发育迟缓""孤独症儿童的语言障碍"，以及"脑瘫儿童的语言康复"等特定领域[8-10]。在孤独症患者的语言康复研究方面，国际文献主要集中于"孤独症语言诊断""评估"和"康复措施"等关键环节[11-12]，体现了对诊断精度和康复效果的重视。而国内研究则涵盖了"语言表达问题"[13-15]"阅读障碍"[16-17]和"语言表达过程中的情绪控制问题"[18-19]等具体议题，聚焦于患者日常生活中面临的语言挑战。

在老年人语言康复研究方面，国际领域倾向于探究"失语症""失读症""构音障碍""帕金森病"，以及"阿尔茨海默病"等疾病中语言障碍的评估和康复方法[20-24]。相比之下，国内研究主要集中于针对"运动型失语""构音问题"和"吞咽困难"的康复策略[25-27]。

3.2 焦点差异

国际上，语言康复研究不仅深入挖掘病理言语的基础生理与心理机制，而且广泛关注相关的辅助议题。例如，部分研究专注于精神障碍背景下的言语、语言和听力问题的诊断，包括双向情感障碍和社会认知障碍引起的语言挑战[28-29]。在制定治疗方案时，这些研究还考虑到了患者及其家庭的情绪和焦虑问题[30-31]。另外，国际上的研究强调了语言康复实践的标准化，包括确保诊断评估、干预治疗措施的信度与效度[32-33]，且治疗方案常伴随成熟的"康复项目"出现。对于听力康复，国际研究关注不同年龄段和类型听障患者的语言感知模式及其心理学背景，以及这些模式对言语语言和听力康复的影响。

相较之下，在中国，语言康复研究焦点为"助听器""人工耳蜗""听力筛查""突发性耳聋"和"基因突变"等领域。这说明国内研究主要集中于技术设备的测试和应用，以及临床病因的探索，而在探讨深层康复策略方面还有待加强。

3.3 技术和政策

通过二次文献法，本研究分析了中外在语言康复领域内科技设备、政策措施方面的特征。结果显示，在科技方面，国内研究主要关注过去数十年间引进到国内的康复设备和技术，如"人工耳蜗""听力辅助设备""脑成像技术"和"经颅磁（电）刺激技术"，少量研究提及"辅助沟通技术（AAC）"；相比之下，国际研究不仅涵盖了最新的康复辅助技术，例如"言语生成设备""辅助听说技术"和"超声技术"，还广泛探讨了"移动设备和互联网技术""远程康复技术"，以及"虚拟现实技术"等现代技术的应用。在政策层面，国内研究所探讨的政策关键词涵盖"残疾人保障法""聋哑人保障法""职业标准"等，反映了对基础法规和标准的关注。而国际研究在政策法规方面表现得更为细化，涉及多个"法案""行业规范""治疗准则"和"伦理审查"，其中部分规范特别强调了"循证实践"和"随机对照实验"的重要性。

4 研究前沿

本研究利用 CiteSpace 在关键词图谱的基础上进行关键词突现统计,根据关键词出现的时间变化节点和趋势,将研究前沿分为早期前沿、中期前沿和后期前沿,并分析出每个时期前沿的主题类型和研究方向(图7,图8)。

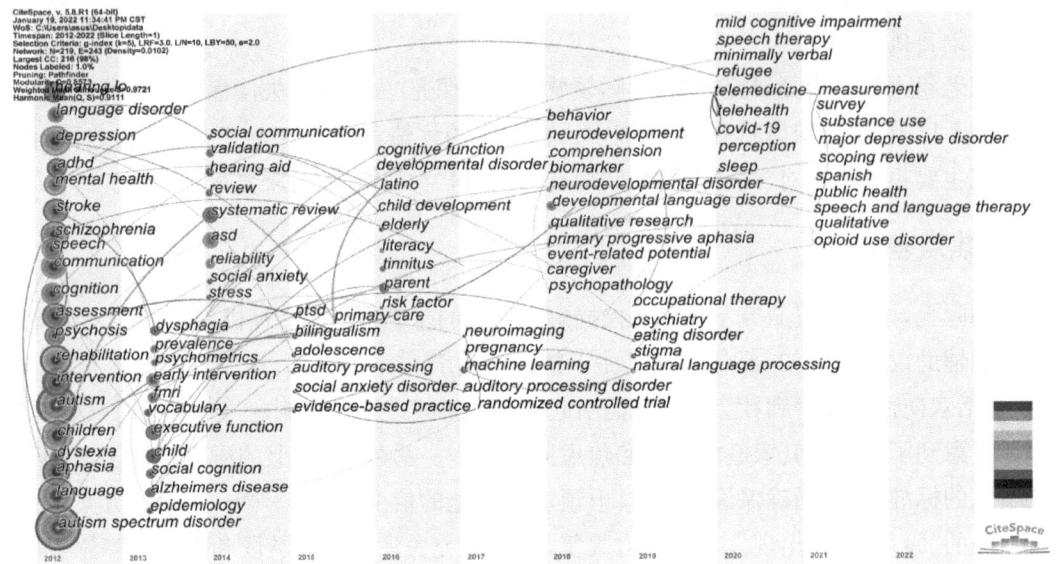

图 7　WOS 关键词时区图

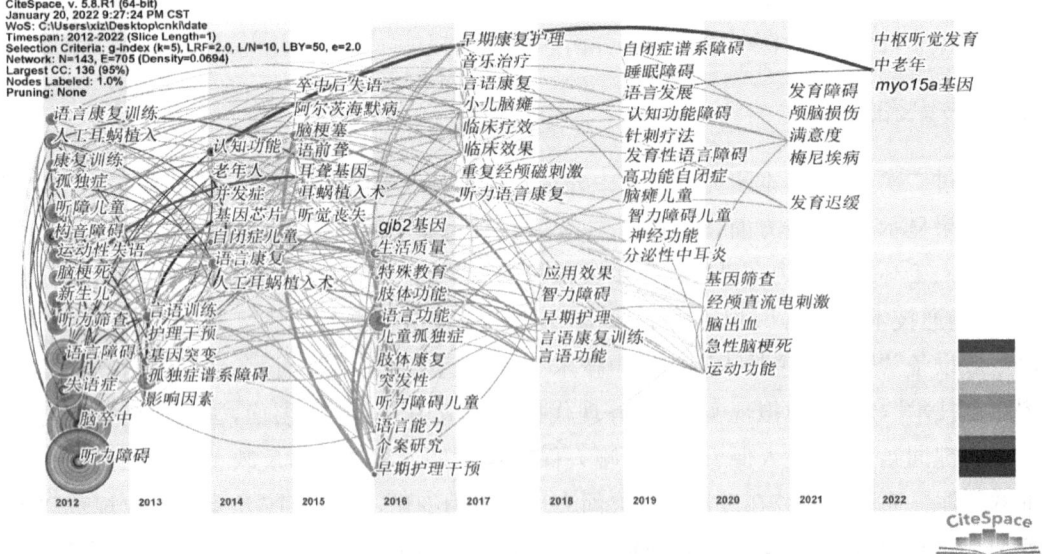

图 8　CNKI 关键词时区图

4.1 早期研究前沿

在2012至2014年期间,国际与国内在语言康复领域的研究展现了各自的特色。国际上的研究主要聚焦于语言康复的基础问题和康复诊疗实践程序,包括诊断(diagnosis)和治疗(treatment)等康复诊疗过程的大类。研究方法主要采用调查问卷(questionnaire)和描述性(narrative)研究,技术上涉及AAC系统和听力辅助系统(assistive hearing)。该时期的研究和实践较多地关注与人类语言本体相关的环节,如言语产出(speech production)和音系问题(phonology)[34-35],研究对象主要是儿童("preschool" or "infant");相比之下,CNKI平台显示,同一时期中国还在探索语言和听力障碍的病因,例如基因、听神经病谱系障碍、基因突变等。此外,常用的听障设备,如助听器和人工耳蜗的应用科普,也是研究和实践的重点。在这一时期,国内关于失语症、听力障碍、阅读障碍和听力学等主题的研究已经展开,但议题相对分散。研究不仅覆盖了直接与语言康复相关的领域,也包括手术护理、健康教育等多个方面[36-37]。研究群体主要涉及新生儿(包括早产儿)、脑卒中患者等。

4.2 中期研究前沿

在2015至2018年,语言康复研究迎来了逐步深化的中期阶段。期间,中外研究者都对语言障碍的种类进行了更细致地分类,深入挖掘障碍产生的机制,评估治疗效果。

国际研究的焦点从单一学科扩展到了包括心理学和神经科学在内的多学科领域。研究开始探讨包括"记忆(memory)[38-39]""心理量表(psychometric)[40-41]""神经发展性问题(neurodevelopmental disorders)[42-43]",以及"社交焦虑障碍(social anxiety disorder)[44-45]"等议题,深入分析了语言障碍背后的心理和神经基础,以及由此带来的治疗启发。同时,研究类别也更为细化,如对"帕金森病语言康复(Parkinson's disease)""原发渐进性失语症(primary progressive aphasia[46])""发展性语言障碍(developmental language disorders)[47]"等新分类的探讨。此外,研究对象不仅包括儿童,还扩展到了"中老年人"和"少数族裔群体"。研究方法也出现了"质性研究"和"综述"等新形式。

在同一时期,国内的语言康复研究也实现了进步,体现在如卒中后失语症和发展性阅读障碍的研究上。治疗方法上出现了新尝试,例如音乐治疗和听觉统合训练[48-49]等。研究的关注范围也扩大到了孤独症患者和智力障碍群体的语言问题上,重视了早期康复的临床效果。此外,还有部分研究探索了中医干预方案,如穴位注射等。不过,这方面的研究尚未深入。

4.3 后期研究前沿

2020年初COVID-19开始爆发并逐步在全世界范围内蔓延,社交隔离给各国言语语言康复临床研究带来了不同程度的影响。然而,2019—2022年间国际语言康复研究继续保持较高发展势头,通过开发互联网技术和远程技术来对抗 COVID-19 引发的研究壁垒。该时期国内也探索了新的研究方法,但总体研究数量下降,受新冠疫情影响较大。

国际上,心理学、神经科学和认知科学的研究方法和范式如"神经成像(neuroimaging)""认知功能障碍(cognitive impairment)"等继续为语言康复研究提供支持,研究对象从儿童、中老年患者进一步扩展到"双语群体(bilinguals)"和"难民(refugee)"。同时,大量增长的质性和定量研究催生"系统综述"和"范围性综述"的兴起。值得注意的是,2020 年起随着 COVID-19 的扩散,"远程康复(telehealth)""远程医疗(telemedicine)"技术成为热点并呈现高增长态势。国内在这一时期开始探究语言康复和认知行为的关系,关注阿尔茨海默病语言康复问题,推广经颅磁(电)刺激技术,但研究总量受 COVID-19 影响下降,未见远程语言康复的兴起和发展。

5 结论和启示

5.1 近十年中国语言康复研究和实践取得了长足进步

在当前推进健康中国建设和应对人口老龄化国家战略的背景下,我国面临着巨大挑战:数百万人受到不同程度言语、语言或听力障碍的影响,且随着老龄化的加速,越来越多的老年人由于听力和语言功能的退化,生活质量受到显著影响[50-51]。

为应对这一挑战,言语、语言与听力康复领域的发展尤为关键。这一领域旨在通过诊断和治疗改善人际交流障碍,相关从业者需要掌握"识别、缓解、治疗及预防语言障碍"的技能。这不仅要求他们了解语言交流的生理、发育、神经学和心理学知识,还需将语言学、听力学、心理学、医学、教育学等多学科的知识和方法整合应用,促进个体在听力和语言层面的发展与适应。而面对这一跨学科、高度复杂的领域,实现进步不可能仅靠个别科研人员或机构单打独斗,还需要科研和临床工作者通过深入的交流和长期的合作,共同探索和解决该领域面临的问题,逐步完善理论框架和实践途径。只有这样,我们才能为语言障碍群体提供更高质量的康复服务。

通过 CiteSpace 的可视化分析,我们观察到过去十年内中国在语言康复实践方面取得了显著进步。首先,得益于国家政策的支持,社会对语言障碍群体的关注度显著提高,这促进了对这些特殊群体的社会关怀与援助;其次,政府对大型康复设备的投资,比如功能成像和经颅磁(电)刺激设备,为语言康复的科研和临床实践提供了坚实的技术基础。此外,国内的语言康复的研究和实践逐渐深入和细化,从单纯关注疾病的原因扩展到针对"失语症""听力障碍"等大类的研究,并进一步深化到"卒中后失语症""发展性语言障碍"等具体康复分支的探讨。从最初注重病理现象和早期护理,到后来引入语言认知理论等先进研究方法和范式,标志着我国在该领域研究开始着眼于康复规律、效果评估以及跨学科的深度融合。最后,近十年来,中国的语言康复研究者越来越多地参与国际合作,提升了科研的国际接轨能力,并逐渐扩大了在全球范围内的影响力。

5.2 中国语言康复研究和实践仍面临挑战

尽管在康复领域我们已经取得了显著成就,但将我国的语言康复研究和实践与国际水平相比较,我们在多个方面仍需进一步提高。

5.2.1 研究方法和范式

国内外语言康复的临床研究的显著差异体现在研究方法上。国内的早期研究多集中在教育和医学管理等领域,焦点相对较为单一。从2019至2022年,虽然国内开始倡导跨学科的研究模式,但与国际研究相比,我国在应用心理学、认知神经科学等理论研究范式方面的文献相对较少。这限制了语言康复研究向更深入、更循证的方向发展,并影响了与国际研究的接轨。此外,我国对不同人群语言康复研究的细化程度亟待提高。例如,对老年人语言障碍的关注(如阿尔茨海默病相关研究)相对较少,而儿童研究则主要集中于听障和孤独症,对其他年龄段和由不同疾病引起的言语、语言与听力障碍的探讨尚不充分。同时,国内文献库中关于成熟、广泛应用的语言康复诊疗流程和方法的资料有限,缺乏将单一治疗方法整合为可复制的诊疗项目,这对提升临床工作效率和评估患者康复效果构成了障碍。

5.2.2 本土化理论创新

中国语言康复研究者在国际平台(WOS)上的贡献逐年增加,但这一势头却未能带动中文平台(CNKI)上同期数量(2019—2022年间)的相应增长,侧面说明我们在国际上的研究成果未能很好地转化,尚不能有效地为我国广大基层语言康复临床工作者服务。中国幅员辽阔、人口众多,大量有语言康复需求的患者需要临床工作者为其提供有针对性、个性化的服务。但从现实情况来看,我们本土化理论创新不足,对于康复中的"双语""方言""本地患者心理特点"等问题没有深入的研究和实践。

5.2.3 临床服务标准化

当前中国语言康复实践活动尚未实现标准化。与国际实践相比,在CNKI平台上检索出的行业准则、规范、标准等关键词很少,相关协会、团体、医疗和研究机构未对"循证实践"和"临床随机实验"等研究提出具体要求。事实上,服务标准化欠缺的背后隐藏着巨大的行业结构和人才培养问题,当前国内语言康复还缺乏全行业认可的执业许可证机制和相关的考核体系,也未建立并健全语言康复执业人员的培训、定岗、考核、晋升制度。同时,相关人才培养体系仍不完善,还需要大力改善相关的学科结构、课程设置、临床实践等人才培养环节。近年,中国残疾人康复协会发布了《语言障碍康复人员专业技能要求与评价》(T/CARD 010—2021)标准,而北京语言大学等多个高校建立了语言康复学院,通过优化课程结构和设置临床实践学时来提升语言康复人才的培养质量,这些都在建立行业服务标准化的道路上迈出了极其重要的一步。

5.2.4 技术与设备

近年来,在言语、语言与听力研究领域,我们引入了不少先进的高科技设备,使研究技术设备得到了显著改善。然而,我们似乎过于偏向追求来自国外的中高端大型设备,而较少关注对老百姓更具性价比、在临床效果上表现优异、适用范围广泛且实用性强的设备。这一问题在 COVID-19 期间尤为凸显。根据 WOS 平台文献显示,各发达国家纷纷加大了远程语言康复医疗实践的投入,以应对病毒导致的社交隔离。值得强调的是,这些国家在远程医疗方面的策略主要着眼于充分利用现有的互联网基础设施,开发相应的语言、听力诊疗软件,具有极高的性价比。相较之下,我国在远程语言康复方面缺乏显著的举措和行动[52-53]。

近期,教育部联合卫健委、残联等多部门发布了《"十四五"特殊教育发展提升行动计划》,对多个弱势群体的政策支持与教育引导不断加强。此外,即将出台的《国家语委"十四五"科研规划》也强调了对于特殊人群和老年人语言服务研究的重要性。我国言语语言与听力康复研究与实践应当学习借鉴国际上的成功经验,促进中国语言康复行业规范、标准的建立和完善;在加大国际合作的同时,促进中国学者研究成果在国内的转化和普及,带动国内语言康复研究的发展;在实践中还应增加多学科研究方法的运用,提倡在语言康复研究中采用循证实践等严谨科学的研究手段;同时,还应提倡更好地利用设备技术、通过人工智能赋能,扩大服务覆盖面和服务质量,加强理论研究和实践应用,为"健康中国"战略的实施提供支撑。

在当前着力推动数字经济和数字医疗的大背景下,我们有更充分的理由充分利用已有的互联网基础设施,加大对远程语言康复的发展力度。通过提前布局,为未来可能出现的数字医疗全面转型做好充分准备。只有这样,我们才能更好地适应时代发展的需求,将语言康复领域推向一个更加成熟、高效的发展方向。

参考文献

[1] 中国残疾人康复协会. 语言障碍康复人员专业技能要求与评价: T/CARD 010-2021. [S/OL] [2021-05-10]. https://www.ttbz.org.cn/upload/file/20210108/637457200071909275613 0285.pdf.

[2] 国家统计局. 第七次全国人口普查公报(第一号)[R/OL](2021-02-11)[2021-05-11]. https://www.stats.gov.cn/sj/tjgb/rkpcgb/qgrkpcgb/202302/t20230206_1902001.html.

[3] 黄立鹤, 朱琦. (2019). 老年语言学研究的语用维度: 视角, 方法与议题. 华东师范大学学报(哲学社会科学版), 51(6), 129.

[4] Snowling, M. J., Hayiou-Thomas, M. E., Nash, H. M., et al. (2020). Dyslexia and Developmental Language Disorder: comorbid disorders with distinct effects on reading comprehension. *Journal of Child Psychology and Psychiatry*, 61(6), 672-680.

[5] Redmond, S. M. (2016). Language impairment in the attention-deficit/hyperactivity disorder context. *Journal of Speech, Language, and Hearing Research*, 59(1), 133-142.

[6] Wittke, K., Mastergeorge, A. M., Ozonoff, S., et al. (2017). Grammatical language impairment in autism spectrum disorder: Exploring language phenotypes beyond standardized testing. *Frontiers in psychology*, 8: 532.

［7］Irani, F., Gabel, R., Daniels, D., et al. (2012). The long term effectiveness of intensive stuttering therapy: A mixed methods study. *Journal of fluency disorders*, 37(3), 164-178.

［8］黄敏辉,陈文娟,章依文. (2014). 语言发育迟缓儿童的年龄与发育特征的相关性研究. 中国儿童保健杂志, 22(6), 594.

［9］王海玲,徐苗苗,颜民杰. (2016). 自闭症儿童语言障碍及训练方法探析. 教育界：高等教育研究（下）, (7), 67-67.

［10］侯梅,罗光金,赵建慧. (2019). 脑瘫患儿言语障碍的评估与管理. 中国听力语言康复科学杂志, 17(3), 171-174.

［11］Kover, S. T., Davidson, M. M., Sindberg, H. A., et al. (2014). Use of the ADOS for assessing spontaneous expressive language in young children with ASD: A comparison of sampling contexts. *Journal of Speech, Language, and Hearing Research*, 57(6), 2221-2233.

［12］Adams, C., Lockton, E., Freed, J., et al. (2012). The Social Communication Intervention Project: a randomized controlled trial of the effectiveness of speech and language therapy for school-age children who have pragmatic and social communication problems with or without autism spectrum disorder. *International Journal of Language & Communication Disorders*, 47(3), 233-244.

［13］高钟. (2014). 自闭症儿童语言训练初探. 现代特殊教育, 2014(6), 46.

［14］张瑶. (2016). 动机理论在自闭症儿童语言表达训练中的应用. 现代特殊教育, (9), 53-55.

［15］叶梦婷. (2019). 普通话特殊型语言障碍儿童与高功能自闭症儿童兼语式习得研究. 广东外语外贸大学.

［16］戴惟熙. (2017). 随班就读自闭症谱系障碍儿童语篇阅读过程中连接推理加工的实验研究. 华东师范大学.

［17］王薇,徐知宇,李永鑫,等. (2019). 情绪主题绘本阅读对自闭症谱系障碍儿童情绪理解障碍的干预效果. 心理发展与教育, 35(5), 566-572.

［18］肖艳林,吴琼芳. (2017). 相片故事教学对自闭症学生情绪问题的影响研究. 中小学心理健康教育, (14), 47-49.

［19］武博雅. (2013). 自闭症儿童情绪行为干预的研究. 现代特殊教育, (7), 50-51.

［20］Simmons-Mackie, N., Kagan, A., Victor, J. C., et al. (2014). The assessment for living with aphasia: Reliability and construct validity. *International Journal of Speech-Language Pathology*, 16(1), 82-94.

［21］Woodhead, Z. V. J., Penny, W., Barnes, G. R., et al. (2013). Reading therapy strengthens top-down connectivity in patients with pure alexia. *Brain*, 36(8), 2579-2591.

［22］Mitchell, C., Bowen, A., Tyson, S., et al. (2018). A feasibility randomized controlled trial of ReaDySpeech for people with dysarthria after stroke. *Clinical Rehabilitation*, 32(8), 1037-1046.

［23］Barnish, J., Atkinson, R. A., Barran, S. M., et al. (2016). Potential benefit of singing for people with Parkinson's disease: a systematic review. *Journal of Parkinson's Disease*, 6(3), 473-484.

［24］Giannini, L. A. A., Irwin, D. J., McMillan, C. T., et al. (2017). Clinical marker for Alzheimer disease pathology in logopenic primary progressive aphasia. *Neurology*, 88(24), 2276-2284.

［25］林润,陈锦秀,林茜,等. (2014). 徵调音乐对脑卒中后运动性失语的效果观察. 中国康复医学杂志, 29(2), 137-140.

［26］宋志明. (2015). 舌边音构音障碍的临床特点及康复训练. 中国康复理论与实践, 21(11), 1311-1314.

［27］刘诗丹,陈启波,李荣祝,等. (2013). 综合康复训练治疗脑卒中吞咽障碍患者的临床疗效观察.

中国康复医学杂志，28(6)，569-573.

[28] Pawełczyk, A., Kotlicka-Antczak, M., Łojek, E., et al. (2018). Schizophrenia patients have higher-order language and extralinguistic impairments. *Schizophrenia Research*, 192, 274-280.

[29] Lv, D., Lin, W., Xue, Z., et al. (2016). Decreased functional connectivity in the language regions in bipolar patients during depressive episodes but not remission. *Journal of Affective Disorders*, 197, 116-124.

[30] Dawes, P., Emsley, R., Cruickshanks, K. J., et al. (2015). Hearing loss and cognition: the role of hearing AIDS, social isolation and depression. *PloS One*, 10(3), e0119616.

[31] Park, V., Onslow, M., Lowe, R., et al. (2021). Psychological characteristics of early stuttering. *International Journal of Speech-Language Pathology*, 1-10.

[32] Strand, E. A., McCauley, R. J., Weigand, S. D., et al. (2013). A motor speech assessment for children with severe speech disorders: Reliability and validity evidence. *Journal of Speech, Language, and Hearing Research*, 56(2), 505-520.

[33] Shriberg, L. D., Strand, E. A., Fourakis, M., et al. (2017). A diagnostic marker to discriminate childhood apraxia of speech from speech delay: II. Validity studies of the Pause Marker. *Journal of Speech, Language, and Hearing Research*, 60(4), S1118-S1134.

[34] Howard, S. (2013). A phonetic investigation of single word versus connected speech production in children with persisting speech difficulties relating to cleft palate. *The Cleft Palate-Craniofacial Journal*, 50(2), 207-223.

[35] Croot, K., Ballard, K., Leyton, C. E., et al. (2012). Apraxia of speech and phonological errors in the diagnosis of nonfluent/agrammatic and logopenic variants of primary progressive aphasia. *Journal of Speech, Language, and Hearing Research*, 55(5), S1562-S1572.

[36] 杜雪琴. (2012). 早期康复护理对脑卒中失语症患者的影响分析. 按摩与康复医学, 3(32), 338-339.

[37] 张洁. (2013). 238 例语言发育迟缓患儿的治疗及健康教育. 中国实用医药, (30), 229-230.

[38] McGregor, K. K., Gordon, K., Eden, N., et al. (2017). Encoding deficits impede word learning and memory in adults with developmental language disorders. *Journal of Speech, Language, and Hearing Research*, 60(10), 2891-2905.

[39] Henry, L. A., Botting, N. (2017). Working memory and developmental language impairments. *Child Language Teaching and Therapy*, 33(1), 19-32.

[40] Flipsen Jr, P., Ogiela, D. A. (2015). Psychometric characteristics of single-word tests of children's speech sound production. *Language, Speech, and Hearing Services in Schools*, 46(2), 166-178.

[41] Guimaraes, I., Cardoso, R., Pinto, S., et al. (2017). The psychometric properties of the voice handicap index in people with Parkinson's disease. *Journal of Voice*, 31(2), 258. e13-258. e18.

[42] Romski, M. A., Bornman, J., Sevcik, R. A., et al. (2018). Language assessment for children with a range of neurodevelopmental disorders across four languages in South Africa. *American Journal of Speech-Language Pathology*, 27(2), 602-615.

[43] Bone, D., Bishop, S., Gupta, R., et al. (2016). Acoustic-Prosodic and turn-taking features in interactions with children with neurodevelopmental disorders. *Proceedings of Interspeech 2016*, 1185-1189.

[44] Iverach, L., Rapee, R. M., Wong, Q. J. J., et al. (2017). Maintenance of social anxiety in stuttering: A cognitive-behavioral model. *American Journal of Speech-Language Pathology*, 26(2), 540-556.

[45] Brownlie, E. B., Bao, L., Beitchman, J. (2016). Childhood language disorder and social anxiety in early adulthood. *Journal of Abnormal Child Psychology*, 44(6), 1061-1070.

[46] Ficek, B. N., Wang, Z., Zhao, Y., et al. (2018). The effect of tDCS on functional connectivity in primary progressive aphasia. *NeuroImage: Clinical*, 19: 703-715.

[47] Bishop, D. V. M. (2017). Why is it so hard to reach agreement on terminology? The case of developmental language disorder (DLD). *International Journal of Language & Communication Disorders*, 52(6), 671-680.

[48] 王素丽, 李文妍, 岳保珠, 等. (2018). 可视音乐治疗对精神发育迟滞患儿语言康复的作用. 中国中西医结合儿科学, 8(4), 414-416.

[49] 陈芳, 王小莲, 刘振玲, 等. (2016). 数码听觉统合训练治疗小儿痉挛型脑瘫语言障碍的临床探讨. 中国妇幼保健, 31(24), 5365-5367.

[50] Huang, L.-H. (2023). Language and Ageing, In W. Li, H. Zhu, & J. Simpson (Eds.) *The routledge handbook of applied linguistics* (Vol. 2, 2nd ed.), 267-279.

[51] 黄立鹤. (2022). 老龄化与老年语言学引论. 上海: 上海外语教育出版社.

[52] 陈雯珺, 余英, 黄立鹤. (2022). 数字技术在欧美国家孤独症儿童早期筛查中的应用. 中国特殊教育, (7), 52-61.

[53] 陈雯珺, 钱倩, 朱双双, 等. (2022). 国际在线语言康复的新发展. 语言战略研究, 7(3), 47-58.

儿童语言障碍研究篇

自闭症儿童与正常儿童的他发自我修正策略对比研究

马博森　倪文君　曾小荣

1　引言

　　会话修正是指会话参与者针对会话过程中出现的听、说或理解问题,通过各种策略和手段加以修正,从而维持或拓展会话交谈的行为(Schegloff,Jefferson & Sacks,1977;Svennevig,2008;Makoto et al.,2018)。依据 Schegloff,Jefferson & Sacks(1977),一个完整的修正序列由障碍项(trouble source)、修正引发(repair initiation)和修正结果(repair outcome)3个部分构成。从会话者角度来看,会话修正可分为自发的自我修正、他发的自我修正、自发的他人修正和他发的他人修正4种类型(Geluykens,1994等)。

　　会话修正现象是语言学界的研究热点之一,相关研究既涉及成人也关注儿童。就正常儿童相关研究而言,国内外现有研究主要探讨儿童与不同对象互动时所使用的会话修正策略及其修正能力的发展状况。研究发现,随着年龄增长,儿童的会话修正策略逐渐丰富,针对会话中的修正请求,他们能够适时恰当地给予反馈(Peterson,Danner & Flavell,1972;Gallagher,1981;Tomasello,Farrar & Dines,1984;Golinkoff,1986;Alexander et al.,1997;周兢,2006;Stockman,Karasinski & Guillory,2008;Cekaite,2013;程璐璐、尚晓明,2017;杨金焕、郑荔、盛橼,2018)。在自闭症儿童的会话修正研究方面,国外现有研究既探究不同年龄段或不同语言发展阶段自闭症儿童的会话修正表现及存在障碍的原因(Alexander,Wetherby & Prizant,1997;Volden,2004;Keen,2005;Martin et al.,2020等),也考察自闭症儿童对交际对方修正请求的回应,以及互动对象类型与交际任务类型对儿童选用修正策略的影响(Shatz & O'Reilly,1990;Geller,1998;Ohtake

---

【基金项目】国家社科基金重点项目"汉语自闭症儿童和正常儿童的多模态指称策略对比研究"(17AYY009),江西省社会科学基金项目"汉语高功能自闭症儿童与正常儿童的多模态叙事语篇对比研究"(20YY08)
【作者信息】马博森,教授,浙江大学外国语学院。
　　　　　倪文君,硕士研究生,浙江大学外国语言文化与国际交流学院。
　　　　　曾小荣,教授,江西农业大学外国语学院。
【注】本文首刊于《语言战略研究》2021年第6期。

et al.，2005；Meadan et al.，2006；Ohtake et al.，2011 等）。相较于国外，汉语自闭症儿童的会话修正研究成果很少。就我们所掌握的文献来看，目前只有 3 项，其中两项通过与正常儿童的对比分析来揭示汉语自闭症儿童在不同交际情境下的会话修正表现和不恰当行为（朱芳谊、张鑑如，2011；卢佩美、锜宝香、羊蕙君，2015），另一项涉及互动对象的会话技能和会话风格对儿童修正行为的影响（李晓燕，2019）。

与现有研究不同，本文拟从互动语言学视角出发，考察针对 6～7 周岁汉语高功能自闭症儿童及正常儿童产出的不同类型会话障碍，成人会选择何种引发策略，而不同力度的引发策略是否会影响儿童的修正策略偏好及修正成功率。具体回答以下 3 个问题：

(1) 两组儿童产生的会话障碍有何差别？
(2) 针对两组儿童所产出的不同类型会话障碍，成人的引发策略是否存在差异？
(3) 成人的引发策略如何影响儿童的自我修正策略及其修正成功率？

2　语料的采集及筛选

本研究首先选取生理年龄在 6～7 周岁的高功能自闭症儿童（以下简称 HFA 儿童）15 名。选取标准如下：(1) 韦氏智商（WISC-IV）在 90 以上，语言与沟通能力相对较好，母语为中文；(2) 经医院诊断为自闭症。符合上述标准的 HFA 儿童参加第 3 版皮博迪图片词汇测验（PPVT-R）。为了与所选取的自闭症儿童匹配，本研究按如下标准选取 15 名正常发展儿童（以下简称 TD 儿童）：(1) 生理年龄在 6～7 周岁，性别比例与 HFA 儿童基本一致；(2) TD 儿童参与图片词汇测验和韦氏智力测试的得分与 HFA 儿童在±2 个标准差之内，无统计学意义上的显著性差异。

在选取两类儿童之前，本文研究者向儿童监护人及康复师详细说明了研究目的、所需完成的测试及语料采集形式。监护人均签署了知情同意书。最终用于对比的两类儿童的基本信息如表 1 所示。

表 1　研究对象基本信息表

衡量指标	HFA 儿童（$N=15$）		TD 儿童（$N=15$）		t 值	p 值
	平均值	标准差	平均值	标准差		
生理年龄	6.36	0.28	6.37	0.25	−0.154	0.879
WISC-IV	112.89	9.80	109.29	9.83	1.065	0.295
PPVT-R	94.53	13.65	93.70	20.66	0.137	0.892

语料采集通过成人与儿童合作完成一项画图任务来进行，这些成人均为正常人，其中，与自闭症儿童合作完成任务的是其监护人（以下简称 HFA 组成人），与正常儿童合作

完成任务的是课题组的在读研究生(以下简称 TD 组成人)。在完成该任务时,儿童看着屏幕上的图片,教成人尽可能画出与原图一样的图画,他们也能看到成人所画的内容,但成人只能通过儿童的指令作画,他们看不见屏幕上的原图。图片内容包括几何图形、生活中的常见物体以及场景中的人物。

我们对所采集的语料进行了质量筛选,剔除了录像画质不佳、儿童配合度较差的语料。最终用于实际研究的语料分别为:HFA 组时长为 6 小时 56 分钟,总话语量为 65 524 字;其中成人 40 386 字,儿童 24 138 字。TD 组时长为 6 小时 21 分钟,总话语量为 33 492 字;其中成人 14 557 字,儿童 18 935 字。造成两组人群话语量显著差异的主要原因是,HFA 组儿童在描述图片内容时十分关注细节特征,且重复描述较多,导致成人需不断加以引导。由于 HFA 组和 TD 组的总话语量存在显著性差异($t=4.654, p<0.001$),我们对两组语料中出现的会话障碍数量进行了归一化处理,然后进行加权,加权值为 1 000。

3 他发的自我修正现象及其分类

他发的自我修正需交际双方互动合作来完成。这一过程首先涉及对会话中障碍的判断。已有研究将会话障碍分为听辨障碍、指称障碍、理解障碍和预判/可接受性障碍 4 类(Selting, 1987; Svennevig, 2008; Couper-Kuhlen & Selting, 2018)。其中,听辨障碍指由于音量过小或注意力不集中等因素导致的问题;指称障碍指在引入和续谈话语实体时,人们采取的语言形式可能产生指称模糊现象,使得听话人无法识别指称对象;理解障碍指交际对方在话语内容的理解方面存在困难;预判/可接受性障碍指交际者遇到了与自己的期望或信念相矛盾或冲突的话语,或是与交际者本身可接受的事实、观点或看法大相径庭的论断。其次,针对不同的会话障碍,引发者会采取不同的引发策略(Svennevig, 2008)。这些策略可分为 3 类:(1) 候选方案,指引发者对所指对象的认知理解程度较高,能够在准确判断障碍的基础上,通过提供一种可能的替换方案来引发修正者做出肯定反馈或否定反馈及纠正;(2) 特定类别提示语,指引发者对上一话轮中的指称不明或存在歧义的特定信息,如大小、位置、形状等发出修正请求,常以重复部分/全部障碍或加上疑问词或疑问句的形式出现;(3) 开放式引发语,指由于发音或理解等问题造成较高程度的沟通障碍,引发者无法准确定位障碍,常运用"啊""嗯""啥""什么"等词对非特定信息进行引发(Drew, 1997)。3 类引发策略存在不同的引发力度:候选方案对会话障碍的引发力度最强,特定类别提示语次之,开放式引发语力度最弱(Sidnell, 2010)。最后,针对不同的引发策略,障碍产出者会选择不同的修正策略加以修正。对于这些策略,有的分为重复、增删和替换 3 类(Meadan & Halle, 2004),有的分为确认、重复、修订、特定回应和无回应 5 类(Paul & Cohen, 1984)。综观这些策略,确认、重复和替换的使用比例较高(Fox, 2013)。在本研究的语料中,两组儿童使用这 3 种策略的比例最高,分别达到了 83% 和

82%。有鉴于此,本文聚焦替换、确认和重复 3 类修正策略进行对比分析。

基于所采集的语料和上述分类,本文制定标注方案,并借助 ELAN5.9 软件,对会话语料进行标注。标注工作由两名具有语料标注经验的语言学专业研究生独立完成。标注初步完成后,研究者从标注语料中随机抽取了 20% 的样本来核对标注者间的一致性情况,得到的标注信度系数为 95.8%,表明两名标注者之间的标注一致性良好。针对标注不一致之处,研究者和两名标注者共同讨论后达成一致,根据讨论结果对原标注进行修改或确认。

4 两类儿童的他发自我修正策略对比分析

基于标注数据,本文首先对两组儿童产出的 4 类会话障碍数量分别进行独立样本 t 检验。其次,通过卡方检验,对比分析针对儿童各类会话障碍时,两组成人引发策略的使用异同,以及成人引发策略对两组儿童修正策略选择和修正成功率的影响。

(一)两组儿童所产出的会话障碍对比

两组儿童所产出的会话障碍统计结果如图 1 和表 2 所示。

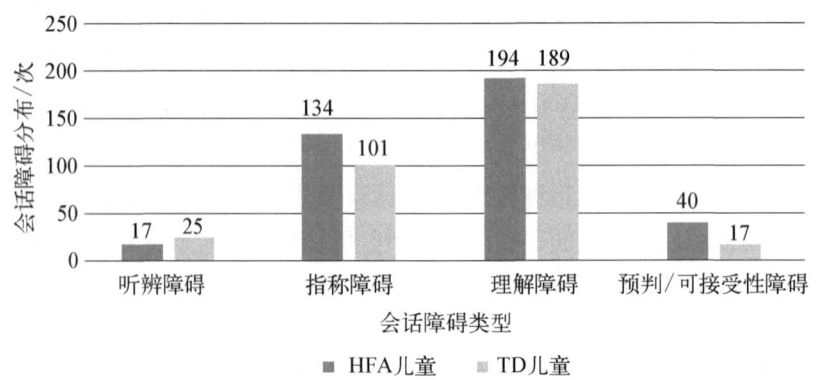

图 1　两组儿童所产出的会话障碍分布情况

表 2　两组儿童所产出的会话障碍对比

		听辨障碍	指称障碍	理解障碍	预判/可接受性障碍
HFA 儿童	频数/次	17	134	194	40
	百分比/%	4.42	34.81	50.39	10.39
TD 儿童	频数/次	25	101	189	17
	百分比/%	7.53	30.42	56.93	5.12
t 值		−0.509	2.110	0.654	2.948

续 表

	听辨障碍	指称障碍	理解障碍	预判/可接受性障碍
df 值	28	28	28	28
p 值	0.615	0.044	0.518	0.006

图1和表2的数据表明，HFA儿童和TD儿童产出的会话障碍总量分别为385和332，不存在显著性差异（$t=1.493$，$p=0.147$）。但就不同类型的会话障碍而言，两组儿童既有相同之处，也存在差异。相同之处表现在，HFA儿童和TD儿童所产出的4种会话障碍分布情况较为一致，其中理解障碍出现的比例最高，分别为50.39%和56.93%；其次为指称障碍，分别为34.81%和30.42%；最后是少量的听辨障碍和预判/可接受性障碍。除此之外，两组儿童产出听辨障碍和理解障碍的频数均不存在统计学上的显著性差异（分别为$p=0.615$和$p=0.518$）。差异之处是，HFA儿童产出指称障碍和预判/可接受性障碍的频数均显著高于TD儿童，其中前者的频数分别为134次和101次，$p=0.044$；后者分别为40次和17次，$p=0.006$。

（二）针对儿童会话障碍的成人引发策略对比

针对两组儿童所产出的会话障碍，成人选用的引发策略分布情况如表3所示。

表3 两组成人的引发策略分布情况

		HFA组成人			TD组成人		
		开放式引发语	特定类别提示语	候选方案	开放式引发语	特定类别提示语	候选方案
听辨障碍	频数/次	12	5	0	9	8	8
	百分比/%	70.59	29.41	0.00	36.00	32.00	32.00
指称障碍	频数/次	13	88	33	10	63	28
	百分比/%	9.70	65.67	24.63	9.90	62.38	27.72
理解障碍	频数/次	38	67	89	53	58	78
	百分比/%	19.59	34.54	45.88	28.04	30.69	41.27
预判/可接受性障碍	频数/次	2	2	36	0	5	12
	百分比/%	5.00	5.00	90.00	0.00	29.41	70.59

观察表3，我们发现：

当儿童产出听辨障碍时，两组成人在3类引发策略的选择上存在显著性差异（$\chi^2=$

7.883，$p=0.019$），其中 HFA 组成人主要选择开放式引发语（70.59%），其次为特定类别提示语（29.41%），候选方案使用频数为 0；而 TD 组成人对 3 类引发策略的选择无显著性偏好。

当儿童产出指称障碍时，HFA 组成人和 TD 组成人在 3 类引发策略的选择上不存在显著性差异（$\chi^2=0.312$，$p=0.855$），使用比例由高到低依次为特定类别提示语（分别占 65.67% 和 62.38%）、候选方案（分别占 24.63% 和 27.72%）和开放式引发语（分别占 9.70% 和 9.90%）。

当儿童产出理解障碍时，HFA 组成人和 TD 组成人在 3 类引发策略的选择上不存在显著性差异（$\chi^2=3.780$，$p=0.151$），使用比例由高到低依次为候选方案（分别占 45.88% 和 41.27%）、特定类别提示语（分别占 34.54% 和 30.69%）和开放式引发语（分别占 19.59% 和 28.04%）。

当儿童产出预判/可接受性障碍时，两组成人在 3 类引发策略的选择存在显著性差异（$\chi^2=7.173$，$p=0.028$），其中 HFA 组成人采取的策略主要为候选方案（90.00%），较少使用特定类别提示语和开放式引发语，两者均占 5%；而 TD 组成人采取的主要策略也为候选方案（70.59%），其次为特定类别提示语（29.41%），开放式引发语的使用频数为 0。

上述分析表明，当儿童产出不同类型的会话障碍时，成人的引发策略会随着障碍类型而变化。具体而言，当儿童产出指称障碍时，两组成人的引发策略选择较为一致，选择比例由高到低依次为特定类别提示语、候选方案和开放式引发语；当儿童产出理解障碍时，两组成人的引发策略选择比例由高到低均为候选方案、特定类别提示语和开放式引发语。两组成人的引发策略选择差异主要表现在，当儿童产出听辨障碍或预判/可接受性障碍时，两组成人在 3 类引发策略的选择上存在显著性差异。其中针对听辨障碍，HFA 组成人的引发策略多为开放式引发语，而 TD 组成人对 3 类引发策略的选择无显著性偏好；针对预判/可接受性障碍时，HFA 组成人的引发策略主要为候选方案，而 TD 组成人除主要选择候选方案外，还较多使用特定类别提示语。

（三）成人引发策略对儿童自我修正策略的影响

本小节从两个维度考察成人引发策略对儿童自我修正策略的影响：其一是对儿童修正成功率的影响，其二是对儿童修正策略选择的影响。表 4 呈现的是不同引发策略下的两组儿童修正成功率。

表 4　不同引发策略下的两组儿童修正成功率对比

		候选方案	特定类别提示语	开放式引发语	总　量
HFA 儿童	次数/次	158	162	65	385
	成功次数/次	131	84	48	263
	成功率/%	82.91	51.85	73.85	68.31

续 表

		候选方案	特定类别提示语	开放式引发语	总 量
TD 儿童	次数/次	126	134	72	332
	成功次数/次	109	104	44	257
	成功率/%	86.51	77.61	61.11	77.41

分析表 4,我们发现:就修正成功率而言,总体来看 HFA 儿童显著低于 TD 儿童,分别为 68.31% 和 77.41%,$t=-4.193,p<0.001$。具体到 3 种引发策略,当成人采取候选方案和特定类别提示语两种策略时,HFA 儿童的修正成功率均低于 TD 儿童。其中,候选方案引发下的修正成功率分别为 82.91% 和 86.51%,$t=-0.873,p=0.395$,HFA 儿童的修正成功率略微低于 TD 儿童;特定类别提示语下的修正成功率分别为 51.85% 和 77.61%,$t=-5.988,p<0.001$,HFA 儿童的修正成功率显著低于 TD 儿童。而当成人选择开放式引发语时,HFA 儿童的修正成功率高于 TD 儿童,分别为 73.85% 和 61.11%,$t=2.279,p=0.030$。

除考察成人引发策略对儿童修正成功率的影响之外,本文还分析了成人引发策略对儿童修正策略选择的影响以及两组儿童自我修正策略选择的异同,结果如表 5 所示。

表 5 不同引发策略下的儿童自我修正策略分布

		HFA 儿童			TD 儿童		
		重复	确认	替换	重复	确认	替换
开放式引发语	频数/次	14	4	47	10	2	60
	比例/%	21.54	6.15	72.31	13.89	2.78	83.33
特定类别提示语	频数/次	2	13	147	3	7	124
	比例/%	1.23	8.02	90.74	2.24	5.22	92.54
候选方案	频数/次	18	116	24	5	71	50
	比例/%	11.39	73.42	15.19	3.97	56.35	39.68

分析表 5 数据,我们发现:

当成人使用开放式引发语时,HFA 儿童和 TD 儿童在 3 类自我修正策略的选择上不存在显著性差异($\chi^2=2.562,p=0.278$),按使用率排序依次为替换(分别占 72.31% 和 83.33%)、重复(分别占 21.54% 和 13.89%)和确认(分别占 6.15% 和 2.78%)。

当成人使用特定类别提示语时,HFA 儿童和 TD 儿童在 3 类自我修正策略的选择上也不存在显著性差异（$\chi^2=1.315, p=0.518$），两组儿童均主要采取替换（分别占90.74%和92.54%），使用较少确认和重复。

当成人使用候选方案时，HFA儿童和TD儿童在3类自我修正策略的选择上存在显著性差异（$\chi^2=24.011, p=0.001$），其中HFA儿童主要使用确认（73.42%），较少使用替换（15.19%）和重复（11.39%）；而TD儿童主要使用确认（56.35%），其次使用替换（39.68%），较少使用重复（3.97%）。

上述分析表明，当成人采取不同的引发策略时，儿童的修正策略偏好有所变化。具体而言，当成人采取开放式引发语或特定类别提示语两种引发策略时，两组儿童的自我修正策略偏好不存在显著性差异，均偏好于使用替换。两组儿童的修正策略差异主要在于：当成人使用候选方案时，HFA儿童主要选用确认；而TD儿童除主要使用确认之外，还较多使用替换。

（四）讨论

以上3小节尝试回答引言中提出的3个研究问题。针对问题一，我们发现两组儿童产出的会话障碍总量不存在显著性差异，且会话障碍的类型分布较为一致：理解障碍最多，其次为指称障碍，最后是听辨障碍和预判/可接受性障碍。两组儿童的差异在于HFA儿童产出的指称障碍和预判/可接受性障碍的数量显著多于TD儿童。下面从3个方面解释这些异同。（1）两组儿童在词汇测验得分及总智商方面相匹配，这可能是他们在会话障碍总量以及障碍类型分布方面不存在显著性差异的主要原因。本研究选取的自闭症儿童均为高功能自闭症儿童，这类儿童不存在智力方面的共生障碍，且整体语言能力与TD儿童较为接近。（2）HFA儿童指称障碍产出数量较多与其指称表达能力较弱有关，这一结论与已有研究发现相一致（Nadig, Vivanti & Ozonoff, 2009; Ohtake et al., 2011）。指称语的恰当产出和指称对象的正确识别依赖于可激活的共享知识，主要有4种途径：共享百科知识、共享私人知识、共享情景知识和共享语篇知识（马博森，2010）。就本研究而言，HFA儿童在交际中表现出缺乏共享情景知识，在推测成人的共享知识和交际意图方面存在困难，从而导致他们产出了更多的指称障碍。（3）HFA儿童产出预判/可接受性障碍的数量较多，这主要与他们缺乏会话的连贯意识有关。例如，在语料中，一位HFA儿童在上一话轮要求成人画出夏天的衣服，下一话轮却突然要求成人画出"棉袄"。由于他产出的非连贯话语与成人的背景知识相冲突，导致成人难以理解，因而发起有针对性的修正。

针对问题二，本文发现成人的引发策略会随儿童的会话障碍类型不同而变化。两组成人引发策略选择的主要差异在于：针对听辨障碍，HFA组成人的引发策略多为开放式引发语，而TD组成人对3类引发策略的选择无显著性偏好；针对预判/可接受性障碍，HFA组成人的引发策略主要为候选方案，而TD组成人除主要选择候选方案外，还较多使用特定类别提示语。成人的引发策略会随儿童会话障碍类型的变化而变化，这从会话修正角度揭示了会话的互动性特征。就造成上述差异的原因而言，首先，当HFA儿童产出听辨障碍时，成人的引发策略主要为开放式引发语，这种选择跟成人与 HFA 儿童进行会话时的习惯存在密切关系。与自闭症儿童会话时，一旦儿童发音怪异或注意力不集中，长期的干预训练使得家长或干预师习惯用"啊""嗯""啥""什么"等开放式引发语进行修正引发，以此来锻炼这类儿童进行回应的能力。其次，当儿童产出预判/可接受性障碍时，成人采用候选方案既表明成人对儿童会话障碍的出现位置和性质具有较为准确的判断，也从另一个角度说明，与儿童进行互动时，考虑到这一群体的交际能力相对较弱，成人倾向于为他们的交际提供支持，而提供候选方案帮助他们完成修正是常见策略之一。对于自闭症儿童而言更是如此。这也是为什么在我们的语料中，HFA 组成人的候选方案策略占比高达 90%，而其他两种策略仅各占 5%，TD 组成人的候选方案策略占比也很高，达到 70.59%，而特定类别提示语和开放式引发语则分别占比 29.41% 和 0。根据 Sidnell(2010) 的观点，候选方案策略的引发力度最强，其次是特定类别提示语，最后是开放式引发语。我们的数据也从汉语使用方面佐证了 Sidnell 的观点。需要说明的是，就预判/可接受性障碍而言，由于本文语料中 TD 儿童产出的这类障碍数量较少，且显著少于 HFA 儿童，上述两组成人所选引发策略的差异还有待后续基于更大规模语料研究的验证。

针对问题三，本文发现 HFA 儿童的修正成功率整体低于 TD 儿童。这一发现与已有研究结论一致(Paul & Cohen, 1984；朱芳谊、张鉴如，2011)。除此之外，本文还进一步分析了成人不同力度的引发策略对儿童修正成功率的影响。研究发现：成人使用候选方案时，两组儿童的修正成功率均最高，但当成人选择特定类别提示语和开放式引发语时，两组儿童的修正成功率排序出现差异——HFA 儿童排在第二的是开放式引发语，排在最后的是特定类别提示语；而 TD 儿童的情况与之相反。该结果表明，TD 儿童的修正成功率排序与成人引发力度的强弱排序一致，而 HFA 儿童则不然。造成 HFA 儿童排序异常的原因可能有二：其一如讨论问题二时所述，当自闭症儿童产出听辨障碍时，父母或干预师常用开放式引发语引发修正，以提高这类儿童的回应能力，而这样的长期干预训练使得自闭症儿童对这种引发及修正模式较为熟悉；其二是当成人使用特定类别提示语时，HFA 儿童因存在视觉空间认知障碍(参见 Coulter, 2009 的综述)，常常难以就图画中物体的形状、大小和位置提供准确信息，导致修正成功率较低。

成人的引发策略不仅会影响儿童的修正成功率，也会影响儿童对修正策略的选择。当成人使用候选方案时，两组儿童的自我修正策略选择存在显著差异，HFA 儿童主要使用确认策略，而 TD 儿童除主要选择确认策略外，还较多选用替换策略。这一差异说明 HFA 儿童在自我修正策略的选择上缺乏多样性和灵活性。他们往往局限于对上一话轮信息进行肯定反馈或否定反馈，不善于对言语信息做出适当的添加调整。

上述讨论总体表明，一方面，成人的引发策略既受到儿童会话障碍类型的影响，同时也会影响儿童的修正策略，这充分表明互动是会话的本质特征。另一方面，与 TD 儿童相比，汉语 HFA 儿童在会话修正能力方面仍存在一些差异，主要表现为产出指称障碍和预判/可接受性障碍的数量显著多于 TD 儿童，且在会话修正的总体成功率上低于 TD 儿童。这一差异可用心理理论(Theory of Mind)加以解释。心理理论是指对自己或他人信念、意图、思想和情感等心理状态进行归因和推理,以及由此理解和预测他人行为的能力(Searle,1980)。已有研究发现,自闭症儿童在心理理论上的缺陷导致其在共享知识状态和错误信念等方面的认识存在困难(Baron-Cohen,2002),难以推测对方的会话意图和会话目的,因而出现了较多的指称障碍或预判/可接受性障碍(Geller,1998),具体表现为自闭症儿童难以参照成人提供的各种信息,及时确定成人的注视点并调整注意方向,难以与成人共同分享对物体或事件的兴趣,存在指示跟随和注视跟随等障碍(周念丽,2003)。此外,自闭症儿童观点采择能力较弱,难以将自己的观点和他人的观点相互协调(Selman,1980),难以根据具体的语境信息来引入和续谈实体,并提供符合格莱斯合作原则中"量的原则"和"关系原则"的话语内容,而观点采择能力是成功实施会话修正的重要因素(Alexander et al.,1997)。

5　干预建议

结合上述研究发现,本文为家长和治疗师提供以下两点有关会话修正的干预建议。

(1) 从互动视角开展干预。会话是一个双向且相互依存的互动行为。在干预过程中,不仅要关注对自闭症儿童自身语用障碍的训练,还可以充分发挥成人会话者对儿童会话能力的促进作用。本文的研究结果显示,成人采取的引发策略力度与儿童的修正成功率显著相关,且与儿童产出的会话障碍类型显著相关。因此,家长或治疗师在和自闭症儿童会话时,应有意识地对他们产出的具体障碍类型进行判断,然后在估计他们共享知识状态的基础上,选取引发力度较强和有助于促进互动的引发策略,如候选方案和开放式引发语,以便提升这类儿童的修正成功率。

(2) 在干预中注重创设共享沟通情境。自闭症儿童会话修正能力较弱的重要原因之一在于心理理论能力弱。因此,家长和治疗师在干预过程中应注重创设共享沟通情境,开启共同注意力。还可将同一话题放置于不同的情境之中,引导儿童在会话双方均不在情境、双方均在情境以及只有一方在情境这3种不同的情境下进行会话修正,帮助儿童增强错误信念的认知判断能力,让儿童意识到会话交际者与自己相比可能有着不同的共享知识状态与信念,需要选取恰当的修正策略,补充或删减信息,以此顺利推进话题轮替。

6　结语

本文通过对比分析,从互动视角探讨6~7周岁汉语高功能自闭症儿童在会话中的他发自我修正现象。研究表明,成功修正不仅取决于自闭症儿童准确提供信息的能力,还需要成人充分发挥会话合作者的作用,准确定位障碍,推测交际意图,采取恰当引发方式。通过研究自闭症儿童的会话修正能力,本文为自闭症儿童的干预与治疗提出建议。在当前自闭症已成为全球公共健康问题的背景下，我们期待能为服务这一人群的有效干预作出一份学界的贡献。

参考文献

[1] Alexander, D., Wetherby, A., Prizant, B. (1997). The emergence of repair strategies in infants and toddlers. *Seminars in Speech and Language*, 18(03), 197-212.

[2] Baron-Cohen, S. (2002). The extreme male brain theory of autism. *Trends in Cognitive Sciences*, 6(6), 248-254.

[3] Cekaite, A. (2013). Child pragmatic development. In C. A. Chapelle (Ed.), *The encyclopedia of applied linguistics* (pp. 602-609). West Sussex: Blackwell Publishing.

[4] Coulter, R. A. (2009). Understanding the visual symptoms of individuals with autism spectrum disorder (ASD). *Optometry and Vision Development*, 40(3), 164-175.

[5] Couper-Kuhlen, E., Selting, M. (2018). *Interactional linguistics studying language in social interaction*. Cambridge: Cambridge University Press.

[6] Drew, P. (1997). "Open" class repair initiators in response to sequential sources of troubles in conversation. *Journal of Pragmatics*, 28(1), 69-101.

[7] Fox, B. A. (2013). Conversation analysis and self-repair. In C. Chapelle (Ed.), *The encyclopedia of applied linguistics* (pp.1-7). Hoboken, NJ: John Wiley and Sons, Inc.

[8] Gallagher, T. M. (1981). Contingent query sequences within adult-child discourse. *Journal of Child Language*, 8(1), 51-62.

[9] Geller, E. (1998). An investigation of communication breakdowns and repairs in verbal autistic children. *The British Journal of Development Disabilities*, 44(87), 71-85.

[10] Geluykens, R. (1994). *The pragmatics of discourse anaphora in English: evidence from conversational repair*. Berlin: Berlin Mouton De Gruyter.

[11] Golinkoff, R. M. (1986). "I beg your pardon?": The preverbal negotiation of failed messages. *Journal of Child Language*, 13(3), 455-476.

[12] Keen, D. (2005). The use of non-verbal repair strategies by children with autism. *Research in Developmental Disabilities*, 26(3), 243-254.

[13] Makoto, H., Raymond, G., Sidnell, J., et al. (2018). *Conversational repair and human understanding*. Cambridge: Cambridge University Press.

[14] Martin, G. E., Barstein, J., Patel, S., et al. (2020). Longitudinal analysis of communication repair skills across three neurodevelopmental disabilities. *International Journal of Language & Communication Disorders*, 55(1), 26-42.

[15] Meadan, H., Halle, J. W. (2004). Communication repair and response classes. *The Behavior Analyst Today*, 5(3), 291-303.

[16] Meadan, H., Halle, J. W., Watkins, R. V., et al. (2006). Examining communication repairs of 2 young children with autism spectrum disorder: The influence of the environment. *American Journal of Speech-Language Pathology*, 15(1), 57-71.

[17] Nadig, A., Vivanti G., Ozonoff, S. (2009). Adaptation of object descriptions to a partner under increasing communicative demands: A comparison of children with and without autism. *Autism Research*, 2(6), 334-347.

[18] Ohtake, Y., Wehmeyer, M. L., Nakaya, A., et al. (2011). Repair strategies used by verbal students with autism during free play. *Focus on Autism and Other Developmental Disabilities*, 26(1), 3-14.

[19] Ohtake, Y., Yanagihara, M., Nakaya, A., et al. (2005). Repair strategies used by elementary-age beginning communicators with autism. *Focus on Autism and Other Developmental Disabilities*, 20(3), 158-168.

[20] Paul, R., Cohen, D. J. (1984). Responses to contingent queries in adults with mental retardation and pervasive developmental disorders. *Applied Psycholinguistics*, 5(4), 349-357.

[21] Peterson, C. L., F. Danner, W., Flavell, J. H. (1972). Developmental changes in children's response to three indications of communicative failure. *Child Development*, 43(4), 1463-1468.

[22] Schegloff, E. A. (2000). When "others" initiate repair. *Applied Linguistics*, 21(2), 205-243.

[23] Schegloff, E. A., Jefferson, G., Sacks, H. (1977). The preference for self-correction in the organization of repair in conversation. *Language*, 53(2), 361-382.

[24] Searle, J. R. (1980). Minds, brains, and programs. *Behavioral and Brain Sciences*, 3(3), 417-424.

[25] Selman, R. L. (1980). *The growth of interpersonal understanding*. Orlando, FL: Academic Press.

[26] Selting, M. (1987). *Verständigungsprobleme: Eine empirische Analyse am Beispiel der Bürger-Verwaltungs-Kommunikation*. Berlin: De Gruyter.

[27] Shatz, M., O'Reilly, A. (1990). Conversational or communicative skill? A reassessment of two-year-olds' behaviour in miscommunication episodes. *Journal of Child Language*, 17(1), 131-146.

[28] Sidnell, J. (2010). *Conversation analysis: An introduction*. Chichester: Wiley-Blackwell.

[29] Stockman, I. J., Karasinski, L., Guillory, B. (2008). The use of conversational repairs by African American preschoolers. *Language, Speech, and Hearing Services in Schools*, 39(4), 461-474.

[30] Svennevig, J. (2008). Trying the easiest solution first in other-initiation of repair. *Journal of Pragmatics*, 40(2), 333-348.

[31] Tomasello, M., Farrar, M. J., Dines, J. (1984). Children's speech revisions for a familiar and an unfamiliar adult. *Journal of Speech, Language, and Hearing Research*, 27(3), 359-363.

[32] Volden, J. (2004). Conversational repair in speakers with autism spectrum disorder. *International Journal of Language & Communication Disorders*, 39(2), 171-189.

[33] 程璐璐, 尚晓明. (2017). 学前儿童语用交流行为的发展特点与取效行为理论. 北京: 学前教育研究, (3).

[34] 李晓燕. (2019). 高功能自闭症儿童会话发展与康复: 特质中心疗育模式. 北京: 中国社会科学出版社.

[35] 卢佩美, 锜宝香, 羊蕙君. (2015). 高功能自闭症学童的对话修正技能. 教育实践与研究, (2).

[36] 马博森. (2010). 自然话语中的代词间接回指分析. 外国语 (上海外国语大学学报), (2).

[37] 杨金焕, 郑荔, 盛欐. (2018). 成人与同伴在4~5岁儿童会话能力发展中的作用比较. 学前教育研究, (1).

[38] 周兢. (2006). 从前语言到语言转换阶段的语言运用能力发展——3岁前汉语儿童语用交流行为习得的研究. 心理科学, (6).

[39] 周念丽. (2003). 自闭症幼儿社会认知实验及干预绩效研究. 华东师范大学.

[40] 朱芳谊, 张鑑如. (2011). 一般儿童与自闭症儿童在不同沟通中断类型之修补能力研究. 特殊教育研究学刊, (3).

孤独症与全面发育迟缓儿童不同语义类型述宾谓语句的表达特征研究

姚 权

1 引言

述宾结构是汉语中最基本、最重要的句法结构(周国光,2016),由带宾语的及物动词作为述语,其后紧跟"支配、关涉"的宾语,构成述宾短语,而述宾短语作谓语构成的主谓句则为述宾谓语句,按谓语动词的语义特征,一般述宾谓语句可分为动作句、感知句、关系句和状态句(张斌,2015)。该句型是学前典型发展(typically developing, TD)儿童与智力障碍儿童自主表达中出现较早且占主要地位的句型(周国光,2016;翁楚倩,2016;马英红、刘春玲、顾琳玲,2001),对儿童口语交际具有重要作用。然而,神经发育障碍儿童在过渡到以句子为基本单位的交流阶段时常面临瓶颈,从而阻碍社会交往,也会对计算、读写等能力造成不利影响,引起将来的学习困难,并危害儿童心理健康成长(Fazio, 1994; van Weerdenburg et al., 2011; Whiteside & Norbury, 2017)。

全面发育迟缓(global developmental delay, GDD)与孤独症(autism spectrum disorder, ASD)是最为常见的两种神经发育障碍,各占 43.9% 与 22.9%(Kim et al., 2020),均伴随语言或认知发育异常,以致两类障碍在儿童学龄前阶段易被误诊或漏诊(Shan et al., 2022),因此需分析两类儿童在述宾谓语句表达上的共性与特性。孤独症是一种极具异质性的神经发育障碍,有两大核心症状:在多种环境中显示出持续性的沟通和社会交往缺陷,局限于重复的行为、兴趣或活动,初始症状常常涉及语言发育迟缓(美国精神医学学会、张道龙,2015)。5 岁以下的个体如果在≥2 个能区未达到符合预期的发育标志或者当前无法接受系统型智力评估时,则诊断为"全面发育迟缓"(美国精神医学学会、张道龙,2015)。本研究中的"全面发育迟缓儿童"指包含语言发育落后的 GDD 儿童。

既有发展研究主要从句法结构(如不完整句—单句—修饰句—复句)、特殊句式(如

【作者信息】姚权,博士研究生,同济大学老龄语言与看护研究中心/外国语学院。

"把"字句和"被"字句等)、句结构(如述宾、述补等)的角度考察汉语学前典型发展儿童的句子习得规律(朱曼殊、武进之、缪小春,1979;黄宪妹、张璟光,1982;翁楚倩,2016;周国光,1994,2016;常辉、郑丽娜,2017)。系列研究极大地完善了汉语儿童句法习得的研究成果,但未进一步探究儿童掌握不同类型述宾谓语句的发展规律,神经发育障碍儿童的句子表达康复训练亦缺乏来自典型发展儿童的规律参考。

近年来,神经发育障碍领域的跨群体研究逐渐增多(Huang & Finestack, 2020; Sukenik & Friedmann, 2018),重视探讨不同障碍类型儿童之间语言能力的细致差异,但研究结果不同。例如苏怡、谢芊芊和苏林雁(2020)发现ASD与GDD儿童在大部分语法方面的表达水平无显著差异。Shan等(2022)和刘冬梅等(2020)则发现ASD儿童语言受损程度比GDD更为严重。整体而言,面向汉语ASD儿童与GDD儿童句法表达能力的研究较少;加之对被试句法能力相关影响因素的匹配程度不同,研究结果并不一致;而且缺乏不同语义类型述宾谓语句习得情况的研究。

综上所述,目前仍缺乏对汉语典型发展儿童、孤独症与全面发育迟缓儿童不同语义类型述宾谓语句习得情况的系统研究。临床语言康复虽然遵循了"不完整句—单句—修饰句—复句"的基本句法顺序,但是同层级下不同语义内容的安排则依赖康复师的个人选择,缺乏来自儿童语言发展规律的科学依据。

因此本研究的问题为:(1) 3～5岁典型发展儿童表达不同语义类型述宾谓语句的发展规律如何?(2) 相同词语理解能力的全面发育迟缓儿童、孤独症儿童与典型发展儿童,在表达不同语义类型述宾谓语句时,差异与特征如何?

2 实验1

2.1 研究方法

2.1.1 被试

被试选取自上海市2所普通幼儿园的TD儿童45名,年龄在3岁0个月至5岁11个月之间,一岁作为一个年龄组,每组15人。入组标准为:① 身体状况良好,测试时无感冒、发烧等异常情况;② 母语为普通话;③ 表达性口语能力至少处于双词句阶段。排除以下情况:生产史异常、先天畸形、听力和言语障碍、智力障碍、视力障碍、注意力缺陷和多动障碍、严重情绪行为异常、脑部神经系统疾病史,以及语言障碍既往病史。

词语理解测试工具为中文版皮博迪图片词汇测验修订版(Peabody Picture Vocabulary Test-Revised,简称PPVT-R;桑标、缪小春,1990)。3组儿童的月龄($F=137.267, P<0.001, \eta^2=0.867$)和PPVT-R得分存在统计学差异($F=26.468, P<0.001, \eta^2=0.558$)。儿童基本信息见表1。

表 1 3～5 岁典型发展儿童基本信息

	3 岁组	4 岁组	5 岁组	F/χ^2	P	η^2/Cramer's V
n	15	15	15			
性别(男：女)	9：6	9：6	9：6	0.000	1.000	0.000
月龄	41.47±3.52	51.33±3.13	64.13±4.49	137.267	<0.001	0.867
PPVT-R	35.20±20.06	58.87±20.64	88.6±19.73	26.468	<0.001	0.558

2.1.2 实验设计

采用 3(儿童年龄：3 岁组,4 岁组,5 岁组)＊4(述宾谓语句的类型：关系句、感知句、动作句、状态句)两因素混合实验设计。

2.1.3 材料编制

测试范式为句法启动(syntactic priming；Huttenlocher et al., 2004),借助儿童对于启动句的选择性模仿,使儿童产出不同语义类型的述宾谓语句。研究编制了 18 组陈述语气的述宾谓语句,包括 2 道例题和 16 道正式施测题目,每组包括一个启动句和一个目标句(述宾谓语句测试内容示例见表 2)。关系句、感知句、动作句和状态句,各 4 题。关系句由关系系词带宾语构成,常见关系词有"是、叫(称呼)、有(领属)"等；感知句由心理动词做谓语动词,常见心理动词有"爱、喜欢、害怕"等(张全生,2001)；动作句的谓语动词为动作动词,如"画、洗"等；状态句是由状态动词带宾语构成的,常见状态动词有"破、挂(悬挂)"等(武兴,2016),如"树上挂着彩灯"。

表 2 述宾谓语句的句式启动正式题目示例

类型	启动句	目标句
关系句	我有三辆红色的小汽车。	我有两辆蓝色的小火车。
感知句	我喜欢这三只白色的小羊。	我喜欢这两只黄色的小狗。
动作句	我洗一条蓝色的牛仔裤。	我洗两条黄色的连衣裙。
状态句	毛巾破了两个大大的洞。	袜子破了一个小小的洞。

正式题目为复杂修饰述宾谓语句,以规避天花板效应。例题为简单修饰述宾谓语句,以便被试理解测试要求。研究表明启动句与目标句之间名词、形容词、数词的一致与否并不影响句法启动效应,但是动词一致性、题元角色数量和顺序一致性会影响启动结果(Bock, 1986；Chang et al., 2000；Griffin, 2003；Pickering & Branigan, 1998)。因此所有正式测试启动句与目标句的句法结构一致、动词相同、事件角色数目、顺序相同,句长控制在 10～11 个字之间(周沙,2016)。此外,为控制语义难度变量,选择儿童较早习得的、贴近儿童生活的词汇(孔令达等,2004；陈杰等,2009)。

2.1.4 实验程序

本研究搭建了能够为儿童提供自我视角窗口的句式启动软件——"基于视频诱导的语言仿说平台"。被试通过软件观看同一套启动句示范录像进行目标句产出。屏幕左侧为主试头像及其表达启动句的视频录像;在屏幕右侧,儿童通过前置摄像头看到自己的头像以及实时录像。左右侧视频窗口的下方均配有句义内容的彩图提示。软件测试界面见图1。

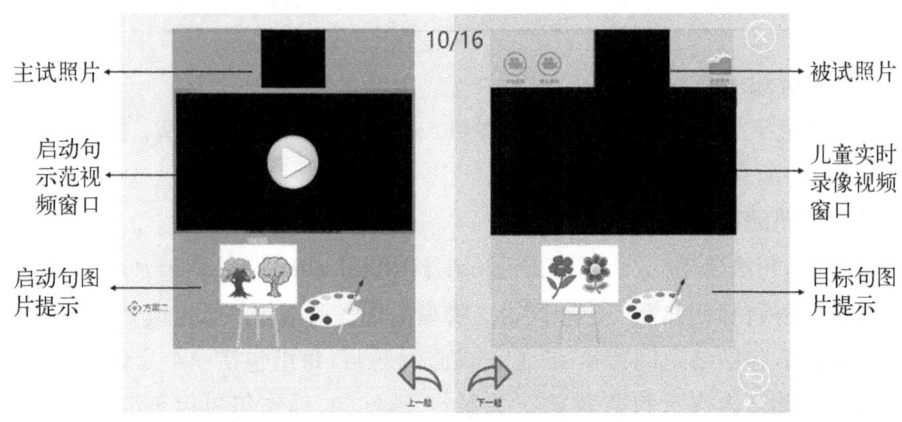

图 1　软件测试界面示例

所有的启动句产出视频由一名普通话二甲水平的人员统一录制,视频录制的场地光线清晰、环境安静。视频采用 MP4 格式,分辨率为 1 280×720 像素,帧速率为 25 帧/秒,音频采样频率为 48 kHz。

2.1.5 实验流程

采用一对一个别化测试形式。测试内容包括词语理解能力和述宾谓语句表达能力。测试过程中在记录表上记录儿童的原始产出内容。测试结束后,由主试对照录像核对儿童的产出语句,并依据评分细则打分。测试全程录音录像。

2.1.6 计分方式与数据处理

每题采用 0—5 分 6 级计分,基本评分规则是:每个目标句包括 5 个主要成分,取儿童产出内容中最完整的一个单元,比较其与目标句相重叠的部分,几个主要成分相重叠,就计为几分。各类型的述宾谓语句满分为 4×5=20 分。计算各类述宾谓语句表达得分率=(述宾谓语句得分/20)×100%。采用 SPSS 23.0 对数据进行处理分析,并计算效应量,显著性水平 $\alpha=0.05$。

2.2　研究结果

3~5 岁 TD 儿童表达 4 种不同语义类型述宾谓语句得分率的描述性统计结果如表 3 所示。

表 3 典型发展儿童表达 4 种不同类型述宾谓语句得分率

	关系句	感知句	动作句	状态句
3 岁组	67.67±18.01	68.67±16.52	64.33±11.78	52.33±15.80
4 岁组	78.00±12.93	77.33±8.84	79.33±11.00	72.00±14.74
5 岁组	90.67±8.63	89.00±7.12	91.00±5.73	84.67±9.90

由上表可知：(1) 整体而言，典型发展儿童 3 岁时对于 4 类复杂修饰述宾谓语句已经具备了一定的表达能力，之后随着年龄增长而提高，5 岁时已经基本掌握；(2) 对于各个年龄段儿童而言，状态句的习得难度是最高的，儿童 4 岁时状态句进步明显，差异得以缩小；(3) 动作句在典型发展儿童 4 岁期间发展迅速，典型发展儿童 3 岁时对于动作句的掌握水平稍低于感知句和关系句，在 4 岁以后成为儿童掌握得最好的述宾谓语句，并保持到 5 岁。

方差分析结果显示：述宾谓语句类型的主效应显著（$F=11.769, P<0.001, \eta^2 p=0.219$），状态句的习得难度显著高于其他三类述宾谓语句（$P<0.001, P<0.001, P<0.001$），其他三类述宾谓语句之间无显著差异；年龄的主效应显著（$F=25.396, P<0.001$，偏 $\eta^2 p=0.547$），4 岁组儿童的述宾谓语句得分显著高于 3 岁组（$P<0.001$），5 岁组儿童的述宾谓语句得分显著高于 4 岁组和 3 岁组（$P=0.002, P<0.001$）。年龄与句子类型的交互效应不显著（$F=1.7555, P=0.114, \eta^2 p=0.077$）。上述结果表明 3~5 岁儿童对状态句的掌握程度均低于动作句、感知句和关系句，不过 4 岁后儿童对状态句的掌握程度与对其他 3 类述宾谓语句的掌握程度之间的差距不断缩小，如图 2 所示。

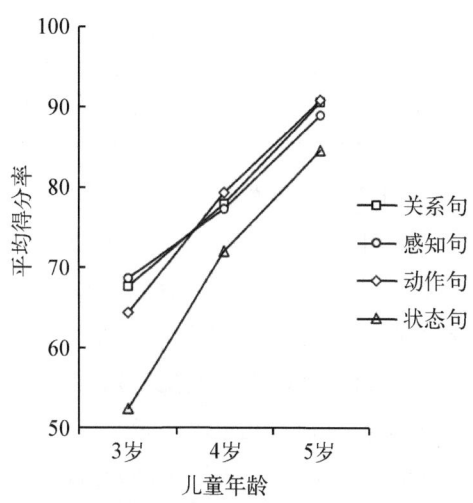

图 2 典型发展儿童不同语义类型述宾谓语句表达能力的发展趋势

3 实验 2

3.1 研究方法

3.1.1 被试

本研究共选择典型发展儿童、全面发育迟缓儿童、孤独症儿童各 15 名，共 45 名。三组儿童的性别分布（$F=1.275, P=0.529, Cramer's\ V=0.168$）与 PPVT-R 得分无显著差异($F=0.004, P=0.996, \eta^2<0.001$);为匹配词语理解水平,三组儿童的月龄存在显著差异($P<0.001, \eta^2=0.385$),ASD组的月龄大于TD组和GDD组($P<0.001, P=0.015$)。

15名TD儿童来自上海两所普通幼儿园,生理年龄在2:10~5:0之间,被试入组标准同实验1。15名GDD儿童来自上海一家康复机构和两所融合幼儿园,生理年龄在3:1~5:11之间,被试符合DSM-5中GDD的特征,且具备来自上海公立医院的诊断,排除听力障碍、严重言语障碍、视力障碍、注意力缺陷、多动障碍和广泛型发育障碍,表达性口语能力至少处于双词句阶段。15名ASD儿童来自上海一家康复机构、两所融合幼儿园和一所培智学校,生理年龄在3:6~8:11之间,被试儿童符合DSM-5中ASD的特征,且具备上海公立医院或上海精神卫生中心的诊断报告,表达性口语能力至少处于双词句阶段。儿童的基本信息见表4。

表4 典型发展儿童、发育迟缓儿童和孤独症儿童的基本信息

	TD	GDD	ASD	F/χ^2	P	η^2/Cramer's V
n	15	15	15			
性别(男:女)	7:8	10:5	9:6	1.275	0.529	0.168
月龄	44.87±6.67	56.20±10.67	71.33±21.11	13.138	<0.001	0.385
PPVT-R	35.87±17.52	35.40±16.50	35.33±17.59	0.004	0.996	<0.001

3.1.2 实验设计

采用3(儿童类型:典型发展儿童,发育迟缓儿童,孤独症儿童)*4(述宾谓语句类型:感知句、关系句、动作句、状态句)两因素混合实验设计。材料编制、实验程序、实验流程、述宾谓语句表达得分率的计分方式与数据处理,同实验1。

3.1.3 错误类型定义与数据处理

结合《普通话儿童语言能力临床分级评估指导》(刘巧云,2021)的分类以及被试产出语句的临床特征,将表达错误分为以下7类:成分残缺、成分多余、自主句式、语序不当、用词有误、自称非我、0分反应。述宾谓语句常见表达错误类型的操作定义见表5。

表5 述宾谓语句不同错误类型的划分

错误类型	操 作 定 义	举例(目标句→产出内容)
成分残缺	缺少完整准确表达语义的必要成分。	我害怕老虎和鲨鱼→老虎和鲨鱼
成分多余	句中出现了多个语义相同或语法作用相同的成分,表达重复或矛盾。	我有两辆火车→我有两个两辆的火车
自主句式	使用其他句式替代目标句式,语义基本符合内容。	我害怕老虎和鲨鱼→鲨鱼太可怕,老虎也可怕

续 表

错误类型	操 作 定 义	举例(目标句→产出内容)
语序不当	句子成分顺序错乱颠倒,以致语句不通顺或语义不准确。	我画红色和蓝色的花→蓝色的红色的小花,我画画
用词有误	不能准确命名和使用目标词语,以致语义有误。	空中飘着白色的气球→空中飘着白色的蝴蝶
自称非我	指代自己未用第一人称代词,以姓名或昵称代替。	我折飞机和扇子→小明折飞机和扇子
0分反应	复述例句、无口语反应、回答不知道、无关语言。	/

采用频数和百分数对表达错误类型进行描述。一个句子中如果出现多种错误类型,可以多次纳入计算。每种错误类型占比=每种错误类型的数目/错误总数×100%

3.2 研究结果

3.2.1 述宾谓语句表达能力差异

典型发展儿童、发育迟缓儿童、孤独症儿童4种不同类型述宾谓语句表达得分率的描述性统计结果如表6所示。

表6 3类儿童对4类述宾谓语句的表达得分率

儿童类型	关系句	感知句	动作句	状态句
TD	74.67±15.41	77.00±13.34	75.00±14.64	60.67±18.89
GDD	55.00±19.82	56.33±16.09	59.33±18.34	47.33±14.62
ASD	47.67±27.31	49.00±29.53	46.67±29.01	39.67±26.22

3类儿童的述宾谓语句表达得分率为:TD儿童＞GDD儿童＞ASD儿童。其中TD儿童组述宾谓语句的得分率(状态句除外)在75%左右,接近4岁水平;GDD儿童状态句得分率近50%,其他3类述宾谓语句的得分率在50%~60%之间,低于TD儿童3岁的水平;ASD儿童4类述宾谓语句的得分率均低于50%,远落后于TD儿童3岁的水平。ASD儿童4类述宾谓语句表达得分率的标准差较大,表明ASD儿童内部述宾谓语句表达能力的异质性较强。

方差分析结果显示:述宾谓语句类型的主效应显著($F=19.216, P<0.001, \eta^2 p=0.314$),状态句的得分率显著低于动作句、感知句和关系句($P<0.001, P<0.001, P<0.001$),后三者之间的得分率差异不显著;儿童类型主效应显著($F=6.745, P=0.003<0.01, \eta^2 p=0.243$),GDD和ASD儿童述宾谓语句表达能力落后于同等词语理解水平的

TD 儿童($P=0.021, P<0.001$)，GDD 与 ASD 儿童之间的表达能力不存在显著差异($P=0.233$)；句子类型与儿童类型的交互效应不显著($F=1.085, P=0.375, \eta^2 p=0.049$)。这说明 3 组儿童在表达不同语义类型述宾谓语句的过程中存在相似的特点，状态句的难度要明显高于动作句、感知句和关系句，后三者习得难度相当。

3.2.2 错误类型分析

典型发展儿童述宾谓语句表达的错误类型统计结果见表 7。

表 7 TD 儿童述宾谓语句表达的错误类型统计

错误类型	关系句		感知句		动作句		状态句		错误总次数
	次数	%	次数	%	次数	%	次数	%	
成分残缺	39	67.24	46	82.14	37	60.66	49	63.64	171
成分多余	1	1.72	2	3.57	1	1.64	4	5.19	8
自主句式	6	10.34	1	1.79	11	18.03	18	23.38	36
用词有误	12	20.69	7	12.50	12	19.67	6	7.79	37
语序不当	0	0	0	0	0	0	0	0	0
自称非我	0	0	0	0	0	0	0	0	0
0 分反应	0	0	0	0	0	0	0	0	0

整体而言，句式启动条件下 TD 儿童述宾谓语句表达的错误类型较少，出现 4 种错误类型：成分残缺是最为常见，其次是用词有误与自主句式，成分多余偶有出现。语序不当、自称非我和 0 分反应未出现。用词有误在关系句和动作句中出现居多；自主句式在状态句中最为频繁，其次出现于动作句中。

GDD 儿童述宾谓语句表达的错误类型占比的统计结果见表 8。

表 8 GDD 儿童述宾谓语句表达的错误类型统计

错误类型	关系句		感知句		动作句		状态句		错误总次数
	次数	%	次数	%	次数	%	次数	%	
成分残缺	49	74.24	53	70.67	45	63.38	54	62.07	201
成分多余	4	6.06	2	2.67	2	2.82	3	3.45	11
自主句式	6	9.09	7	9.33	12	16.90	15	17.24	40
用词有误	5	7.58	9	12.00	8	11.27	14	16.09	36
语序不当	1	1.52	1	1.33	1	1.41	1	1.15	4
自称非我	1	1.52	2	2.67	2	2.82	0	0	5
0 分反应	0	0	1	1.33	1	1.41	0	0	2

GDD 儿童出现的错误表达次数和类型更多，共有 7 种，集中表现于 4 类错误。最常见的是成分残缺，其次为自主句式，再次为用词有误，成分多余偶有出现；自称非我和语序不当出现较少；0 分反应极为少见。用词有误在状态句中最为频繁，自主句式在状态句中最为频繁，其次为动作句。自称非我的情况分布于 3 名处于非完整句或单句前期阶段的儿童。

ASD 儿童述宾谓语句表达的错误类型的统计结果如表 9 所示。

表 9 ASD 儿童述宾谓语句表达的错误类型统计

错误类型	关系句		感知句		动作句		状态句		错误总次数
	次数	%	次数	%	次数	%	次数	%	
成分残缺	42	56.76	44	68.75	41	60.39	41	58.67	168
成分多余	5	6.76	3	4.69	1	1.47	1	2.67	10
自主句式	6	8.11	3	4.69	7	10.29	7	14.67	23
用词有误	11	14.86	4	6.25	11	16.17	11	9.33	37
语序不当	1	1.35	1	1.56	0	0	0	1.33	2
自称非我	3	4.05	5	7.81	5	7.35	5	2.67	18
0 分反应	6	8.11	4	6.25	3	4.41	3	10.67	16

由表可知，ASD 儿童出现的错误表达总次数高于 TD 儿童，少于 GDD 儿童。GDD 儿童尽管句子表达完整度不足，成分残缺较频繁，但进行了更多的语义表达尝试；而 ASD 儿童出现了更多的 0 分反应。错误类型分布上，ASD 儿童更加复杂多样。成分残缺最为常见；其次为用词有误；再次为自主句式，在状态句中最为频繁；自称非我和 0 分反应的次数亦不可忽视；成分多余偶尔出现，关系句中居多；语序不当较少出现。值得注意的是，ASD 儿童的 0 分反应和自称非我在 4 类述宾谓语句中均有分布，出现频次亦不低。自称非我集中表现于 2 名处于非完整句阶段和 3 名处于简单修饰句阶段的儿童。

4 讨论

4.1 状态句的习得难度

按动词语义特征分类后，4 类述宾谓语句中，状态句的习得难度最高，习得时间最晚，这是 3 类儿童述宾谓语句表达的共性。从语义角度分析，是因为状态动词本身难度更高，状态动词属于静态动词，动词原本所指涉的瞬间动作已经结束，表现为一种持续静止的状态（崔希元，1996），例如"挂、破"，小龄儿童需要待认知能力发展到一定阶段以后，方可理解静态动词。从句法结构分析，含有助词的述宾谓语句的出现时间会更晚。状态句的述语后面往往会紧跟一个时态助词,例如"着、了",而且时态助词的存在是必要的,这使得状态句本身的句式结构,相比动作句、关系句和感知句而言,会更加复杂。这也符合周国光(2016)的研究结果:典型发展儿童1.5岁阶段,就能够表达类似"奶奶买饼干"的动作句;2~2.5岁阶段,开始使用含助词"着"或"了"的述宾谓语句,3岁时出现含复杂结构的述宾谓语句。儿童随着生理年龄增长,脑神经发育逐渐成熟,认知能力、平均句长和工作记忆都会逐渐提升,对于状态句的掌握程度也会逐渐提高,从而缩小状态句与其他3类述宾谓语句掌握程度的差距。

4.2 群体间一致性与群体内异质性

GDD和ASD儿童述宾谓语句的表达特征与典型发展儿童相似,状态句的掌握水平明显低于其他3类述宾谓语句,而且句式启动下复杂修饰句的表达最易出现成分残缺类错误。本研究结果证明了句法结构获得的群体间一致性,与苏怡、谢芊芊和苏林雁(2020)的研究结论一致。尽管GDD和ASD儿童患有不同类型的神经发育障碍,述宾谓语句表达能力落后于TD儿童,但是仍遵循后者的发展规律,本质上具有相似性。

在保持群体间一致性的同时,ASD的群体内异质性较大,根据句法产出能力可分为3类:无口语型、句法缺损型、基本句法型。尽管本研究的参与者已经排除了无口语ASD儿童,但据统计,大约30%的ASD儿童属于无口语型,不能进行口语表达或词汇量少于20~30个(Kasari et al., 2013)。句法缺损型儿童能在自主语言中产出完整句,但句式单一,或多为对广告词、儿歌的完全复述,未真正掌握基本句法结构。基本句法型儿童能建构出抽象的基本句法结构和规则,通过句式启动产出各类含修饰的述宾谓语句。这一分类方式与Tager-Flusberg和Kasari(2013)、Wittke等(2017)的研究结论基本一致。不同之处在于,上述两项研究将第三类儿童命名为"语言正常(autism language normal,ALN)型"。本研究认为,该类ASD儿童的句法能力仍落后于同等非语言智力水平的TD儿童,并未达到"正常水平",尤其是应对句法结构和规则复杂的句子时(刘顺华、宋宜琪、梁丹丹,2019)。

4.3 成分保留反映句法结构生长顺序

成分残缺中儿童优先保留的句子成分,可反映其句法结构生长顺序,整体符合"不完整句—单句—简单修饰句—复杂修饰句"规律:表达能力处于不完整句阶段的儿童,主要产出名词或名词词组;处于单句阶段的儿童,缺乏修饰语;处于简单修饰句阶段的儿童,易缺少结构助词"的"、并列连词"和"。

儿童易残缺谓语动词而保留名词或名词词组,这一特点与面向智力障碍儿童的研究结论(马红英、刘春玲、顾琳玲,2001)一致。但与翁楚倩(2016)面向学前TD儿童的研究结果不一致,该研究发现儿童以残缺主语或宾语为主。上述研究结论的不一致,归因于词汇句法层面与语用层面的差异。语用层面上,汉语属于指代脱落型语言,广泛存在着主语或宾语省略的现象,省略的主语或宾语,儿童可借由语境加以推测与补充(苏怡,2018)。而且汉语是一种动词型语言(刘丹青,2010),强烈排斥谓语动词的缺失,尤其是保留主语宾语而省略谓语的句子。反之,从句法习得层面考察,儿童参与句法更正任务时主语和宾语的口头完成水平要高于谓语,且学前各年龄段类似(张丽莎,2016)。此外,并发语言障碍的神经发育障碍儿童,长期存在词汇量不足的问题,而在学习与生活中名词的数量远高于动词,因此在句子表达过程中对主语和宾语的完成优先度高于谓语动词。

4.4 孤独症儿童的独有表达特点

本研究中突出表现于 ASD 儿童的 2 种错误类型:自称非我与 0 分反应,这体现了 ASD 儿童特有的述宾谓语句表达特征:人称代词使用困难和表达意愿低下。

人称代词是语言早期发展的组成部分,各语种的 ASD 儿童普遍存在人称代词使用困难(Mazzaggio & Shield, 2020; Overweg, Hartman & Hendriks, 2018)。第一人称代词使用困难主要发生在 TD 儿童 2 岁前尚未稳定进入单句阶段之时,3 岁后极少出现。个别 GDD 儿童也会出现这一错误,不过频率较少,且同样发生于单句阶段及之前。然而,该现象在 ASD 儿童中可持续到学龄期与稳定的简单修饰句阶段。虽然名称和人称代词的功能相同,均是用于区分自己与别人,但相较于名称的固定性,儿童需理解人称代词不断变化的指代对象,这也体现了孤独症儿童在习得抽象概念上存在困难。研究认为 ASD 儿童的人称代词使用困难,与共同注意、早期语言能力以及语法复杂性有关,与孤独症的严重程度无关(Delehanty et al., 2018; Friedman, Lorang & Sterling, 2019; Kelty-Stephen et al., 2020)。

0 分反应(包括无口语反应、无关语言、复述例句)在 ASD 儿童中主要发生于 2 种情况:一是由于 ASD 儿童的句法水平较低、共同注意较弱或刻板重复语言等因素,无法进行句式启动;二是儿童已经具备基本句法结构,足以表达部分修饰句,但自觉无法完整表达被期待的目标句,因此拒绝表达。这一现象表明 ASD 儿童因无法达成自我期待,而致交际意图不足、回避表达,拒绝尝试不完美的表达策略。这一特点影响了 ASD 儿童沟通中的信息传达,加重社交困难。

4.5 错误类型:障碍与补偿的双重性

从功能语言学的视角出发,"错误"也具备功能。述宾谓语句表达中常见的错误类型,一方面反映了儿童句式启动中的障碍表现,另一方面则展现了儿童灵活的补偿策略。语言康复师等临床工作者、教育工作者和家长在发现儿童表达错误的同时,应察知其背后儿童积极的表达尝试,予以肯定评价和恰当引导,从而保护语言障碍儿童的交际意愿,促进社会交往。

以用词有误为例,既反映了儿童词汇量的不足,也展现了其尝试建构语义句法规则的过程。儿童应对用词有误的表达策略可以分为关联命名与新造异词。关联命名具体有三：一是同位替代，如将"鲨鱼"命名为"鲸鱼"；二是相关描述，如用"粘在上面的"来指代"照片"；三是下位替代，用下位概念来指代上位概念，如用"牛仔帽"指代所有帽子（刘巧云，2021）。儿童通过以上不同形式的关联命名探索词汇的语义范畴，有助于构建语义网络。新造异词，是指儿童在句法结构中的同一位置创造新异词来代替目标动词，如用"我 anla 袜子"来代替"我晾袜子"。这说明儿童已经觉察到目标句的句法结构，并通过新造词占位优先保留句法结构的完整性。

再如自主句式，实则为一种简化句法结构的策略，保持产出句与目标句的语义基本一致。尽管这在句式启动任务中是一种错误表现，体现了句型单一的不足；不过在日常生活中可辅助传达大部分的信息，促进交际，相较于回避交际是更为积极的表达策略。

5　结论

本研究首先探究了 3~5 岁典型发展儿童对不同语义类型述宾谓语句表达能力的发展规律，而后以此为参考，考察全面发育迟缓儿童与孤独症儿童述宾谓语句表达的特征及常见错误类型。研究结果表明：（1）3~5 岁典型发展儿童对述宾谓语句的表达能力存在显著的增龄效应，4 类述宾谓语句中状态句的掌握难度最高，动作句、关系句和感知句的难度差异不明显，但 4 岁后儿童对状态句的掌握程度逐渐提升，差距缩小；（2）同等词语理解水平下，全面发育迟缓儿童和孤独症儿童的述宾谓语句表达能力显著落后于典型发展儿童，落后至少 1 年，孤独症儿童的述宾谓语句表达能力略低于发育迟缓儿童，不过差异并不显著；（3）孤独症与全面发育迟缓儿童习得不同语义类型述宾谓语句的顺序，与典型发展儿童基本一致，即状态句的表达能力显著低于感知句、关系句和动作句，后三类的差异不显著；（4）3 类儿童的错误频次和错误类型分布情况有所差异，神经发育障碍儿童的错误类型更为复杂多样，成分残缺是两类神经发育障碍儿童最常出现的错误类型，其次是自主句式（全面发育迟缓儿童）或用词有误（孤独症儿童），孤独症儿童另有明显的人称代词掌握困难和表达意愿低下的问题。

本研究选择述宾谓语句这一汉语中最基本、早期儿童口语表达中最常用的句型，按谓语动词的语义特征细化为不同类型加以考察，丰富了典型发展儿童和神经发育障碍儿童句法表达能力的研究成果，可为神经发育障碍儿童的句法干预提供指导。

参考文献

[1] Bock, J. K. (1986). Syntactic persistence in language production. *Cognitive Psychology*, 18(3), 355-387.

[2] Chang, F., Dell, G. S., Bock, K., et al. (2000). Structural priming as implicit learning: a comparison of models of sentence production. *Journal of Psycholinguistic Research*, 29(2), 217-230.

[3] Delehanty, A. D., Stronach, S., Guthrie, W., et al. (2018). Verbal and nonverbal outcomes of toddlers with and without autism spectrum disorder, language delay, and global developmental delay. *Autism & Developmental Language Impairments*, 3, 2396941518764764.

[4] Fazio, B. B. (1994). The counting abilities of children with specific language impairment. *Journal of Speech, Language, and Hearing Research*, 37(2), 358-368.

[5] Friedman, L., Lorang, E., Sterling, A. (2019). The use of demonstratives and personal pronouns in fragile X syndrome and autism spectrum disorder. *Clinical Linguistics & Phonetics*, 33(5), 420-436.

[6] Griffin, Z. (2003). Conceptual structure modulates structural priming in the production of complex sentences. *Journal of Memory and Language*, 49(4), 537-555.

[7] Huang, T., Finestack, L. (2020). Comparing morphosyntactic profiles of children with developmental language disorder or language disorder associated with autism spectrum disorder. *American Journal of Speech-Language Pathology*, 29(2), 714-731.

[8] Huttenlocher, J., Vasilyeva, M., Shimpi, P. (2004). Syntactic priming in young children. *Journal of Memory and Language*, 50(2), 182-195.

[9] Kasari, C., Brady, N., Lord, C., et al. (2013). Assessing the minimally verbal school-aged child with autism spectrum disorder: assessing minimally verbal ASD. *Autism Research*, 6(6), 479-493.

[10] Kelty-Stephen, E., Fein, D. A., Naigles, L. R. (2020). Children with ASD use joint attention and linguistic skill in pronoun development. *Language Acquisition*, 7(4), 410-433.

[11] Kim, S. W., Jeon, H. R., Jung, H. J., et al. (2020). Clinical characteristics of developmentally delayed children based on interdisciplinary evaluation. *Scientific Reports*, 10(1), Article 8148.

[12] Koizumi, M., Kojima, M. (2022). Syntactic development and verbal short-term memory of children with autism spectrum disorders having intellectual disabilities and children with Down syndrome. *Autism & Developmental Language Impairments*, 7, 1-13.

[13] Mazzaggio, G., Shield, A. (2020). The production of pronouns and verb inflections by Italian children with ASD: A new dataset in a null subject language. *Journal of Autism and Developmental Disorders*, 50(4), 1425-1433.

[14] Overweg, J., Hartman, C. A., Hendriks, P. (2018). Children with autism spectrum disorder show pronoun reversals in interpretation. *Journal of Abnormal Psychology*, 127(2), 228-238.

[15] Pickering, M. J., Branigan, H. P. (1998). The representation of verbs: evidence from syntactic priming in language production. *Journal of Memory and Language*, 39(4), 633-651.

[16] Shan, L., Feng, J. Y., Wang, T. T., et al. (2022). Prevalence and developmental profiles of autism spectrum disorders in children with global developmental delay. *Frontiers in Psychiatry*, 12, Article 794238.

[17] Sukenik, N., Friedmann, N. (2018). ASD Is Not DLI: Individuals with autism and individuals with syntactic DLI show similar performance level in syntactic tasks, but different error patterns. *Frontiers in Psychology*, 9, Article 279.

[18] Tager-Flusberg, H., Kasari, C. (2013). Minimally verbal school-aged children with autism spectrum disorder: The neglected end of the spectrum. *Autism Research*, 6(6), 468-478.

[19] van Weerdenburg, M., Verhoeven, L., Bosman, A., et al. (2011). Predicting word decoding and word spelling development in children with specific language impairment. *Journal of Communication Disorders*, 44(3), 392-411.

[20] Whiteside, K. E., Norbury, C. F. (2017). The persistence and functional impact of English

language difficulties experienced by children learning English as an additional language and monolingual peers. *Journal of Speech, Language, and Hearing Research*, 60(7), 2014-2030.

[21] Wittke, K., Mastergeorge, A. M., Ozonoff, S., et al. (2017). Grammatical language impairment in autism spectrum disorder: exploring language phenotypes beyond standardized testing. *Frontiers in Psychology*, 8: Article 532.

[22] Zhou, P., Crain, S., Gao, L., et al. (2017). The use of linguistic cues in sentence comprehension by mandarin-speaking children with high-functioning autism. *Journal of Autism and Developmental Disorders*, 47(1), 17-32.

[23] 常辉, 郑丽娜. 儿童普通话"把"字句发展个案跟踪研究. (2017). 语言文字应用, (1), 98-106.

[24] 陈杰, Setoh Peipei, 孟祥芝, 等. (2009). 成人言语输入对儿童早期单词获得影响的个案追踪. 心理学报, 41(8), 715-725.

[25] 崔希亮. (1996). "在"字结构解析——从动词的语义、配价及论元之关系考察. 世界汉语教学, (3), 34-44.

[26] 黄宪妹, 张璟光. (1982). 关于三至六岁儿童口语句法结构发展的调查. 福建师范大学学报(哲学社会科学版), (2), 134-139.

[27] 孔令达等. (2004). 汉族儿童实词习得研究(pp. 159-161). 合肥: 安徽大学出版社.

[28] 刘丹青. (2010). 汉语是一种动词型语言——试说动词型语言和名词型语言的类型差异. 世界汉语教学, 24(01), 3-17.

[29] 刘冬梅, 邹时朴, 龚俊, 等. (2020). 孤独症、全面发育迟缓及发育性语言延迟儿童早期语言发育特征. 中国儿童保健杂志, 28(3), 312-315.

[30] 刘巧云. (2021). 普通话儿童语言能力临床分级评估指导(pp. 37+44). 南京: 南京师范大学出版社.

[31] 刘顺华, 宋宜琪, 梁丹丹. (2019). 汉语高功能自闭症儿童句子理解策略及影响因素. 语言科学, 18(6), 662-669.

[32] 马红英, 刘春玲, 顾琳玲. (2001). 中度弱智儿童句法结构状况初步考察. 中国特殊教育, (2), 35-39.

[33] 美国精神医学学会, 张道龙. (2015). 精神障碍诊断与统计手册第五版(pp. 37-38+46-52). 北京: 北京大学出版社.

[34] 桑标, 缪小春. (1990). 皮博迪图片词汇测验修订版(PPVT—R)上海市区试用常模的修订. 心理科学通讯, (5), 22-27+67+65-66.

[35] 苏怡, 谢芊芊, 苏林雁. (2020). 孤独症儿童、发育迟缓儿童和语言障碍儿童早期语言表达的异同. 中国临床心理学杂志, 28(3), 508-512+517.

[36] 苏怡. (2018). 学龄前孤独谱系障碍儿童汉语核心语法的习得. 心理科学进展, 26(3), 391-399.

[37] 翁楚倩. (2016). 自主表达语境下的学前儿童句法特征研究. 陕西师范大学.

[38] 武兴. (2016). 现代汉语状态动词研究. 上海师范大学.

[39] 张斌. (2015). 现代汉语描写语法(pp. 301+417-492). 北京: 商务印书馆.

[40] 张丽莎. (2016). 3-6岁汉语儿童句法意识发展特点及其对早期阅读的影响. 陕西师范大学.

[41] 张全生. (2001). 现代汉语心理活动动词的界定及相关句型初探. 语言与翻译, (2), 6-10.

[42] 周国光. (2016). 汉族儿童句法习得研究(pp. 119-139). 广州: 广州高等教育出版社.

[43] 周国光. (1994). 试析汉语被动句的习得机制. 世界汉语教学, (01), 30-36.

[44] 周沙. (2016). 3-6岁儿童句子水平研究. 南京师范大学.

[45] 朱曼殊, 武进之, 缪小春. (1979). 幼儿口头言语发展的调查研究 1. 幼儿简单陈述句句法结构发展的初步分析. 心理学报, 11(3), 281-286.

数字技术在欧美国家孤独症儿童早期筛查中的应用

陈雯珺 余 英 黄立鹤

1 研究背景

孤独症谱系障碍(autism spectrum disorder,ASD)是一种神经发育障碍,其特征是缺乏社会交流和互动,个人的行为、兴趣或活动受限,言语语言表达出现障碍等[1]。近年来,全世界范围内有越来越多的儿童被诊断出患有孤独症,部分国家儿童群体的患病率高达2.2%[2]。儿童孤独症病患总数不断增长,一方面源于基因和环境因素的相互交织和叠加影响;另一方面则是由于相关筛查和诊断手段的进步和普及,将过去被误诊为儿童早期发育迟缓的其他疾病筛查并诊断为孤独症[3]。

儿童孤独症早期筛查指医生通过家长描述和临床观察,使用专业工具识别儿童发育早期表现出的孤独症症状,并进行后续转诊推荐。筛查最早可实施于1岁以下的幼儿,目前欧美国家倡导在幼儿18~24个月期间进行孤独症筛查,并通过筛查分级(一级、二级筛查)①来提升门诊效率。各国倡导实施儿童孤独症全民早期筛查是因为孤独症在幼儿发育早期具有一定隐蔽性,不容易被识别。首先,部分病情较轻的儿童直到学龄阶段才会出现明显症状。有些婴幼儿在成长发育早期表现基本正常,拥有大致正常的语言、阅读或计算能力,但在进入小学前后,却逐渐表现出一些与孤独症相关的症状[4]。其次,部分研究发现孤独症儿童中女孩群体的早期临床症状较轻,外化行为也更少,这在一定程度上导致对孤独症女孩的诊断不足[5]。再次,某些疾病(如多动症)的早期临床症状与孤独症有相似之处,如果缺乏系统、科学的筛查手段,容易造成误诊[6]。另外,在某些偏远地区,经济、卫生条件的局限,可能导致当地患有孤独症的儿童在早期无法被及时发现和监管。而全

【作者信息】陈雯珺,副教授,宁波工程学院外国语学院。
余英,宁波市康复医院儿童康复科。
黄立鹤(通讯作者),教授,同济大学老龄语言与看护研究中心/外国语学院。
【注】本文首刊于《中国特殊教育》2022年第7期。
① 一级筛查即全民筛查,指对全社会所有适龄儿童展开孤独症筛查;二级筛查是对高危人群(例如孤独症患儿的兄弟姐妹、早产儿、被诊断为某些神经发育障碍的儿童等)展开的专项筛查。

民早筛能够在最大程度上减少以上各类原因造成的儿童孤独症漏检,提升全科医生(或护理人员)对于儿童孤独症早期症状的识别率,从而实现对该类疾病的早发现、早控制、早治疗。

目前,欧美国家开展儿童孤独症筛查的工具主要为问卷/检查量表(含自述、访谈、临床观察等多项数据)。传统筛查工具的综合敏感性可达到 0.72(95% CI,0.61—0.68),综合特异性可至 0.98(95% CI,0.97—0.99)[7],能够有效地帮助专业人士对儿童罹患孤独症风险进行准确评估。尽管有这样的优势,在儿科诊疗的具体实践中,儿童孤独症早期筛查仍然面临诸多问题。第一,儿童孤独症筛查过程涉及多个程序,包括填写量表、询问病史、临床观察,以及根据儿童的行为表现进行打分。因此,完整的筛查过程耗时较长。在大多数儿科诊室日常工作负荷早已饱和的情况下,在普通儿科体检过程中插入孤独症早期筛查环节会进一步增加医生时间管理方面的负担。第二,早期筛查工作要求医生掌握大量有关孤独症儿童的发育特点及临床表现等专业知识,需要对初诊机构全科医生进行专业化培训,使之较好地掌握筛查量表的使用方法,并能对观察到的儿童孤独症高风险症状进行正确的判断。然而,在临床实践中,由于受时间、资金等多方面因素的制约,对儿科门诊全科医生开展筛查知识大规模专项培训并非易事。第三,基于纸质筛查的评估程序也经常存在病情追踪困难、转诊效率低下、医患沟通平台缺失等问题,最终导致大量孤独症儿童筛查缺失和诊断延迟[8-9]。经济发展不平衡带来的医疗资源区域差异、低收入家庭的门诊就医困境,则进一步加剧了这一延迟现象[10]。鉴于此,迫切需要引入更加高效的筛查策略和手段。新的筛查方法不仅应具有可操作性,还须有助于降低全科医生对于孤独症系统知识的高度依赖,可有效减轻临床医生的工作量、提升筛查效果和效率,以及服务于全社会各地区、各类型的家庭。

近年来,数字技术的进步为临床医生提供了全新的诊疗方案。数字技术能够帮助护理人员在非临床环境下捕捉、监测、记录和分析幼儿的行为特征,其操作的便捷性和数据处理的高效性能有效解决目前儿童孤独症早期筛查中所遇到的问题。鉴于此,本文分析近 10 年来欧美国家基于数字技术的儿童孤独症早期筛查方案,通过总结在临床、实验室、社区、家庭等环境中实施的一系列相关数字技术解决方案,评估其对儿童孤独症早期筛查实践的贡献,以期指导临床医生和教育工作者在日常实践中选择(或设计)合适的筛查方案用于中国儿童孤独症的早期筛查。本文所涉及的"数字技术(工具)"指所有用于提取、分析、存储或传输数据信息的技术和电子产品,包括远程通讯技术、计算机视觉技术、语音分析技术、数据处理技术、智能手机、平板电脑、眼动设备、可穿戴设备、机器人等。

2 研究方法

本研究使用 6 个医学研究平台进行检索,包括:MEDLINE、PubMed、EBSCOHost、PsycINFO、ERIC、CINAHL。检索关键词包括孤独症("autis*" OR "ASD" OR "Asberger*")、

筛查("assess*" OR "diagnose*" OR "screen*" OR "evaluate*" OR "early sign*")、技术("tech*" OR "telehealth" OR "mobile" OR "video*" OR "app*"),搜索语言为英语,检索对象为同行评议期刊和会议论文的标题、关键词和摘要。时间跨度为2012年1月～2022年4月。

本综述采用的纳入标准如下:(1)研究对象必须包含小于等于6岁的学龄前儿童群体。(2)文献必须与儿童孤独症早期筛查的数字技术相关,有数字技术的量化信息。(3)涉及儿童孤独症早期症状一级筛查(全民性筛查)或者二级筛查(专项筛查)。如文献所涉及的技术并非用于儿童孤独症筛查(例如,仅用于调查普通儿童和孤独症高危儿童某方面生理差异),则将被排除在外。综述性研究、人员培训类研究或其他关联度低的研究(如技术设想类、纯算法类文献)也都将被排除在外(图1)。

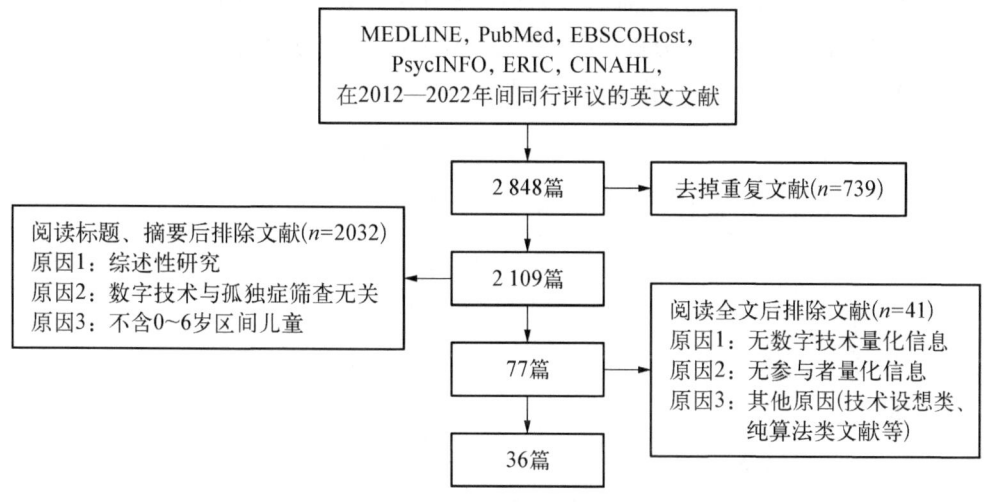

图1　文献筛选流程图

研究者首先阅读从6个平台中筛选出来的2 848篇文献的主题、摘要和关键词,从中筛选出相关文献77篇。通过对77篇文献进行全文阅读和讨论,最终将其中的36篇文献纳入考察范围。之后,研究者按照多个特征参数对36篇文献进行逐一分析和记录,具体包含:参与者特征(儿童人数、性别、年龄)、目标用户、临床症状评价指标、技术名称和类型、使用环境、筛查类别、技术使用方法、技术性能等。针对上述特征参数,两位研究者分别对其中的14篇文献(占总量的40%)进行评估,得出评分者一致性(inter-rater agreement)为95%,对于持有不同意见的特征,研究者通过讨论最终达成一致意见。

3　研究结果

入选的36篇文献均涉及数字技术在儿童孤独症早期筛查中的应用。文献所涉及的筛查地点为儿科诊所、社区医疗机构或儿童家庭。共有10 785名儿童参与了研究,其中有4 753名男孩,2 943名女孩,另有11项研究未显示参与者性别。

3.1 数字技术实施界面

数字技术在儿童孤独症早期筛查领域显示出广泛的应用,使用界面多样,具体可分为四类:(1)自然用户界面(14项)。在此界面下研究者和临床工作者可以使用眼球追踪技术(7项)、语音记录和分析技术(2项)、表情动作识别技术(4项)、传感器技术(1项)等来测评孤独症儿童在注意力、生理表现和行为模式方面与普通儿童的区别。(2)移动设备界面(手机、平板电脑)。在此界面下,相关人员利用移动终端设备对儿童进行评估(共21项,其中2项也涉及自然用户界面)。移动设备界面中有13项通过移动设备帮助家长填写问卷以及管理筛查报告,另有8篇涉及利用移动设备界面收集儿童生理行为数据,供后期分析之用。(3)可穿戴设备界面(2项),研究者利用穿戴式设备提取儿童在进行特定动作时的运动数据,并进行评估分析。(4)机器人界面(1项)。此类研究使用人形机器人来评估儿童联合注意技能。各类数字界面分类如图2所示。

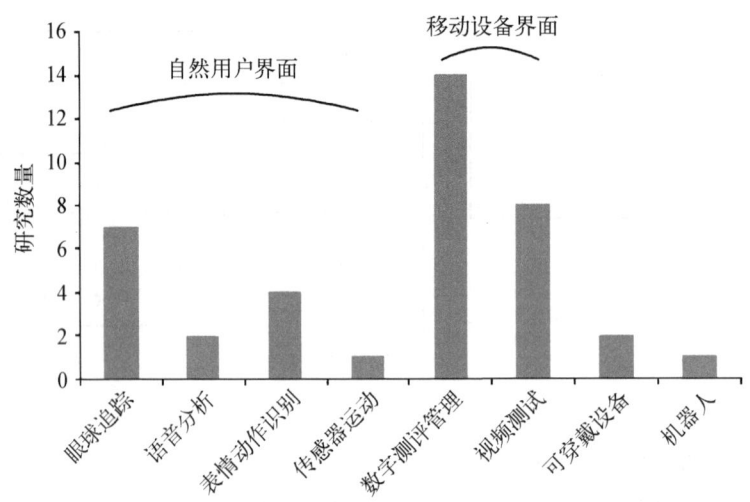

图2 不同界面下数字技术的使用

3.2 数字技术实施方法及效果

为了提升筛查效率,临床机构首先考虑对儿童进行一级筛查,其后再对高危人群进行二级筛查,最后对于筛查出的孤独症高风险儿童进行转诊和治疗。在临床筛查实践中,数字技术可以多角度助力儿童早期孤独症筛查,使筛查操作更为方便快捷,实现筛查方案、场地多样化,也能让筛查管理更好地与后续诊断和治疗结合起来。

3.2.1 优化门诊早筛流程

针对儿童发育早期的孤独症症状,欧美各国临床机构设计了多种用于门诊孤独症首次筛查的工具(适用于24个月以下幼儿)。然而,纸质版筛查量表的使用过程耗时较长,人工判断也经常出错。而电子版筛查量表自带打分、决策功能；同时，电子向导能以图文解说或视频演示方式对问卷进行解读，帮助家长了解各题项意义和回答方式。临床医生无需花费大量时间解释量表含义以及在评分过程中作出决策，筛查过程也相应缩短，而基于大数据的数字化决策系统也有助于提高评估准确率。

本综述有 6 篇文献分析了利用数字技术优化门诊早筛流程的实例。研究均为一级筛查（全民性筛查），筛查对象为年龄小于 30 个月的婴幼儿，数字技术主要为自带决策功能的电子版筛查量表，以及基于数字管理技术和网络通讯技术的"筛查—追踪—转诊"系统。本综述有 4 项研究评估了已有数字筛查系统的有效性，其中有两项研究测试了计算机决策支持系统"CHICA"（Child Health Improvement through Computer Automation System）[11-12]的效能。研究人员通过将评估量表 M-CHAT（Modified Checklist for Autism in Toddlers）进行电子版改造，并对量表填写过程进行自动化管理和评分来实现对儿童孤独症的筛查和监测。结果发现 CHICA 不仅能够有效提升门诊筛查效率，还能在一定程度上帮助部分全科医生加深对儿童孤独症各类临床表现的认知。另一项研究评估了用于筛查孤独症以及其他类型沟通障碍的智能早期筛查电子系统"Smart ESAC"（Smart Early Screening for Autism and Communication Disorders）[13]，该系统鼓励门诊医生在儿童初检时使用基于网络平台的智能筛查项目，一站式管理儿童孤独症早筛中的详细数据，并完成系统转诊评估。结果显示，该系统实施后孤独症高风险儿童转诊年龄显著降低。Colombo 等人测试了基于网络平台设计开发的"WIN4ASD"系统（Web Italian Network for Autism Spectrum Disorder）[14]，该系统将 CHAT 孤独症筛查量表进行电子版改造，帮助全科医生在 18 个月龄儿童的初诊中通过电子表格和数字化决策系统快速筛查出孤独症高风险患儿，结果显示 WIN4ASD 能提升筛查准确率，优化筛查流程，节约时间成本，并能强化筛查后的转诊程序，是孤独症早期筛查的有效手段。研究表明，对传统的筛查方式进行数字赋能之后，门诊儿童孤独症筛查准确率增加至 92%，而临床医生转诊推荐率也随之提升，从 56% 增加到 100%[15]。这些都为在门诊进行儿童孤独症常规性早期筛查提供了有效参考和良好借鉴。

当前最新临床筛查工具为"改良版婴幼儿孤独症量表（附后续问题修订版）"（Modified Checklist for Autism in Toddlers, Revised with Follow-Up，即"M-CHAT-R/F"），它不仅包含问卷，还包含随访检查内容，这对数字化改造提出了更高的要求。本综述有 2 篇文献对如何将 M-CHAT-R/F 筛查工具设计为相应的电子数据格式进行了探讨，并尝试通过算法优化数据决策的速度和准确性[16-17]。

3.2.2 实现自助评估和远程筛查

因交通、时间、精力和经济条件等方面的限制，部分家庭无法保证幼儿在早期及时参加全民门诊筛查。有些儿童家长意识到孩子具有孤独症高危风险（出现发育迟缓症状，或其兄弟姐妹中已有孤独症患者），但出于多方面考虑（如家庭决议、隐私考虑）并未立即进行门诊筛查，这些都会导致儿童孤独症早期筛查率降低。

基于互联网通信技术和移动技术的筛查工具能够使远程筛查、自助筛查成为可能。本综述有8篇文献涉及利用平板电脑或手机通过互联网平台以远程指导或自助等方式对儿童实施早期孤独症筛查评估。例如,研究者通过网络平台招募潜在的孤独症儿童家庭,其家长通过在线平台完成筛查量表和问卷 M-CHAT-R/F 及 ASQ(Autism Spectrum Quotient)。临床医生可以根据量表的填写结果,选择一个问题要求儿童家长提供详细的描述,并据此较好地预测儿童患病风险[18]。另有研究者开发了一份由21道是非题组成的手机测试系统,可由儿童家长(或非专业卫生人员)在社区自行完成,而应用内嵌的智能机器学习模型能够对收集的数据进行评分,初步证据显示出其良好的筛查准确度,且筛查过程的高性价比尤其有益于中低收入家庭[19]。同样利用手机应用在线评估的还有手机版孤独症风险评估测试工具"MARA"(Mobile Autism Risk Assessment)[20],该应用基于多个纸质筛查量表设计而来,要求儿童家长在线完成一份只含7个题目的问卷,系统利用机器学习算法在手机平台进行自动评分,初步结果也显示出良好的筛查效果。

自助筛查和远程筛查可能受到患儿家长(或社区工作人员)评价能力或认知能力的限制,因此,部分研究在自助筛查过程中加入了视频采集环节,采集后的视频可通过网络传输给临床医生用以辅助判断。例如,有两组研究团队对一款基于平板电脑和手机的应用程序"Cognoa"进行了测试[21-22],它要求儿童父母首先回答一份15项专题的问卷,然后通过手机上传几个2分钟左右的视频,记录儿童在不同的日常生活场景中(例如,用餐时间、游戏时间)的活动和对话,然后由专门的评估人员对视频进行评级,以确定是否需要进一步评估。结果表明,Cognoa能够较为有效地筛查18~72月龄范围内有孤独症风险的儿童。除了一级筛查,研究人员还开发出了二级筛查的自助(远程)模式,如名为"VIRSA"(Video-referenced Infant Rating System for Autism)的"视频参考型"婴儿孤独症评估程序[23]。该应用程序显示父母和婴儿一起玩耍的多个视频,这些视频每次都以成对的方式并排呈现在平板电脑上,而父母则需要判断在两个视频中哪一个与自己孩子的日常情况最相似,并做出相应选择。该应用程序对兄弟姐妹中患有孤独症的婴儿进行了测试,结果显示它能够正确识别18个月大时被诊断为孤独症的儿童。

3.2.3 拓宽筛查评价视角

在临床有限的时间内,结构化的筛查工具无法完全实时抓取孤独症儿童日常生活中语言、表情动作或交流神态方面的特殊表现,而语音分析技术、计算机视觉技术、眼动技术等数字技术从孤独症儿童生理行为特征出发,从不同维度进行孤独症早期筛查,不仅降低了对医生主观判断的依赖,还有利于将儿童孤独症早期筛查更好地推向全社会,让低收入家庭也受益。

(1)基于语言数据的筛查

孤独症儿童在使用语言自我表达上存在一定困难。因此,可通过提取日常交流中的语言参数来区分孤独症儿童和普通儿童。本综述有4项研究涉及提取孤独症儿童早期语言特征用于筛查。例如,有研究者使用语言环境分析系统"LENA"(Language Environment Analysis System)收集婴儿在家中全天的音频记录,并通过自动数据分析区分48个月龄内普通儿童和孤独症儿童(或语言发育迟缓儿童)发出的语音[24]。该系统可实现对数据的收集或分析全自动化,无人工干预,因此可用于大规模高效的采样和分析。另有研究者设计了一款苹果手机应用,用以记录儿童在游戏化练习(例如,读一个故事、描述一张图片)和日常生活场景中的语言,并通过语音的声学特征有效地筛查出孤独症高风险儿童[25]。Nathan 等人设计了为时一分半的半结构化亲子活动"Guess What",活动要求家长使用简易设备将手机固定在自己前额,并录制儿童在活动中的语言数据。通过机器分析海量数据,得出孤独症高风险儿童与普通儿童在语言交流等多个维度方面的显著区别,并用于筛查[26]。使用语言特征筛查孤独症高风险儿童的研究涵盖年龄跨度在 2~17 岁之间的儿童,这是因为孤独症儿童从初学语言直到近成年,在语言沟通上都与普通儿童存在明显区别,这一区别效应在儿童整个成长过程中都十分凸显,可被数字化设备有效捕捉并用于区分和筛选。这类研究大多涉及一级筛查,但也有少数为二级筛查[27]。

(2) 基于表情、动作数据的筛查

大量孤独症儿童在日常交流中呈现出较为淡漠的面部表情,这一特征有助于将孤独症高风险儿童从普通儿童群体中筛选出来。有研究团队开发了一款基于移动设备的应用程序[28],该程序包含一份针对婴儿(4~16 月龄)家长的简短问卷和 4 段视频。当孩子观看视频时,设备内置摄像头会记录儿童的面部表情,而服务器则会自动分析儿童表情和注意力的特点,并判断其罹患孤独症的风险。结果显示这一方法能够有效地从普通发育儿童中筛查出儿童孤独症高危风险群体。另有研究人员使用了同样的模式评估了 104 名 3~4 月龄婴儿的面部表情[29],结果也证明基于面部表情评估可以筛查出孤独症儿童的特殊情感表达模式。

大约 80% 的孤独症患者有一定的肢体运动问题,例如相对笨拙或机械的行走方式等。本综述有 6 项研究涉及通过儿童运动模式评估其罹患孤独症的可能性。例如,有研究团队通过在平板电脑上运行的商业游戏来记录儿童(3~6 岁)与电子设备互动时的动作特点,使用机器学习算法计算孤独症儿童与普通发育儿童之间的动作差异,该算法能够非常准确地将孤独症儿童筛选出来[30]。类似的应用程序还有"姓名应答"类:研究者在平板电脑上设计了一个由简短电影组成的应用程序,儿童在观看电影的时候,其身后的检查人员会先后 3 次呼唤该儿童的名字,而此时平板电脑内置的摄像头则记录并收集儿童(17~37 月龄)听到名字后的转头动作,并通过计算机视觉分析(computer vision analysis)来筛查孤独症高风险儿童[31]。另有研究人员通过录制视频记录儿童与成人之间的互动,并使用"多人二维姿态估计技术"(2D pose estimation)提取视频中所有人的骨骼关键点,用于识别孤独症儿童特有的步态特点[32]。多数动作量化研究结果显示,孤独症儿童在肢体动作控制上与普通儿童有显著性差异,这一差异能够使通过肢体动作数据对高危儿童进行早期筛查成为现实。除此之外,部分实验室也考察了可穿戴设备区分孤独症儿童和普通儿童的效果[33-34],研究人员利用儿童手腕上佩戴的光传感器来监测他们操纵物体的技能。结果显示,运动数据的自动分类能够以较高的准确率将孤独症高风险儿童与低风险儿童区分开来。同时,通过社交机器人与儿童的互动来诱发和评估孤独症儿童联合注意力的项目也显示出较好的高风险辨识效果[35]。

此类研究均与孤独症一级筛查相关,目前未有研究涉及二级筛查。分析发现,有关动作姿态筛查的研究涉及儿童年龄范围从 15 个月龄一直延伸到学龄前(6 岁),面部表情筛查模式则更多地聚焦于 30 个月龄以下的儿童。此类数字化技术的关键在于使用了计算机视觉技术来识别儿童的表情和动作,同时又通过机器学习优化数据分类效率,达到快速识别的效果。

(3) 基于眼动数据的筛查

一直以来,眼球追踪技术被大量运用在孤独症相关研究中。本综述有 8 篇文献涉及眼动数据对于儿童孤独症早期筛查的重要作用。有两组研究人员基于孤独症儿童对几何形状的偏好开发了 GeoPref 测试[36-37],这项测试使用眼动设备来监测儿童(12~48 月龄)观看几何图像和社交图像时的偏好。结果显示,孤独症儿童组明显倾向于关注重复性的几何图像,而忽视各类社交图像,部分高危儿童对几何图像的关注占总时间的 69%,而这类儿童后来均被准确地诊断出患有孤独症。另有研究人员通过眼动技术评估了低于 48 月龄儿童的孤独症风险指数(ARI, Autism Risk Index),该技术用于记录儿童在各种社交和非社交视觉刺激下的注视情况。结果表明,该指数能够以较好的准确性对儿童的孤独症风险等级进行分类[38]。Wan 等人开发了眼动快速筛查项目[39],他们播放一个小女孩说话的视频让儿童(2~4 岁)观看,而平板电脑摄像头则对儿童的注视方式进行自动分析。结果显示,儿童注视视频中小女孩嘴和身体的次数差异能有效区分孤独症儿童和普通儿童。除此之外,通过诱发任务测量儿童瞳孔大小变化的实验也能将孤独症儿童和普通儿童(3~15 岁)区分开来,达到快速筛查的效果[40]。

上述研究均采用了实验室(或医院环境中)的眼动设备。然而,眼动设备通常较为昂贵,还需配置特殊设备进行校准以及对使用者进行培训。为了开展更大范围的眼动筛查,研究人员将计算机视觉技术扩展到眼球追踪分析之中,用于儿童孤独症早期筛查。本综述有 3 项研究使用了平板电脑的内置摄像头提取儿童眼动数据。例如,在一项研究中,临床医生展示了一段 1 分钟的视频,在屏幕的左右两侧分别呈现儿童社交视频和移动的几何图形,儿童观看视频时的眼睛注视模式被摄像头跟踪记录,并通过特定算法评估儿童(2~6 岁)的空间偏好[41],其效果类似于临床环境下的 GeoPref 测试[42],能够将孤独症儿童从普通儿童中有效地筛查出来。另有两项研究使用普通移动终端的摄像头收集儿童眼动数据,通过计算机视觉技术分析,获取孤独症儿童(两项研究所涉孤独症儿童分别为 17~36 月龄和 2~15 岁)注视特征,并将其有效地从普通儿童中筛查出来[43-44]。

基于眼动的筛查模式适用于年龄范围在 16 个月龄到 6 岁之间的儿童,相关研究不仅涉及一级筛查(5 项),也涵盖了二级筛查(3 项)。计算机视觉技术最初应用于较大范围运动数据(如面部、肢体运动等)的采集,但随着其技术含量的不断提升,它逐步延伸到对精度要求更高的眼动数据采集过程之中,可促使普通移动产品内置摄像头替代高价的眼动设备,为儿童孤独症筛查的普及应用提供了技术保障。

3.3 数字技术成熟度

3.3.1 技术类型

在数据工具类型方面,本综述有 23 项研究涉及的数字技术(工具)为"功能原型"技术(工具),即该技术还处于样本或模型制造阶段。多数功能原型技术(工具)为自然用户界面下的眼动技术、计算机视觉分析技术、语音分析技术等。而余下 13 项研究涉及的数字技术(工具)较为成熟,大多基于移动技术界面(手机、平板电脑)的应用,在市场上可直接使用(或购买)。两类筛查工具(技术)比例如图 3 所示。

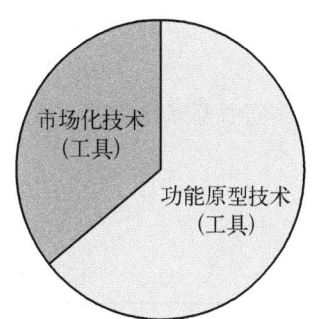

图 3 数字化工具类型

3.3.2 心理测量特征

在临床筛查中,"心理测量特征"特指用于衡量筛查工具可靠性和准确性的一组参数,具体可包括工具的敏感性、特异性、阳性预测值、阴性预测值等[45]。本综述所涵盖的 36 篇文献中有 17 篇汇报了数字化筛查工具的心理测量特征数据,其中测试敏感性在 75% 以上的筛查工具 14 项,特异度在 90% 以上的 6 项,具体数据如下。

表 1 数据显示,数字化管理下的门诊儿童孤独症筛查显示出较高的敏感度和特异性,而基于儿童的语言、肢体或者眼动数据进行的筛查则表现出较大的特征值差异,部分测试显示出较高的心理测量特性,而另一部分(如眼动)测试,出现了个别较低敏感度的案例。心理测量特征差异的原因来自多个方面。首先是实验的样本量问题,通过收集儿童生理表现(行为动作、语言、眼动等)来区分孤独症高风险特征的研究所纳入的被试样本远远少于问卷型访谈型筛查实验,因此,很多相关研究结果还需要更大的样本量来验证;其次,各类数字技术的发展不平衡对特征值也会产生影响,很多门诊或在线的数字化筛查手段从成熟的纸质筛查量表改造而来,而大量基于生理特征的数字技术研发仍处于功能原型阶段,需假以时日才能日臻完善。

表 1 17 项数字化筛查手段的心理测量特性

数字筛查方式	敏感性	特异性	阳性预测值	阴性预测值
门诊筛查(数字化管理)	89.90% 81%~84%	79.70% 70%~89%	67%	95%
远程筛查(在线问卷、视频)	97%~98% 76%~83% 75% 92.8%~98% 88%	62%~64% 67%~88% 62% 91.3%~97.3% 96%	83%	50%

续 表

数字筛查方式		敏感性	特异性	阳性预测值	阴性预测值
多角度筛查	语言	75%	98%		
		87.80%	72.70%		
		100%	53%	0.19%	100%
	表情动作	85%	76%		
		82.20%	89.10%		
		76.40%	73.30%		
		35%	94%	72%	78%
		21%	98%	86%	70%
		86.50%	83.80%		
	注视（眼动）	63%~64%	90%~92%		

4 讨论与启示

孤独症儿童出生后的第1~2年间，脑容量快速增长、大量神经链接逐步形成，是脑功能高度可塑的重要时期[46-47]。如何抓住并利用好这一儿童大脑发育的关键期从而改变其发育进程，是临床研究的重要课题。大量证据显示，儿童孤独症越早进行干预，就越容易收获理想的预后效果[48]，而针对儿童孤独症的早期筛查又为其在发育关键期得到及时诊疗提供了有利条件[49-50]。其中，数字技术的应用将至关重要。数字技术能够在多个维度促进孤独症儿童的早期筛查工作，突破传统筛查技术无法克服的桎梏和瓶颈，实现儿科门诊筛查流程的精准高效——家长填写的问卷可以通过移动平台进行快速评分、管理和后续追踪；而基于远程通讯技术的在线平台使得远程筛查和自助筛查成为可能；同时，基于移动技术的平台应用、数据采集手段的多元化以及数据算法的更新迭代，可以将筛查过程从儿科门诊延伸至儿童的家庭、学校、社会等环境中。《中国儿童发展纲要（2021—2030）》明确指出，我国将建立覆盖城乡的儿童健康服务体系，其中包括完善儿童各阶段的出生缺陷防治体系，尤其是严重危害儿童健康的疾病诊治。扩大新生儿疾病筛查病种范围，建立筛查、阳性病例召回、诊断、治疗和随访一体化服务模式，促进早筛、早诊、早治。我国2~6岁儿童孤独症患病率约为0.70%，男童高于女童[51]，因此，在国内各大儿科门诊开展全面的儿童孤独症早期筛查，将是建立和健全完善儿童健康服务体系的重要环节。近几年，我国部分城市开展了对孤独症早期筛查三级网络管理模式的探索之路。在三级筛查网络管理中，一级筛查的对象为到访初级卫生机构（如社区卫生站）的全体适龄婴幼儿。这一阶段重在从全体婴幼儿中识别出有孤独症风险的群体，一级筛查结果为阳性（或虽然结果为阴性但父母仍存疑虑）的情况将被推荐转诊到上级医疗机构进行二级筛查；二级筛查将进一步评估孤独症风险及区分孤独症与其他发育障碍，如二级筛查为阳性（或父母仍存在担忧),将转诊至可进行孤独症诊断的门诊医师处[52]。

我国将孤独症全民早筛项目融入到儿科常规筛查体系的过程中,临床医生或护理人员也将面临工作量巨大、时间管理困难、病程监督繁琐等问题。而解决这一系列问题的核心在于引入并普及相关数字技术。在临床实践中,国内初级卫生机构可首先以试点的方式引入全套数字化筛查程序,通过电子筛查量表对初诊婴幼儿进行快速评估和检测,并使用相应的数据采集和分类程序提升评估数据的管理效率(包含存档、分类等)、促进筛查之后的追踪以及在线大数据管理等服务;同时,利用系统自带的转诊通道将高风险儿童推荐到上级医院。对于地处偏远地区的家庭,儿童家长可以通过在线方式填写评估量表,并上传与孩子互动的视频,以此来帮助临床医生进行快速判断,实现远程筛查评估。此外,国内各地小学、社区或者育托中心也可有选择性地引进部分数字技术和设备,在日常生活场景下捕捉幼儿孤独症早期的细微症状,并通过机器学习对儿童孤独症高危症状开展自主评估。这些举措能够进一步提升早期筛查的便捷度和效率,减轻儿科门诊工作负荷,使孤独症全民早期筛查成为可能。也可以结合各地的实际情况,充分考虑各类数字技术手段的成熟度和性价比,采取"单个试点+逐步推广"的模式分步骤地实施和普及。

参考文献

[1] Campisi, L., Imran, N., Nazeer, A., et al. (2018). Autism spectrum disorder. *British Medical Bulletin*, 127(1), 91-100.

[2] Maenner, M. J., Shaw, K. A., Bakian, A. V., et al. (2021). Prevalence and characteristics of autism spectrum disorder among children aged 8 years - autism and developmental disabilities monitoring network, 11 sites, United States, 2018. *MMWR Surveillance Summaries*, 70(11), 1-16.

[3] King, M., Bearman, P. (2009). Diagnostic change and the increased prevalence of autism. *International Journal of Epidemiology*, 38(5), 1224-1234.

[4] Goodwin, A., Matthews, N. L., Smith, C. J. (2019). Parent-reported early symptoms of autism spectrum disorder in children without intellectual disability who were diagnosed at school age. *Autism*, 23(3), 770-782.

[5] Ratto, A. B., Kenworthy, L., Yerys, B. E., et al. (2018). What about the girls? Sex-based differences in autistic traits and adaptive skills. *Journal of Autism and Developmental Disorders*, 48(5), 1698-1711.

[6] Miodovnik, A., Harstad, E., Sideridis, G., et al. (2015). Timing of the diagnosis of attention-deficit/hyperactivity disorder and autism spectrum disorder. *Pediatrics*, 136(4), e830-837.

[7] Sanchez-Garcia, A. B., Galindo-Villardon, P., Nieto-Librero, A. B., et al. (2019). Toddler screening for autism spectrum disorder: A meta-analysis of diagnostic accuracy. *Journal of Autism and Developmental Disorders*, 49(5), 1837-1852.

[8] Bejarano-Martín, Á., Canal-Bedia, R., Magán-Maganto, M., et al. (2020) Early detection, diagnosis and intervention services for young children with autism spectrum disorder in the European Union (ASDEU): Family and professional perspectives. *Journal of Autism and*

Developmental Disorders, 50(9), 3380-3394.

[9] García-Primo, P., Hellendoorn, A., Charman, T., et al. (2014). Screening for autism spectrum disorders: State of the art in Europe. *European Child & Adolescent Psychiatry*, 23(11), 1005-1021.

[10] Schrader, E., Delehanty, A. D., Casler, A., et al. (2020). Integrating a new online autism screening tool in primary care to lower the age of referral. *Clinical Pediatrics*, 59(3), 305-309.

[11] Bauer, N. S., Sturm, L. A., Carroll, A. E., et al. (2013). Computer decision support to improve autism screening and care in community pediatric clinics. *Infants & Young Children*, 26(4), 306-317.

[12] Downs, S. M., Bauer, N. S., Saha, C., et al. (2019). Effect of a computer-based decision support intervention on autism spectrum disorder screening in pediatric primary care clinics: A cluster randomized clinical trial. *JAMA Network Open*, 2(12), e1917676.

[13] Schrader, E., Delehanty, A. D., Casler, A., et al. (2020). Integrating a new online autism screening tool in primary care to lower the age of referral. *Clinical Pediatrics*, 59(3), 305-309.

[14] Colombo, P., Buo, N., Busti Ceccarelli, S., et al. (2022). Integrating a new online platform in primary care for early detection, referral, and intervention in autism spectrum disorder: The first Italian pivotal clinical study. *Brain Sciences*, 12(2), 256.

[15][16] Campbell, K., Carpenter, K. L., Espinosa, S., et al. (2017). Use of a digital modified checklist for autism in toddlers-revised with follow-up to improve quality of screening for autism. *The Journal of Pediatrics*, 183, 133-139.

[17] Harrington, J. W., Bai, R., Perkins, A. M. (2013). Screening children for autism in an urban clinic using an electronic M-CHAT. *Clinical Pediatrics*, 52(1), 35-41.

[18] Ben-Sasson, A., Robins, D. L., Yom-Tov, E. (2018). Risk assessment for parents who suspect their child has autism spectrum disorder: Machine learning approach. *Journal of Medical Internet Research*, 20(4), e9496.

[19] Wingfield, B., Miller, S., Yogarajah, P., et al. (2020). A predictive model for paediatric autism screening. *Health Informatics Journal*, 26(4), 2538-2553.

[20] Duda, M., Daniels, J., Wall, D. P. (2016). Clinical evaluation of a novel and mobile autism risk assessment. *Journal of Autism and Developmental Disorders*, 46(6), 1953-1961.

[21] Abbas, H., Garberson, F., Glover, E., et al. (2018). Machine learning approach for early detection of autism by combining questionnaire and home video screening. *Journal of the American Medical Informatics Association*, 25(8), 1000-1007.

[22] Kanne, S. M., Carpenter, L. A., Warren, Z. (2018). Screening in toddlers and preschoolers at risk for autism spectrum disorder: Evaluating a novel mobile-health screening tool. *Autism Research*, 11(7), 1038-1049.

[23] Young, G. S., Constantino, J. N., Dvorak, S., et al. (2020). A video-based measure to identify autism risk in infancy. *Journal of Child Psychology and Psychiatry*, 61(1), 88-94.

[24][27] Oller, D. K., Niyogi, P., Gray, S., et al. (2010). Automated vocal analysis of naturalistic recordings from children with autism, language delay, and typical development. *Proceedings of the National Academy of Sciences*, 107(30), 13354-13359.

[25] Gong, Y., Yatawatte, H., Poellabauer, C., et al. (2018). Automatic autism spectrum disorder detection using everyday vocalizations captured by smart devices. *Proceedings of the 2018 ACM International Conference on Bioinformatics, Computational Biology, and Health Informatics*.

[26] Chi, N. A., Washington, P., Kline, A., et al. (2022). Classifying autism from crowdsourced semi-structured speech recordings: Machine learning model comparison study. *JMIR Pediatrics and Parenting*, 5(2), e35406.

[28] Egger, H. L., Dawson, G., Hashemi, J., et al. (2018). Automatic emotion and attention analysis of young children at home: A ResearchKit autism feasibility study. *NPJ Digital Medicine*, 1(1), 1-10.

[29] Carpenter, K. L., Hahemi, J., Campbell, K., et al. (2021). Digital behavioral phenotyping detects atypical pattern of facial expression in toddlers with autism. *Autism Research*, 14(3), 488-499.

[30] Anzulewicz, A., Sobota, K., Delafield-Butt, J. T. (2016). Toward the autism motor signature: Gesture patterns during smart tablet gameplay identify children with autism. *Scientific Reports*, 6(1), 1-3.

[31] Perochon, S., Di Martino, M., Aiello, R., et al. (2021). A scalable computational approach to assessing response to name in toddlers with autism. *Journal of Child Psychology and Psychiatry*, 62(9), 1120-1131.

[32] Kojovic, N., Natraj, S., Mohanty, S. P., et al. (2021). Using 2D video-based pose estimation for automated prediction of autism spectrum disorders in young children. *Scientific Reports*, 11(1), 1-10.

[33] Wedyan, M., Al-Jumaily, A. (2016). Early diagnosis autism based on upper limb motor coordination in high risk subjects for autism. *Proceeding of 2016 IEEE International Symposium on Robotics and Intelligent Sensors (IRIS)*.

[34] Crippa, A., Salvatore, C., Perego, P., et al. (2015). Use of machine learning to identify children with autism and their motor abnormalities. *Journal of Autism and Developmental Disorders*, 45(7), 2146-2156.

[35] Ramírez-Duque, A. A., Bastos, T., Munera, M., et al. (2020). Robot-assisted intervention for children with special needs: A comparative assessment for autism screening. *Robotics and Autonomous Systems*, 127: 103484.

[36] Moore, A., Wozniak, M., Yousef, A., et al. (2018). The geometric preference subtype in ASD: Identifying a consistent, early-emerging phenomenon through eye tracking. *Molecular Autism*, 9(1), 1-3.

[37][42] Pierce, K., Marinero, S., Hazin, R., et al. (2016). Eye tracking reveals abnormal visual preference for geometric images as an early biomarker of an autism spectrum disorder subtype associated with increased symptom severity. *Biological Psychiatry*, 79(8), 657-666.

[38] Frazier, T. W., Klingemier, E. W., Parikh, S., et al. (2018). Development and Validation of objective and quantitative eye tracking based measures of autism risk and symptom levels. *Journal of the American Academy of Child & Adolescent Psychiatry*, 57(11), 858-866.

[39] Wan, G., Kong, X., Sun, B., et al. (2019). Applying eye tracking to identify autism spectrum disorder in children. *Journal of Autism and Developmental Disorders*, 49(1), 209-215.

[40] Martineau, J., Hernandez, N., Hiebel, L., et al. (2011). Can pupil size and pupil responses during visual scanning contribute to the diagnosis of autism spectrum disorder in children? *Journal of Psychiatric Research*, 45(8), 1077-1082.

[41] Vargas-Cuentas, N. I., Roman-Gonzalez, A., Gilman, R. H., et al. (2017). Developing an eye-tracking algorithm as a potential tool for early diagnosis of autism spectrum disorder in children. *PloS One*, 12(11), e0188826.

[43] Chang, Z., Di Martino, J. M., Aiello, R., et al. (2021). Computational methods to measure patterns of gaze in toddlers with autism spectrum disorder. *JAMA Pediatrics*, 175(8), 827-836.

[44] Varma, M., Washington, P., Chrisman, B., et al. (2022). Identification of social engagement indicators associated with autism spectrum disorder using a game-based mobile app: Comparative study of gaze fixation and visual scanning methods. *Journal of Medical Internet Research*, 24(2), e31830.

[45] Lau, W. Y. P., Gau, S. S. F., Chiu, Y. N., et al. (2013). Psychometric properties of the Chinese version of the Autism Spectrum Quotient (AQ). *Research in Developmental Disabilities*, 34(1), 294-305.

[46] Hazlett, H. C., Gu, H., Munsell, B. C., et al. (2017). Early brain development in infants at high risk for autism spectrum disorder. *Nature*, 542(7641), 348-351.

[47] Palmen, S. J., Pol, H. E. H., Kemner, C., et al. (2005). Increased gray-matter volume in medication naive high-functioning children with autism spectrum disorder. *Psychological Medicine*, 35(4), 561-570.

[48] Zwaigenbaum, L., Bauman, M. L., Choueiri, R., et al. (2015). Early intervention for children with autism spectrum disorder under 3 years of age: Recommendations for practice and research. *Pediatrics*, 136(Supplement 1), S60-81.

[49] Dawson, G. (2008). Early behavioral intervention, brain plasticity, and the prevention of autism spectrum disorder. *Development and Psychopathology*, 20(3), 775-803.

[50] Ozonoff, S., Iosif, A. M., Young, G. S., et al. (2011). Onset patterns in autism: correspondence between home video and parent report. *Journal of the American Academy of Child & Adolescent Psychiatry*, 50(8), 796-806.

[51] Zhou, H., Xu, X., Yan, W., et al. (2020). Prevalence of autism spectrum disorder in China: A nationwide multi-center population-based study among children aged 6 to 12 years. *Neuroscience Bulletin*, 36(9), 961-971.

[52] 熊雪桦, 林凡裕. (2022). 孤独症谱系障碍的临床早期筛查量表. 中国听力语言康复科学杂志, 20(1), 76-80.

老年健康与语言研究篇

认知老化与老年人隐喻能力研究

杨晶晶　周德宇　黄立鹤

1　引言

隐喻(metaphor)是人类的一种高级认知活动。区别于语言的字面义,隐喻用更含蓄的方式传递信息,因此对个体语言理解能力与心智能力的要求更高。自20世纪70年代后期,人们将隐喻视为大脑思维方式的一种表征,一直受到心理学及语言学界等广泛的关注。同时,隐喻能力实证研究也逐渐开展起来。随着认知老化研究及老年语言学的发展,老年人隐喻理解能力已成为国外学者的关注焦点(如 Maki et al., 2013; Mashal et al., 2011),但我国学界对老年人隐喻能力问题的关注较少。作为生命发展的一端,研究老年人的隐喻能力对于理解人类个体的隐喻认知能力具有重要的意义。通过探究不同年龄段个体在隐喻的理解和产出过程中表现出的共性、个性、特点和规律,可以进一步揭示大脑老化的过程,同时揭示老年人借助隐喻实现语言交际的基本过程和效果,促进相关理论的完善和发展。

本研究采用文献综述法,对国内外代表性实证研究进行系统性的分析,考察老年人隐喻能力研究的维度和方法、现有研究的不足及未来的研究方向,旨在为我国的老年人隐喻能力与认知老化研究提供借鉴。

2　数据来源与研究现状

2.1　数据样本

为全面系统地对现有老年人隐喻能力研究文献进行检索,本研究将检索范围锁定在

【基金项目】本文系国家社科基金重大项目"我国老年人语言能力的常模、评估及干预体系研究"(21&ZD294)的阶段性成果。
【作者信息】杨晶晶,博士研究生,同济大学老龄语言与看护研究中心/外国语学院,斯坦福大学。
　　　　　　周德宇,讲师,华东理工大学外国语学院。
　　　　　　黄立鹤(通讯作者),教授,同济大学老龄语言与看护研究中心/外国语学院。
【注】本文首刊于《外语学刊》2022年第5期。

Web of Science,Scopus,Pub Med,Elsevier Science Direct,中国知网,维普,万方共 7 个学术期刊库。根据研究问题,在实验性检索基础上确定检索词为:older adult,the elderly, aging,metaphor,non-literal,figurative language,老年人,隐喻。通过对上述检索词进行组合,在 7 个期刊库检索得到文献 2 877 篇,剔除 351 篇重复性文献,余下 2 526 篇。为确保文献与主题的契合度,在阅读这些文献的摘要后,根据研究需要剔除:(1)发表语言非汉语和英语的文献 36 篇;(2)会议论文摘要及综述类文章 445 篇;(3)文学或传统修辞学维度的研究 726 篇;(4)隐喻理论性研究 921 篇;(5)研究对象不包含 60 岁[①]以上老年人的实证文献 362 篇,初步筛选得到 36 篇文献。再通过阅读全文进一步筛选,最终获得满足要求的实证性研究文献 21 篇(具体见表 1),然后按照文献的基本信息对其进行编码。

表 1 21 篇文献的基本信息

作　　者	年份	期刊/文集	分　　类	研究维度	研究范式
Winner & Gardner	1977	Brain	老年人与痴呆症	识别隐喻意义的能力	语义选择 语义解释
Boswell	1979	Human Development	年轻人与老年人	隐喻解释的认知风格	语义解释
Glucksberg et al.	1982	Journal of Verbal Learning and Verbal Behavior	年轻人与老年人	识别隐喻意义的能力	语义判断
Krame & Woodruff	1984	Research on Aging	年轻人与老年人	隐喻解释的认知风格	语义解释
Szuchman & Erber	1990	Experimental Aging Research	年轻人与老年人	隐喻解释的认知风格	语义解释
Light et al.	1993	Adult Information Processing: Limits on Loss	年轻人与老年人	识别隐喻意义的能力	语义判断
Gregory & Waggoner	1996	Experimental Aging Research	年轻人与老年人	识别隐喻意义的能力	语义选择
Mackenzie & Catherine	2000	Clinical Linguistics & Phonetics	中年人与低龄老年人与高龄老年人	识别隐喻意义的能力	语义选择
Papagno	2001	Brain	老年人与 DAT 患者	识别隐喻意义的能力	语义解释

---

① 目前,世界卫生组织规定 60 岁以上为老年人,我国的中华医学会也使用该标准。但由于社会经济发展程度与国家人口预期寿命等诸多因素的影响,不同国家和地区对老年人年龄划分有所不同,如一些西方发达国家将 65 岁以上作为老年人标准。本研究采用世界卫生组织的标准,参考 http://www.who.int/healthinfo/survey/ageingdefnolder/en/index.html。

续　表

作　者	年份	期刊/文集	分　类	研究维度	研究范式
Bonnaud et al.	2002	Neurophysiologieclinique	年轻人与老年人	识别隐喻意义的能力 识别隐喻意义的速度	语义判断
Newsome & Glucksberg	2002	Experimental Aging Research	年轻人与老年人	识别隐喻意义的能力 识别隐喻意义的速度	语义判断
Qualls & Harris	2003	American Journal of Speech-Language Pathology	年轻人与老年人	识别隐喻意义的能力	语义选择
Monetta et al.	2007	Journal of Neurolinguistics	年轻人与老年人	识别隐喻意义的能力	语义选择
Amanzio et al.	2008	Brain and Language	老年人与 DAT 患者	识别隐喻意义的能力	语义解释
Morrone et al.	2010	Psychology and Aging	年轻人与老年人	抑制隐喻意义的能力 抑制隐喻意义的速度	语义判断
Mashal et al.	2011	Aging, Neuropsychology and Cognition	年轻人与老年人	识别隐喻意义的能力	语义判断
Maki et al.	2013	American Journal of Alzheimer's Disease and Other Dementias	年轻人与老年人与 MCI 和 DAT 患者	识别隐喻意义的能力	语义选择
Mashal & Coblentz	2014	Creativity Research Journal	年轻人与老年人	隐喻解释的认知风格	语义解释
Kavé et al.	2014	Laterality	年轻人与老年人	识别隐喻意义的能力 识别隐喻意义的速度	语义判断
Roncero & Almeida	2014	Frontiers in Human Neuroscience	老年人与 DAT 患者	识别隐喻意义的能力	语义解释
Sundaray et al.	2018	Frontiers in Psychology	年轻人与老年人	识别隐喻意义的能力 识别隐喻意义的速度	语义选择

2.2 研究现状

本研究所选的 21 篇文献时间跨度为 41 年(1977～2018)[①],文章多发表于 *Brain*, *Brain and Language* 等脑科学、心理学相关的期刊上,也有部分文章发表于专门从事老年学研究的期刊上,如 *Experimental Aging Research*,*Research on Aging* 等。相较而言,国内相关文献数量远低于国外,目前还未在国内找到相应的老年隐喻能力研究文献[②]。从时间上看,隐喻能力研究起始于 20 世纪 70 年代的隐喻研究认知转向。在此之前,隐喻被普遍认为是语言与修辞的关系。70 年代后期,Lakoff 的著作 *Metaphors We Live By* 的出版标志着隐喻认知研究时代的到来,人们将关注点转移至隐喻与思维、隐喻与认知的关系上,隐喻能力研究也逐步成为关注的焦点。本研究检索到最早的文献是 1977 年 Winner 和 Gardner 在 *Brain* 上发表的对各类脑损伤患者的隐喻能力研究,可以说它是隐喻"认知转向"背景下的产物。

从语料语种的角度看,在所选 21 篇文献中,语料为英语隐喻的文献有 12 篇,法语与希伯来语隐喻研究各 3 篇,意大利语研究 2 篇,日语研究 1 篇。根据世界银行数据显示,截至 2019 年,日本、意大利、德国、法国、英国是全球老龄化程度最高的 5 个国家,加拿大、澳大利亚、美国、俄罗斯和中国紧随其后。其中,法国、日本、美国等较早步入老龄化,因此对老年语言学的研究开展得较早,老年隐喻能力研究的相关文章数量也较多。

从被研究群体的角度看,学者在关注健康老年群体的同时,逐步将焦点转至特殊老年群体(Amanzio et al.,2008；Roncero & Almeida,2014)。入选文献中有 16 篇关注健康老年人的隐喻理解能力,其目的是探讨年龄因素对隐喻能力发展的影响。另有 5 篇文献关注特殊老年群体,如阿尔茨海默病(DAT)老年人的隐喻能力,旨在研究 DAT 患者语言能力的变化,以寻找影响隐喻理解的内在认知因素。

3 老年人隐喻能力的研究

3.1 老年人隐喻能力的研究

对老年人隐喻能力的研究可分为隐喻能力的描述性研究和认知机制的探索两个维度。

3.1.1 隐喻能力的描述性研究

该部分文献主要考察老年人对隐喻的理解能力:识别隐喻意义的能力、隐喻解释的创造性和识别隐喻意义的速度。

---

① 1978 年,德国学者 Lütjen 在探究老年人找词困难现象时提出 Gerontolinguistics 一词,可视为老年语言学研究的重要节点。本研究试图分析自此以后 40 年内的研究发展情况；同时,本研究又发现 1977 年 Winner 和 Gardner 关于各类脑损伤患者隐喻能力的研究,因此最终确定文献范围为 1977 年至 2018 年。
② 本研究以文章发表的地点为标准来区分区域。

识别隐喻意义的能力考察被试能否对所给隐喻做出合理的解释,是被试识解隐喻能力最直接、最基本的表现。在入选的 21 篇文献中,共有 17 篇文献对这一能力进行考察。Maki 等(2013)使用多项选择的测试方法,要求被试从所给选项中选出隐喻句所表达的含义,结果表明年轻人与老年人之间没有显著差异,说明老年人仍然具备识别隐喻意义的能力。但 Monetta 等(2007)在使用语义选择的方式对这一能力进行考察时,发现老年人无法准确选出目标词的隐喻含义,这一结果与其他学者所得结论产生冲突。

隐喻解释的创造性是指构思新奇隐喻的能力,以考察被试的认知风格差异。认知风格是个体感知、组织和加工信息的一种方式,通常会影响个体的语言学习,能反映其语言能力。在所选的 21 篇文献中,有 4 篇文献对这一维度进行考察(Boswell,1979;Kramer & Woodruff,1984;Szuchman & Erber,1990;Mashal et al.,2014)。研究者采用语义解释范式,要求被试对所给隐喻句进行解释,并由专业评审打分。隐喻解释没有对错之分,只有风格上的差异。4 篇文献中有 2 篇的研究认为,老年人对隐喻解释的创造性和综合性较强(Mashal & Coblentz,2014;Boswell,1979),其余的研究则表明,老年人和年轻人的认知风格并无差异(Kramer & Woodruff,1984;Szuchman & Erber,1990)。

随着各类心理行为实验软件的开发,一些学者在测试隐喻理解正确率的同时也加入对反应时的测量。所选文献中共有 6 篇文献对这一维度进行考察。Sundaray 等(2018)表示老年人在语义选择上的反应速度显著低于年轻人,而 Kavé 等(2014)和 Bonnaud 等(2002)认为,老年人在对隐喻关系进行判断时的速度与年轻人无异。

3.1.2 隐喻能力的认知机制研究

此类研究主要探讨隐喻能力和影响隐喻认知的因素。

首先,隐喻能力的研究主要集中在对隐喻的理解上。研究发现,隐喻解释的创造能力与认知风格相关。认知风格通常用双极连续体(bipolar continua)表示,隐喻理解研究中的双极分别是整体性(holistic)和分析性(analytic)。前者倾向于将信息汇总在一起并将其作为整体进行加工;后者则强调对差异和分离性的感知,在隐喻解释中体现为对本体和喻体属性的分别阐述。Littlemore(2001)通过分析认知风格、推理能力和隐喻解释 3 者之间的关系发现,偏向整体认知风格的被试隐喻理解能力更好。Mashal 和 Coblentz(2014)的研究显示,老年人更偏向整体认知风格,对隐喻解释的创造性也强于年轻人。

其次,抑制能力(inhibition)也是学者重点关注的认知能力。一些学者将抑制能力或抗干扰能力的衰退视为隐喻理解能力下降的主要原因之一。Clark 和 Lucy 在 1975 年曾提出隐喻加工的"层次假说"(王小潞,2009)。这种假说认为大脑会先加工隐喻句的字面含义,当大脑认为句子的字面含义与语境不相宜时,再进行隐喻含义的加工。因此,当被试的抑制能力出现问题时,由于无法抑制先出现在脑海中的字面含义,被试会更倾向于选择字面含义的选项。实证研究,如 Winner 和 Gardner(1977)及 Qualls 和 Harris(2003),都为此假说提供了证据。前者通过图片选择的测试方式,要求被试选出与隐喻句最为接近的图片,参与测试的 7 名早老性痴呆(pre-senile dementia)患者选择正确图片的比率与选择字面含义图片的比率基本不存在差异；后者分析了被试在选择题中的误选项，发现字面含义选项被误选的概率最高，对被试造成的干扰最大。Giora(1997)提出"突显进阶假设"(the Graded Salience Hypothesis，GSH)，强调事物突显认知特性的作用，认为大脑首先加工最突显的意义。根据 GSH，人们可能对已熟知的常规隐喻采用直接加工的方式，而对不熟悉的新奇隐喻采用先字面含义再隐喻含义的加工步骤。根据这一假设，被试加工常规隐喻时可直接获得隐喻含义，会避免字面含义的干扰，而对新奇隐喻的判断则需要先行否定字面含义，因此抑制能力的下降对新奇隐喻加工的影响更大，Morrone 等人的研究(2010)也证实了这一点。该研究要求被试对句子进行语义判断(只选择字面含义正确的句子)，研究发现老年人在常规隐喻句上出错更多，说明老年人无法抑制出现在脑海中的隐喻含义；而 Mashal 和 Coblentz(2014)通过口语解释的范式发现，由于抑制能力的下降，被试无法排除字面含义的干扰，通常对新奇隐喻给出较为字面、具体的解释，说明一些被试在对新奇隐喻的理解上存在困难。

另外，工作记忆的减退被认为是语言理解能力下降的潜在因素。工作记忆是记忆的一种，负责信息的即时存储与加工(Qualls & Harris, 2003)。一些学者认为，工作记忆是语言理解的核心，是信息整合和歧义消解的必要条件(Salthouse, 1990)。目前，关于工作记忆对语言理解所产生的影响有资源假说(Resource Hypothesis)和分配理论(Allocation Theory)。资源假说认为，工作记忆中包含有限数量的通用目的实体(general-purpose entities)，这些实体能够用于启动或加强一系列的认知功能，如推理、学习、心算和语言理解等。该理论认为，老年人和 DAT 患者由于年龄增加或疾病侵袭，其工作记忆中用于存储或加工信息的通用目的实体数量减少，因此无法有效地激活特定的认知功能，从而导致相关任务失败。分配理论认为，老年人工作记忆的缺陷由资源分配效率低造成。大脑根据任务要求，将有限的资源分配给信息存储或信息加工。在隐喻理解中，老年人的资源分配效率降低，使本应获得更多资源的信息加工过程没有被充分激活，从而导致老年人的隐喻加工出现障碍，致使隐喻理解失败或反应速度降低。一些学者通过 The Size Judgment Span Test，The Alphabet Span Test 等测试发现，老年人在工作记忆评估任务上遭遇更多的困难(Salthouse, 1994)。Qualls 和 Harris(2003)通过相关性检测发现，工作记忆得分与被试隐喻得分之间存在显著的相关性，且在控制工作记忆的差异后，年轻群体与老年群体间隐喻得分的差异消失，从而证明工作记忆对隐喻理解的影响。

由于隐喻理解能力是一种高级的、抽象的思维体现，是高层级的认知加工与语言加工能力，因此除了上述的认知风格、抑制能力和工作记忆外，阅读能力、词汇能力、执行功能(executive function)等也与隐喻理解相关(Nippold et al., 2001；Qualls & Harris, 1999)。

3.2　研究方法

本文所选的 21 篇文献均采用定量实证分析方法，并且其中的 20 篇文献进行行为学数据研究，另 1 篇文献在行为学测试的基础上，采用事件相关电位技术比较不同被试的神经认知机制。

3.2.1 行为学研究范式

学者多采用行为学范式对比分析实验组与对照组的隐喻理解能力差异或对同一群体进行历时的研究,分析隐喻理解能力随 DAT 病程发展的变化情况。行为学研究范式可分为以下 3 类。

(1) 语义解释

在行为学范式中,最常见的是语义解释,即要求被试在看到隐喻句后,以口头或书面形式向主试人员解释自己对隐喻句含义的理解,21 篇文献中有 8 篇采用了该方法。这一方式既可研究被试的隐喻理解能力,也可研究不同群体隐喻解释风格的差异。如 Amanzio 等(2008)要求 20 名 DAT 患者与 20 名同龄健康者,即对照组,对所给常规隐喻和新奇隐喻进行口头解释,并由专业评审打分。研究发现,与对照组相比,DAT 患者保有对常规隐喻的理解能力,但其对新奇隐喻的理解能力出现衰退。Kramer 和 Woodruff(1984)及 Boswell(1979)则通过口头解释探究老年人与年轻人在隐喻理解上的风格差异,他们认为隐喻解释没有对错之分,只有偏向整合性还是具体性的差别。

(2) 语义关系判断

语义关系判断是另一常用范式。该范式要求被试判断所给词对或句子是隐喻关系还是字面关系,通常用于考察被试的语义关系识别能力、隐喻意义识别的速度、抑制能力等。Morrone 等(2010)要求被试对所给的句子做出语义判断(只选出字面含义正确的句子),这要求被试在进行隐喻句加工时抑制脑海中所浮现的隐喻含义。研究结果表明,老年人的抑制能力显著低于年轻人,他们无法有效地抑制隐喻含义的干扰,这证明老年人仍保有隐喻句加工的能力。Bonnaud 等(2002)则要求被试从所给词对中选出具有隐喻关系的词对,结果显示老年人的正确率显著高于年轻人,说明老年人仍然保有隐喻理解能力,但识别速度慢于年轻人。

(3) 语义选择

除语义解释和语义关系判断外,语义选择也是常用的测试方法。在 21 篇文献中,有 7 篇文献用语义选择的考察方式,要求被试从所给选项中选出与隐喻句最为接近的含义或最能表述隐喻含义的图片。无论是文字选择还是图片选择,在所给选项中都包含隐喻含义和字面含义,对部分老年人或 DAT 患者来说,字面含义成为最大的干扰项。

3.2.2 神经认知研究范式

在 21 篇文献中,仅有 1 篇文献采用神经认知研究范式分析被试加工隐喻句时的神经电信号差异。Bonnaud 等(2002)将事件相关电位技术(ERP)与语义关系判断范式相结合,在记录行为学数据的同时采集被试的脑电信号,对比分析被试在隐喻加工过程中的神经电信号差异。从行为数据上看,老年人在隐喻判断上的准确率高于年轻人,并达到显著性水平;从脑电数据上看,年轻人的 N400 成分幅值显著高于老年人,表明年轻人大脑活动程度更强,老年人则相对较弱。

4 研究结果分析与建议

本文发现,老年人隐喻能力研究起步虽早,但仍处于现象描写与机制探索的阶段,学者间的研究结果差异较大,尚未得出统一的结论。下面对造成研究结果差异的因素进行分析,之后指出现有研究的不足。

4.1 造成研究结果差异的因素

4.1.1 测试方式

造成研究结果差异的原因之一是测试方式的差异。不同的测试方法考察侧重点和难度系数也不同,对测试结果造成直接的影响。根据是否需要表达概念上的相似性,隐喻能力测试方法分为直接测试和间接测试两种(Light et al., 1993)。在本文归纳的3类测试方法中,直接测试包括语义解释与语义关系判断,这类测试需要被试自主建立本体—喻体间的概念相似性;间接测试为语义选择,这类测试为被试提供待选项,可进行直接选择或采用排除法选择。本文对研究结果进行重新整理后发现,大多数直接测试的研究结果表明:老年人的隐喻能力显著高于年轻人,或两者间不存在显著的差异;而间接测试的结果显示,年轻被试的得分显著高于老年被试。

例如,Winner和Gardner(1977)分别采用语义选择(间接测试)和语义解释(直接测试)两种方式对一组健康的老年人和另一组DAT患者进行考察。研究发现,DAT患者在语义图片选择实验中的得分显著低于对照组,但在语义解释实验中能较为准确地解释常规隐喻,与对照组之间没有显著的差异,该研究说明实验设计是能否观察到被试组间差异的关键因素。

在实验设计阶段,需要将此因素纳入考虑的范围,并在有条件的情况下,通过执行探索性研究(pilot study)优化实验设计方案,为实验操作和预期结果提供有力的支撑。同时,研究人员可通过调整实验方法、优化实验设计,为实验研究提供新的思路与理念。

4.1.2 语料选择

语料种类是造成实验结果差异的另一因素,涉及隐喻语料的熟悉度和合适度(aptness)。

根据使用频率的高低,可以将隐喻分为常规隐喻和新奇隐喻。已有研究表明,大脑对两类隐喻的加工方式存在较大的差异。Mashal等(2014)用功能性核磁共振技术显示大脑对常规隐喻的加工更依赖于左半球,而对新奇隐喻的加工更依赖于右半球,并且两类隐喻加工的认知过程也不尽相同。常规隐喻储存在大脑语义记忆中,对这类隐喻的理解更多依赖意义检索(meaning retrieval)或意义识别,而新奇隐喻的理解则更多地依靠被试的抽象能力及执行功能。不同语料考察的侧重点不同,对研究结果自然产生较大的影响。但是,很多研究在设计时忽略这一点,多数文献并未标明所使用的隐喻类别,故对后来学者的研究产生困扰。另外,语料合适度对隐喻的理解同样有影响(Roncero & Almeida, 2014)。合适度反映喻体捕捉本体显著属性的程度,喻体捕捉的本体属性越多,被试就越容易建立本体—喻体间的相似性,也就越容易获得隐喻含义。合适度和熟悉度虽是两个不同的概念,但彼此之间有联系。合适度高的隐喻句不一定是人们所熟知的,但人们所熟知的常规隐喻都具有较高的合适度,更便于人们理解。所以,即便不同学者采用相同的研究范式,研究结果也可能因研究语料的不同产生差异。今后,老年人隐喻能力的研究需要重视实验语料这一变量,以便获得更准确、科学的研究结果。

4.1.3 实验组的分类

除上述因素外,实验组(被试组与对照组)的分类也是造成研究结果有差异的原因。

就被试组而言,患者病程、对照组标准等因素都可能导致实验结果出现差异。特别是对 DAT 患者的研究,由于 DAT 是一种神经退行性疾病,病程可分为早、中、晚 3 个阶段,每个阶段都有不同的表现症状。但在对 DAT 患者的研究中,对患病程度进行区分尚未受到重视,研究中也并未标注病程状况,致使不同研究结果间可比性降低。

同时,对照组设置差异也是导致研究结果不同的原因。如 Kramer 和 Woodruff (1984)以及 Boswell(1979)采用同样的范式和语料研究老年人隐喻能力,却得出不同的研究结果。前者认为,老年群体和年轻群体间的隐喻能力没有差异;但后者却发现,老年人的隐喻理解能力显著高于年轻人。原来 Kramer 和 Woodruff 所选对照组的平均年龄为 25.05 岁,大于 Boswell 对照组的 18 岁年龄。已有研究表明,受教育程度会对隐喻理解能力产生影响(Arcara & Bambini, 2016)。一般来说,18 岁到 25 岁是接受大学高等教育的年龄段,因此两个研究间的差异很可能是由于被试受教育程度的不同。

4.2 现有研究的不足

除上述实验设计因素外,现有研究还存在测试内容不全、测试方法单一、研究语料不平衡等问题。因此,对隐喻理解能力的研究结果只能反映老年人隐喻能力的一部分。隐喻能力还应包含创造隐喻句的能力、识别多模态隐喻的能力等,这一部分的研究已在儿童隐喻和二语学习者的隐喻能力研究中展开,但老年隐喻研究还未涉及。全方面、多维度的考察更能揭示隐喻能力随年龄发展的变化情况。

现有研究的测试方法较为单一。绝大多数研究都采用行为学研究范式,测试老年人在隐喻理解中的正确率和反应时,以考察老年人识别隐喻意义的能力和速度。正确率和反应时是外显的行为学数据,反映多个认知加工过程的综合结果,虽然可以反映隐喻能力的变化,但无法显示引起变化的加工过程和原因。

另外,目前的研究多采用表音文字为研究语料,以意音文字为语料的研究数量不足。已有研究数据表明,大脑对两类文字的加工有所不同(Zhu et al., 2014),仅针对表音文字的研究不利于意音文字(如汉语)隐喻理论框架的构建。

4.3 对未来研究的建议

因对老年人的隐喻能力研究还存在许多问题,所以本研究建议今后的相关研究应当关注以下3个方面。

首先,完善研究内容,丰富隐喻类型。研究内容应从单纯的隐喻理解研究扩展到隐喻产出研究;隐喻类型应从单模态的语言文字隐喻拓展到多模态(图像、颜色、手势及其他符号)隐喻;加强对心智能力(Theory of Mind,ToM)与隐喻能力之间关系的研究。这样,既可对老年人的隐喻能力有更全面的了解,也有助于完善现有隐喻理论。

其次,丰富研究手段,拓展数据维度。目前,相关研究多采用行为学范式,虽然在一定程度上可以反映老年人隐喻能力变化的情况,但无法显示出现变化的认知过程及神经机制。神经认知研究中常采用的电磁测量技术(如事件相关电位技术)和血液动力学测量技术(如功能性核磁共振技术),可对隐喻加工中的大脑进行内隐性监测,为探究隐喻加工的时间进程和脑区定位提供重要的研究方法。这些方法可对大脑因隐喻刺激而产生的反应进行直接的测量,在一定程度上可以解决因行为学研究方法不同造成的差异。虽然在本研究搜集的文献中该研究方法用得较少,但从未来的趋势看,这将是重要的发展方向。

再次,增加研究视角,增加汉语语料。国内的隐喻研究主要集中在理论思辨上,且对国外理论的引介较多,以汉语为语料的实证研究相对较少,以老年人为研究对象的实证研究更是不足。今后应结合汉语特色,加强对老年人及特殊老年群体的本土化隐喻实证研究,以补充完善现有理论。同时,要拓展研究视角,除采用实验的方法对特定语境下的隐喻产出或隐喻理解能力进行测试外,还应注重老年人在日常生活真实语境下的隐喻能力研究。本文建议采用访谈等方式,采录老年人连续话语,构建老年人话语语料库,从而进行更大体量的定量分析,对老年人的隐喻能力进行充分描写。

5 结束语

隐喻能力是高级语言能力,也是大脑认知功能的重要体现。从个体生命发展的角度看,老年是生命发展的另一端,研究老年人的隐喻理解能力对于理解个体隐喻认知能力具有重要的意义,可以揭示大脑老化的过程;从隐喻理论构建的角度看,相比于年轻人,老年人或罹患神经退行性疾病的老年患者有不同程度的认知衰退,可为隐喻能力研究提供独特的被试;从临床语言学的角度看,隐喻理解能力与其他认知能力紧密相关,对罹患神经退行性疾病的老年群体的隐喻能力的研究,可以丰富相关语言标记物,改善相关语言量表的设计;从社会应用的角度看,隐喻与日常生活息息相关,对老年人隐喻能力全方位、多维度的研究可以揭示老年人借助隐喻实现语言交际的基本过程,研究成果可用于指导语言沟通策略的制定、老年广告语言的修辞以及公共场所符号隐喻意义的表达,以减少老年人的认知负担,使其更好地适应信息社会,提高幸福感与参与感。

随着我国老龄化程度的日益加深及认知老化,老年语言学研究应不断推进。本文总结了目前国内外老年人隐喻能力研究的维度和方法,讨论了造成研究结果差异的因素,指出目前研究存在测试内容不全、测量方法单一、研究语料不平衡等问题,并提出相应的解决对策和未来的研究方向,以期为我国的老年人隐喻能力与认知老化研究提供借鉴。

参考文献

[1] Amanzio, M., Geminiani, G., Leotta, D., et al. (2008). Metaphor comprehension in Alzheimer's disease: Novelty matters. *Brain and Language*, (1).

[2] Arcara, G., Bambini, V. (2016). A test for the assessment of pragmatic abilities and cognitive substrates (APACS): Normative data and psychometric properties. *Frontiers in Psychology*, (7).

[3] Bonnaud, V., Gil, R., Ingrand, P. (2002). Metaphorical and non-metaphorical links: A behavioral and ERP study in young and elderly adults. *Clinical Neurophysiology*, (4).

[4] Boswell, D. A. (1979). Metaphoric Processing in the Mature Years. *Human Development*, (6).

[5] Giora, R. (1997). Understanding figurative and literal language: The graded salience hypothesis. *Cognitive Linguistics*, (3).

[6] Kavé, G., Gavrieli, R., Mashal, N. (2014). Stronger left-hemisphere lateralization in older versus younger adults while processing conventional metaphors. *Laterality: Asymmetries of Body, Brain and Cognition*, (6).

[7] Kramer, D. A., Woodruff, D. S. (1984). Breadth of categorization and metaphoric processing: A study of young and older adults. *Research on Aging*, (2).

[8] Light, L., Owens, S. A., Mahoney, P. G., et al. (1993). Comprehension of Metaphors by Young and Older Adults. In J. Cerella, J. Rybash, W. Hoyer, M. L. Commons (Eds.), *Adult information processing: Limits on loss*. San Diego: Academic Press.

[9] Littlemore, J. (2001). Metaphoric Competence: A Language Learning Strength of Students with AHolistic Cognitive Style? *TESOL Quarterly*, (3).

[10] Maki, Y., Yamaguchi, T., Koeda, T., et al. (2013). Communicative competence in Alzheimer's disease: Metaphor and sarcasm comprehension. *American Journal of Alzheimer's Disease & Other Dementias*, (1).

[11] Mashal, N., Coblentz, S. (2014). Creative interpretations of novel conceptual combinations in aging. *Creativity Research Journal*, (2).

[12] Mashal, N., Gavrieli, R., Kavé, G. (2011). Age-related changes in the appreciation of novel metaphoric semantic relations. *Aging, Neuropsychology and Cognition*, (5).

[13] Mashal, N., Vishne, T., Laor, N. (2014). The role of the pre-cuneus in metaphor comprehension: Evidence from an fMRI study in people with schizophrenia and healthy participants. *Frontiers in Human Neuroscience*, (8).

[14] Monetta, L., Ouellet-Plamondon, C., Joanette, Y. (2007). Age-related changes in the processing of the metaphorical alternative meanings of words. *Journal of Neurolinguistics*, (4).

[15] Morrone, I., Declercq, C., Novella, J-L., et al. (2010). Aging and inhibition processes: The case of metaphor treatment. *Psychology and Aging*, (3).

[16] Nippold, M. A., Maron, C., Schwartz, I. E. (2001). Idiom understanding in preadolescents:

Synergy in action. *American Journal of Speech-Language Pathology*, (2).

[17] Qualls, C. D., Harris, J. L. (1999). Effects of familiarity on idiom comprehension in African American and European American fifth graders. *Language, Speech, and Hearing Services in Schools*, (2).

[18] Qualls, C. D., Harris, J. L. (2003). Age, working memory, figurative language type, and reading ability: Influencing factors in African American adults' comprehension of figurative language. *American Journal of Speech-Language Pathology*, (1).

[19] Roncero, C., de Almeida, R. G. (2014). The importance of being apt: Metaphor comprehension in Alzheimer's disease. *Frontiers in Human Neuroscience*, (8).

[20] Salthouse, T. A. (1990). Working memory as a processing resource in cognitive aging. *Developmental Review*, (1).

[21] Salthouse, T. A. (1994). The aging of working memory. *Neuro-psychology*, (4).

[22] Sundaray, S., Marinis, T., Bose, A. (2018). Comprehending non-literal language: Effects of aging and bilingualism. *Frontiers in Psychology*, (9).

[23] Szuchman, L. T., Erber, J. T. (1990). Young and older adults metaphor interpretation—the judgments of professionals and nonprofessionals. *Experimental Aging Research*, (1-2).

[24] Winner, E., Gardner, H. (1977). The comprehension of metaphor in brain damaged patients. *Brain*, (4).

[25] Zhu, L., Nie, Y., Chang, C., et al. (2014). Different patterns and development characteristics of processing written logographic characters and alphabetic words: An ALE meta-analysis. *Human Brain Mapping*, (6).

[26] 王小潞. (2009). 汉语隐喻认知与ERP神经成像. 北京：高等教育出版社.

阿尔茨海默病患者语言障碍研究现状和进展
——基于病理语言学的实验研究综述

刘红艳

1 引言

阿尔茨海默病（Alzheimer's disease，AD）是一种以进行性认知障碍和记忆能力损害为主的中枢神经系统退行性变性疾病，属于痴呆症。痴呆症是由于脑功能障碍而产生的获得性智能障碍综合症，从临床角度可将痴呆症定义为：因脑功能障碍导致获得性、持续性智能障碍或受损，并在记忆、认知（概括、计算、判断等）、语言、视空间功能和人格诸项中至少有三项受损（高素荣，1998）。痴呆症主要包括：阿尔茨海默病（AD）、额颞部痴呆（FTD）、路易体痴呆（DLB）、血管性痴呆（VaD）和其他痴呆（Alladi et al.，2011），其中最常见的是阿尔茨海默病（Kumar & Singh，2015）。

一个世纪以来，研究者从AD的发病机理、诊断、防治等角度进行了广泛研究并取得了一定成果。与神经学家、病理学家、心理学家对AD病症所做的研究相比，对患者话语的研究尚处于起步阶段。因老龄化日益严重，语言障碍研究在国际学术界发展势头迅猛。老龄化引起两类语言蚀失：一是正常衰老引起的语言蚀失，二是老年常见病引发的快速语言蚀失。其中，由阿尔茨海默病导致的语言障碍症状严重，严重的语言障碍者最终会丧失语言产出和语言理解能力。

阿尔茨海默式痴呆属于皮质型痴呆，患者在相对年轻时期患病的，语言问题更加明显。患者在音位、表层句法和诵读方面明显好于词汇和语义方面的表现，复杂语用能力（如推理和观察谈话对象了解信息）受损严重。认知的非语言因素（特别是记忆衰退、注意力衰退、处理概念能力衰退）促使明显的语言衰退（刘红艳，2005）。西方病理语言研究往

【基金项目】本文为国家社科基金资助项目"基于多模态语料库的正常老年人和老年阿尔茨海默症患者语言蚀失及大脑机制对比研究"（项目号：19BYY080）的阶段性研究成果。
【作者信息】刘红艳，教授，北京外国语大学人工智能与人类语言重点实验室/北京工商大学外国语学院
【注】本文首刊于《外语电化教学》2020年第5期。

往选取临床治疗中获取的音频语料作为研究对象,且其研究主要集中在对老年AD患者话语的词汇、句法及语义等方面。此类研究大多基于实验室数据,对患者在即席话语互动场合中语言使用的复杂性关注不够。此外,对于老年AD语言的研究大都归结为"病理"语言、"有缺陷"语言的研究范畴,忽略了患者保留的正常话语能力。对AD患者话语障碍的个案研究受数据规模的限制,对揭示患者语言障碍的一般规律的探索相对有限。已有文献回顾未见将多模态语料库研究方法与无创脑成像技术和神经语言学实验技术方法结合来考察老年AD患者语言蚀失现象的研究。

2 基于病理语言学的阿尔茨海默病患者语言障碍实验研究

认知老化或大脑组织结构性改变直接影响AD患者的话语能力。20世纪80年代以来,国外越来越多的心理语言学家、神经学家及语言病理学家开始从语言学、神经科学、心理学的角度研究AD病理语言。我国学术界对AD患者语言障碍的研究起步较晚,刘红艳(2006)最早从语言学角度对AD患者话语障碍进行了研究。在知网中以"阿尔茨海默""痴呆""失智症""语言""话语""语言障碍""认知障碍"等关键词进行检索,经过筛选,相关文章仅有30多篇,其中约一半数量的文章是对痴呆症语言功能、语言老化的医学研究,从语言学角度对痴呆症语言能力和障碍的研究相对匮乏,与我国社会已进入老龄化阶段并将长期处于人口老龄化社会的严峻形势不相匹配。

吴国良等(2014)认为,智退症语言使用障碍主要有5种研究方法:① 民族志法;② 个案跟踪研究;③ 受控实验法;④ 多模态语料库研究法;⑤ 基于无创脑成像技术的研究。民族志法和个案跟踪研究均采取非实验型方法,尊重语言现实,跟踪采集自然话语。Hamilton(1994)历时四年半跟踪一名患者的语言蚀失变化。Guendouzi和Muller(2006)基于收集的"微观"和"宏观"语料,注重对患者语言蚀失过程和个人的研究。刘红艳(2006;2014a)、Liu(2015)基于自建的老年AD患者多模态语料库,对患者自然话语能力和障碍进行了研究,最早从语言学角度开展我国老龄化语言障碍研究。基于视频语料库的多模态研究关注患者在即席话语互动场合中语言使用的复杂性,有助于全面揭示患者语言蚀失的本质特征,增加对AD语言障碍机制及神经机制的了解。上述研究属于非实验型研究,跟踪采集的语料具有较高的学术研究和临床研究价值;由于语料采集难度大,转写和标注费时费力,不适于大规模展开,也很难直接服务于疾病的全面诊断。西方学者对健康老年人和老年AD患者语言障碍的研究多采用基于假设语言任务的受控实验法,近十几年来,使用眼动、脑电、脑成像等技术所进行的认知科学实验研究引起了广泛关注。

语言障碍研究涉及语言学、心理学和脑神经科学,从语言学的角度来看语言障碍,要考虑语言障碍向最终状态发展时人脑中的语言知识状态问题以及语言与认知间的关系问题。本文全面梳理中外文献,从两个方面系统总结有关AD患者语言障碍的实验研究:一是对音位、找词困难、句法、话语层面语言障碍的实验研究;二是基于眼动、脑电及脑成像等技术对患者语言障碍认知神经机制的实验研究。

2.1 语音音位研究

Bayles 和 Kasniak(1987)发现,年龄对个人音位知识、语言声音的知识、声音组合的知识似乎没有影响。事实上,轻度和中度 AD 患者的音位知识也得以保留。对比分析健康老年人和 AD 患者的语料发现,老龄化、AD 对音位知识的影响不大。尽管早期 AD 患者存在细微的语言障碍,在音位和句法能力等语言机制方面却保存完好,至少在注意力和执行控制功能方面未发现障碍。Manenti 等(2004)研究发现,AD 患者在进行口语和书面句子的音位、命名和句法改错任务时,语言受损表现不均衡,语义和语用系统比音位及句法层面的语言损伤更严重。

利用现代化技术手段对 AD 患者进行的相关研究发现,患者在语音和声学特征方面与健康老年人存在差异。相关研究表明,利用机器学习手段获取 AD 患者的语速和发音模式,发现某些声学特征异常是患者言语特征的重要因素。König 等人(2015)使用语言自动化分析手段研究轻度认知障碍患者、AD 患者和对照组的语音特征,以此区分患者的准确度达到 81%。Francisco 等人(2017)发现,患者音节间隔变化较大,基于标准的语音间隔时间区分患者的准确度高达 87%;认为口语阅读流利度可作为客观研究和量化患者言语障碍的工具。Cera 等人(2018)通过对比 90 名 AD 患者和 30 名健康老年人的语料,发现患者出现更多的元音和辅音替换,并且音程和元音持续时间变长。

2.2 找词困难研究

伴随 AD 产生的交际衰退有一个明显特点,即患者在患病初期就出现了找词困难,随着病情加重,找词困难出现频率增加。这一现象从西方学者在命名、图片与实物配对、词汇范畴、会话中的词汇提取等方面的研究中得以证实(Obler, 1981; Sandson et al., 1987)。

"波士顿命名实验"是研究人员普遍用于 AD 患者智力和语言测试的工具,其主要功能是检测受试在词汇提取方面的表现。命名测验的结果可作为 AD 早期诊断的重要参考指标。AD 患者的语言能力在疾病早期展现了普遍的紊乱,尤其在词汇语义领域(Barkat-Defradas et al., 2008)。随着年龄增长,我们都会经历词汇检索困难,出现这一现象的频率增加也是 AD 的一个早期迹象(Mortensen et al., 2006)。Lymperopoulou 等人(2006)发现患者命名的准确度是由词汇频率和语法分类这两类因素共同影响的,Ferreiro 等人(2009)的研究也证实了这一发现。刘红艳(2014a)对老年痴呆患者和健康老年人的即席话语进行了基于语料库的对比研究,对比了五类找词困难:话语冗长、迂回,找措词,使用语义相关词,使用模糊、空洞词汇以及杜撰词。Rentoumi 等人(2014)和 Fraser 等人(2016)通过计算形符比,对比分析患者和控制组的用词丰富性,发现患者的词汇丰富性低于控制组,且患者输出的单词比正常组少。但是,有研究(Bschor et al., 2001)发现患者与控制组之间没有区别。

2.3 句法研究

研究者对于 AD 患者句法能力的研究存在不同观点。Bayles 和 Kaszniak(1987)对健康老年人的语言交际进行了研究,认为如果有意义地组词成句纯属句法知识,那么未见年龄对此产生影响,甚至对痴呆患者来说,这种语言知识也得以保留。Obler(1981)及 Bayles 和 Kaszniak(1987)等西方研究者认为,除非到患病末期,AD 患者基本不存在句法障碍。Schwartz 等人(1979)研究发现,患者语言受损不均衡,语义和语用系统比句法和音位更有可能受损。观察和改正患者口语和书面语句子时发现,患者输出的句子句法上可以接受,使用最简单的、反复学习的、频率更高或更自动的一些表达(Emery, 2000)。

然而,Altmann 等人(2001)对 AD 患者的即席话语进行研究,发现患者在所有句子类型上都比控制组的错误更多。他们建议修改以往研究得出的"AD 患者保留句法结构能力"的结论。Emery(2000)研究发现,患者遇到影响句子意义解码的复杂句法形式时,句法处理能力明显损伤。研究表明,即便减少对老年 AD 患者工作记忆的要求,患者在句子匹配测试中仍然表现出句法障碍。Bates 等人(1995)对比了健康老年人和 AD 患者的复杂句法表达能力,发现 AD 患者使用更为简单的句子结构,较少使用被动语态,更多使用简单代词。两组被试在句法范围及多样性方面也有较大差异。AD 患者更少使用短语性连词,存在语法缺失情况。研究结果认为 AD 患者的句法能力并未完全保留。

已有研究对于老年性痴呆患者句法能力缺陷的不一致说法主要是由不同的研究方法和任务的复杂性造成的。赖怡秀(2009)采集了 30 名 AD 患者和 32 名老年控制组的言语样本,发现患者与控制组的句法结构丰富程度基本一致,但前者表达的信息比后者少,语义错误比后者多。Ripich 等人(2000)发现,随着患病程度加重,重度 AD 患者句子平均长度缩短,患者在平均句子长度和动词词组运用上都低于健康对照组(Fraser et al., 2016)。Ahmed 等人(2013)发现,轻度认知障碍患者分别与控制组和重度 AD 患者在句法复杂性上存在差异。单独考察其中一个指标,组间差异不明显;但将句子平均长度、句子单词数量、句法错误、限定词、名词使用和动词屈折变化综合比较,组间存在明显差异。Orimaye 等人(2017)研究发现,患者句式使用类型有限且述位结构简单,出现更多词汇重复、语法更正、错误修正现象。

2.4 话语层面研究

AD 患者的语言障碍主要表现为语言处理中语义和语用能力的衰退(Kempler, 1991)。患者在特定语境中适切使用话语的能力明显受损,交际能力随病程逐步衰退(Bayles & Tomoeda, 2007)。与对患者找词困难的研究相比,研究者对患者话语层面研究关注较少。研究主要采取以下实验形式:由研究者引发,要求患者就某一特定话题展开谈话。Ripich 和 Terrell(1988)对患者话语衔接及连贯模式展开研究,研究者以自由提问的方式引发涉及家庭、日常活动及健康的话题。尽管 Ripich 和 Terrell 将由此产生的话语看作是"受试者和研究者之间互动的自然流动",但是我们仍注意到健康老年人和痴呆患者对话题控制的不均衡状态。相比而言,Bayles 和 Boone(1982)进行的研究测试是唯一要求老年痴呆患者"创造性"使用话语的测试,这一"口头表达测试"沿用了"伊利诺伊州心理语言能力测试"的模式,要求测试者根据所给事物进行描述。

Obler(1981)所研究患者的会话语料中没有出现"第二人称"和问话或命令;既没有对话语真实值的修饰性评论词(如 maybe、undoubtedly),也缺少说话人对表述自我观点的结构(如 I think、I believe)。Appell 等人(1982)测试老年性痴呆患者后发现:"患者在以下语言使用中受损:与他人交流、传达和获取信息、指导自我或他人行为、生成与世界有关的概念和知识、测试这些知识的真实性并从中推导含义。"总体来看,有关 AD 患者话语能力的研究存在以下不足:研究语料有限,往往出自受到一定限制的实验场合;测试所选话题有限,无法代表患者的整体话语表现,所述"自然话语"实际上也是由测试中的访谈问题引发的。

2.4.1 话题控制能力

Obler(1981)指出:健康老年人可以轻易做到的发起谈话、维持谈话并适当地结束谈话等话语能力,在患者的话语中可能全部受损。Hutchinson 和 Jensen(1980)研究发现,患者比健康老年人控制组更频繁地发起新话题,经常尚未恰当地结束当前话题就开始新的话题,进行不恰当的话题转换。此外,患者在结构相对松散的成组会话中选择和保持话题、话轮转换等方面的话语能力明显优于其在正式语言测试中的表现。

2.4.2 会话结构

在会话结构方面,AD 患者表现出与健康老年人相似的话轮转换能力,但会话内容不连贯。Nissim-Sabat 等人(1986)调查了 2 名患者的自然话语表现,指出尽管患者话语基本是不连贯的,但其中一位患者讲完话后总会停下来给调查者说话的机会,表明患者仍可以处理好会话中的话轮转换结构。这一发现与 Golper 和 Binder(1981)的研究发现一致,即轻度和中度患者会话中的话轮转换能力得以保留。

2.4.3 概念结构

根据 Schiffrin(1987),概念结构主要包括 3 个方面:① 衔接关系;② 话题关系;③ 功能关系。Shekim(1983)对 9 名处于不同患病阶段患者话语中的衔接手段进行了调查,发现患者在每个交际单位中衔接手段的使用明显少于健康老年人。Ripich 和 Terrell(1988)的研究进一步证实了 Shekim 的调查结果,他们发现患者话语中的衔接混乱频率高于对比组健康老年人近 2 倍,首要问题在于患者话语中缺少必要的指称。Drummond 等人(2015)发现,相对于控制组和轻度认知障碍患者,AD 患者的整体连贯性差,故事完整程度差,话语有效性低。Farivar 等人(2019)基于患者的叙述性言语研究,发现患者的衔接和连贯测试数据明显低于控制组。

2.4.4 言语行为结构

基于患者的言语行为结构角度进行的研究从侧面反映了患者与健康老年人话语能力

的差异。Hutchinson 和 Jensen(1980)研究发现,患者话语中"指令"行为多于健康老年人,往往是患者做出"识别、确认或要求解释"的请求,而这些请求往往脱离正在进行的话题,患者突然将注意焦点投向另一个人或事物。刘红艳(2006)研究发现,AD 患者日常话语互动中自言自语型的自我回应高于同年龄段、同性别健康老年人。这与张笛(2019)儿童言语行为的"自言自语"的自我回应策略有相似之处。不同之处在于儿童自我回应是儿童学习的一种策略,而 AD 患者由于认知障碍,其"自言自语"的话语功能不好确定。此外,患者在日常社会交往中保留了问候、夸奖、感谢等言语行为的能力。

2.4.5　信息状态

AD 患者能否准确评价会话伙伴的信息状态,并根据自己的评价设计话语?对患者的话语研究发现,与患者谈话的健康谈话人难以理解患者话语,造成这一后果的部分原因在于患者对谈话伙伴的需要越来越不敏感(Richardson & Marquardt,1985)。

Forbes-McKay 和 Venneri(2005)研究发现,口头和书面图画描述中,AD 患者话语能力受损,尤其表现为找词困难,不能完整阐述图画主题,信息内容减少,不易察觉错误等。Glosser 和 Deser(1991)指出,患者话语障碍主要表现在词汇—语义层面或者宏观语言的超句层面。Liu(2015)的研究表明,不同于轻中度 AD 患者的话语重复,重度患者话语中出现无意识概念重复。Lai 和 Lin(2012)对中国台湾 AD 患者和健康老年人话语标记的使用模式及功能进行了研究,发现 AD 患者使用话语标记的频率较低,种类更为单一。即便和健康老年人使用同样的话语标记语,患者也不能完整使用话语标记的各种功能。患者修正现象少、输出信息单位少、整体连贯性差、话语冗长。

2.4.6　参与者框架

"参与者框架"不仅涉及会话参与者间的关系,而且包括参与者在会话中的言行之间的关系。AD 患者能否准确判断自己与谈话对象的关系,并基于此与谈话对象展开谈话,最终达到自己目的?对参与者框架的深入研究才能回答这一问题。

AD 患者会话互动中,患者和健康谈话对象了解彼此的话语特征至关重要,因为每个会话参与者通过合作才能产生互动,参与者间的了解有利于塑造双方的互动过程。然而,与从其他角度对 AD 患者话语障碍的研究相比,从话语互动领域对 AD 患者话语进行的研究非常匮乏。会话研究需要采集、转写和标注语料,耗时费力,这也从侧面说明了此类研究相对较少的原因。Ripich 和 Terrell(1988)研究发现,与测试者和健康老年人的谈话相比,测试者在对患者的访谈中使用了较前者近 3 倍的词汇量及近 5 倍的话轮。Anward(2003)及 Oelschlaeger 和 Damico(2003)的研究表明,如果一个会话参与者的话语能力受损,会话中的修复行为就更为凸显。Schegloff(2003)指出,此类修复行为在这种会话中普遍存在且占据中心地位,因此,将其等同于健康人交际会话中更为有限的修复行为可能是不恰当的。

交际困难是大多数患者的最早期症状之一。Bourgeois(1991)研究表明,交际障碍可能由患者的记忆障碍导致,而记忆障碍是 AD 最早期的症状,这也是患者的家庭成员和护理员最频繁遇到、最困难的状况之一。Egan 等人(2010)指出,AD 患者交际能力受损加重了护理员的压力和负担。交际障碍使护理员和病患间的冲突频发,一方或双方陷入孤单或抑郁情绪。痴呆症干预患者的自主能力,包括独立生活的能力以及做出选择和道德判断的能力。认知和记忆方面的衰退导致患者对他们喜欢从事的活动失去兴趣,还会伤害到患者的人际关系。随着病情加重,AD 患者无法交际,对日常生活中的个人交际以及自主性都产生负面影响。

3 基于眼动、脑电及脑成像等技术对患者语言认知神经机制的实验研究

随着眼动、脑电、正电子断层扫描(PET)、功能性核磁共振(fMRI)、事件相关电位(ERP)、脑磁图(MEG)等非损伤性成像技术的发展,语言对大脑机制影响的研究深入发展。研究者从不同角度研究 AD 患者的大脑损伤部位,如大脑前额皮质层、灰质、白质、海马体以及其他脑区域,为探索 AD 语言认知机制提供了神经学的支撑。

AD 患者脑组织结构的病理改变引起语言障碍,脑组织结构病理改变和语言障碍之间的对应关系尚未解开。利用眼动追踪技术研究痴呆患者的视觉认知有许多潜在优势。与传统的神经心理学评估手段相比,眼动记录不需要额外的行为反应,例如按下按钮或口头回答来推断心理变化。眼动追踪也是非侵入性的,利于构建大型数据库(Pavisic et al.,2017);然而,迄今为止,仍鲜见利用眼动技术对 AD 患者进行的研究。Crutcher(2009)和 Fernández 等人(2014)对年轻时就发病的痴呆患者进行视觉配对比较任务和阅读眼动测试,结果表明,与同年龄健康人群相比,轻度认知障碍患者的眼球运动指标(如注视次数和注视时间)表现出短期记忆困难以及语义记忆和检索记忆缺陷。

Duncan 等人(2018)对加拿大使用单语或双语的 68 名轻度认知障碍患者及 26 名 AD 患者执行认知功能任务而获得的 MRI 数据进行对比研究,分析组间在皮质和灰质组织密度方面是否存在差异。认知功能方面,轻度认知障碍患者的表现优于 AD 患者。脑成像分析结果显示,语言控制区域,多语患者的皮层厚度大于单语患者。轻度认知障碍患者和 AD 患者之间差异不明显。相比于单语患者,多语患者在海马区的灰质组织密度大。此外,轻度认知障碍患者的灰质组织密度大于 AD 患者。多语患者在语言控制区域和患病区的皮层厚度和组织密度均大于单语患者。多语患者(AD 患者和轻度认知障碍患者)在情景记忆和内侧额叶之外的某些大脑区域呈正相关,研究表明,多语经验可能使多语患者产生大脑网络补偿功能,弥补内侧额叶出现的变化,进而实现维持一定程度的记忆功能。事件相关电位技术具有较高的时间分辨率,对研究语言文字形、音、义的加工过程具有一定优越性。与年轻人相比,健康老年人执行词汇判断任务时,N400 减少(Federmeier et al.,2002)。Ford 等人(1996)应用 ERPs 中的言语诱发 N400 来检测 AD 患者的语义启动状态,发现患者语义启动词 N400 波幅较高,反映语义启动障碍可能与患者的语义知

识受损有关。心理语言学研究中,西方学者大多采用传统的行为范式,观察受试在完成词汇判断和命名等任务中的表现,但传统的行为范式主要以反应时为基本指标,而反应时只是言语加工的综合结果,无法提供言语加工的准确时间进程及相应的神经机制。因此,Sereno 和 Rayner(2003)提出将眼动技术与脑电技术相结合,在提高研究生态效度的同时,使阅读过程中认知加工时间进程的测量更加精确。将传统的实验性观察测试研究方法和神经行为学实验研究方法有机结合,不仅可以系统描述语言障碍的外在话语表现,还可以利用眼动和脑电技术揭示人脑言语加工的时间进程及相应的神经机制,这也是未来研究的新思路。

4 结语

目前关于 AD 患者语言障碍的研究主要集中在美国和欧洲国家,亚太地区相关研究较少,中国在此领域的研究相对滞后,这与我国拥有世界上数量最大的 AD 群体的现状是不相适应的。目前的研究方法多以病理语言实验研究为主,往往对患者和健康老年人进行基于词汇、句法及语义的对比测试研究。也有学者选取临床治疗中获取的音频语料作为研究对象,对老年 AD 患者话语进行研究。此类研究大多基于实验室研究数据,对患者在即席话语互动场合中语言使用的复杂性关注不够,对不同阶段患者语言障碍的对比关注不够。对于老年 AD 患者语言的研究大都归结为"病理"语言、"有缺陷"语言的研究范畴,忽略了患者保留的正常话语能力。已有关于 AD 患者语言障碍的研究多基于西方文化背景,应开发适合中国患者的测试工具。基于眼动、脑电及脑成像等技术对 AD 患者进行的研究多以医学诊断及防治为目的,对患者语言认知神经机制的实验研究相对匮乏。此外,已有文献中也鲜见使用多模态语料库研究方法对患者语言障碍现象的实证研究。这些局限为我们研究 AD 患者语言障碍提供了前沿思路,相关研究可以增加我们对阿尔茨海默病语言障碍机制及大脑机制的了解,为探索语言的生理学基础提供有效途径。我国对于 AD 患者和老年认知障碍患者的语言干预尚属空白,我国与西方国家在言语治疗领域尚有较大差距。各学科应打破门户之见,整合与言语语言治疗学科建设密切相关的医学、教育学、语言学、心理学等各学科优势资源,共同推动中国言语语言治疗学科的建设和发展(刘红艳,2014b)。建议我国建设大规模 AD 患者多模态数据库,为政府制定养老、医疗保障及社会支持等决策提供客观依据。将研究成果用于实际,对阿尔茨海默病的早期发现、临床诊断、早期干预和治疗护理具有重要意义。

参考文献

[1] Ahmed, S., et al. (2013). Connected speech as a marker of disease progression in autopsy-proven Alzheimer's disease. *Brain*, (12).

[2] Alladi, S., et al. (2011). Subtypes of dementia: A study from a memory clinic in India. *Dementia and Geriatric Cognitive Disorders*, (1).

[3] Altmann, L. J. P., Kempler, D. Andersen, E. S. (2001). Speech errors in Alzheimer's disease: Re-evaluating morphosyntactic preservation. *Journal of Speech, Language, and Hearing Research*, (5).

[4] Anward, J. (2003). Own words: On achieving normality through paraphasias. In G. Charles, (ed.), *Conversation and brain damage*. Oxford: Oxford University Press.

[5] Appell, J., et al. (1982). A study of language functioning in Alzheimer patients. *Brain and Language*, (1).

[6] Barkat-Defradas, M., et al. (2008). Les troubles de la parole dans la maladie d'Alzheimer. *XXVII èmes Journées d'Étudesur la Parole*.

[7] Bates, E., et al. (1995). Production of complex syntax in normal ageing and Alzheimer's disease. *Language and Cognitive Processes*, (5).

[8] Bayles, K. A., Kasznika., A. (1987). *Communication and cognition in normal aging and dementia*. Boston: Little, Brown and Company.

[9] Bayles, K. A., Tomoeda, C. K. (2007). *Cognitive-communication disorders of dementia*. San Diego: Plural Publishing.

[10] Bayles, K. A., Boone, D. R. (1982). The potential of language tasks for identifying senile dementia. *Journal of Speech and Hearing Disorders*, (2).

[11] Bourgeois, M. S. (1991). Communication treatment for adults with dementia. *Journal of Speech & Hearing Research*, (4).

[12] Bschor, T., Kuhl, K. P., Reischies, F. M. (2001). Spontaneous speech of patients with dementia of the Alzheimer type and mild cognitive impairment. *International Psychogeriatrics*, (3).

[13] Cera, M. L., et al. (2018). Phonetic and phonological aspects of speech in Alzheimer's disease. *Aphasiology*, (1).

[14] Crutcher, M. D., et al. (2009). Eye tracking during a visual paired comparison task as a predictor of early dementia. *American Journal of Alzheimer's Disease & Other Dementias*, (3).

[15] Drummond, C., et al. (2015). Deficits in narrative discourse elicited by visual stimuli are already present in patients with mild cognitive impairment. *Frontiers in Aging Neuroscience*, (7).

[16] Duncan, H. D., et al. (2018). Structural brain differences between monolingual and multilingual patients with mild cognitive impairment and Alzheimer disease: Evidence for cognitive reserve. *Neuropsychologia*, (2).

[17] Egan, M., et al. (2010). Methods to enhance verbal communication between individuals with Alzheimer's disease and their formal and informal caregivers: A systematic review. *International Journal of Alzheimer's Disease*, (1).

[18] Emery, V. O. B. (2000). Language impairment in dementia of the Alzheimer type: A hierarchical decline? *International Journal of Psychiatric Medicine*, (3).

[19] Farivar, M., et al. (2019). Narrative discourse in Persian-speaking patients with mild Alzheimer's disease. *Dementia & Neuropsychologia*, (2).

[20] Federmeier, K. D., et al. (2002). The impact of semantic memory organization and sentence context information on spoken language processing by younger and older adults: An ERP study. *Psychophysiology*, (2).

[21] Fernández, G., et al. (2014). Lack of contextual-word predictability during reading in patients with

mild Alzheimer disease. *Neuropsychologia*, (1).

[22] Ferreiro, J. R., et al. (2009). Name agreement, frequency and age of acquisition, but not grammatical class, affect object and action naming in Spanish speaking participants with Alzheimer's disease. *Journal of Neurolinguistics*, (1).

[23] Forbes-McKay, K. E., Venneri, A. (2005). Detecting subtle spontaneous language decline in early Alzheimer's disease with a picture description task. *Neurological Sciences*, (4).

[24] Ford, J. M., et al. (1996). N400 evidence of abnormal responses to speech in Alzheimer's disease. *Electroencephalography and Clinical Neurophysiology*, (3).

[25] Francisco, M. S., et al. (2017). Speech rhythm alterations in Spanish-speaking individuals with Alzheimer's disease. *Aging, Neuropsychology, and Cognition*, (4).

[26] Fraser, K. C., Meltzer, J. A., Rudzicz, F. (2016). Linguistic features identify Alzheimer's disease in narrative speech. *Journal of Alzheimer's Disease*, (2).

[27] Glosser, G., Deser, T. (1991). Patterns of discourse production among neurological patients with fluent language disorders. *Brain and Language*, (1).

[28] Golper, L., Binder, L. (1981). Communication behavior in aging and dementia. In J. Darby (ed.), *Speech evaluation in medicine*. New York: Grune and Stratton, Inc.

[29] Guendouzi, J. A., Muller, N. (2006). *Approaches to discourse in dementia*. Mahwah: Lawrence Erlbaum Associates.

[30] Hamilton, H. (1994). *Conversations with an Alzheimer's patient: An international sociolinguistic study*. Cambridge: Cambridge University Press.

[31] Hutchinson, J. M., Jensen, M. (1980). A pragmatic evaluation of discourse communication in normal and senile elderly in a nursing home. *Language and Communication in the Elderly*.

[32] Kempler, D. (1991). Language changes in dementia of the Alzheimer type. In R. Lubinski (ed.), *Dementia and communication*. Toronto: Decker.

[33] König, A., et al. (2015). Automatic speech analysis for the assessment of patients with predementia and Alzheimer's disease. *Alzheimer's & Dementia: Diagnosis, Assessment & Disease Monitoring*, (1).

[34] Kumar, A., Singh, A. (2015). A review on Alzheimer's disease pathophysiology and its management: Update. *Pharmacological Reports*, (2).

[35] Lai, Y. H., Lin, Y. T. (2012). Discourse markers produced by Chinese-speaking seniors with and without Alzheimer's disease. *Journal of Pragmatics*, (14).

[36] Liu, H. Y. (2015). Repetition in Chinese Alzheimer's patients' situated discourse: A corpus-based study in comparison with healthy aging speakers. *The Proceedings of the 27th North American Conference on Chinese Linguistics*.

[37] Lymperopoulou, O., Barry, C., Sakka, P. (2006). The effects of age of acquisition and word frequency on object naming accuracy in Alzheimer's disease. *Annals of General Psychiatry*, (1).

[38] Manenti, R., et al. (2004). The effects of aging and Alzheimer's disease on semantic and gender priming. *Brain*, (10).

[39] Mortensen, L., Meyer, A. S., Humphreys, G. W. (2006). Age-related effects on speech production: A review. *Language and Cognitive Processes*, (1).

[40] Nissim-Sabat, D., et al. (1986). Community mental health centers and insurance reimbursements. *Community Mental Health Journal*, (2).

[41] Obler, L. K. (1981). Language in the elderly aphasic and in the dementing patient. In M. T. S.

Sarno (ed.), *Acquired aphasia*. New York: Grune and Stratton.

[42] Oelschlaeger, M. L., Damico, J. S. (2003). Word searches in aphasia: A study of the collaborative responses of communicative partners. In G. Charles (ed.), *Conversation and brain damage*. New York: Oxford University Press.

[43] Orimaye, S. O., et al. (2017). Predicting probable Alzheimer's disease using linguistic deficits and biomarker. *BMC Bioinformatics*, (1).

[44] Pavisic, I. M., et al. (2017). Eyetracking metrics in young onset Alzheimer's disease: A window into cognitive visual functions. *Frontiers in Neurology*, (8).

[45] Rentoumi, V., et al. (2014). Features and machine learning classification of connected speech samples from patients with autopsy proven Alzheimer's disease with and without additional vascular pathology. *Journal of Alzheimer's Disease*, (S3).

[46] Richardson, A. P., Marquardt, T. P. (1985). Language skills and communication breakdown in senile dementia. *Australian Journal of Human Communication Disorders*, (1).

[47] Ripich, D. N., Terrell, B. Y. (1988). Patterns of discourse cohesion and coherence in Alzheimer's disease. *Journal of Speech and Hearing Disorders*, (1).

[48] Ripich, D. N., et al. (2000). Compensatory strategies in picture description across severity levels in Alzheimer's disease: A longitudinal study. *American Journal of Alzheimer's Disease & Other Dementias*, (4).

[49] Sandson, J., Obler, L., Albert, M. (1987). Language changes in healthy aging and dementia. In S. Rosenberg (ed.), *Advances in applied psycholinguistics*. Cambridge: Cambridge University Press.

[50] Schegloff, E. A. (2003). *Conversation and brain damage*. Oxford: Oxford University Press.

[51] Schiffrin, D. (1987). *Discourse markers*. New York: Cambridge University Press.

[52] Schwartz, M. F., Marin, O. S., Saffarn, E. M. (1979). Dissociations of language function in dementia: A case study. *Brain and Language*, (3).

[53] Sereno, S. C., Rayner, K. (2003). Measuring word recognition in reading: Eye movements and event-related potentials. *Trends in Cognitive Sciences*, (11).

[54] Shekim, L. O. (1983). *Production of discourse in individuals with Alzheimer's disease*. Gainesville: University of Florida.

[55] Lai, Y. (2009). Acoustic correlates of mandarin nasal codas and their contribution to perceptual saliency. *Concentric: Studies in Linguistics*, (2).

[56] 高素荣. (1998). 痴呆的诊断与鉴别诊断. 脑与神经疾病杂志, (2).

[57] 刘红艳. (2005).《语言与人脑》述评. 当代语言学, (1).

[58] 刘红艳. (2014a). 基于语料库的老年性痴呆患者找词困难研究. 解放军外国语学院学报, (1).

[59] 刘红艳. (2006). 老年性痴呆患者与正常老年人的现场即席话语能力研究. 北京: 北京外国语大学.

[60] 刘红艳. (2014b). 认知障碍患者语言认知障碍及言语语言治疗研究. 教育理论与实践, (21).

[61] 吴国良, 徐训丰, 顾曰国, 等. (2014). 痴呆症(智退症) 临床语言使用障碍研究综述. 当代语言学, (4).

[62] 张笛. (2019). 汉语儿童句末语气词获得研究. 北京: 新华出版社.

阿尔茨海默病老年人篇章语用障碍指标构建及测定问题

黄立鹤　杨晶晶

1　引言

　　老年个体面临的语言问题主要是由生理性和病理性衰老导致的语言能力退化与临床语言障碍。前者指个体在成熟期后出现包括大脑认知衰老在内的生理性退化,从而导致语言能力下降;后者指罹患老年性疾病(如老年性痴呆、脑卒中、帕金森病、高血压及糖尿病等)造成语言受损或障碍。语言衰老指标体系的构建不仅有助于认清语言在生命周期中的变化,也可以为各类老年疾病的早期筛查提供检测维度。

　　阿尔茨海默病(DAT)是发病率高、危害性大的一种老年神经退行性疾病。根据2011年美国国家老龄化研究所(National Institute on Aging)和阿尔茨海默病学会(NIA-AA)发布的痴呆症诊断标准(修订版),语言功能受损是阿尔茨海默病的核心临床标准之一,命名障碍、听力和书面理解困难、说话流利却空洞、语义性语言障碍等都是典型语言缺陷。研究表明,DAT患者在确诊前就已表现出语言损伤,语言层面的细微变化是可测的(Mesulam et al.,2008；Ahmed et al.,2013)。因此,有学者认为语言表现可作为阿尔茨海默病患者认知能力变化的临床指标(Zimmerer et al.,2016),语言评估也因此被纳入多个神经心理测验之中(Szatloczki et al.,2015)。

2　篇章语用层面指标构建的意义

　　语言损伤存在于DAT患者的各个语言层面,词汇—语义层面的损伤最早受到学者的关注。但随着研究的深入,学者们发现,DAT患者语用话语能力与健康对照组之间存在

【基金项目】本文系2019年国家社会科学基金青年项目"基于多模态语料库的阿尔茨海默症老年人语用能力蚀失研究"(项目编号：19CYY018)的阶段性研究成果。
【作者信息】黄立鹤,教授,同济大学老龄语言与看护研究中心/外国语学院。
　　　　　　杨晶晶,博士研究生,同济大学老龄语言与看护研究中心/外国语学院,斯坦福大学。
【注】本文首刊于《外语教学》2022年第2期。

很大差异（Cardebat et al.，1993；Croisile et al.，1996等），且会随着病程的发展加重（Bucks et al.，2000；Ripich & Terrell，2012等），可用作鉴别诊断的语言标记物（Drummond et al.，2015；Ash & Grossman，2015等）。临床上，语言能力主要体现在认知功能检测工具（cognitive function tools）和语言能力专项测试（language batteries）中，前者将语言能力视为整体认知的一部分，将语言测试穿插在其他认知测试之中，用于对认知功能的整体评估；而后者单独对某个语言能力进行评测，但多为命名测试、语言流畅性测试等词汇—语义层面上的考察（黄立鹤、王晶、李云霞，2019）。这些测试并不能完全反映患者在真实语境下的语用交际能力（Slegers et al.，2018）。

语用障碍问题涉及认知、语言、社交、行为现象，即知识、语言和行为层面出现交流异常（尚晓明、程璐璐，2020）。为了对患者在篇章—语用层面的能力进行有效评估，有学者以连续话语（connected speech）作为语料开展了系列研究。连续话语是指被试针对特定刺激产出的连续性口语语料，属于自生成语篇（self-generated discourse）（Mueller et al.，2018）。认知功能检测工具和语言能力专项测试主要针对词汇—语义层面的评估，而连续话语更能体现被试在交际互动、话题组织上的篇章—语用能力。同时，连续话语涉及各种认知过程的持续交互，如语义存储和检索（semantic storage and retrieval）、执行功能（executive function）和工作记忆（working memory）等，能够较为敏感地检测DAT患者的早期语言缺陷。

目前，国内外已有部分学者针对DAT患者的连续话语开展了篇章—语用层面的研究（Kavé & Dassa，2018；de Lira et al.，2019；李妍等，2019），从定性和定量两个方面对患者语用能力展开论述。但现有文献在篇章语用层面上的研究指标较为零散，且不同文献指标间的异质性较大，存在指标定义和测量方式上的差异，影响了系统性研究和临床应用。

本文在现有研究的基础上，总结连续话语中篇章语用层面的语言指标，明确指标定义，归纳整合相似指标，构建篇章语用层面的语言障碍指标体系，并阐释相关测定问题。

3 研究设计

结合前述目的，本文的具体研究问题是：
（1）临床上常用的连续话语研究语料的形式和特点是什么？
（2）连续话语篇章—语用层面的测量指标和量化权重是什么？
（3）DAT患者在这些指标上的表现如何？

为了全面系统地对现有文献和指标进行检索，本文将检索范围锁定在Web of Science、Scopus、PubMed、Elsevier Science Direction、中国知网、维普、万方共7个国内外学术期刊库。根据研究问题，在实验性检索基础上确定检索词为：（1）connected speech；（2）spontaneous speech；（3）Alzheimer's disease；（4）older adult；（5）连续话语；（6）阿

尔茨海默病患者。通过对上述检索词组合，在 7 个期刊库中共得到 185 篇文献。剔除重复文献 72 篇，阅读余下 113 篇文献的摘要，剔除文献 26 篇，包括：（1）发表语言不是汉语和英语的文献 6 篇；（2）会议论文摘要 11 篇；（3）仅包含定性研究、无定量研究的文献 9 篇。对余下 87 篇文献全文进行复筛，共剔除 34 篇文献，包括：（1）研究对象不包含阿尔茨海默病患者的文献 15 篇；（2）不包含篇章语用层面研究的文献 19 篇。因此最终获得满足要求的文献 53 篇，并按照文献基本信息和文献内涵数据对文献进行编码。

4 研究结果与讨论

在此基础上，本研究从研究语料、语言指标、患者话语表现 3 个方面进行分析。

4.1 研究语料

连续话语体现的是被试功能性沟通能力。该语料有多种获取方式，如访谈、故事叙述、图片描述等，不同任务下语料的侧重点略有不同。

4.1.1 图片描述型语料

图片描述任务（picture description）是 DAT 患者语言障碍研究中最常用的连续话语诱导任务。在本研究选取的 53 篇文献中，共有 44 篇采用此诱导方式。在图片描述任务中，被试需要对所给图片中的场景和内容进行充分描述，其中最常用的图片是 Goodglass 和 Kaplan（1983）设计的"波士顿诊断性失语症测试"（The Boston Diagnostic Aphasia Examination）中的"偷饼干图"（Cookie Theft）。这种图片描述型语料主要反映图片所包含的关键元素，可通过测量正确信息的数量对被试产出的语料质量进行评分。图片中包含大量物品和人物信息，有助于检测被试的词汇语义水平，特别是名词和指示词的使用情况。图片描述型语料的话语内容相对固定，更利于语言指标的设计和不同被试间的比较，且在整个任务期间，被试可以随时翻看图片，一定程度上减少了记忆损伤对话语产出的影响。

4.1.2 叙述型语料

故事叙述任务（story narration）是另一种连续话语诱导任务。在本研究所选文献中，共有 3 篇文献采用此方式。这一任务通常要求被试观看一系列没有文字提示的图画卡片，并讲述卡片上的故事。故事内容既有日常生活情景，如"车祸"（Ska & Duong, 2005），也有著名童话故事，如"灰姑娘"（Fraser et al., 2014）等。与图片描述任务相似，故事叙述任务语料内容围绕特定话题展开，易于对被试间的语料进行对比研究。但故事叙述任务更加复杂，需要被试对图片中的人物和事件加以理解，特别是事件发生的时间顺序和空间场景变化，对被试推理能力和逻辑能力的要求较高。

4.1.3 访谈语料

与前两种任务略有不同,访谈是一种更开放的语料获取方式,根据对语料内容限制程度的不同,可进一步分为结构化访谈(structured interview)、半结构化访谈(semi-structured interview)和无结构化访谈(unstructured interview),其中半结构化访谈因对主题控制的适当性和语料诱导的便利性使用较多。研究人员通常准备3~4个与日常生活或过往经历相关的话题,让被试就某一话题充分发表自己的观点,再由研究人员以适当方式引入新话题,连续地刺激被试的语言产出。半结构化访谈的语料有助于分析被试在篇章语用层面,特别是衔接性和连贯性上的语言能力(Lai, 2014)。

图片描述任务、故事叙述任务和半结构化访谈都是常用的连续话语诱导方法,不同语料之间存在一些内在差异,在对DAT患者篇章语用层面能力的考察上各具优势。虽然53篇文献的语料诱导任务略有不同,但整体分析框架相似,都是采用具体测量指标对不同语言维度进行量化分析。

4.2 测量指标与量化权重

本文从入选的53篇文献中提取出238个与篇章语用层面相关的指标。本文通过比较每个指标的定义和测量方法,剔除重叠指标,重组类似指标,最终归并为23个类别指标。按照指标测量内容可将23个类别指标归纳为对语篇衔接性(cohesion)、连贯性(coherence)和简洁性(conciseness)3个维度的考察。如Croisile等(1996)用总字数与总信息量的比值计算产出单位信息所需话语量来体现文章的简洁性;李妍等(2019)采用总信息量与总字数的比值计算单位话语中所包含的信息量。本质上这两个指标体现的都是文本信息密度,属于类似指标,本文将其统一归纳为"信息密度"类别指标。这一指标属于对篇章简洁性的考察,因此归属"简洁性"维度。

本文根据各项指标在53篇文献中的出现频率初步赋予指标权重(详见表1)。

表 1 指 标 权 重

	指 标 名 称	出现频次	权 重
	指称代词(pronominal reference)	8	0.034
	代词比(anomia)	9	0.038
	无指称代词数(pronoun without referent)	17	0.071
	不定词(indefinite terms)	9	0.038
衔接 0.3	指示语(deixis)	6	0.025
	省略(ellipsis)	6	0.025
	信息缺失(missing element)	6	0.025
	连接(conjunctions)	6	0.025
	连词误用(conjunction error)	6	0.025

续 表

指 标 名 称		出现频次	权 重
连贯 0.36	局部连贯性(local coherence)	9	0.038
	整体连贯性(global coherence)	9	0.038
	评论(modalization)	10	0.042
	话语中断(imcomplete sentences)	16	0.067
	信息单位(information units)	39	0.164
	话题维持(topic maintenance)	1	0.004
简洁 0.34	信息密度(idea density)	20	0.084
	传递效率(efficiency)	6	0.025
	填充语(filled pause)	9	0.038
	重复(palilalia)	19	0.080
	空语(empty phrases)	11	0.046
	修订(revisions)	9	0.038
	新词(neologisms)	2	0.008
	赘述(circumlocutions)	5	0.021

根据测量内容,这些指标可以分为正向指标、负向指标和中性指标。其中,正向指标反映被试的语篇构建能力,对语篇构建起到正向推动作用;负向指标揭示被试的语篇障碍,一定程度上反映语言表现背后的认知困难;中性指标是对语篇特征的统计,这类指标本身不具有正负倾向性,但在不同组别的对照研究下,可以揭示不同被试的语篇特征。

4.2.1 衔接性

语篇衔接是一个意义概念,和实现它的衔接机制密切相关(张德禄,2005),主要是词汇和语法方面的手段,如照应(references)、省略(ellipsis)、连接(conjunction)等。

照应是指语篇中出现的指称代词(pronominalreference)和指示代词(deixis)能够在上文中找到参与者或环境成分作为参照点,通常通过计算语篇中正确指称代词和指示代词的个数来考察被试对该衔接方式的应用。同样,可通过统计语篇中代词在代词和名词中的占比及指代对象模糊的代词个数来描述 DAT 患者的代词误用情况,反映其语言表现背后的找词困难和语义记忆损伤。

正确省略的前提是听话人能够对省略内容进行预设,因此合适的省略通常省去上文中已经出现过且省略后不会对语篇理解造成干扰的信息,如"作业很多,我做完(作业)后都已经 11 点了"。合适的省略既可保持语篇在语义上的连贯,也可以避免冗余现象。省略能力同样可以通过统计语篇中合适或不合适省略的频次进行正向或负向的考察。

连接体现的是句子和句子之间的逻辑关系,说话者通过选择副词词组或介词短语等连接附加语或者"and、but、then"等连词来表达相邻小句之间的详述、延展或增强关系(韩礼德，2010），因此对语篇中正确或错误连接手段的统计也是对被试衔接能力的考察。

4.2.2 连贯性

连贯性用来描述语篇的概念组织，与说话者维持话题的能力密切相关。连贯性可以进一步分为局部连贯性（local coherence）和整体连贯性（global coherence）。前者指句子在话题和内容上与上一个句子的紧密程度，反映的是新旧信息之间的联系；后者体现话语在话题上的组织方式，反映的是句子与话题之间的联系（de Lira et al.，2019）。通常通过统计存在内容联系的相邻句子个数和统计与主题相关的句子个数对这两个中性指标进行量化，也有学者通过主观评分的方式考察这 2 个特征，如 Dijkstra 等人（2004）。在局部连贯性分析中，话语中断（aposiopesis/incomplete sentences）是较为常见的阻碍局部连贯性构建的现象，具体指说话人还未完成一个命题的表达就开始了下一个命题的表述，对听话人的话语理解造成干扰，通常通过统计出现频次对这一指标进行量化。评论（modalization）是对图片内容的评论或自己态度的表达，是对语篇话题的偏离，属于图片描述型语料中常见的阻碍语篇整体连贯性构建的语言现象，常通过统计出现频次的方式进行量化。

在针对图片描述型语料和故事叙述型语料的研究中，信息单位（information units）是常用指标，用以考察语篇和话题的相关度。这 2 种语料都是围绕特定图片或故事展开，语料内容较为固定，便于量化处理。学者根据图片或故事内容定义重要信息单位，统计被试语料中有效信息单位的个数（即总信息量）来体现被试对图片的理解和语篇与话题的相关性。说话者对话题的维持能力则可通过有效信息量和话语中断的比值进行衡量（Dijkstra et al.，2004）。

4.2.3 简洁性

简洁性是另一常见考察维度。高信息密度和高信息传递效率是话语简洁性的体现。信息密度（idea density）衡量单位字（单词）数内有效信息的个数，通常用总信息量和总字（单词）数的比值表示，比值越大，信息密度越大。传递效率（efficiency）测量单位时间内有效信息的数量，是总信息量和话语产出时间的比值（李妍等，2019），这两个指标都是对简洁性的中性描述。

DAT 患者的语篇通常含有较多不相关、不正确信息，呈现冗长现象，给听话者的语篇理解增加了负担。在针对这一人群语篇能力的研究中，学者多直接考察相关负面指标。如填充语（filler），指对信息内容没有贡献的"嗯、呃"等语言形式，不利于信息密度的构建。对这一现象的频次统计也是对记忆困难和检索困难的考察（Mueller et al.，2016）。重复（palilalia）测量的是对某一单词的立即重复，与填充语相似，话语中的即刻重复是对词汇检索困难的补偿，指向被试的记忆损伤（Drummond et al.，2015）。汉语 DAT 患者的病理性重复现象包括"无意识重复""持续言语""非自愿词汇重复"等（Zhu & Huang，2020）；空语（empty phrases）和不定词（indefinite terms）都对语篇内容无实质性贡献，前者多为一些常用习语，如"等等""诸如此类""something like that"等，后者没有具体指代对象,如"thing""someone""什么东西""什么事情"等,过量的空语和不定词使话语空洞冗长。

由于篇幅有限,其余指标不在此一一赘述。

4.3　DAT 患者在篇章语用层面的话语表现

DAT 患者篇章语用层面的损伤体现为衔接性、连贯性和简洁性 3 个维度不同程度的正向指标特征下降和负向指标特征增加。

在衔接维度上,部分研究显示 DAT 患者在一些衔接手段运用上与健康对照组存在显著差异,表现为连接手段和指示词使用频次的减少(Dijkstra et al.,2004;de Lira et al.,2019);代词在代词和名词中占比的增加(Chapman et al.,1998;Kavé & Dassa,2018),且多数代词在文章中无具体指代对象(Nicholas et al.,1985;Ripich et al.,2000)。

相比于衔接性特征,DAT 患者连贯性特征更为明显。几乎所有研究都表明 DAT 患者语篇中的正确信息量小于健康对照组(Mueller et al.,2016;Kavé & Dassa,2018;李妍等,2019),尤其在物品信息和动作信息的数量上(Bschor et al.,2001;Carlomagno et al.,2005),一定程度上体现出患者对名词和动词的检索困难。Dijkstra 等(2004)统计了存在意义联系的相邻句子个数,结果显示患者和对照组不存在局部连贯性的差异,这一结果与 Laine 等(1998)通过主观评分方式所得结果相同。患者在整体连贯性上的差异更为显著,无论是统计与话题相关句子个数还是主观评分,都显示出患者在整体连贯性上存在较为明显的损伤。患者有效信息量与中断性话题转换之间的比值也显著小于健康对照组(Dijkstra et al.,2004),表明其在话题维系能力和注意力上的衰退。

信息密度和信息传递效率是对语篇简洁性的考察,研究显示患者在信息密度上与健康老年人的差异未达到显著水平(Hier et al.,1985;Bschor et al.,2001;Mueller et al.,2016),说明单位字(单词)数内两组被试产出的信息量几乎相同,但患者的信息传递效率却显著下降。Smith 等(1989)发现中重度 DAT 患者比健康对照组每分钟少产出 21 个信息单位,说明患者语篇中出现较长时间的停顿和犹豫。多数学者在重复等指标上得出较为一致的结论,即 DAT 患者的重复频率显著高于对照组(Cuetos et al.,2007;Visch-Brink et al.,2009;Fraser et al.,2016);话语中出现较多不正确或与图片内容无关的信息(Sajjadi et al.,2012);由于词汇检索困难,患者语篇中出现较多次数的赘述现象(circumlocutions),即在无法准确说出物品名称的情况下,对该物品的外观、功能等加以描述,试图对命名困难进行补偿。在其他指标上,不同学者间的研究结果差异较大,部分学者认为 DAT 患者话语中出现较高频次的填充语(Sajjadi et al.,2012)、不完整语句(Dijkstra et al.,2004;de Lira et al.,2019)、空语(Visch-Brink et al.,2009),但也有部分学者认为两组被试在这些指标上不存在差异(Croisile et al.,1996;Laine et al.,1998;Ripich & Terrell,2012;Fraser et al.,2016)。

相比于单类型指标,综合运用多类型指标的语篇分析更能全面反映 DAT 患者的语用语篇能力。中国台湾学者 Lai(2014)使用指代正确的代词、合理的连词、不定词、空语、重复、修订等14项指标对20名 DAT 患者和20名健康对照组的半结构化访谈语料进行对比研究。研究发现，在衔接层面上，DAT 患者正确代词、正确连词使用频率更少，不定词频率更高，整体表现出衔接层面的损伤，如例(1)和例(2)。

例(1) "我们家就吼，那都是联络我先生是回去这样吼，啊所以吼才自己一个还有一些妹子孙子在家里。"

例(2) "没有可以无意见……就是也还没有结婚嘛。衣着上就是轻松的，轻……轻轻轻轻，轻轻松的衣服，就我在家里啊，因为年龄已经都超过退伍的年龄了。"

同样在连贯层面上，通过对局部连贯性、整体连贯性和信息量的考察，发现 DAT 患者连贯层面的损伤，如例(2)。具体表现为相邻句子之间无话题和内容上的联系，一些句子和话题的联系较弱。

在简洁性层面上，通过对单个指标如重复、空语、找词困难等的分析未发现两组被试的显著差异，但在所有非简洁指标的总量以及修订指标上，两组被试表现出明显不同，DAT 患者整体呈现出非简洁现象。

总体上看，DAT 患者确实存在篇章语用层面上的损伤，但相关研究对某些指标的结果还未达成共识，本研究对这一现象进行进一步分析。

5 现有不足与研究启示

本研究发现了以下3个可能造成研究差异的因素。

5.1 指标差异

不同文献对相同名称指标的定义不同，导致实际测量内容的不同，如空语指标在 Dijkstra et al.(2004)中的定义是较为宽泛没有实质性内容的词或短语如"something like that"等，而在 Hier et al.(1985)中的定义是"thing""one"等没有具体指代对象的单词。除此之外，同一指标的计算差异也会对研究结果产生较大影响，例如 Sajjadi 等(2012)统计填充语出现频次发现 DAT 患者的填充语数量显著多于健康对照组，但 Mueller 等(2016)则是计算填充语在所有单词中的占比，发现患者和对照组之间不存在显著差异。

5.2 被试差异

被试差异主要体现在患者的病程差异。阿尔茨海默病是一种神经退行性疾病，根据患病程度可分为早、中、晚3个阶段，每个阶段都有不同的话语特征，患者在篇章语用层面的话语表现也不尽相同。但仅有小部分研究对患者病程进行详细说明(Forbes-Mckay & Venneri, 2005；Carlomagno et al., 2005)，多数研究未明确这一信息，导致不同研究间的可比性降低。

5.3 语言任务差异

虽然所选语料都是连续话语,但不同语言任务所诱导的语料存在差异。图片描述任务和故事叙述任务都提供图片支持,一定程度上减少了对记忆力的要求。其中,图片描述任务相对简单,对词汇语义层面更加敏感;故事叙述任务需要被试对故事内容、不同事件的时间顺序和空间场景变化加以理解,话语的句法结构相对复杂;访谈任务话题相对自由但对患者的情景记忆提出了更高的要求。Sajjadi 等人(2012)比较了 DAT 患者和健康对照组在图片描述任务和半结构化访谈中的语言表现,发现许多指标在不同语料中对不同被试的敏感度存在差异,如 DAT 患者虽然在两种语料中都使用更多的话语标记语,但只有在访谈语料中表现出与对照组的显著差异,且患者访谈语料中填充语的出现频次显著多于图片描述性语料。

6 结语

篇章语用障碍指标体系的构建旨在为阿尔茨海默病等神经退行性疾病的临床诊断提供更多语言标记物。本文采用元分析的研究方法,从 53 篇文献中提取 238 个指标,依据指标定义将其归并重组,并根据指标内容将重组后的 23 个类别指标归纳为对语篇衔接性、连贯性和简洁性 3 个维度的考察。同时,对相关研究差异性进行了分析,发现指标差异、被试差异和语言任务差异是 3 个主要因素。

面对严峻的人口老龄化形势和老年语言学发展的需要,我国应当加快对汉语为母语的老年人和阿尔茨海默病患者的篇章语用能力研究,构建语言能力发展常模,为临床诊治提供参照标准。学者还可以利用这一指标体系进行失语症、路易体痴呆等神经退行性疾病患者篇章语用层面语言能力的对比研究,进一步提高临床诊断的精确性,优化语言评估在神经退行性疾病预判中的作用。

参考文献

[1] Ahmed, S., Haigh, A. M. F., de Jager, C. A., et al. (2013). Connected speech as a marker of disease progression in autopsy-proven Alzheimer's disease. *Brain*, (12), 3727-3737.

[2] Ash, S., Grossman, M. (2015). Why study connected speech production? In R. M. Willems (eds.), *Cognitive neuroscience of natural language use* (pp. 29-58). Cambridge: Cambridge University Press.

[3] Bschor, T., Kühl, K. P., Reischies, F. M. (2001). Spontaneous speech of patients with dementia of the Alzheimer type and mild cognitive impairment. *International Psychogeriatrics*, (13), 289-298.

[4] Bucks, R. S., Singh, S., Cuerden, J. M., et al. (2000). Analysis of spontaneous, conversational speech in dementia of Alzheimer type: Evaluation of an objective technique for analyzing lexical

performance. *Aphasiology*, (4), 71-91.

[5] Cardebat, D., Demonet, J. F., Doyon, B. (1993). Narrative discourse in dementia. In H. H. H. Brownell, Y. Joanette (Eds.), *Narrative discourse in neurologically impaired and normal aging adults* (pp. 317-322). San Diego, CA: Singular Publishing Group.

[6] Carlomagno, S., Santoro, A., Menditti, A., et al. (2005). Referential communication in Alzheimer's type dementia. *Cortex*, (4), 520-534.

[7] Chapman, S. B., Highley, A. P., Thompson, J. L. (1998). Discourse in fluent aphasia and Alzheimer's disease: Linguistic and pragmatic considerations. *Journal of Neurolinguistics*, (1-2), 55-78.

[8] Croisile, B., Ska, B., Brabant, M. J., et al. (1996). Comparative study of oral and written picture description in patients with Alzheimer's disease. *Brain and Language*, (1), 1-19.

[9] Cuetos, F., Arango-Lasprilla, J. C., Uribe, C., et al. (2007). Linguistic changes in verbal expression, A preclinical marker of Alzheimer's disease. *Journal of the International Neuropsychological Society*, JINS, (4), 433-439.

[10] de Lira, J. O., Minett, T. S. C., Bertolucci, P. H. F., et al. (2019). Evaluation of macrolinguistic aspects of the oral dis- course in patients with Alzheimer's disease. *International Psychogeriatrics*, (9), 1343-1353.

[11] Dijkstra, K., Bourgeois, M. S., Allen, R. S., et al. (2004). Conversational coherence, Discourse analysis of older adults with and without dementia. *Journal of Neurolinguistics*, (2), 263-283.

[12] Drummond, C., Coutinho, G., Fonseca, R. P., et al. (2015). Deficits in narrative discourse elicited by visual stimuli are already present in patients with Mild Cognitive Impairment. *Front. Aging Neurosci*, (7), 96.

[13] Forbes-Mckay, K. E., Venneri, A. (2005). Detecting subtle spontaneous language decline in early Alzheimer's disease with a picture description task. *Neurolinguistics Science*, (4), 243-254.

[14] Fraser, K. C., Meltzer, J. A., Graham, N. L., et al. (2014). Automated classification of primary progressive aphasia subtypes from narrative speech transcripts. *Cortex*, (5), 43-60.

[15] Fraser, K. C., Meltzer, J. A., Rudzicz, F. (2016). Linguistic features identify Alzheimer's disease in narrative speech. *Journal of Alzheimer's Disease*, (2), 407-422.

[16] Goodglass, H., Kaplan, E. (1983). *The assessment of aphasia and related disorders*. Philadelphia, PA: Lea & Febiger.

[17] Hier, D. B., Hagenlocker, K., Shindler, A. G. (1985). Language disintegration in dementia, Effects of etiology and severity. *Brain and Language*, (1), 117-133.

[18] Kavé, G., Dassa, A. (2018). Severity of Alzheimer's disease and language features in picture descriptions. *Aphasiology*, (6), 27-40.

[19] Lai, Y. H. (2014). Discourse features of Chinese-speaking seniors with and without Alzheimer's disease. *Language and Linguistics*, (3), 411-434.

[20] Laine, M., Laakso, M., Vuorinen, E., et al. (1998). Coherence and informativeness of discourse in two dementia types. *Journal of Neurolinguistics*, (1-2), 79-87.

[21] Mesulam, M., Wicklund, A., Johnson, N., et al. (2008). Alzheimer and frontotemporal pathology in subsets of primary progressive aphasia. *Annals of Neurology*, (6), 709-719.

[22] Mueller, K. D., Koscik, R. L., Turkstra, L. S., et al. (2016). Connected language in late middle-aged adults at risk for Alzheimer's disease. *Journal of Alzheimer's Disease*, (4), 1539-1550.

[23] Mueller, K. D., Hermann, B., Mecollari, J., et al. (2018). Connected speech and language in mild

cognitive impairment and Alzheimer's disease: A review of picture description tasks. *J. Clin Exp Neuropsychol*, (9), 519-542.

[24] Nicholas, M., Obler, L. K., Albert, M. L., et al. (1985). Empty speech in Alzheimer's disease and fluent aphasia. *J. Speech Hear Res*, (3), 405-410.

[25] Ripich, N., Carpenter, D., Ziol, D. (2000). Conversational cohesion patterns in men and women with Alzheimer's disease: A longitudinal study. *Int. J. Lang. Commun. Disord*, (1), 49-64.

[26] Ripich, D., Terrell, B. (2012). Patterns of discourse cohesion and coherence in Alzheimer's disease. *Journal of Speech and Hearing Disorders*, (6), 8-15.

[27] Sajjadi, S. A., Patterson, K., Tomek, M., et al. (2012). Abnormalities of connected speech in semantic dementia vs Alzheimer's disease. *Aphasiology*, (6), 847-866.

[28] Ska, B., Duong, A. (2005). Communication, discours et démence. *Psychol. Neuropsychiatr. Vieil*, (3), 125-133.

[29] Slegers, A., Filiou, R. P., Montembeault, M., et al. (2018). Connected speech features from picture description in Alzheimer's disease: A systematic review. *Journal of Alzheimer's Disease*, (2), 519-542.

[30] Smith, S. R., Murdoch, B. E., Chenery, H. J. (1989). Semantic abilities in dementia of the Alzheimer type 1: Lexical semantics. *Brain and Language*, (2), 314-324.

[31] Szatloczki, G., Hoffmann, I., Vincze, V., et al. (2015). Speaking in Alzheimer's disease, is that an early sign? Importance of changes in language abilities in Alzheimer's disease. *Aging Neurosci*, (7), 195.

[32] Visch-Brink, E. G., Van Rhee-Temme, W., Rietveld, T., et al. (2009). Improvement of spontaneous speech in early stage Alzheimer's disease with rivastigmine. *J. Nutr. Health Aging*, (1), 34-38.

[33] Zhu, L., Huang, L. (2020). Pathologic verbal repetition by Chinese elders with dementia of Alzheimer's type: A functional perspective. *East Asian Pragmatics*, (5), 169-193.

[34] Zimmerer, V. C., Wibrow, M., Varley, R. A. (2016). Formulaic language in people with probable Alzheimer's disease: A frequency-based approach. *Journal of Alzheimer's Disease*, (3), 1145-1160.

[35] 韩礼德. (2010). 功能语法导论. 彭宣维, 等译. 北京: 外语教学与研究出版社.

[36] 黄立鹤, 王晶, 李云霞. (2019). 阿尔茨海默病言语障碍表现及相关神经心理学量表编制问题. 语言战略研究, (5), 34-45.

[37] 李妍, 周爱红, 赵丽娜, 等. (2019). 轻度阿尔茨海默病患者自发语言特点研究. 中华神经科杂志, (3), 177-183.

[38] 尚晓明, 程璐璐. (2020). 语用障碍儿童心理运作机制的取效行为研究. 西安外国语大学学报, (4), 44-48.

[39] 张德禄. (2005). 语篇衔接中的形式与意义. 外国语, (5), 32-38.

基于 Coh-Metrix 的汉语阿尔茨海默病患者语篇语用障碍分析

黄立鹤　杨晶晶

1 引言

阿尔茨海默病(DAT)是一种以记忆和语言等认知功能受损为特征的神经退行性疾病。语言障碍被认为是最典型的症状之一(St. Pierre et al., 2005),是神经心理测评的重要维度。DAT 患者在语音、句法和语义等方面的能力变化已得到了广泛的研究(Fraser et al., 2016; Orimaye et al., 2014; de Lira et al., 2011)。这些研究多采用图片命名等语言能力专项测试,考察患者在词汇提取、语言理解与产出等方面的表现。相比之下,对 DAT 患者语篇语用层面的研究尚需推进,国内相关研究更是屈指可数。语篇分析能为描写 DAT 患者语言能力及认知功能的变化过程提供更多完整信息,且相较于语言能力专项测试,更能体现患者在真实语境下的语用交际能力(Slegers et al., 2018)。

已有学者以 DAT 患者的连续话语(connected speech)为语料,从定性和定量 2 个方面对患者的语篇语用能力展开研究(Mueller et al., 2016; Kavé & Dassa, 2018; de Lira et al., 2019),描述了患者在交际互动、话题组织能力、产出简洁性等方面的变化情况。但总体来看,目前 DAT 患者语篇语用能力研究的语料多是英语,仅有 Lai 和 Lin(2012)、Lai(2014)、李妍等(2019)个别学者尝试探究汉语 DAT 患者的语篇语用能力变化。在研究方法上,现有研究多采用人工标注方法,在文本数量有限的情况下,此方法具有一定的可行性,但随着文本数量的增多和篇幅的增长,该分析方法还存在工作量大、耗时长、主观性强等缺点。

【基金项目】本研究得到 2019 年国家社会科学基金青年项目"基于多模态语料库的阿尔茨海默症老年人语用能力蚀失研究"(19CYY018)资助。
【作者信息】黄立鹤,教授,同济大学老龄语言与看护研究中心/外国语学院。
　　　　　　杨晶晶,博士研究生,同济大学老龄语言与看护研究中心/外国语学院,斯坦福大学。
【注】本文首刊于《语言文字应用》2022 年第 1 期。

2　语篇分析与计算机文本自动分析技术

随着计算机技术的发展,计算机文本自动分析应运而生。在众多工具中,由美国孟菲斯大学 McNamara 等人研发的 Coh-Metrix 因精密的算法和多样的指标受到广泛关注。它整合了词性赋码器、模式分类器、句法分析器、浅层语义分析等自然语言分析技术和语篇分析领域的最新理论(杜慧颖、蔡金亭,2013；McNamara et al.,2014),采用多层次的语篇加工理论框架,对 200 多项指标进行分析,涵盖了指称衔接、潜在语义分析、词汇多样性、句法复杂度等 11 个模块,是一种可从语篇衔接性、连贯性、词汇多样性等多个层面进行文本分析的工具(Graesser et al.,2014；江进林,2016)。

McNamara 团队还致力于阿尔茨海默病、轻度认知障碍等疾病的早期诊断,开发了专门针对痴呆症人群语言产出研究的 Coh-Metrix-Dementia 工具。该版本在原版本的基础上纳入了 25 个新指标,涵盖潜在语义分析、不流利性分析等方面。已有研究显示,Coh-Metrix-Dementia 鉴别健康老年人、轻度认知障碍患者和 DAT 患者的准确率可达 81.7%(Aluísio et al.,2016)。为了促进 Coh-Metrix 在汉语语篇中的应用,我国台湾台中教育大学教育资讯与测验统计研究所和特殊教育学系的专家团队,根据汉语词汇和语篇特点,在 Coh-Metrix 英语版基础上研发了汉语文本自动化分析系统,并得到了 Coh-Metrix 原开发团队的认可,在官网上设置了汉语版系统链接。

本文基于自行采录的汉语 DAT 患者连续话语语料,采用汉语版 Coh-Metrix 分析工具,对 DAT 患者和同龄健康对照组看图说话任务口语语料进行定量分析,尝试回答以下问题：

(1) 汉语 DAT 患者和健康老年人在哪些指标上存在显著差异,反映了什么样的语篇语用障碍?

(2) 造成这些语篇语用障碍的因素有哪些?

3　研究设计

3.1　研究被试

本研究所选被试在语料采集前全部接受简明精神状态量表(MMSE)、蒙特利尔认知评估量表基础版(MoCA-B)等认知评估测试,由上海市某三甲医院神经内科临床医生诊断,分为 DAT 患者组和同龄健康对照(Normal Control,下称 NC)组,每组各 30 人。其中,30 名 DAT 患者平均年龄为 78.87 岁(SD=6.39),30 名 NC 组老年人平均年龄为 76.43 岁(SD=5.04),Mann-Whitney 非参数检验 p=0.14,说明两组被试年龄在 95% 的显著性水平上不存在差异。DAT 患者组 MoCA-B 平均得分 8.23(SD=2.74),MMSE 平均得分14.6(SD=4.8);NC组MoCA-B平均得分23.6(SD=2.13),MMSE平均得分26.77(SD=1.61)。Mann-Whitney非参数检验结果均为p=0.000,说明两组被试的认知水平存在显著差异,符合分组要求。

3.2 语料来源及处理

本研究采用"看图说话"的话语诱导方式,收集被试的口语产出语料。刺激图片选用Goodglass和Kaplan(1983)设计的"波士顿诊断性失语症测验"(The Boston Diagnostic Aphasia Examination)中的"偷吃饼干图"(Cookie Theft)。尽管此图最初设计用于失语症患者语言能力诊断,但已被广泛应用于DAT患者临床语言能力评估和言语研究(Hier et al., 1985; Dijkstra et al., 2004; Kavé & Dassa, 2018等)。该图片包含了人物、时间、场景、行为目的等事件要素,将话语产出内容限定在特定主题内,可减少主题差异对研究的干扰(Duong et al., 2005)(图1)。

图1 "偷吃饼干图"(Goodglass & Kaplan, 1983)

实验中,主试人员向每名被试展示图片,在任务开始前向每名被试说明"请尽量用一些完整的句子说出图片上发生的事情";采集过程中,主试人员可使用"您还看到了什么?""还有什么?"等语句鼓励被试产出更多话语;整个过程采用高采样率数码录音设备录音。

语料收集完毕后,首先由两位专业医师根据临床评分标准对每位患者的话语进行评分,并用SPSS软件进行信度检验。结果显示,两位医师评分的斯皮尔曼相关系数高达0.894,说明医师评分具有很高的一致性。取两位医师给出的平均分作为每位被试的最终成绩;其次,将60份口语录音文件转写,根据研究需要,只选取被试对图片的自主描述内容,被试与主试之间的问答对话不纳入研究范围。将60份语料依次导入汉语版Coh-Metrix分析系统,选择相应指标进行统计,然后将统计结果导入SPSS软件,对两组被试的数据进行两个独立样本的非参数检验,检验方式为Mann-Whitney检验。

3.3 指标说明

Coh-Metrix 总共可计算 200 多项指标,但其网站仅提供其中的 60 项,分为识别信息、易读性、基础计数、词汇复杂性、句法和连贯性 6 大类(杜慧颖、蔡金亭,2013)。汉语版 Coh-Metrix 主要包括词汇复杂性、句法和连贯性三大类指标。词汇复杂性包含词频统计(4 项指标)、词类信息(4 项指标)、代名词信息(7 项指标)、词汇多样性(7 项指标)、词汇相关信息(11 项指标)5 个测量范畴。词汇相关信息统计词汇笔画数等基本词汇信息,与本文对语篇特征的考察关联度较低,故不纳入研究范围。句法大类基于最小编辑距离的概念,从句子结构和句子语义 2 个角度进行分析,共包含 6 项指标。连贯性指标包含词汇同指关系(6 项指标)、关联词指标(10 项指标)和潜在语义分析(3 项指标)。其中,潜在语义分析(Latent Semantic Analysis,LSA)共包含 3 个具体指标,即"局部潜在语义分析(local LSA)""全文潜在语义分析(global LSA)"和"动词潜在语义分析(verb LSA)",分别计算相邻句子的语义相似度、全文所有句子间的语义相似度和句子间动词语义相似度。该分析采用向量分解和奇异值分解(singular value decomposition)技术对文本数据进行分解、简化和压缩,从中提取分析单位(可以是单词、从句、句子或语篇)在语义上的相似性,反映深层的语义连贯性和句法相似性特点(McNamara et al.,2014);其取值范围在 0~1 之间,相邻分析单位间的概念相似度越高,潜在语义分析得分越大。

表 1 本研究指标信息

类 别	测量范畴	指 标 名 称
词汇复杂性	词频信息(4 项)	所有词词频、实词词频、每句词频最小值、平均词汇数
	词类信息(4 项)	全文每千词名词、动词、形容词、副词的出现次数
	代名词信息(7 项)	代名词、人称代名词、指示代名词、疑问代名词、第一人称代名词、第二人称代名词、第三人称代名词
	词汇多样性(7 项)	所有词类符数、所有词形符数、所有词类符形符比、实词类符数、实词形符数、实词类符形符比、词汇丰富度(Measures of Textual Lexica Diversity,MTLD)
句法	句子结构(4 项)	相邻句句子结构相似度、相邻句词性最小编辑距离、全文句子结构相似度、全文词性最小编辑距离
	句子语义(2 项)	相邻句词汇最小编辑距离、全文词汇最小编辑距离
连贯性	词汇同指关系(6 项)	相邻句子名词重复度、相邻句子动词重复度、相邻句子实词重复度、全文名词重复度、全文动词重复度、全文实词重复度
	关联词(10 项)	并列、递进、选择、承接、转折、假设、因果、条件、目的、整体关联词
	潜在语义分析(3 项)	局部潜在语义分析、全文潜在语义分析、动词潜在语义分析

4 结果与分析

4.1 DAT 组和 NC 组看图说话任务得分对比

30 名 DAT 患者看图说话任务的平均得分为 4.68(SD=1.38),低于同龄健康对照组 7.85(SD=0.96)。统计检验结果显示,在 95% 的置信区间上,两个独立样本均数差别具有显著意义(Z=−6.287,p=0.000),表明 DAT 患者的看图说话任务得分显著低于同龄健康对照组。

看图说话任务分数由信息量得分和流畅度得分两个方面组成。前者衡量被试对图片关键信息的提取能力,后者考察被试的话语流畅性和逻辑性。为进一步找出两组被试的得分差异,本文对这两个维度同样做了统计分析,结果显示:DAT 患者信息量得分(M=2.56,SD=1.1)显著小于 NC 组(M=4.57,SD=0.59)(Z=−5.954,p=0.000);患者流畅度得分(M=2.17,SD=0.59)同样显著小于健康对照组(M=3.28,SD=0.57)(Z=−5.491,P=0.000)。该结果说明 DAT 患者在信息量和语言流畅度上均出现损伤。

4.2 Coh-Metrix 指标对比

本文对上述 47 项指标进行 Mann-Whitney 检验,以期发现 DAT 患者和 NC 对照组的话语特征(表 2)。

表 2 DAT 患者和健康对照组 Coh-Metrix 指标对比

指标范畴	指标名称	DAT 组		NC 组		Z 值	P 值
		Mean	SD	Mean	SD		
词频信息	所有词词频	7.82	0.30	7.77	0.19	−0.909	0.36
	实词词频	7.46	0.41	7.33	0.28	−1.294	0.20
	每句词频最小值	6.08	0.99	6.50	0.70	−1.685	0.09
	平均词汇数	6.02	1.30	6.27	1.64	−0.983	0.32
词类信息	名词	241.97	77.10	258.97	53.09	1.597	0.11
	动词	227.10	59.78	210.26	51.18	−1.286	0.20
	形容词	11.99	13.20	24.11	20.13	−2.389	0.02*
	副词	82.95	43.68	75.61	31.57	−0.747	0.46

续 表

指标范畴	指标名称	DAT 组		NC 组		Z 值	P 值
		Mean	SD	Mean	SD		
代词信息	代名词	51.15	36.42	49.94	31.23	−0.141	0.89
	人称代词	39.83	30.71	32.98	25.65	−1.155	0.25
	指示代词	10.50	16.90	15.66	18.96	−1.306	0.19
	疑问代名词	0.820	4.49	1.19	3.93	−0.974	0.33
	第一人称代名词	3.507	9.92	4.43	7.10	−1.730	0.08
	第二人称代名词	0.926	3.52	0.76	2.51	−0.370	0.71
	第三人称代名词	35.40	27.87	27.79	24.62	−1.298	0.19
词汇多样性	所有词类符数	33.10	11.56	51.27	16.61	−4.276	0.00*
	所有词形符数	83.43	36.67	133.67	57.94	−3.659	0.00*
	所有词类符形符比	0.426	0.105	0.401	0.065	−1.183	0.24
	实词类符数	25.13	9.12	41.03	14.45	−4.409	0.00*
	实词形符数	39.43	18.23	64.27	26.82	−3.727	0.00*
	实词类符形符比	0.679	0.158	0.661	0.104	−0.835	0.40
	词汇丰富度	23.22	8.27	28.57	11.01	−1.789	0.07
句子相似度	相邻句子结构相似度	0.31	0.08	0.31	0.06	−1.124	0.26
	相邻句词汇最小编辑距离	0.73	0.12	0.76	0.06	−1.737	0.08
	相邻句词性最小编辑距离	0.70	0.18	0.68	0.11	−0.821	0.41
	全文句子结构相似度	0.21	0.07	0.20	0.03	−0.547	0.58
	全文词汇最小编辑距离	0.77	0.09	0.79	0.05	−1.079	0.28
	全文词性最小编辑距离	0.85	0.30	0.75	0.16	−1.368	0.17
词汇同指关系	相邻句子名词重复度	0.12	0.12	0.11	0.09	−0.134	0.89
	相邻句子动词重复度	0.20	0.15	0.14	0.11	−1.498	0.13
	相邻句子实词重复度	0.36	0.16	0.29	0.14	−1.376	0.17
	全文名词重复度	0.03	0.03	0.02	0.02	−0.644	0.52

续 表

指标范畴	指标名称	DAT 组		NC 组		Z 值	P 值
		Mean	SD	Mean	SD		
词汇同指关系	全文动词重复度	0.04	0.04	0.02	0.02	−2.644	0.01*
	全文实词重复度	0.11	0.07	0.05	0.03	−3.926	0.00*
关联词	并列	16.868	22.96	16.414	18.63	−0.37	0.97
	递进	0	0	0.149	0.818	−1.00	0.317
	选择	0	0	0	0	0.00	1
	承接	5.099	8.821	6.364	9.619	−0.993	0.321
	转折	0.277	1.521	1.21	3.05	−1.661	0.097
	假设	0	0	0	0	0	1
	因果	0	0	0.146	0.801	−1	0.317
	条件	0	0	0	0	0	1
	目的	0	0	0	0	0	1
	整体关联词	22.245	24.868	24.279	23.387	−0.379	0.705
潜在语义分析	局部潜在语义分析	0.59	0.15	0.55	0.11	−0.747	0.46
	全文潜在语义分析	0.25	0.15	0.15	0.05	−3.371	0.00*
	动词潜在语义分析	0.28	0.17	0.25	0.12	−0.577	0.56

注：* 表示 p＜0.05，在 95%的置信区间上具有显著差异。

词频信息测量结果显示，DAT 患者的各项指标值与健康对照组不存在显著差异，说明两组被试所用单词的词频属于同一水平范围。

词类信息计算的是全文每千词中某词类出现的次数。表 2 显示，两组被试在看图说话任务中名词、动词和副词的出现次数几乎相同，不存在显著差异，但 DAT 患者的形容词使用次数显著低于健康对照组。

代词信息统计被试在看图说话任务中不同类型代词的使用情况，代词类型及其用法之间的区别对衔接、连贯等层面具有重要的影响（Pennebaker et al.，2007）。统计结果显示，两组被试在看图说话任务中使用代名词、人称代词、指示代词、疑问代词、第一人称代词、第二人称代词和第三人称代词的情况基本相同，没有显著差异。

词汇多样性是考察被试话语产出能力和词汇使用能力的重要指标。本文先后对被试所有词类符形符比、实词类符形符比和词汇丰富度进行分析。结果表明,虽然 DAT 患者的所有词类符数、所有词形符数、实词类符数、实词形符数均小于健康对照组,但所有词类符形符比和实词类符形符比并不存在显著差异。词汇丰富度指标的进一步测量显示,在排除文本长度的干扰后,两组被试的词汇多样性差异只在 90% 置信水平上具有显著意义,未达到 95% 的置信水平(p=0.07)。

句子相似度是在句子维度层面测量相邻或全文句子结构的重叠程度。重叠程度越高,说明语料中所用句型越单一,听话人在加工语料时所付出的努力就越少。本文对句子结构、词汇最小编辑距离、词性最小编辑距离在相邻句和全文层面进行测量,发现两组被试在 6 个指标上均不存在显著性差异,说明两组被试的句型结构丰富度相似。

词汇同指关系衡量的是句子间单词的重复程度。本文对名、动词和实词在相邻句和全文的重复程度进行测量,结果显示 DAT 患者和健康对照组在相邻句子名词重复度、相邻句子动词重复度、相邻句子实词重复度和全文名词重复度 4 个指标上不存在显著性差异。DAT 患者的全文动词重复度和全文实词重复度都显著大于健康对照组。

关联词指标衡量语料中 9 种语义关系的关联词使用频次。结果显示,两组被试在 9 种关联词的使用频率和关联词总数上均不存在显著差异。

潜在语义分析通过意义层面的相邻句子概念相似性来反映深层的语意连贯性。在这一范畴所包含的 3 个指标中,两组被试在"全文潜在语义分析"上存在显著差异,DAT 患者的全文句子概念相似度显著高于健康对照组,但在"局部潜在语义分析"和"动词潜在语义分析"指标上的差异未达到显著性水平。

5 讨论

5.1 DAT 患者话语产出信息量较少

从前文统计结果可以看出,DAT 患者在全文名词和动词出现频次上和健康对照组没有差异。换而言之,两组被试平均每千词出现数量相当的名词和动词。但词汇复杂性测量显示,DAT 患者全文实词类符数和形符数都较少,且全文实词重复度大于健康对照组,指向全文非重复实词数量小于健康对照组。实词数量与信息量存在相关性(Mackenzie,2000),较少的实词直接影响话语信息单位的表达。

信息单位是"与图片内容密切相关的信息量",是看图说话任务的重要考察内容(Giles et al.,1996)。本文对两组被试的信息量进行统计分析发现,DAT 患者组语料中信息单位的数量显著低于健康对照组,这一结果与 Kavé 和 Levy(2003)、Vuorinen 等(2000)等学者所得结论相同。参考 Mueller 等(2016)、李妍等(2019)对 Cookie Theft 图片内容的分析,本文将图片信息单位总结为 3 个人物(男孩、女孩、女人)、2 个地点(厨房、窗外)、7 个物品(饼干、橱柜、凳子、盘子、窗户、窗帘、水)和 7 个动作(男孩站在凳子上、男孩在拿饼干、凳子倒了、女孩的动作、女人在洗碗、水流出来了、女人没有注意到水流出来了),并统计分析两组被试在这4类信息类别上的表现。结果显示,DAT患者在四大类信息类别上的信息量均低于健康对照组。与信息量密切相关的另一指标是信息密度,即总信息量与总字数的比值。统计分析发现,DAT患者的信息密度显著低于健康对照组,即每单位字数所含信息量小于健康对照组,体现出患者话语的空洞冗长。信息密度最早出现于修女研究,Snowdon等(1996)分析了修女在成年早期的写作文本,发现信息密度指标与其晚年DAT发病率显著相关;更有学者发现信息密度是脑重量、脑萎缩程度的重要预测因子(Riley et al.,2005)。

图片命名能力是与看图说话任务密切相关的语言能力之一,较少的信息量一定程度上体现了患者图片命名障碍。针对这一现象,学者做出了不同解释。一方面,部分学者认为储存词汇知识的语义记忆损伤是造成该现象的原因(de Lira et al.,2014);另一方面,信息量较少也部分源于词汇通达困难;另有学者推测视觉加工受损导致患者无法识别图片信息,阻碍了后续加工过程(Laatu et al.,2003;Harnish et al.,2010)。Levelt(1989)曾提出言语产出模型,将言语产出过程分为制定言语计划、进行语法语音编码和实际发声3个阶段。结合看图说话任务,被试首先经历视觉刺激、利用存储在语义记忆中的知识识别图片信息制定语言计划;随后在语音编码阶段激活相关词汇的语音信息;最后完成发声。从该过程可以看出,视觉识别障碍、语义系统损伤和语音通达困难都会造成DAT患者话语中信息量的下降。但这3种机制在多大程度上影响信息量的表达尚需进一步研究。

5.2 DAT患者语篇中存在大量重复现象

从前文统计分析可以看出,DAT患者的全文动词重复度、全文实词重复度和全文潜在语义分析指标均高于健康对照组,结果指向患者拥有更高的话语连贯性。但在专业医师的评判中,DAT患者的话语流畅度得分较低,话语连贯性差于健康对照组。这一结果看似矛盾,但实则与Coh-Metrix对衔接性和连贯性的测量方式有关。Coh-Metrix从单词和句子两个维度测量文本中可观测到的衔接手段,并用连贯性代表文本在读者脑中形成的心理表征。Coh-Metrix开发者将衔接手段比作语篇各个要素之间的连接通道,在连接通道多且全的情况下,读者更容易达到心理表征上的连贯性。在要素间衔接手段缺失的情况下,读者只能通过推理能力来连接各个要素。在衔接手段的测量上,Coh-Metrix侧重语篇单位(如从句、句子和段落等)之间在词语或语义上的重叠,测量动词、名词和实词在相邻句和全文中的重复度或相似度。开发者认为相邻单位的重复度或相似度越高,读者加工越快,就更容易获取语义信息。潜在语义分析从语义上测量两个单位之间的概念相似度。概念相似度越高,连贯性越高。从这些指标的定义可以看出,开发者主要通过"相似性"的概念来检测文本的连贯性,但并没有给出这些指标的合理取值范围。正如指标定义所说,概念相似度越高的句子潜在语义分析得分越高,当潜在语义分析得分为1

时,说明相邻句子是完全相同的,这就形成了阻碍语篇构建的重复现象。如例(1):

例(1):"就是妈妈在洗碗。在洗碗。她上面的水都漏出来了。这个小孩嘛上去拿饼干吃,这个凳子要倒下来了。去拿饼干吃。妈妈在洗碗,洗碗啊。凳子倒下来了。"

这是一位 DAT 患者的语料,从语料中可以看出该患者话语产出量较少,并且存在重复现象,如"洗碗"前后重复了 4 遍,"凳子倒下来了"重复了 2 遍。在话语总量较少,且重复语句较多的情况下,潜在语义分析得分就相对较高。例如该患者"全文潜在语义分析"得分 0.264,"全文动词重复"得分 0.056,"全文实词重复"得分 0.063,均高于健康对照组平均得分。所以较高的动词重复度和全文潜在语义分析实则指向 DAT 患者语篇中的重复现象,并且这种重复并非发生在相邻句子间,而是发生在整个语篇之中。

从 Levelt 的言语产出模型可以看出,如果重复发生在单词内部,如"柜柜子",反映的可能是词汇通达困难,但如果重复发生在句子层面,更多反映的是言语计划阶段的概念重复。从认知能力角度来看,根据言语产出所需的认知能力和患者的认知表现,本文推测工作记忆损伤是造成这一现象的可能原因。工作记忆是由 Baddeley 和 Hitch(1974)在短时记忆基础上提出的一个记忆系统(陈天勇等,2003),具有临时存储信息和加工信息的功能,其保持信息激活的时间约为 3 秒到 30 秒。大量研究表明,工作记忆容量对口语产出有重要的制约作用,对口语流利度、句法复杂度等指标存在重要影响(Fortkamp,2003)。看图说话任务中,被试经过视觉刺激识别图片信息,制定言语计划。如上述例(1),被试看到女人及其动作,合成概念"妈妈在洗碗",并在语音编码后顺利说出话语。被试按照这一过程对识别到的其他信息进行加工。但由于工作记忆损伤,DAT 患者保持信息激活的时间大幅下降,在叙述完"水漏出来了""小孩拿饼干""凳子倒下来"等信息后,忘记已经对"妈妈洗碗"这一概念进行过加工,便重新对其论述,造成语篇中信息概念的大量重复。此外,从社会心理学视角分析,重复也可能是一种缓解面子威胁的行为。Spencer-Oatey(2004)提出的关系管理理论认为,除传递信息的作用外,语言还具有管理协调社会关系的功能,说话人动态调整言行方式,以满足交际需求。前文指出,DAT 患者由于视知觉障碍、语义记忆损伤和词汇通达困难,其言语中的信息量远小于健康对照组,为了避免因话语产出较少或缄默造成的尴尬,患者可能通过重复叙述的方式缓解面子威胁。但工作记忆下降和心理因素哪个占比更重,还需通过实验等方法进一步验证。

6 结论

本文采用 Coh-Metrix 对比分析了 DAT 患者和健康对照组在看图说话任务中的话语表现,研究发现 DAT 患者的看图说话任务得分显著小于健康对照组,差异主要体现在信息量和话语流畅性两个方面。通过一系列的指标测量分析发现,DAT 患者语料中所有词类符数和实词类符数均小于健康对照组,指向话语信息量较少、信息密度较低。结合言语产出模型和看图说话任务特征,推测视知觉障碍、语义记忆损伤和词汇通达困难可能是造成这一现象的主要原因。本文结合连贯性指标和具体语料分析发现，DAT 患者口语中存在大量的概念重复现象，可能是造成流畅性得分较低的原因。从认知能力角度分析，工作记忆损伤可能是导致概念重复的主要原因；从社会心理学视角分析，重复可能是 DAT 患者缓解面子威胁的方式之一。总体而言，上述两组之间的差异反映了 DAT 患者在认知受损情况下的语篇产出特征。系统描写 DAT 患者的语篇语用障碍有助于提高临床辨识率，开展针对性的语言康复。今后还应结合神经成像技术，考察患者自发语言障碍机制与皮质结构或皮质下联络纤维的相关性问题（李妍等，2019），进一步揭示语篇语用障碍背后的神经认知机制。

语言功能受损是阿尔茨海默病的核心临床标准之一，临床上对认知障碍患者进行语言能力评估已成共识（田金洲，2012）。我国人口老龄化形势严峻、认知障碍患者人数巨大，应加强健康老年人及阿尔茨海默病患者的语言能力研究，为神经退行性疾病的诊断提供语言标志物。语篇语用障碍是罹患阿尔茨海默病老年人语言功能受损的典型表现，相关特征具有较强外显性和敏感度，对认知评估及临床诊断具有积极作用。本文在一定程度上验证了利用计算机文本自动分析技术鉴别汉语 DAT 患者的可能性。

需要指出的是，虽然 Coh-Metrix 提供了一系列反映说话人词汇水平、衔接手段、连贯能力的指标，大大节省了统计分析的人工成本。但在研究时，不能仅看指标统计结果，还应结合具体语料对指标进行全方位解读。例如，目前 Coh-Metrix 主要从词汇同指、关联词和概念相似度等维度统计文本形式特征，无法从语境、修辞等方面对文本进行测量（桂林，2010）。本文认为除形式特征统计之外，还应对内容进行分析。今后可进一步优化算法，结合语境对话语内容进行考察。另外，信息量也是区分 DAT 患者和健康对照组的有效指标。今后可设计特定主题的语篇分析工具，采用主题分析法，利用计算机辅助分析软件建立概念库，即根据图片主题规定特定的信息单位，依据概念库对目标文本进行赋码和搜索，便于对文本内容进行进一步分析。

参考文献

[1] Aluísio, S., Cunha, A., Scarton, C. (2016). Evaluating progression of Alzheimer's disease by regression and classification methods in a narrative language test in Portuguese. In *Computational processing of the portuguese language*. Switzerland: Springer.
[2] Baddeley, A. D., Hitch, G. (1974). Working memory. *Psychology of Learning and Motivation*, 8.
[3] de Lira, J. O., et al. (2019). Evaluation of macrolinguistic aspects of the oral discourse in patients with Alzheimer's disease. *International Psychogeriatrics*, 31(9).
[4] de Lira, J. O., Minett, T. S. C., Bertolucci P. H. F., et al. (2014). Analysis of word number and content in discourse of patients with mild to moderate Alzheimer's disease. *Dement Neuropsychol*, 8(3).
[5] de Lira, J. O., et al. (2011). Microlinguistic aspects of the oral narrative in patients with Alzheimer's disease. *International Psychogeriatrics*, 23(3).

[6] Dijkstra, K., et al. (2004). Conversational coherence: discourse analysis of older adults with and without dementia. *Neurolinguistics*, 17(4).

[7] Duong, A., et al. (2005). The heterogeneity of picture supported narratives in Alzheimer's disease. *Brain and Language*, 93(2).

[8] Fortkamp, M. (2003). Working memory capacity and fluency, accuracy, complexity, and lexical density in L2 speech production. *Fragmentors*, 24.

[9] Fraser, K. C., et al. (2016). Linguistic features identify Alzheimer's disease in narrative speech. *Journal of Alzheimer's Disease*, 49(2).

[10] Giles, E., et al. (1996). Performance on the Boston Cookie theft picture description task in patients with early dementia of the Alzheimer's type: Missing information. *Aphasiology*, 10(4).

[11] Goodglass, H., Kaplan, E. (1983). *The assessment of aphasia and related disorders*. Philadelphia: Lea & Febiger.

[12] Graesser, A. C., et al. (2014). Coh-Metrix measures text characteristics at multiple levels of language and discourse. *The Elementary School Journal*, 115(2).

[13] Harnish, S. M., Neils-Strunjas J, Eliassen, J., et al. (2010). Visual discrimination predicts naming and semantic association accuracy in Alzheimer's disease. *Cogn Behav Neurol*, 23(4).

[14] Hier, D. B., et al. (1985). Language disintegration in dementia: effects of etiology and severity. *Brain and Language*, 25(1).

[15] Kavé, G., Dassa, A. (2018). Severity of Alzheimer's disease and language features in picture descriptions. *Aphasiology*, 32(1).

[16] Kavé, G., Levy, Y. (2003). Morphology in picture descriptions provided by persons with Alzheimer's disease. *Journal of Speech, Language, and Hearing Research*, 46(2).

[17] Laatu, S., Revonsuo, A., Jäykkä, H., et al. (2003). Visual object recognition in early Alzheimer's disease: Deficits in semantic processing. *Acta Neurol Scand*, 108(2).

[18] Lai, Y. H. (2014). Discourse features of Chinese-speaking seniors with and without Alzheimer's disease. *Lang. Linguist*, 15(3).

[19] Lai, Y., Lin, Y. (2012). Discourse markers produced by Chinese-speaking seniors with and without Alzheimer's disease. *Journal of Pragmatics*, 44(14).

[20] Levelt, W. J. M. (1989). *Speaking: From intention to articulation*. Cambridge: MIT Press.

[21] Mackenzie, C. (2000). Adult spoken discourse: The influences of age and education. *International Journal of Language and Communication Disorders*, 35(2).

[22] McNamara, D. S., et al. (2014). *Automated evaluation of text and discourse with Coh-Metrix*. New York: Cambridge University Press.

[23] Mueller, K. D., et al. (2016). Connected language in late middle-aged adults at risk for Alzheimer's disease. *Journal of Alzheimer's Disease*, 54(4).

[24] Orimaye, S. O., et al. (2014). Learning predictive linguistic features for Alzheimer's disease and related dementias using verbal utterances. *Proceedings of the 1st Workshop on Computational Linguistics and Clinical Psychology(CLPsych)*. Baltimore: Maryland.

[25] Pennebaker, J. W., et al. *The development and psychometric properties of LIWC 2007*[EB/OL]. Austin, TX: LIWC. net. 2021-07-14.

[26] Riley, K. P., et al. (2005). Early life linguistic ability, late life cognitive function, and neuropathology: findings from the nun study. *Neurobiology of Aging*, 26(3).

[27] Slegers, A., et al. (2018). Connected speech features from picture description in Alzheimer's

disease: a systematic review. *Journal of Alzheimer's Disease*, 65(2).
[28] Snowdon, D. A., et al. (1996). Linguistic ability in early life and cognitive function and Alzheimer's disease in late life: findings from the nun study. *JAMA*, 275(7).
[29] Spencer-Oatey, H. (2004). *Culturally speaking: Managing rapport through talk across culture*. London: Continuum.
[30] St. Pierre, M. C., et al. (2005). Lack of coherence in the narrative discourse of patients with dementia of the Alzheimer's type. *Multiling Commun Disord*, 3(3).
[31] Vuorinen, E., Laine, M., Rinne, J. (2000). Common pattern of language impairment in vascular dementia and in Alzheimer's disease. *Alzheimer Dis Assoc Disord*, 14(2).
[32] 陈天勇, 李德明. (2003). 执行功能与认知年老化研究的新进展. 中国老年学杂志, (10).
[33] 杜慧颖, 蔡金亭. (2013). 基于 Coh-Metrix 的中国英语学习者议论文写作质量预测模型研究. 现代外语, (3).
[34] 江进林. (2016). Coh-Metrix 工具在外语教学与研究中的应用. 中国外语, (13).
[35] 李妍, 周爱红, 赵丽娜, 等. (2019). 轻度阿尔茨海默病患者自发语言特点研究. 中华神经科杂志, (52).
[36] 桂林. (2010). 基于计算机评估的 L1 和 L2 作文词汇水平对比研究. 外语教学与研究, (42).
[37] 田金洲. (2012). 中国痴呆诊疗指南. 北京: 人民卫生出版社.
[38] Cabeza, R., et al. (2009). 脑老化认知神经科学. 李鹤, 何清华等译. 北京: 北京师范大学出版社.

系统功能语言学观照下的阿尔茨海默病患者因果关系语义表达问题

朱莉莉　黄立鹤

1　引言

进入21世纪以来,随着全球人口老年化趋势有增无减,阿尔茨海默病(以下简称AD)患者人数逐年增加,我们国家的状况也不容乐观,急需加强包括语言学在内的各个学科的融合研究。

目前,我国语言学界对AD患者语用话语和神经心理角度的研究较多,但对因果关系语义表达等问题关注不够。本文将首先回顾国内外语言学界半个世纪以来在AD患者语言障碍研究方面取得的主要成果,然后采取系统功能语言学的视角,通过5位中国受访者的个案分析,从显性表达方式、隐性表达方式和语义脱节3个方面,探讨AD患者在表达两个或两个以上事物之间因果关系的过程中采用了哪些方式,出现了哪些问题,并发掘这些问题与患者的年龄、受教育程度和所从事的职业等因素之间的关联,最后建议将语义脱节这个参数纳入病情量表,使之成为语言障碍测试项目之一,从而帮助患者得到更加及时的心理干预和更加有效的语言修复。

2　前期主要研究成果回顾

国外语言学界对老年人语言障碍关注由来已久,从20世纪70年代开始,至今已有50多年的历史。在这段时间中,国内外的学者们从临床语言学、神经语言学、心理语言学、认知语言学、语用学、社会语言学和多模态话语分析等多个角度,对包括AD在内的老年人疾病患者中出现的词语重复、找词困难、非流利性等多种现象进行了描述和分析,发表了大量研究成果(详见黄立鹤,2022a,2022b)。

【作者信息】朱莉莉,博士研究生,同济大学老龄语言与看护研究中心/外国语学院。
　　　　　　黄立鹤,教授,同济大学老龄语言与看护研究中心/外国语学院。

从 20 世纪 80 年代中期开始,由 Halliday 创立的系统功能语言学,尤其是其中的功能理论和衔接理论,也逐渐被应用于这个领域的研究,而且覆盖面越来越广。例如,涉及语音障碍的成果有 Meilan et al.(2012)等;涉及措辞不当的成果有 Armstrong(2001)等;涉及概念功能的成果有 Mortensen(1992);涉及人际功能的成果有 Ferguson(1992)、Sabat 和 Harre(1992)等;涉及话语衔接与连贯的成果有 Ellis(1996)、Lock 和 Armstrong(1997)、Laine et al.(1998)和 Dijkstra et al.(2004)等;涉及句子意义理解的成果有 Croot et al.(1999)等;涉及话语结构和命题等叙事能力障碍的成果有 Glosser 和 Deser(1991)、Mortensen(2005)和 Ash et al.(2007);涉及医疗保健过程中如何应用"分级意义系统"(ordered systems of meaning)的成果有 Slade et al.(2015),如何从多模态话语分析(multimodal discourse analysis)的角度解读患者的语言与副语言相互关系的成果有 Ngo et al.(2022)等。这些成果表明,系统功能语言学自身较为完善的理论体系有助于研究者们从不同的角度和层次来描写和分析 AD 患者的语言障碍问题,在临床语言学研究领域也具有较强的适用性。

与国外同行相比,国内学者将系统功能语言学应用于语言障碍研究起步较晚,但近十年来也已取得了可喜的进展(马博森等,2018)。主要成果有赵俊海、杨炳钧和潘玥等人发表的论文和专著。其中,赵俊海(2012a)以系统功能语言学的功能思想和语境思想为指导,把他调查的 AD 患者分成患者组和健康组,从主位结构、人际意义、及物性、衔接和连贯 4 个维度进行了对比。赵俊海(2012b)借助系统功能语言学的衔接与连贯理论,对 30 名 AD 患者和数名健康老年人的话语进行了对比,发现患者组在话语构建方面,尤其是整体连贯方面,明显低于健康组。赵俊海和杨炳钧(2012)发现,系统功能语言学的语境、功能和层次等理论使话语分析做到多维度和多层次成为可能,并认为"依照系统功能语言学建立临床话语的分析框架,有利于从整体上对言语缺陷患者的语言表现作出全面的评估,有助于言语缺陷患者的诊断和治疗"。赵俊海和龙惠慧(2014)认为,无论是从接收性的角度还是从产出性的角度来看,AD 患者的语言表现都有进一步研究的空间和价值,尤其是产出性语言功能研究中的词汇范畴效应、语法损伤的表现及实质、话语连贯损伤的本质等更值得关注。潘玥(2021)以系统功能语言学的功能思想为指导,对以汉语为母语的中轻度 AD 患者和健康老人的话语,以及以母语为汉语和母语为英语的中轻度 AD 患者的言语特征作为对比,从及物性、作格和概念隐喻等方面对概念功能失调进行了分析,从语气系统、情态系统、评价系统和人际隐喻等方面对人际功能失调进行了分析,从主位结构、主位推进模式和衔接手段等方面对语篇功能失调展开了研究。

虽然国内外的系统功能语言学家们已经取得了丰硕的研究成果,但都没有涉及 AD 患者在因果关系方面的逻辑思维能力和表达能力,有关老年人的语言能力项目测试也没有包括这个参数(如 Szatloczki et al.,2015)。本文力图填补这项空白,以此推动这个课题的研究。

3 系统功能语言学中的逻辑功能

"逻辑"是一个外来词,它是英文单词 logic 的音译,而 logic 又来源于希腊文 λσγos,包括言辞、理性、秩序和规律等基本含义。根据《现代汉语词典》(第 7 版),逻辑一词有以下三种含义:(1)思维的规律,如"这几句话不合逻辑";(2)客观的规律性,如"事物发展的逻辑";(3)逻辑学。本文所说的逻辑指的是其中第一种。

是否具有足够的逻辑思维能力,能否正确表达逻辑意义,应该被视为衡量人类认知水平和语言使用能力的一项重要指标。根据系统功能语言学的观点(Halliday,1994),语言有三大功能,即概念功能(ideational function)、人际功能(interpersonal function)和语篇功能(textual function)。概念功能包括经验功能(experiential function)和逻辑功能(logical function)两个部分。其中经验功能指的是"语言对人们在显示世界(包括内心世界)中的各种经历的表达",逻辑功能指的则是"语言对两个或两个以上的意义单位之间逻辑关系的表达"(胡壮麟等,2005)。两者之间的差别在于前者指的是如何通过小句的及物性(transitivity)系统来表达客观世界和主观世界的各种经验过程(process),而后者指的则是如何表达小句复合体内部不同过程或不同小句之间的语义关系(Halliday & Matthiessen,1999)。这就是说,无论是不同的过程之间,还是不同的小句之间,都存在着逻辑上的联系。而这个联系又可分为两类:扩展(expansion)与投射(projection)。所谓扩展,指的是两个或两个以上的过程或小句属于同一个层级(order),彼此平等,互不依赖。所谓投射,指的是两个或两个以上的过程或小句不属于同一个层级,一个依赖另一个(Halliday & Matthiessen,1999)。本文关注的因果关系(causality)属于投射这一范畴。

我们将从以下三个方面考察受访者对于不同事物之间是否存在因果关系的逻辑思维能力和语言表达能力:(1)受访者是否具有正确使用显性(explicit)表达形式的能力,其中包括正确使用一致式和隐喻式的能力;(2)受访者是否具有使用隐性(implicit)表达形式的能力;(3)受访者通过显性或隐性衔接手段所连接的两个事件之间是否存在语义脱节(semantic disconnectedness)现象。

4 AD 患者因果关系表达个案分析

受访者在接受采访的过程中是否涉及因果关系,取决于两个因素。第一个因素是采访者所提出的问题类型。如果提出的问题都是是非疑问句,受访者就不会或者很少使用因果关系的表达形式;如果提出的问题有涉及因果关系的特殊疑问句,受访者通常会使用相应的表达形式。第二个因素是受访者本人的性格。有些受访者喜欢刨根问底,甚至在回答是非疑问句时也会就某件事的发生解释前因后果。

本文所做的个案研究,从顾曰国教授领衔、黄立鹤教授团队创建的"中国老年人话语多模态语料库"中随机抽取了 5 名 AD 患者为受访者。每次访谈的时长都在 55～65 分钟之间,访谈记录编号分别为 20210106、20201201、20201215、20201214 和 20201222。前三位受访者的年龄、学历和经历基本相似,都出生于 20 世纪 50 年代初,60 年代中期进厂工作。其中第一位中等技校毕业,退休前系普通工人;第二位初中毕业,退休前系工厂最基层管理人员;第三位初中毕业,退休前系普通工人。第四位和第五位都接受过高等教育,其中第四位 72 周岁,老三届高中生,本科学历,退休前系中学理科教师;第五位 76 周岁,1968 年大专毕业,退休前先后担任过工厂车间主任和销售部科长。

4.1 显性表达形式

这里的显性表达形式指的是通过明显的语言衔接手段来表达因果关系的现象,可分为一致式(congruent)和隐喻式(metaphorical)两种。所谓一致式,指的是最常用、最典型的表达形式。以语气系统为例,最典型的表达形式是用疑问句求取信息,用陈述句提供信息,用祈使句求取物品或服务。所谓隐喻式,指的是并非最常用、最典型的表达形式,如用疑问句或陈述句求取物品或服务。Halliday(1994)把隐喻式表达称为"语法隐喻"(grammatical metaphor)。Matthieseen 等人(2016)把这种隐喻界定为"词汇语法层的语法区域内部的语义层与词汇语法层之间的关系"。直白地说,语法隐喻指的就是用一个非常用的语法结构取代一个常用的语法结构来表达某个语义的过程。

4.1.1 一致式表达形式

与英语一样,汉语中的因果关系也可以用一致式和隐喻式两种不同的方式来表达。在汉语中,因果关系最常见的表达形式是连词,其中有些引导事物的起因,如"因为",有些引导事物的结果,如"所以"。这两类词可以单独出现,也可以一起出现。表 1 显示了汉语中几乎所有的一致式表达形式以及 5 位受访者在采访过程实际使用的表达形式。

表 1 因果关系的一致式表达形式

表达形式	受访者 1	受访者 2	受访者 3	受访者 4	受访者 5
因为	40	32	61	23	18
所以	21	13	28	23	34
为什么	3	1	2	8	4
因为……所以……	2	0	0	0	0
因	0	0	0	0	0
因此	0	0	0	0	0
因而	0	0	0	0	0
之所以……是因为……	0	0	0	0	0

从本表的统计数据可以得出以下几点结论：

（1）尽管五位受访者记忆力都有所减退，但在表达因果关系时，依然和正常人一样，使用频率最高的还是连词"因为"和"所以"。这两个连词只在第一位的谈话中成对出现过2次，说明该受访者具备在同一个小句复合体中既表达原因又表达结果的能力。其他4位之所以没有成对使用，是因为他们要么是回答访问者提出的有关事物起因的问题，要么是自己为某个已经产生的结果进行陈述。由此可见，年龄、学历和职业这3个因素与"因为"和"所以"的使用没有明显的关联，既不存在正向比例，也不存在反向比例。

（2）五位受访者都使用了"为什么"这个疑问词来追究事物产生的原因，而且都是自问自答，而不是把问题抛给访问者。但受访者4对这个词的使用频率高达受访者1和受访者2的8倍、受访者3的4倍和受访者5的2倍，这可能与其长期从事课堂教学有关，习惯于采用自问自答的方式给学生讲解事物内部的因果关系；受访者5使用这个词的次数虽然只有受访者4的50%，但也明显高于另外几位受访者，这可能与她长期担任车间主任和销售部科长有关，需要经常跟工人们分析生产过程中出现的问题，或者向客户介绍产品的质量和性能。这就是说，以表达因果关系时自问自答方式使用的频率与受访者的学历和职业有一定的关联。

（3）除了"因为""所以"和"为什么"之外，表1列出的其他所有选项都没有出现。这是因为，根据吕叔湘（1980）的相关解释，这些选项从风格上讲都比较正式，通常只出现在书面语中，而不会用于诸如采访这样的面对面的口头交流。

4.1.2 隐喻式表达形式

因果关系的表达形式除了一致式之外，还可以选择隐喻式，即使用"结果"等名词和"导致"等动词来替代通常使用的诸如"因为""所以"等连词。表2显示了汉语中几乎所有的隐喻式表达形式以及5位受访者在采访过程中实际使用的表达形式。

表2 因果关系的隐喻式表达形式

表达形式	受访者1	受访者2	受访者3	受访者4	受访者5
结果	0	0	11	0	4
使得	0	0	0	0	0
导致	0	0	0	0	0
致使	0	0	0	0	0
产生	0	0	0	0	0
起因	0	0	0	0	0
原因	0	0	0	0	1
怪不得	0	0	0	0	0

表2数据显示以下几点结论：

（1）隐喻式表达形式使用得很少，只有受访者3和受访者5在众多选项当中选用了"结果"这个名词来引导事物变化的结果，只有受访者5使用了"原因"这个名词来引导事物变化的起因。

（2）除了"结果"和"怪不得"之外，所有选项的风格都比较正式，因此通常只出现在书面语中。

（3）年龄、受教育程度和职业这个三个因素与隐喻式表达形式的使用没有直接的关联。

（4）把表2和表1进行对比，5位受访者使用隐喻性语言资源的能力普遍较弱，更习惯于使用一致式来表达因果关系。

4.2 隐性表达形式

所谓隐性表达，就是在表达因果关系时不使用任何衔接手段但逻辑上依然连贯的现象，也可称为"零形式"（ø）。统计数据表明，5位受访者都与正常人一样，依然具有这种表达能力，如：

（1）受访者1：我们矮的人，ø不会上台的呀。（"个子矮"的后果）

（2）受访者1：我爸爸，专门要打我弟弟，ø他肯定很皮，对伐，我这个弟弟。（"弟弟挨打"的原因）

（3）受访者2：我说我的腰间盘突出，ø我不能带小孩。（"腰间盘突出"的后果）

（4）访问者：你今天怎么来的呀？
　　受访者2：ø我，就住在我对面。（因距离近而步行）

（5）受访者3：我不冷呀！我不冷，我不冷，ø我每天早上锻炼半个小时的。（"不怕冷"的原因）

（6）受访者3：嗯，我觉得挺好的，我-我-我们反正，ø我容易满足的。（"觉得挺好"的原因）

（7）受访者4：从小开始公共汽车你不能坐位置，ø人家比你大……。（"小孩不能坐位置"的原因）

（8）受访者4：你还是给他骗，ø你智商有问题。（"受骗"的原因）

（9）受访者5：他们说日本近的，两个小时就好到了，ø不要紧的。（路途近、花时少产生的心理感受）

（10）受访者5：上海户口很重要的，因为上海户口以后有，好买房子。
　　访问者：嗯。
　　受访者5：对不对，将来小孩出生，小孩有上海户口，ø学校进去也方便啊。（有上海户口带来的好处）

以上例句只是语料中的一小部分，但已显示以下2点结论：

(1) 5位受访者都具备使用隐性方式来表达因果关系的能力,虽然没有使用衔接手段,但逻辑上都是连贯的。

(2) 年龄、学历和职业这3个因素与因果关系的隐性表达之间没有明显的关联,在5位受访者中既不存在正向比例,也不存在反向比例。

4.3 因果关系表达中的语义脱节

所谓语义脱节,指的是即便使用了显性衔接手段表达形式,讲话者所提及的两个事物之间也无法建立因果关系的现象。本案5位受访者当中除了第一位之外其他所有受访者在访谈过程中都出现过这种现象,下面是第二位至第五位受访者语义脱节的实例分析:

(11) 受访者2:对,啊,我就是2月18日的生日。

　　　访问者:啊。

　　　受访者2:就是,就-就是户口簿上2月18日。

　　　访问者:哦。

　　　受访者2:对,因为是每年这个时间出事,总是有进进出出的时间不一样。("每年这个时间出事,总是有进进出出的时间不一样"不是某天某日是生日的原因。)

(12) 受访者3:我为什么没有插队落户去呢?因为我家当时长风公园那边还是农村啊,我们是靠农村的。("靠近农村"不是"没有插队落户"的理由。)

(13) 访问者:那阿姨,刚刚我们说到哪里来着?哦,就是说倒是呢替了哥哥的那个工作,到化工厂对吧?

　　　受访者3:对对对。然后因为爆炸嘛,我姐姐在太原化肥厂的,我紧紧也是念化肥了后来。姐姐就说顶替的时候,因为紧紧从外地回来。姐姐说不要再做化工了,然后因为进了化工厂,然后这个部门是不搞化工的,所以我现在是化工厂,但是我没搞过化工。(没有说出"进了化工厂却不做化工"的原因)

(14) 访问者:那这个是因为什么?是因为什么上山下乡?

　　　受访者4:上山下乡呀。(因果混淆,答非所问)

　　　访问者:上山下乡?

(15) 受访者4:农场有一批老职工。他们是以前就去的上海人。他们很帮我忙,我不会挑,他们晚上就到拖拉机。(没有说出"到拖拉机"的结果)

(16) 受访者5:你是哪里人?

　　　访问者:我是河南郑州人。

　　　受访者5:哦,所以她是上海人嘛。("河南人"与"上海人"之间没有因果关系)

(17) 访问者:嗯对,他们的一个生活其实可能也没有我们想象的那么好的。

　　　受访者5:对呀,对呀,对呀。

　　　访问者:嗯。

　　　受访者5:那这里面所以有一点负负负负的。(一个"负"字无法表达结果)

表 3 展示了 5 位受访者的语义脱节情况。

表 3　语 义 脱 节

受 访 者	受访者 1	受访者 2	受访者 3	受访者 4	受访者 5
脱节次数	0	1	2	2	9

表 3 数据表明：

(1) 在语义脱节这个指标上，5 位受访者之间存在明显的差距，按轻重程度排序的结果是：受访者 1＜受访者 2＜受访者 3＝受访者 4＜受访者 5。显然，第五位受损程度最高，远远超出其他 4 位，年龄可能是原因之一，但也很难判断是唯一原因。

(2) 第五位学历最高，但语义脱节的次数高达 9 次，是同样受过高等教育的受访者 4 的 2 倍，表明学历与语义脱节的严重程度并没有直接的关联。

5　结语

本文从显性表达、隐性表达和语义脱节等方面考察了 5 位 AD 受访者的因果关系表达能力。数据分析结果显示：(1) 在显性表达方面，5 位受访者依然和正常人一样，未受年龄、受教育程度和职业等因素的影响，保持了"因为"和"所以"出现的高频率，但在"为什么"这个疑问词的使用上，受教育程度和职业的影响，彼此之间存在明显的差异；(2) 在隐性表达方面没有差异，未见年龄、受教育程度和职业的影响；(3) 在语义脱节方面，则存在明显的差异，第五位的逻辑思维能力显然低于前 4 位，虽然很难判断是否与上述 3 个因素有直接的关联，但可借此认定该受访者的病情严重程度超过了其他 4 位；(4) 如果把前 4 位的病情判定为轻度（＋），那么第五位的病情已经达到了中度标准（＋＋），需要得到更加快速而有效的心理救助和语言修复。

我们认为，逻辑思维能力是衡量 AD 患者病情严重程度的一个重要参数，语义脱节应该被视为比较严重的逻辑障碍，建议将其列入 Szatloczki(2015)提出的认知障碍测试项目中的词汇/语义一栏，与找词困难(word finding and word retrieving difficulties)、说话不流利(verbal fluency difficulties)和语义错乱(semantic paraphasia)等项目一起检测，从而帮助研究者们更加全面地考察 AD 患者的语言障碍表现，更加准确地判断每个患者的病情程度，及时制订并实施心理干预和语言康复计划。

参考文献

[1] Armstrong, E. (2001). Connecting lexical patterns of verb usage with discourse meanings in aphasia. *Aphasiology*, 15(10/11), 1029-1046.

[2] Ash, Sharon., et al. (2007). The decline of narrative discourse in Alzheimer's disease. *Brain and Language*, 103(s1-2), 181-182.

[3] Croot, K., et al. (1999). Evidence for impaired sentence comprehension in early Alzheimer's disease. *Journal of the International Neuropsychological Society*, 5(5), 393-404.

[4] Dijkstra, K., et al. (2004). Conversational coherence: discourse analysis of older adults with and without dementia. *Journal of Neurolinguistics*, 17: 263-283.

[5] Ellis, D. (1996). Coherence patterns in Alzheimer's discourse. *Communication Research*, 23, 472-495.

[6] Ferguson, A. (1992). Interpersonal aspects of aphasic conversation. *Journal of Neurolinguistics*, 7, 277-294.

[7] Glosser, G., Deser, T. (1990). Patterns of discourse production among neurological patients with fluent language disorders. *Brain and Language*, 40, 67-88.

[8] Halliday, M. A. K., Matthiessen, C. (1999). *Construing Experience through Meaning*. London and New York: Continuum.

[9] Halliday, M. A. K. (1994). *An Introduction to Functional Grammar*. London: Edward Arnold.

[10] Laine, M., Laakso, M., Vuorinen, E., et al. (1998). Coherence and informativeness of discourse in two dementia types. *Journal of Neurolinguistics*, 11(1-2), 79-87.

[11] Lock, S., Armstrong, L. (1997). Cohesion analysis of the expository discourse of normal, fluent aphasic and demented adults: A role in differential diagnosis? *Clinical Linguistics and Phonetics*, 11, 299-317.

[12] Matthiessen, C., et al. (2010). *Key terms in systemic functional linguistics*. London: Bloomsbury Publishing.

[13] Meilan, J. J. G., et al. (2012). Acoustic markers associated with impairment in language processing in Alzheimer's disease. *Spanish Journal of Psychology*, 15(2), 487-494.

[14] Mortensen, L. (1992). A transitivity analysis of discourse in dementia of the Alzheimer's type. *Journal of Neurolinguistics*, 7(4), 309-321.

[15] Mortensen, L. (2005). Written discourse and acquired brain impairment: Evaluation of structural and semantic features of personal letters from a systemic functional linguistic perspective. *Clinical Linguistics & Phonetics*, 19(3), 227-247.

[16] Ngo, T., et al. (2022). *Modelling Paralanguage from the Perspective of Systemic Functional Semiotics: Theory and Application*. London: Bloomsbury.

[17] Sabat, S. R., Harre, R. (1992). The construction and deconstruction of self in Alzheimer's disease. *Ageing and Society*, 12(04), 443-461.

[18] Slade, D., et al. (2015). *Communicating in Hospital Emergency Departments*. London: Springer.

[19] Szatloczki, G., et al. (2015). Speaking in Alzheimer's disease, is that an early sign? Importance of changes in language abilities in Alzheimer's disease. *Front Aging, Neuroscience*, 7: 195. DOI: 10.3389/fnagi.2015.00195.

[20] 胡壮麟, 朱永生, 张德禄, 等. (2005). 系统功能语言学概论. 北京: 北京大学出版社.

[21] 黄立鹤. (2022a). 老龄化与老年语言学引论. 上海: 上海外语教育出版社.

[22] 黄立鹤. (2022b). 老年语言学研究新进展. 上海: 同济大学出版社.

[23] 吕叔湘. (1980). 现代汉语八百词. 北京: 商务印书馆.

[24] 马博森, 龚然, 曾小荣. (2018). 系统功能语言学视阈下的语言障碍研究: 回顾与展望. 浙江外国语学院学报, (5), 72-80.

［25］潘玥. (2021). 系统功能语言学视域下中轻度阿尔茨海默病言语失调研究. 镇江：江苏大学出版社.
［26］中国社会科学院语言研究所词典编辑室编. (2002). 汉英双语现代汉语词典. 北京：外语教学与研究出版社.
［27］赵俊海，龙惠慧. (2014). 阿尔茨海默症语言功能失调的类型及特征评述. 英语研究，(3)，9-14，31.
［28］赵俊海，杨炳钧. (2012). 临床话语分析的系统功能语言学理据及途径. 中国外语 (6)，96-101.
［29］赵俊海. (2012a). 阿尔茨海默症患者话语的系统功能语言学研究，西南大学博士论文.
［30］赵俊海. (2012b). 阿尔茨海默症患者话语的衔接与连贯分析. 楚雄师范学院学报，(10)，73-80.

阿尔茨海默病患者语义缺陷的神经基础

何爱妮　吴建设

1　引言

阿尔茨海默病（Alzheimer's disease，以下简称 AD）是一种以进行性认知障碍和记忆能力损害为主的中枢神经系统退行性变性疾病，其显性表征是记忆受损、认知障碍、失语、神经病变等全面持续退化性痴呆。AD 的潜伏期可能长达十几年，在明显的临床征兆出现十几年之前，脑的病变就可能发生。由于当前医疗技术在普查、诊断和治疗方面的局限性，寻找 AD 生物标志物以探索早期预测预防的有效方法逐渐成为相关研究关注的重点。语义记忆损伤是 AD 的普遍特征并直接或间接导致了语言理解和产出障碍，进而影响到个体的语篇语用能力，因此 AD 患者语言障碍被认为与其底层语义/概念系统的损伤密切相关，且 AD 相关的语言研究大多离不开对其语义缺陷的探讨。鉴于描写性研究无法进一步揭示语言蚀失与病理因素导致的脑损伤之间的联系，而功能性核磁共振成像（fMRI）作为一种判断 AD 病理是否存在的非侵入性、无创伤性的技术，在揭示由病理生理学原因引起的神经紊乱及作为补偿机制的大脑回路功能变化上具有独特的优势，本文将对国内外 AD 语义缺陷相关的 fMRI 实证研究进行回顾，探讨其神经基础，试图归纳出潜在的语言—生物标志物，以供语言学者参考，从而促进从病理语言学角度探索临床干预治疗的有效途径。最后，本文对未来研究方向提出展望。

2　语义记忆

2.1　语义记忆与情景记忆

对于 AD 的语义缺陷（semantic impairment），以往文献皆将其等同于语义记忆缺陷（semantic memory impairment）。Tulving 首次对"语义记忆"作出定义，将其定义为知识

【作者信息】何爱妮，硕士研究生，北京第二外国语学院。
　　　　　吴建设，教授，北京第二外国语学院。

在大脑中的长期存储,是用于语义知识持久表征的长期记忆成分,继而 Griggs 对"语义"二字做了更明确的解释,将"语义记忆"定义为语词意义的心理表征以及对这些表征进行操作的过程。一直以来,无论从心理表征还是神经心理学传统上,情景记忆与语义记忆都被视作陈述性记忆的 2 个子系统被区别看待。不同于主要基于物体知识的语义记忆,情景记忆高度依赖语境、事件的时空属性及事件之间的联系,故情景记忆涉及更广泛的神经认知功能,随着增龄和 AD 病理的加深会显著退化。将情景记忆作为认知标志物(cognitive marker)以观测 AD 病理发展的研究由来已久,并且当前 AD 临床诊断标准也主要侧重对于情景记忆方面的考察。然而,针对 AD 临床治疗效果不佳的现状,很多研究者将其归因于干预的滞后,因而提出加强对 AD 潜在风险因素的监测,提高对病理发展进程的整体管控效率。鉴于此,有些研究者建议应更多地关注陈述性记忆中的语义记忆。其原因是,语义记忆依赖的脑区最早受到 AD 两大病理因素——Aβ 斑块沉积物和 tau 蛋白的影响,对其观测有助于在情景记忆退化前的临床前阶段对患者进行诊断。

2.2 正常老年化中的语义记忆

语义记忆涉及对一切符号所形成的概念意义的心理表征与神经计算。通常认为,语义加工由 2 个相辅相成的神经网络构成,其一是由大脑皮层支持的语义表征过程,这种认知过程是自下而上、自动化的;其二是自上而下的控制过程。健康老人在增龄过程中,大脑皮层逐渐萎缩,神经元数量逐渐减少,各项认知功能逐渐退化。然而,由于语义表征广布于大脑皮层,语义节点的联通具有多途径的特点,大脑自身具有神经可塑性,以及真实多模态语言交际中老人可利用灵活多样的语用补偿策略,多项研究表明,生理的正常老化对老年个体的语义语用产生显著影响的时间相对滞后,其原因在于语义表征机制受生理老化的影响较小,而整体认知和控制执行能力如注意、工作记忆、抑制、推理、整合等功能伴随生理老化的退化是相对缓慢、渐进的。

2.3 AD 语义缺陷的病理生理学关联

从 AD 整体病程来看,语义缺陷既可作为早期筛查的重要指标,亦可对整体病理发展进程的监测和管理发挥着重要且独特的作用。根据 Braak 的分期,在 AD 病程最早的"跨嗅皮层期"(transentorhinal stage),认知退化作为临床征兆还未出现,AD 神经原纤维缠结首先发展于下海马区(sub-hippocampal region)的鼻周皮层及内嗅皮层的前端,而这部分脑区负责对语境依赖性不强的语义记忆进行加工。因此,语义知识选择性损伤可能发生于 AD 临床症状出现十数年之前,由此体现的词汇意义获取和加工困难相关的神经系统紊乱反映了 AD 病理生理的早期特性,而识别这些特性有利于实现对 AD 的早期预测。语义损伤会随着 AD 病理演进而日益加重,且语义退化速率和程度远大于语言能力的其他方面,故语义损伤的过程本质对病程发展过程的管理亦十分重要。与过往大量横断面研究相比,Clark 等的历时研究首次发现,语义记忆退化速率随着 AD 病理的加深越来越快。而且,字母流利性无法区分临床前 AD 患者(preclinical AD)和健康老人,而对语义加工要求更高的类别/范畴流利性(category fluency)能够对其准确区分。因此,此项追踪研究表明,从 AD 临床前十年开始(本研究中临床前 AD 患者的潜伏期最长达 9.6 年),持续贯穿 AD 整个病程,语义能力无论从退化程度还是退化速率上对 AD 病理均具有高度敏感性,且对预判 AD 潜在风险具有独特优势。

行为学研究和语言学分析已从语音、词汇、句法、语义、语用、话语等层面对 AD 患者语言蚀失进行勘察,而吴国良等提出,智退症话语研究应基于话语现象从语言学和脑科学两方面加以分析。其中,脑科学分析的重要目的在于探究病理致使的脑损伤与语言能力退化具体表现(智退症话语独有特征)之间的关系。本文梳理 AD 语义缺陷相关的 fMRI 实证研究,亦旨在从脑激活异常的角度为 AD 患者的预判预后、治疗康复寻找潜在的语言—神经理据。

3 数据来源及研究现状

3.1 数据样本

为全面系统地对 AD 语义缺陷相关的 fMRI 实证研究文献进行检索,本研究将检索范围锁定在 PubMed、Elsevier Science Direct、Google Scholar、中国知网共 4 个学术期刊库。根据研究问题,确定检索词为:"semantic" AND "Alzheimer's disease" AND "fMRI";"阿尔茨海默病""语义"。根据实验方法(采用事件相关 fMRI 技术)、主要被试类型(AD 相关)、实验任务(语义任务)、文献类型(实证研究性文献)4 个纳入标准,最终筛选出 24 篇文献。

3.2 研究现状

本研究所选的 24 篇文献时间跨度为 22 年(1999—2021),文章多发于 *Brain*、*Neuroimage*、*Neuropsychologia* 等脑科学、神经心理学相关的期刊上,也有部分文章发表于专门从事阿尔茨海默病研究的期刊上,如 *J.Alzheimers Dis.* 等。相较而言,国内发表的相关文献数量远低于国外,仅有 1 篇,是来自中国台湾学者 2021 年的研究,且国内期刊尚未发表相关文献。由此可见,国内将神经语言学实验技术用于 AD 患者语义加工的研究才刚刚起步。

从研究的实验任务和老年群体类型来看,采用的都是需要被试有意识地提取语义信息的外显性语义任务,包括视知觉语义一致性决策、词汇—语义特征匹配性判断、生命—非生命体词判断、名人姓名判断、图片命名等。被试类型主要是 AD/aMCI 患者与健康老人,认知能力正常的 APOEε4 携带者与非携带者,有家族遗传史与无家族遗传史的认知能力正常老人这几类对照组,因此探索的方向主要是 AD 病理发展的不同程度造成的脑损伤对语义记忆的影响和遗传风险对语义记忆的影响。从研究的问题来看,不同功能区之间形成的补偿机制以及 AD 语义损伤过程本质是相关研究的重点。从研究的主要发现来看,AD/aMCI 患者、APOEε4 携带者和有家族遗传史的潜在 AD 患者相对于健康老人在语义任务中脑激活的异常模式反映了 AD 病理生理特性。

综上,本文将从 AD 语义缺陷的补偿机制和语义记忆损伤过程两个方面对所选文献进行梳理、阐述、对比、分析,试图归纳出潜在的生物标志物,促进对 AD 的早期预测和整体病程管理。

4 补偿机制

相比于静息态,语义任务中 fMRI 的脑影像能够勾勒出语义能力退化与大脑活动异常的因果关系,其脑活动异常情态通常是萎缩脑区的活性降低(hypoactivation)或峰值焦点(peak foci)位置的偏移,作为神经代偿的脑区激活范围扩大或过度激活(hyperactivation)或功能连接性增强。因此,对 AD 语义缺陷引发的不同功能区间补偿机制的观测和描绘是 fMRI 的技术优势之一,同时也是揭示 AD 语义缺陷神经基础的一个重要窗口。

4.1 动态变化的语义缺陷补偿机制

神经影像学研究结果表明,前颞叶是语义中心区,梭状回作为语义存储机制的重要组成部分,负责事实理解、概念储存。以额下回为代表的额叶构成了语义加工过程中控制执行机制的重要部分,负责对正确词汇的检索。淀粉样蛋白和 tau 蛋白是驱动 AD 病理的两大生物学因素。尸体解剖和活体 PET 成像发现淀粉样蛋白和 tau 蛋白在 AD 病理不断加深的过程中逐步扩散到整个脑区。淀粉样蛋白最先发展于颞中叶、额中叶、眶额、下额和上额皮层,紧接着从楔前叶扩散到整个新皮层。tau 蛋白起初出现在内嗅皮层或海马旁回皮层,经过颞中叶扩散至后颅骨皮层,最终抵达前扣带回、前额叶及运动皮层。从 AD 患者大脑弥散性受损的进程看,负责语义知识存储的颞叶先于负责控制执行功能的额叶受损。AD 病程早期的相关研究也发现,语义加工导致额叶出现超活化以代偿颞叶的萎缩失能。

Saykin 等最早使用 fMRI 技术研究 AD 患者的语义记忆神经机制。研究者给轻度 AD 患者和健康老人呈现上义名词—下义名词/名词—功能描述词这样的词对,让其判断一致性。研究发现,作为突触损伤的补偿机制,在上义名词—下义名词一致性判断任务中,AD 患者左侧额下回和额中回出现超活化且激活范围扩大,同时相距较远的脑区如右侧额叶也有显著激活,双侧内侧前额叶皮层的信号也显著增强。Wierenga 等也发现轻度 AD 患者相比于健康老人在图片命名任务中对右侧同源布洛卡区和双侧扣带回皮层吻侧部的激活更强,且这种激活模式无范畴效应,表明额叶的激活代偿了语义的蚀失。Chen 等对 14 名轻度 AD 患者及 15 名健康老人执行图片命名任务,试图探究语义网络中的关键脑区——梭状回和额下回(三角部)激活情况的组间差异。脑成像结果显示,一方面,健康老人执行语义任务时的脑激活模式比较稳定、个体间差异小。前颞叶,尤其是梭状回的激活体素比额下回中更多,表明颞叶在其语义网络中的作用更大。另一方面,AD患者梭状回出现了活性不足的现象,且激活模式个体间差异大、激活体素整体上数量少,呈现出离散、无规律的特点。但是,与健康老人相比,AD患者的额下回却出现了超活化。因此,该研究表明,早期AD患者的语义知识丢失,但是词汇检索和加工能力仍然保存完好,额叶作为颞叶萎缩的补偿机制在图片命名时得到更强激活。Grady等和McGeown等则分别采用了词汇范畴(生命体或非生命体)判断任务及词汇语义相关性判断任务,同样发现轻度AD患者启用额外的前额叶网络或更强激活左额叶和顶叶,以代偿包括颞叶在内的神经损伤。此外,Paek等也发现,在更多依赖于感知觉运动及运动规划的动词加工中,轻中度AD患者语义知识损伤对检索策略提出更高要求,从而出现额叶超活化以实现功能代偿。

然而,与AD病理相关的语义缺陷补偿机制并非一成不变,在具体研究中也呈现出特异性。Wierenga等对比了APOEε4携带者和APOEε3携带者在相同图片命名中的神经活动,发现携带APOEε4但认知能力正常的老人下颞叶和额叶均出现了超活化现象,说明其语义知识尚未损伤,甚至作为补偿机制代偿了其他方面语言资源和能力的丧失。Catricalà等也发现,aMCI患者在命名任务中面对难度更大的词项时左梭状回出现了超活化。Nelissen等发现,在视知觉语义决策任务中,相比于健康老人,早期AD患者在左前颞上沟的激活更弱,却在右后颞上沟出现了超活化,因而出现了对侧同系区域的补偿机制,这表明补偿机制不局限于同侧脑区之间的功能代偿,进而也说明大脑结构具有很强的神经可塑性。而在后续研究中,Nelissen等进一步发现,AD患者在相同的语义决策任务中比健康老人右侧颞叶前端和后端的功能连接性更强,由此强化了功能代偿。Vandenbulcke等和Adamczuk等采用了视知觉语义决策任务,发现aMCI患者在颞中回出现活性不足,健康老人左侧颞中回后端的激活程度与淀粉样蛋白水平呈正相关。但是,Reinartz等却发现在相同的语义任务中,健康老人随着淀粉样蛋白沉积的增加,右侧颞上沟激活会增强,而左侧额下沟和右侧背内侧前额叶皮层激活则更弱。在该研究中,对侧补偿机制与更差的正确率相对应,表现出了补偿机制的消极作用,这与之前的研究结果都不一致。对此,作者认为是因为任务难度大而导致执行功能无法得到充分调动,这与之前的研究结果也不一致。因此,对于健康老人中淀粉样蛋白对语义记忆的影响,目前的研究还未得出清晰、一致的结论。

通过对比分析以上研究的任务、被试、脑区激活模式,可以发现:(1)AD病理导致的脑损伤在轻度/早期AD患者中已经造成了颞叶一定程度的萎缩失能,使语义知识存储机制受损,造成语义记忆损伤,从而在词汇检索和选取时对执行策略提出更高要求,因此早期病理未致损的额叶作为重要的执行机制出现了超活化。由此,额叶超活化代偿颞叶萎缩的语义缺陷补偿机制是早期AD病理重要的生物标志物。其表现形式可以有以下几种：左侧额叶(额下回)超活化、右侧同源布洛卡区和双侧扣带回皮层吻侧部的激活更强、双侧额叶超活化且信号增强或额外的前额叶网络的启用；(2) 在 AD 临床前阶段，包括遗传基因 APOEε4 携带者和 MCI 患者中，AD 病理可能还未导致颞叶严重受损，因此甚至出现颞叶超活化代偿其他方面的能力缺失。尤其需要注意的是，左侧颞中回后端的激活程度与淀粉样蛋白水平呈正相关；(3) 在轻度 AD 患者中，还可能出现右侧颞叶超活化的对侧补偿机制。综上分析，补偿机制的差异性本身可用作区分不同病程的生物标志物。

4.2 名人姓名判断任务中的语义缺陷补偿机制

名人姓名判断任务中语义缺陷补偿机制可用于 AD 潜在风险预测。Woodard 等发现，aMCI 患者和 APOEε4 携带者相比于健康老人在颞中叶、颞顶联合区及后扣带回对名人姓名的反应更强烈，这些脑区都有激活。APOEε4 携带者的左侧海马复合体、aMCI 患者的双侧额叶活性显著增加。此外，即使考虑到 aMCI 患者海马体萎缩，其左侧海马复合体也出现了活性增加现象，使之在语义记忆任务中的表现与 APOEε4 携带者无异。因此，在识别名人姓名的语义任务中，aMCI 患者比 APOEε4 携带者表现出了更强的补偿机制(左侧海马复合体及双侧额叶)，故作者认为，在 AD 潜伏期中，名人姓名识别任务中语义缺陷补偿机制的不同强度可以用作检测和区分 AD 遗传风险(APOEε4)和向 AD 演化趋势(MCI)的生物标志物。Seidenberg 等也发现，名人姓名判断任务中的语义补偿机制可进一步区分 AD 遗传风险高低。

Woodard 等基于实验数据设计预测模型，发现基线期名人姓名判断任务中 fMRI 脑激活数据结合 APOEε4 携带水平对认知能力正常老人 18 个月后认知能力退化有高达 87% 的解释力，预测准确率是海马体体积与 APOEε4 携带水平结合模型的 2 倍。Hantke 等采用了相同的方法，发现名人姓名判断任务比情景记忆任务中的脑激活数据与 APOEε4 水平结合能够产生更加精确的预测模型。这两项研究表明，名人姓名判断任务中更强的脑激活对于生理老化或 AD 病理致使的认知老化起到防御作用。究其神经生物学基础，是因为语义记忆激活的脑区和胆碱能相关的脑区有一定重叠，这些脑区的激活程度越高，越有助于预防胆碱酯酶的去抑制化，进而减少 AD 病理引起的神经损伤。此外，作者提出，相关脑区在语义任务中的激活增强意味着更强大的认知储备，其本质是应对老化或脑损伤的补偿机制，而启动补偿机制的能力越强意味着抵御认知退化的能力越强，进而表明名人姓名判断任务中的补偿机制/启动补偿机制的能力可作生物标志物，用以预测 AD 患病风险。

此外，名人姓名判断任务中的语义缺陷补偿机制还可用于病理演进过程的监测管理。Rao 等开展的长达 5 年的追踪研究发现，APOEε4 携带者的语义补偿机制随着疾病的演化而逐渐衰竭，表明随着病程的演进，AD 病理因素会造成神经资源逐渐耗竭，进而造成语义神经代偿的消退，验证了老化与认知的脚手架理论(STAC-R Theory)。

4.3 语义缺陷神经代偿相关的认知储备

不少研究表明,受教育程度高、从事高成就感职业及日常休闲活动更丰富的人群具备更强大的认知储备,在增龄过程中认知退化的速度更慢,罹患阿尔茨海默病的概率也更低。因此,认知储备作为病生理变化与临床表现之间的"调节角色",可为延缓认知老化及预防认知症的干预手段带来启示。Darby 等以受教育水平为认知储备的主要衡量标准,结合美国国家成人阅读测试(ANART)将 132 名 AD 患者和 338 名 MCI 患者分为高认知储备组和低认知储备组。研究发现,认知储备可以通过神经代偿的方式提升认知任务中语义相关的表现和执行功能,但随着 AD 病程发展到一定阶段,与执行功能相关的神经代偿会先于语义缺陷的神经代偿消失,进而表明了与语义记忆神经代偿相关的认知储备对 AD 病理的抵御作用更大。这个研究启示我们,认知储备可以在 AD 病程发展中更加持续稳定地激发神经代偿,以维持语义记忆水平。因此,增加语义记忆相关的认知储备能够更加稳定地增强大脑的皮质可塑性,从而抵御 AD 病理导致的认知退化。

对于增加语义记忆相关认知储备的方式,Smith 等操控被试的体育锻炼频率和强度以及 AD 遗传风险高低(APOEε4 携带水平),发现高运动水平高风险组在语义任务中脑激活程度最高,表明体育锻炼可以作为一种增加与语义记忆相关的认知储备的方式,增强启动语义记忆神经代偿的能力。究其生物学基础,体育锻炼可减少 APOEε4 携带者的炎症反应、提升脂肪酸氧化水平,从而维护、强化功能代偿能力,以降低 AD 患病风险,而这种效应在 APOEε4 非携带者中将会得到弱化。Smith 等在后续研究中进一步发现,短期中等强度的体育锻炼亦可提升 MCI 患者和健康老人神经活动的效率。综上,体育训练可以增加与语义记忆相关的认知储备,因此对老年人群的认知训练、临床上的干预治疗有积极的启示作用。

5 AD 语义损伤的过程实质

对于 AD 语义知识损伤的过程,相关文献主要围绕 3 个疑问:语义知识损伤是否与整体认知退化相关联?语义知识内部是否有范畴之分?不同范畴的语义知识损伤是否有先后之别?换言之,即 AD 语义选择性损伤在范畴、语义特征及时间进程中是如何体现的。对于 AD 语义选择性损伤是否具有范畴效应,目前的行为实验研究结果分歧很大(有关 AD 患者范畴特异性语义记忆损伤最近的行为研究综述,参见闵宝权等,2011)。

5.1 范畴特异性语义损伤的两种理论解释及其神经基础

对于 AD 范畴特异性语义损伤,研究者提出了两种不同的理论假设,分别是范畴途径和特征途径,其神经基础都是语义信息在大脑中的存储方式。支撑范畴途径的理论假设认为,物体根据有无生命性进行范畴二分,进而将对应的语义知识分为不同的语义域,由不同的神经机制进行表征。支撑特征途径的理论假设则在范畴途径的基础上延伸了语义域的区分性,认为物体语义信息根据广泛分布在不同皮层且互相关联的语义特征而组织起来。生命体的区分更多依赖于其视知觉特征,而人造物体的区分更多依赖于其功能属性。生命体的语义特征之间相关性更强,而人造物体的语义特征相对孤立,因此与同一个生命体相关的少量语义特征的损伤不会造成对该生命体语义知识的损伤,而人造物体功能属性知识的损伤将会直接导致对应语义知识的损伤。换言之,特征途径是范畴途径的进一步延伸,是从语义特征的角度去区分生命性和非生命性范畴,其根本观点在于物体语义知识激活是建立在语义特征激活的基础之上。进而,对于语义特征在大脑中的储存和表征,学界发展出了两种主要的理论假设:感知觉—运动语义模型和多模态语义模型(或称双成分语义记忆模型)。感知觉—运动语义模型主张物体语义知识表征在很大程度上依赖于储存其视知觉特征的脑区,且自然物体相比于人造物体更依赖于储存视知觉信息的枕颞皮层。多模态语义记忆模型主张语义神经网络广泛分布于大脑皮层,既依赖于模态特异性的联合皮层如枕颞皮层对感知觉语义特征的知识表征,也依赖于多模态(或超模态)联合皮层如前额叶皮层对语义特征的选取、整合、组织以实现语义的范畴化。该模型又称作语义的双成分模型,意指语义记忆既包括范畴中立成分,负责特征整合,也包括范畴特异成分,负责特定范畴中特定特征知识的表征。

Grossman 等分别让临床 AD(probable AD)患者和健康老人对动物名词和工具名词进行宜人度判断,结果发现患者加工动物词语义时左腹侧颞皮层超活化,加工工具词语义时额叶—纹状体超活化作为补偿机制,且左侧枕颞皮层在加工动物词时激活更强,说明动物名词相比于工具名词更多依赖于模态特异性的枕颞皮层。此外,AD 患者左脑后外侧颞下顶叶和额叶外侧区域的多模态联合皮层受损且在加工动物名词与工具名词时均出现激活较弱的现象,表明语义加工包含范畴中立的成分。作者认为由于多模态联合皮层与自然物体和人造物体的语义表征都有关,因此对抵抗 AD 病理致使的损伤有一定局限性。Grossman 等的后续研究发现,相比于 aMCI 患者和健康老人,AD 患者对于人造物体的语义特征加工依赖于包括负责特征选取和组织的前额叶皮层在内的更广布的多模态联合皮层神经网络,自然物体的视知觉特征表征依赖于模态特异性的枕颞皮层及其与前额叶皮层之间的连接性,因此受 AD 病理损伤更严重。综合这两篇研究来看,实质上为双成分语义模型提供了更有力的佐证。Peelle 等采用相似的任务,操纵自然物和人造物两类范畴词,给被试呈现同一范畴的词对,让其判断两个词的颜色或形状是否一致。研究发现,相比于健康老人,轻度 AD 患者在表征物体概念视知觉特征的腹侧枕颞皮质和外侧颞叶皮质及负责执行功能的背外侧前额叶皮质的激活更弱,且相比于人造物体,自然物体视知觉特征加工在模态特异性的腹侧枕颞皮质激活程度更低,并报告了模态特异性皮层和超模态皮层之间的连接性在语义记忆网络的功能整合中发挥着重要作用。综上,此 3 篇研究均为多模态语义记忆模型提供了有力支撑且都出现了 AD 患者语义损伤的范畴特异性效应。

5.2 语义损伤过程实质

Wierenga 等首次对视觉特征在语义表现中的独立贡献进行探究。在相关的系列研究中,研究者操纵了名词范畴(有无生命性)和语义知识视觉特征(整体或局部的视觉信息)。研究发现,AD 患者的语义选择性损伤并不符合范畴特异性理论,而是更加宏观地揭示了 AD 患者的语义记忆损伤是一个渐进、连续的过程。该研究的脑成像结果表明,AD 患者语义网络广泛受损,但没有充分证据证明 AD 患者的脑区活动以语义知识类型或特征进行明确区分。换言之,语义知识的受损程度并不以范畴和语义特征进行区分。作者认为该研究结果符合 Roger 等提出的语义记忆平行分布模型(parallel distributed processing model)。该模型主张,物体的语义知识具有多方面的模态特异性表征,这些表征对大脑的激活是相互呼应而非独立的,这些激活力量遍布于大脑皮层,最终在一个"跨模态的中心"汇聚。也就是说,大脑皮层各处都被目标物体不同模态的激活力量所激活。鉴于语义特征之间的联系广布于大脑皮层,部分特征知识的丢失会导致语义障碍,但不代表整体语义网络的损伤。语义知识选择性损伤的实质是语义特征对于概念网络的辐射性,即若一个语义特征与多个概念知识有关,其损伤便会导致更广泛的语义损伤。又由于 AD 病理致使的神经损伤会逐渐破坏不同语义特征之间的联系,故 AD 语义损伤实际是一个连续的、渐进的,且与整体认知退化相关的过程。

除了语义特征的差别之外,闵宝权等提出,AD 语义损伤还可能受到不同范畴知识在熟悉度、词频、获得年龄、视觉复杂度、语义距离、加工要求等多方面差别的影响,这也说明以有无生命性进行范畴二分是过于草率的。同样,fMRI 研究发现海马旁回前端和左侧颞上回及颞下回的灰质体积越大(萎缩程度越低)的早期 AD 患者相比于同样脑区萎缩更严重的早期 AD 患者更易产出习得时间较晚的词汇,且相比于同范畴的其他词汇,产出词汇的典型性更小。这是因为,长期语义记忆表征储存在颞叶和额叶的新皮层,尤其位于左脑,而中颞叶对长期语义记忆的表征和提取贡献极小。习得较晚、相对不典型的词汇往往不储存在长期语义记忆中,而这类词汇的损伤与中颞叶的萎缩有很大的相关。Joubert 等分别对 aMCI 患者、AD 患者及健康老人执行语义记忆测试,以此获得 fMRI 结果进行对比研究。研究结果表明,aMCI 患者和早期 AD 患者相比于健康老人,边缘化知识概念比中心知识概念更容易丢失。Lind 也发现,对熟悉度不高的词汇,APOEε4 携带者海马体的激活更弱。

6 结语

本文通过梳理国内外 AD 语义缺陷相关的 fMRI 实证研究发现:(1)从 AD 病理与语义脑网络的关系来看,基于 AD 病理致使的脑损伤是弥散性的,且语义表征分布于广泛的脑皮层并依赖复杂的神经结构网络,易受 AD 病理因素影响的脑区之间形成的补偿机制往往处于动态变化中,并且在病程演进中亦会伴随生理老化和病理老化共同造成的神经资源衰竭而消退,故可借助补偿机制的特点预判临床前阶段和监测管理整体病程;(2) 从 AD 语义损伤的过程来看,AD 语义损伤是一个渐进、连续且与整体认知退化密切相关的过程,同时需结合个体生活经历对语词的特性,如熟悉度、获得年龄、视觉复杂度等方面进行综合考察。因此,需充分结合语言学分析、脑科学分析和对老年个体、特定队列生活现象的考察及多模态语料的收集分析,以实现语言层(语料)、概念层(语言学分析)及实体层(人)3 个研究层面的贯通;(3) 从认知储备来看,语义记忆涉及各种高级认知能力的综合,也是人赖以生存演化最基础的能力,故语义记忆神经代偿相关认知储备的增加对 AD 病理具有很强的抵御作用。

根据黄立鹤对老年语言学学科内涵及使命的构画,老年语言学研究本身具有鲜明的实证主义倾向。赵俊海也提出,未来 AD 语言研究需更加以临床应用为导向。顾曰国对老年语言学研究三层架构的描述更是明确了老年语言学研究需以最终造福实体层,即以助力"积极老龄"为目标。基于此,本文对未来研究提出了相关展望:

从研究视角来看,目前对 AD 语义缺陷神经机制的研究总体还局限于观测 AD 患者在词汇语义层面的脑活动和神经机制,对语言使用的复杂度关注不够。然而,言语交际困难却是影响患者正常生活更为重要的因素,且即席话语是语言治疗康复手段介入最直接有效的方面。因此,未来研究应更加关注 AD 患者在现场即席话语中语言障碍的神经机制,将话语主体的言、思、情、貌纳入综合考量。换言之,未来需结合功能语用、认知语用和社会语用的视角以拓展"神经语用"的视角。"神经语用"的视角有助于我们认识老年人,尤其是言语行为能力受损的老年特殊人群,如 AD 患者在不同的真实互动情景中无法充分整合语境信息、以连贯简洁清晰的言语表达成功实现交际行为,从而调用各种策略实现语用补偿和身份构建的神经基础。

从研究内容来看,目前研究倾向于将语义记忆和情景记忆分而观之,探究两者不同的脑机制。但最近有研究表明,语义记忆与情景记忆之间本身就存在密不可分、相互促进的关系。此外,人不仅仅是普遍语言能力的持有者,更是自身人生故事的叙述者,尤其到了老年阶段更是如此。饱满的人生经验、漫长的人生回忆,一方面是老年人自身最易调动和运用的珍贵、独特的语料,另一方面,人生历程记忆自身的丰富、精细程度亦潜在地影响着时间、疾病给大脑蒙上"阴影"的过程,进而影响语言和认知能力退化的质与量。顾曰国也提出,基于自传体记忆(情景记忆)的人生叙事是应对生理、病理老化过程中语言与认知衰老最有效的方法之一。因此,未来需考虑生理老化与病理老化过程中语义记忆和情景记忆的神经关联。

从研究对象来看,目前 AD 语言研究的主体仍是母语为印欧语系语言的老年群体,对汉语 AD 患者语义缺陷神经基础的研究过少。然而,不同语言使用者语言发展与蚀失的对比研究显示,AD 患者是一个不可或缺的群体,以揭示人类在演化过程中语言、文化与大脑之间的互塑关系。而且,无论从形式、认知还是神经表征上,汉语都具有独特属性。

形式上，汉语缺乏完善的屈折变化系统，具有块状性和离散性，是主题突出的语言。认知上，汉语具有强空间性思维特质，英语具有强时间性思维特质，且时空定位能力损伤也是AD患者的一个重要病理表现。神经表征上，已有研究表明，汉语的语义表征神经机制和印欧语系有诸多差别，如汉语的语义表征偏向双侧化，而印欧语系语言的语义表征左侧化程度更高。鉴于此，对汉语AD群体的关注，对其语言障碍神经基础的研究将直接推动中国老年语言学和病理语言学理论的发展和针对汉语AD患者的言语认知治疗方法的创新，这尤其应将是中国语言学者努力开拓和耕耘的方向。

从研究方法上看，当前AD语言研究主要为横向研究，亟需更多的追踪研究揭示AD患者语言蚀失在增龄及疾病发展中的变化。同时，由于大脑活动和AD病理的复杂性，在当前的技术发展水平下，很难将AD的神经病理学特征与特定脑区活动准确联系起来，从而对生物标志物的有效性提出了挑战。因此，将人工智能技术与语言本体研究深度结合也将在未来AD患者语言研究及临床应用中发挥更大的作用。

参考文献

[1] Adamczuk, K., De Weer, A. S., Nelissen, N., et al. (2016). Functional changes in the language network in response to increased amyloid β deposition in cognitively intact older adults. *Cereb Cortex*, 26(1), 358-373.

[2] Almeida, V. N., Radanovic, M. (2022). Semantic processing and neurobiology in Alzheimer's disease and Mild Cognitive Impairment. *Neuropsychologia*, 174: 108337.

[3] Anderson, A. J., Lin, F. (2019). How pattern information analyses of semantic brain activity elicited in language comprehension could contribute to the early identification of Alzheimer's Disease. *Neuroimage Clin*, 22: 101788.

[4] Braak, H., Braak, E. (1991). Neuropathological stageing of Alzheimer-related changes. *Acta neuropathologica*, 82(4), 239-259.

[5] Catricalà, E., Della Rosa, P. A., Parisi, L., et al. (2015). Functional correlates of preserved naming performance in amnestic mild cognitive impairment. *Neuropsychologia*, 76, 136-152.

[6] Chen, Y. T., Hou, C. J., Derek, N., et al. (2021). fMRI investigation of semantic lexical processing in healthy control and Alzheimer's disease subjects using naming task: A preliminary study. *Brain Sci*, 11(6), 718.

[7] Clark, L. J., Gatz, M., Zheng, L., et al. (2009). Longitudinal verbal fluency in normal aging, preclinical, and prevalent Alzheimer's disease. *Am J Alzheimers Dis Other Demen*, 24(6), 461-468.

[8] Darby, R. R., Brickhouse, M., Wolk, D. A., et al. (2017). Effects of cognitive reserve depend on executive and semantic demands of the task. *J Neurol Neurosurg Psychiatry*, 88(9), 794-802.

[9] Griggs, R. A. (1976). Semantic memory: a bibliography, 1968-1975. *Percept Mot Skills*, 43(3Pt 1), 723-728.

[10] Grady, C. L., Mcintosh, A. R., Beig, S., et al. (2003). Evidence from functional neuroimaging of a compensatory prefrontal network in Alzheimer's disease. *J Neurosci*, 23(3), 986-993.

[11] Grossman, M., Koenig, P., Glosser, G., et al. (2003). Neural basis for semantic memory difficulty in Alzheimer's disease: an fMRI study. *Brain*, 126(Pt 2), 292-311.

[12] Grossman, M., Peelle, J. E., Smith, E. E., et al. (2013). Category-specific semantic memory: converging evidence from bold fMRI and Alzheimer's disease. *Neuroimage*, 68, 263-274.

[13] Gu, Y. G. (2022). Reflections on the Foundation of Corpus Construction: An Argument for Experience-based Conceptualization. DOI: 10.17469/O2106SLI000002.

[14] Hantke, N., Nielson, K. A., Woodard, J. L., et al. (2013). Comparison of semantic and episodic memory BOLD fMRI activation in predicting cognitive decline in older adults. *J Int Neuropsychol Soc*, 19(1), 11-21.

[15] Joubert, S., Brambati, S. M., Ansado, J., et al. (2010). The cognitive and neural expression of semantic memory impairment in mild cognitive impairment and early Alzheimer's disease. *Neuropsychologia*, 48(4), 978-988.

[16] Lind, J., Persson, J., Ingvar, M., et al. (2006). Reduced functional brain activity response in cognitively intact apolipoprotein E epsilon4 carriers. *Brain*, 129(Pt 5), 1240-1248.

[17] Mickes, L., Wixted, J. T., Fennema-Notestine, . C, et al. (2007). Progressive impairment on neuropsychological tasks in a longitudinal study of preclinical Alzheimer's disease. *Neuropsychology*, 21(6), 696-705.

[18] McGeown, W. J., Shanks, M. F., Forbes-Mckay, K. E., et al. (2009). Patterns of brain activity during a semantic task differentiate normal aging from early Alzheimer's disease. *Psychiatry Res*, 173(3), 218-227.

[19] Nelissen, N., Vandenbulcke, M., Fannes, K., et al. (2007). Abeta amyloid deposition in the language system and how the brain responds. *Brain*, 130(8), 2055-2069.

[20] Nelissen, N., Dupont, P., Vandenbulcke, M., et al. (2011). Right hemisphere recruitment during language processing in frontotemporal lobar degeneration and Alzheimer's disease. *J Mol Neurosci*, 45(3), 637-647.

[21] Paek, E. J., Murray, L. L., Newman, S. D. (2020). Neural correlates of verb fluency performance in cognitively healthy older adults and individuals with dementia: A pilot fMRI study. *Front Aging Neurosci*, 12: 73.

[22] Peelle, J. E., Powers, J., Cook, P. A., et al. (2014). Frontotemporal neural systems supporting semantic processing in Alzheimer's disease. *Cogn Affect Behav Neurosci*, 14(1), 37-48.

[23] Rao, S. M., Bonner-Jackson, A., Nielson, K. A., et al. (2015). Genetic risk for Alzheimer's disease alters the five-year trajectory of semantic memory activation in cognitively intact elders. *Neuroimage*, 111, 136-146.

[24] Reinartz, M., Gabel, S., Schaeverbeke, J., et al. (2021). Changes in the language system as amyloid-β accumulates. *Brain*, 144(12), 3756-3768.

[25] Saykin, A. J., Flashman, L. A., Frutiger, S. A., et al. (1999). Neuroanatomic substrates of semantic memory impairment in Alzheimer's disease: Patterns of functional MRI activation. *J Int Neuropsychol Soc*, 5(5), 377-392.

[26] Seidenberg, M., Guidotti, L., Nielson, K. A., et al. (2009). Semantic memory activation in individuals at risk for developing Alzheimer disease. *Neurology*, 73(8), 612-620.

[27] Smith, J. C., Nielson, K. A., Woodard, J. L., et al. (2011). Interactive effects of physical activity and APOE-ε4 on BOLD semantic memory activation in healthy elders. *Neuroimage*, 54(1), 635-644.

[28] Smith, J. C., Nielson, K. A., Antuono, P., et al. (2013). Semantic memory functional MRI and cognitive function after exercise intervention in mild cognitive impairment. *J Alzheimers Dis*, 37(1), 197-215.

[29] Stern, Y. (2012). Cognitive reserve in ageing and Alzheimer's disease. *Lancet Neurol*, 11(11), 1006-1012.

[30] Sperling, R., Mormino, E., Johnson, K. (2014). The evolution of preclinical Alzheimer's disease: implications for prevention trials. *Neuron*, 84(3), 608-622.

[31] Tulving, E., Donaldson, W., Bower, G. H., United States Office of Naval Research. (1972). *Organization of Memory*. NY, USA: Academic Press.

[32] Vandenbulcke, M., Peeters, R., Dupont, P., et al. (2007). Word reading and posterior temporal dysfunction in amnestic mild cognitive impairment. *Cereb Cortex*, 17(3), 542-551.

[33] Venneri, A., Mcgeown, W. J., Hietanen, H. M., et al. (2008). The anatomical bases of semantic retrieval deficits in early Alzheimer's disease. *Neuropsychologia*, 46(2), 497-510.

[34] Venneri, A., Jahn-Carta, C., De Marco, M., et al. (2018). Diagnostic and prognostic role of semantic processing in preclinical Alzheimer's disease. *Biomark Med*, 12(6), 637-651.

[35] Wierenga, C. E., Bondi, M. W. (2007). Use of functional magnetic resonance imaging in the early identification of Alzheimer's disease. *Neuropsychol Rev*, 17(2), 127-143.

[36] Wierenga, C. E., Stricker, N. H., Mccauley, A., et al. (2010). Increased functional brain response during word retrieval in cognitively intact older adults at genetic risk for Alzheimer's disease. *Neuroimage*, 51(3), 1222-1233.

[37] Wierenga, C. E., Stricker, N. H., Mccauley, A., et al. (2011). Altered brain response for semantic knowledge in Alzheimer's disease. *Neuropsychologia*, 49(3), 392-404.

[38] Woodard, J. L., Seidenberg, M., Nielson, K. A., et al. (2009). Semantic memory activation in amnestic mild cognitive impairment. *Brain*, 132(Pt 8), 2068-2078.

[39] Woodard, J. L., Seidenberg, M., Nielson, K. A., et al. (2010). Prediction of cognitive decline in healthy older adults using fMRI. *J Alzheimers Dis*, 21(3), 871-885.

[40] 顾曰国. (2013). 论言思情貌整一原则与鲜活话语研究——多模态语料库语言学方法. 当代修辞学, (06), 1-19.

[41] 顾曰国. (2019). 老年语言学发端. 语言战略研究, 4(05), 12-33.

[42] 黄立鹤, 朱琦. (2019). 老年语言学研究的语用维度：视角、方法与议题. 华东师范大学学报(哲学社会科学版), (6), 129-137.

[43] 黄立鹤. (2022). 老龄社会与老年语言学的学科内涵与使命. 黄立鹤(主编), 老年语言学研究新进展(pp. 4-12). 上海：同济大学出版社.

[44] 黄立鹤. (2022). 老龄化与老年语言学引论. 上海：同济大学出版社.

[45] 刘建鹏. (2019). 阿尔茨海默症患者话语的非名词性资源蚀失. 当代语言学, 21(04), 602-617.

[46] 闵宝权, 周爱红, 张亚旭. (2011). 阿尔兹海默病患者中的范畴特异性语义记忆损伤. 心理科学进展, 19(10), 1453-1459.

[47] 王士元. (2011). 语言、演化与大脑. 北京：商务印书馆.

[48] 吴国良, 徐训丰, 顾曰国, 等. (2014). 痴呆症(智退症)临床语言使用障碍研究概述. 当代语言学, 16(04), 452-465.

[49] 赵俊海. (2022). 阿尔茨海默型痴呆症语言研究的进展及动向. 当代外语研究, (03), 102-112.

汉语阿尔茨海默病患者口语非流利性研究

黄立鹤　杨晶晶

1　引言

阿尔茨海默病(DAT)是一种起病隐匿、进行性发展的神经系统退行性疾病,临床上表现为记忆障碍、失语、失用、视知觉障碍等特征。最近十几年,关于认知障碍的研究重心有所转移,研究者从对阿尔茨海默病的病理机制研究逐渐转向了对其前期的识别和干预(杨群、张清芳,2015),语言就是其中的一个重要维度。阿尔茨海默病患者随着患病程度的加深会表现出不同程度的语言损伤,语言标记物已成为临床诊断的重要参考之一,患者在语言上的障碍也受到了国内外学者的广泛关注。目前已有学者分别从语音、词汇、句法、语义、语用篇章等不同层面对 DAT 患者的语言特征进行描写(Sajjadi et al., 2014; Young et al., 2016; Drott, 2018),但鲜有学者对其口语表达能力特别是从流利性维度进行深入研究,且缺乏对汉语为母语的老年患者的研究。

本研究以 Levelt(1989)的言语产出模型为理论框架,采用定量和定性分析相结合的方法,借用二语习得领域口语流利性研究的量化指标,结合具体语料加以详细分析,探讨 DAT 患者汉语口语产出的非流利现象和心理加工过程。

2　文献综述

2.1　口语流利性研究与阿尔茨海默病

口语产出流利性是衡量语言表达能力的重要维度之一(王希竹、彭爽,2017),受到了国内外学者的广泛关注。自国内学者张文忠(2000),张文忠、吴旭东(2001),杨军(2004)

【基金项目】本文系 2019 年国家社会科学基金青年项目"基于多模态语料库的阿尔茨海默症老年人语用能力蚀失研究"(19CYY018)阶段性成果。
【作者信息】黄立鹤,教授,同济大学老龄语言与看护研究中心/外国语学院。
　　　　　杨晶晶,博士研究生,同济大学老龄语言与看护研究中心/外国语学院,斯坦福大学。
【注】本文首刊于《当代语言学》2022 年第 2 期。

相继介绍了国外口语非流利产出的理论和研究现状后,口语非流利产出引起了国内学术界特别是二语习得领域的兴趣和重视。周爱洁、张弛(2006)基于人们对流利性的一般常识性理解,从流畅度、从容度和速度3个角度界定流利性,并借用Towell等(1996)考察口语流利性时用到的语速、发音速度、发音时间比、平均语流长度以及平均停顿长度5个时间性指标,对英语学习者的口语语料进行了流利性测量。口语产出是一项复杂的认知行为。说话者必须围绕主题,监管话语内容,注意语法和发音,保持语意连贯,同时还要满足听话者的文化需要(Levelt,1989)。口语产出还涉及多个认知加工过程,是大脑认知能力的综合体现。口语能力检测也是认知障碍检测的重要维度。简明精神状态量表(MMSE)、蒙特利尔认知评估量表(MOCA)、Mattis痴呆评定量表(DRS)等常用筛查量表都包含语音重复、语义命名、词语流畅性等语言测试项目(黄立鹤等,2019)。这些任务的加工过程都是典型言语产出任务,表明口语产出能力确实是认知障碍检测中的重要方面(杨群、张清芳,2015)。自然口语中存在的大量重复、停顿、口误等非流利现象,一般被认为是言语计划和言语形成过程遇到问题所致(马冬梅,2012)。因此,对DAT患者口语非流利现象的研究为我们窥探该人群口语产出的心理加工过程提供了窗口,也可用于进一步分析非流利现象与其他认知能力衰退之间的关系。

2.2 理论框架与研究内容

不少学者对人类言语产出过程提出了自己的猜想和假设,其中较为著名的是Levelt(1989)提出的言语产出模型。Levelt以理想中的母语使用者为研究对象,提出言语产出主要由"概念形成机制"(conceptualizer)、"形式合成机制"(formulator)和"发声机制"(articulator)三部分构成。"概念形成机制"是概念化准备阶段,讲话者在这一阶段制定言语计划,合成将要表达的信息内容。这一部分通常与讲话者对自我和外部世界的认知有关;"形式合成机制"涉及语法编码和语音编码2个步骤,用于将概念化阶段合成的信息内容转化为语言内容,建立语言结构;"发声机制"则是将语言结构转化为实际的话语,确保言语计划的顺利执行和信息内容的顺利输出。3个机制中的任何一个机制出现问题都将影响口语表达的流利性。在言语表达过程中,"自我监管机制"始终贯穿于概念形成机制、形式合成机制和发声机制的运作过程,监管计划或言语中的问题,并及时做出修正,以保证听话者能够领悟自己的真实意图。言语产出模型为口语表达研究提供了理论框架,已有不少学者将其用于对二语学习者口语非流利现象的分析(王希竹、金晓艳,2020)。

流利性是个复杂的概念,至今没有公认的定义(张文忠,1999)。Lennon(1990)认为口语流利性是一种言语表现行为,应当与词汇多样性、语言得体性和句法正确度等语言知识进行区分。周爱洁、张弛(2006)基于人们对于流利性的一般常识性理解,从流畅度、从容度和速度3个角度对流利性进行界定。流利性和非流利性是相对概念,言语表达中不属于说话者有意为之的言语策略、没有明显语用价值的表现,都属于口语非流利现象(刘楚群，2016）。不同学者对非流利的分类体系也各有不同。Maclay 和 Osgood(1959)从普通语言学角度归纳出"填充停顿、无声停顿、重复、错误开始"4 种犹豫现象；Levelt(1983)从心理语言学角度总结了自我修正的五大种类，分别是不同内容修正(D-repair)、隐形修正(C-repair)、恰当性修正(A-repair)、错误修正(E-repair)、其他修正(R-repair)；Shriberg(1994)从言语应用研究角度将"重复、替换、插入、删除、填充停顿、编辑语、不完整单词、特殊话语标记语"8 项内容纳入研究体系；马冬梅(2012)基于对前人非流利分类的总结，提出新的非流利分类体系，将非流利产出的主要表现形式归纳为非流利停顿、非流利重复、非流利填充语和自我修正 4 个部分。尽管学者对流利性或非流利性的定义各有不同，但几乎都将停顿、重复、自我修正等现象纳入研究范围。

停顿是自然语言产出的一个基本特征，但停顿过多或停顿位置不当就会阻碍交际的顺畅进行，因此停顿也常被作为评判口语产出是否流利的重要标准之一（缪海燕，2009；高莹、樊宇，2011）。根据停顿时是否发音，停顿可以进一步分为非填充停顿(unfilled pause)和填充停顿。马冬梅(2012)认为填充停顿是指"非故意、以声音或词汇形式填补语流但未表达计划言语内容的现象"，并将填充停顿划分为词汇填充语、拖音和准词汇填充语三大类。王希竹、金晓艳(2020)对汉语二语学习者口语中的填充停顿现象细分为 4 类：口语产出过程中出现的对言语理解无意义的 e、en 等非词汇音节，"那个、然后"等有意义的词或话语成分，功能性短语，笑声、清嗓子等其他有声填充。

Levelt(1983)、Holmes(1988)、Shriberg(1994)等对非流利的研究表明重复是非流利现象的主要类型之一（陈浩，2013）。重复可以分为故意重复和非故意重复两类，前者在语言表达中起强调作用，属于特定的修辞方式，不影响语言的流利性表达；而后者指说话人不自觉或不能自控的话语重复现象，往往包含音节、单词或多个单词的非故意重复（马冬梅，2012；刘楚群，2016），使话语显得冗长不流利。非流利重复一定程度上反映了言语计划压力，讲话者通过原封不动地重复前文来拖延时间，调整言语计划，以保证口语表达的顺利进行（王希竹、彭爽，2017）。

修正是指当讲话人监测到言语表达的错误时，通过插入、替换、删除等方式进行自我修正，保证话题的顺利进行。其中"插入"指"以待修正区为基础，在修正区插入一个或多个词语的操作"；"替换"指"在语法和语义上对等成分相替代的操作"；"删除"则是"去除在修正区中没有对应词语的待修正区的操作"（马冬梅，2012）。这种自我修正行为虽然提高了口语表达的准确性，但也对口语表达的流利性造成了影响（王希竹、彭爽，2017）。

有学者总结了老年人口语非流利现象的 6 种类型，分别是冗余性重复、填塞语、话语缺损、口误、后语抢先、舌尖现象(TOT)，并对其中的非流利性词内重复和"呃"类填塞语进行了较为详细的研究（刘楚群，2016；2020）。国内学者对老年人中特殊群体的口语非流利现象的研究亟待开展，该问题与 DAT 患者的口语产出和认知衰退机制两个领域密切相关，研究结果将有助于进一步完善语言产出模型和相关理论，并对 DAT 患者的临床诊断和语言康复训练具有重要意义。

3 研究设计

3.1 研究问题

本研究旨在回答两个问题：(1) 流利和非流利是相对概念，那么 DAT 患者的口语流利性与健康同龄对照组（NC 组）是否存在差异？如果存在，主要体现在哪些方面？(2) DAT 患者口语非流利现象产出的心理加工过程是什么？

3.2 研究被试

本研究选取 20 名汉语为母语的 DAT 患者和 20 名健康同龄对照组为研究对象。所有被试在数据采集前均已接受简明精神状态量表（MMSE）、蒙特利尔认知评估量表（MOCA）等认知评估测试，并由上海市某三甲医院神经内科临床医生诊断，分为阿尔茨海默病组和健康老年组。其中，20 名 DAT 患者平均年龄为 73.8 岁（SD=7.55），20 名健康对照组的平均年龄为 71.2 岁（SD=6.33），Mann-Whitney 非参数检验 p=0.249，说明两组被试在年龄上不存在显著差异。DAT 患者组 MOCA 平均得分 8.9（SD=2.47），NC 组 MOCA 平均得分 24.8（SD=1.89），Mann-Whitney 非参数检验 p=0.000，说明两组被试的认知水平存在显著差异，符合分组要求。

3.3 数据收集

本研究采用"看图说话"的话语诱导方式，收集被试的口语产出语料。提供的图片包含了人物、时间、场景、行为目的等事件因素，预设了可能使用的汉语句式（翟艳，2011）。此外，图片具有输入直观、不受阅读和听力水平影响等特点，能保证被试间输入的一致性（翟艳、冯红梅，2014）。本实验选用 Goodglass 和 Kaplan（1983）设计的"波士顿诊断性失语症测验"（The Boston Diagnostic Aphasia Examination）中的"偷吃饼干图"（Cookie Theft）作为语料刺激图片（图 1）。此图片已被广泛应用于临床语言能力评估及 DAT 患者的言语研究中（Hier et al.，1985；Dijkstra et al.，2004；Gitit & Dassa，2018）。

在实验过程中，主试人员向每名被试展示图片，并根据测试要求，在任务开始前向每名被试说明"请尽量用普通话以完整句子的形式说出图片上发生的故事"。采集员在被试进行图片描述时采用高采样率的数码录音笔录音。

3.4 数据处理

语料收集完毕后，研究员将 40 份口语录音文件如实转写，根据研究需要，只选取被试对图片自主描述的部分，被试与主试之间的问答对话不纳入研究范围，共获得研究语料 4 992

图 1　"波士顿诊断性失语症测验"中的"偷吃饼干图"

个汉字。采用 Cool Edit 语音分析软件统计时间性指标,然后将数据导入 SPSS 软件,对两组被试的数据进行两个独立样本的非参数统计检验,检验类型为 Mann-Whitney 检验。

3.5　量化指标

虽然非流利性是一个复杂的概念,没有公认的定义,但一般包含上述的"停顿、重复、修正"3 个现象,因此,本文从速度流利度、停顿流利度、非流利重复和自我修正 4 个方面入手对 DAT 患者和同龄健康对照组的口语非流利性进行考察(表1)。

表 1　流利性测量指标

研究内容	研究指标	统计方法
速度流利度	语速(speech rate, SR)	音节数/总说话时间(含停顿时间)
	发音速度(articulation rate, AR)	音节数/发音时间(不含停顿时间)
	发音时间比(phonation-time ratio, PTR)	发音时间/总说话时间
	平均语流长度(mean length of runs, MLR)	言语样本的音节总数/所有达到或超过 0.3 秒停顿的总次数(除首尾外)
停顿流利度	无声停顿频率(frequency of silent pauses, FSP)	0.3 秒及以上停顿次数/发音时间×60

续　表

研究内容	研究指标	统计方法
停顿流利度	无声停顿平均长度（mean length of silent pauses，MLP）	0.3秒及以上停顿时间/停顿数
	填充停顿频率（number of filled pauses，NFP）	填充停顿次数/发音时间×60
	填充停顿长度（mean length of filled pauses，MLFP）	填充停顿时间/停顿数
非流利重复	每分钟重复频率（frequency of repitition，FRp）	重复次数/文本所用秒数×60
自我修正	每分钟修正频率（frequency of revision，FRv）	自我修正次数/文本所用秒数×60

速度流利度是对流利性最基本的考察，主要包含语速、发音速度、发音时间比和平均语流长度。语速指每秒钟发出的音节数，通常用言语样本的音节总数与产出言语样本所用时间的比值来表示（周爱洁、张弛，2006）；发音速度指在发音时间内平均每秒发出的音节数；发音时间比是用于发音的时间与言语样本产出总时间的比值；平均语流长度指所有每两次停顿之间语流的平均长度，表示为话语产出的音节总数与停顿总次数的比值（周爱洁、张弛，2006）。

停顿流利度是对停顿现象的考察，主要包含无声停顿和填充停顿2个方面，并分别计算停顿频率和停顿平均长度。学界对停顿的时间界定尚未有统一看法，但多以0.3秒作为停顿的阈值（张文忠，2000；缪海燕，2009）。本文沿用前人做法，将停顿定义为发生在句内或句间0.3秒及以上的间歇。在填充停顿的定义上，借用王希竹、金晓艳（2020）的分类方法，根据实际语料分析情况，在原有的4个类别的基础上增加"拖音"一类，因此填充停顿共有5个小类：无意义的音节填充（F1）、有意义的词或话语成分填充（F2）、功能性短句（F3）、拖音（F4）以及其他填充（F5）。

对重复和修正现象的考察主要借用于涵静（2020）所使用的指标，统计每分钟内重复或自我修正的次数。

4　研究结果

数据收集整理后，采用2个独立样本的Mann-Whitney检验来判断两组被试在各个指标上是否存在显著差异，统计检验结果见表2。

表 2 研究指标统计分析结果

指标名称	DAT 组		NC 组		p 值
	平均值	标准差	平均值	标准差	
语速	2.201	0.649	2.565	0.575	0.046*
发音速度	4.501	0.486	4.352	0.461	0.231
发音时间比	0.486	0.131	0.593	0.133	0.01**
平均语流长度	8.025	2.151	8.986	3.696	0.799
无声停顿频率	16.781	3.896	18.383	4.222	0.277
无声停顿平均长度	2.007	0.856	1.395	0.652	0.01**
填充停顿频率	10.101	5.347	8.608	3.255	0.429
填充停顿次数长度	0.682	0.224	0.625	0.253	0.495
每分钟重复频率	2.992	2.603	2.882	2.841	0.620
每分钟修正频率	1.366	1.461	1.204	1.516	0.602

注：* 表示 $p<0.05$；** 表示 $p<0.01$。

4.1 速度流利度

从表 2 数据可以看出，DAT 患者和健康对照组在口语流利度上的差异主要体现在速度流利度中的语速和发音时间比这 2 个指标。语速考察的是单位时间内被试的音节产出量，统计结果在 0.05 置信水平上具有显著意义，表明健康对照组单位时间内比 DAT 患者产出更多的音节。两组被试的发音速度指标不存在差异，说明在有效的发音时间内，两组被试的话语产出速度相差无几。那么，语速的差异可能来源于 DAT 患者拥有较长的产出总时间。发音时间比是单个被试发音总时长与言语样本总时长的比值，统计结果在 0.01 置信水平上具有显著意义，说明在整个言语样本产出阶段，健康对照组发音时间占比更大，而 DAT 患者有较长的停顿沉默时间，这也是造成言语产出总时间较长的原因。虽然健康对照组的平均语流长度长于 DAT 患者，但两组被试这一指标的差异没有达到统计意义上的显著性。

4.2 停顿流利度

停顿是衡量口语流利的关键指标，由此可以窥见说话者在言语产出过程中的认知状态和心理状态。在本研究中，健康对照组和 DAT 患者口语中存在着数量相当的无声停顿，但就无声停顿的平均长度而言，DAT 患者的停顿时长显著大于健康对照组。为了进一步分析两组被试在无声停顿时长上的差异，本研究统计了所有被试所有无声停顿的时长，发现虽然两组被试无声频率不存在显著差异，但 DAT 患者的长时间无声停顿频率更高。0.3~1秒的无声停顿在DAT患者组占到总无声停顿次数的41%,而在健康对照组中是56%。DAT患者组1~2秒和2~3秒在总无声停顿的总占比与健康对照组差异不大,分别是31%和8%,健康对照组是28%和7%。但两组被试在3秒以上的无声停顿出现频率上表现出较大差异,DAT患者组3秒以上无声停顿的占比为20%,而健康对照组仅有10%。Wood(2001)将2秒作为非正常流利停顿的标准,若采用这一标准,DAT患者组的非正常流利停顿在总无声停顿中的占比为28%,健康对照组为17%,存在较大的差距。由此可以看出,相比于健康对照组,DAT患者在言语产出过程中更容易出现长时间的停顿,这可能是由于疾病侵袭,阿尔茨海默病患者执行功能等认知能力下降,需要更长的时间组建概念层面的信息内容,因此"制定计划—建立结构—执行计划"的言语周期更长,新周期的制定计划出现困难,因而导致两个句法单位之间存在较长时间的停顿。

本研究通过对无声停顿出现位置的统计分析发现,虽然DAT患者和健康对照组话语中无声停顿的数量相当,但从位置分布上看,健康对照组的无声停顿多出现在句法单位的边界,而DAT患者在非分界处的无声停顿占比更大,位置不恰当的停顿导致患者的言语给人不自然和不流利的印象。

在填充停顿的指标上,DAT患者组共计出现填充型停顿209次,健康对照组出现140次,但两组被试的填充停顿频率和填充停顿平均长度差异均不显著。本研究根据填充内容将填充停顿分为五类。其中,非流利功能性短句填充占比最高(DAT患者44%,健康对照组38%);其他依次是有意义的词或话语成分填充(DAT患者28%,健康对照组26%)、无意义的音节填充(DAT患者16%,健康对照组10%)、拖音(DAT患者10%,健康对照组19%)、其他填充(DAT患者5%,健康对照组4%)。

4.2.1 非流利功能性短句填充(F3)

对语料进一步分析发现,非流利功能性短句填充主要存在两种不同类型。

第一种是出现频率最高的"自我询问型短句"。这些自我询问与图片主题无关,对表达内容理解无益,听话人也不需要对这些询问进行任何反馈。如:

例(1) 这个是窗[窗]帘布,外面是绿化。还有什么<F3>? 这个嘛<F2>,她在洗碗。

例(2) 这个小女孩大概拿了饼干,要给这个小女孩吃。对吧<F3>。

例(1)中,讲话人在表达完窗帘布、绿化等信息单位后,遇到了言语计划障碍,新一周期的"制定计划—建立结构—执行计划"还未完成,在此过程中,为了避免长时间的停顿,讲话人通过说出"还有什么"来拖延时间,缓解因缄默而造成的尴尬。

例(2)中的"对吧"是较常使用的填充语。这时的"对吧"主要有两种功能,第一种是表达自己不确定的心理状态,借用询问的方式企图得到听话人对话语内容的认可。但大多数情况下,讲话人并非真要得到听话人的确切回复,只是显露自己当下的心理诉求。第二种是讲话人不自觉的言语习惯,并非有意为之的话语成分。本文通过分析发现,10%的讲话人说出了54.3%的"是吧、对吧",这种无法自控的言语表现已经成为了说话人的话语习惯。

第二种功能性填充短句是评价型短语填充。讲话人在话语产出过程中通过"这个我也不知道对不对、这个是什么看不清楚"等来表明当下在看图说话任务中遇到的困难。例如在例(3)中,讲话者口语产出遇到较大的障碍且自己无法解决,采用评价图片或当前任务的方式向主试人员表明遇到的困难,缓解面子威胁。

例(3) 这个窗户外面,这是<F2>应该是外面的道路吧。这个像什么<F3>,这个什么东西啊看不出来<F3>。

4.2.2 有意义的词或话语成分填充(F2)

第二大类常见的非流利填充停顿类型是"有意义的词或话语成分填充"。代词如"那/那个、这/这个、什么",关联词如"然后、还有",副词"就/就是"等在正常语境中具有实际含义但不发挥信息传递功能的词是较为常见的停顿填充词。这些词存在与否对句法和意义表达都不造成影响。DAT患者的该类型填充占到总填充停顿的28%,健康对照组是26%。这类非流利填充停顿主要起到时间缓冲作用。说话人在言语过程中突然出现想不起目标词的情况,就会不自觉地说出"这个、那个、什么"等填塞性词语,客观上为大脑搜索目标词赢得时间(刘楚群,2016),如例(4)。

例(4) 这个<F2>有个男小孩在[在]拿那个<F2>饼干。

4.2.3 无意义的音节填充(F1)与拖音(F4)

"无意义的音节填充"是另一常见类型。该填充发生在句首时提示言语计划困难,甚至可能与老年人口吃式表达习惯相关(刘楚群,2020);发生在句中时,提示词汇提取困难。拖音现象从填充内容上与无意义的音节填充相似,不过拖音的音节不是完全独立的,往往与前面的单词相关,且多发生在句中和句末,如例(5)。但无论是"无意义的音节填充"还是"拖音填充",往往都起到缓解时间压力的作用。例(5)中讲话人说出动作行为的实施者"妇女"后,由于未能有把握地看清图片内容,所以采取了拖音的策略,为识别图片内容,组织后续言语争取时间。

例(5) 这<F2>一个妇女<F4>,在洗[洗]盘子啊,还是什么看不清楚<F3>。

总的来看,通过对停顿流利度的分析,可以看出DAT患者和健康对照组言语产出中虽然存在着相近频率的无声停顿,但DAT患者平均停顿时间更长,长时间的停顿频率更高,一定程度上反映其在言语计划上的困难;且健康对照组多为句法交界处停顿,而DAT患者的无声停顿多出现在句中。位置不恰当的停顿导致患者言语的主观流利度下降。两组被试在填充停顿的出现频率和停顿时长上没有显著差异。

4.3 非流利重复

重复是口语产出中常见的非流利现象。本研究采用于涵静(2020)的统计方法,用每分钟发生重复的次数来考察口语产出中的重复现象,结果发现两组被试在这个指标上的差异未达到0.05水平上的统计显著性。虽然在每分钟发生的重复次数上两组被试没有显著差异,但在重复类型的分布上存在较大不同。本文根据重复发生的原因,将重复分为由言语计划障碍造成的重复和取词困难重复两类。其中,言语计划重复多发生在句末、分句边界和句内可分割成分之间,如完整单词的重复、短语的重复或短句的重复,这类重复多体现讲话人的言语计划障碍,为制定下一步的言语计划争取时间。由取词障碍造成的重复多发生在单词或短语内部,如"拿这个[这个、这个]饼干",或"橱[橱]柜"等,体现的是被试的找词困难。在整个发音时间内,20 名 DAT 患者共发生重复 63 词,其中 49.2% 是由言语计划造成的重复,50.8% 是由取词困难造成的重复;20 名健康对照组共计重复 43 词,72.1% 是言语计划造成的重复,27.9% 是由取词困难造成的重复。因此从造成重复的原因上可以看出,DAT 患者存在明显的取词困难,可能和因疾病侵袭造成的语义记忆损伤有关。

4.4 自我修正

修正也是学者常用指标之一,本研究用每分钟修正次数考察修正现象,发现两组被试在这一指标上未出现显著差异。修正发生在发声机制运作之后,当讲话人识别到言语表达中的错误时,通过替换、插入等方式对话语内容进行修改。王希竹、彭爽(2017)在 Levelt(1983)提出的修正分类基础上,将言语表达中出现的修正分为错误修正、恰当修正及重构修正。错误修正指讲话人针对话语表达中存在的语音、词汇及语法等方面的错误加以修正的行为;恰当修正是在原本表达内容正确的情况下,选用更恰当的方式对原内容进行补充说明或替换,使听话人更易理解;重构修正可分为重构意义修正和形式修正,指在话语中断之前针对内容层面和形式层面的更改。本研究中 20 名 DAT 患者出现的 22 次修正中,错误修正、恰当修正和重构修正的占比分别是 50%、13.6% 和 36.4%。20 名健康对照组共计修正 18 次,3 种类型的修正占比分别为 44.4%、50% 和 5.6%。从数据中可以看出,DAT 患者的修正主要是错误修正,是对言语表达中语音或词汇错误的修改,而健康老年人多为恰当性修正,说明其本身言语表达没有问题,而是为了更准确地表达思想从而对内容或结构加以完善和精确。

另外,DAT 患者言语中重构修正的占比高于健康对照组。重构修正会改变话语原本含义,属于对"制定言语计划"阶段错误的修正,说明 DAT 患者在制定言语计划阶段存在更多错误。

5 讨论

通过前文分析发现,相比健康对照组,DAT 患者口语中存在平均停顿时间更长、非句法分界处停顿占比更大、单词内部重复频繁和错误修正更多的现象。本节将结合 Levelt(1989)的言语产出模型和阿尔茨海默病的疾病特征对这些结果进行讨论分析,推测 DAT 患者在口语表达中的一系列认知加工过程及非流利现象背后的心理机制(见图2)。

Levelt(1989)提出的言语产出模型为口语表达研究提供了理论框架,在"看图说话"

任务中,讲话人首先经历视知觉刺激,利用自我和外部世界的认识识解图片信息,进行意象编码,制定言语计划,形成前言语信息。前言语信息随后进入"形式合成器",讲话人根据心理词汇知识,对信息进行语法编码和语音编码,合成语音计划,之后利用发声机制将内部心理言语转化为外显的语言传递给听话人,最终形成"制定计划—建立结构—执行计划"的活动周期。这一过程共涉及视觉客体识别、概念化准备、语法编码、语音编码和发音这几项活动,其中任意一项出现问题都有可能造成言语产出的不流利。

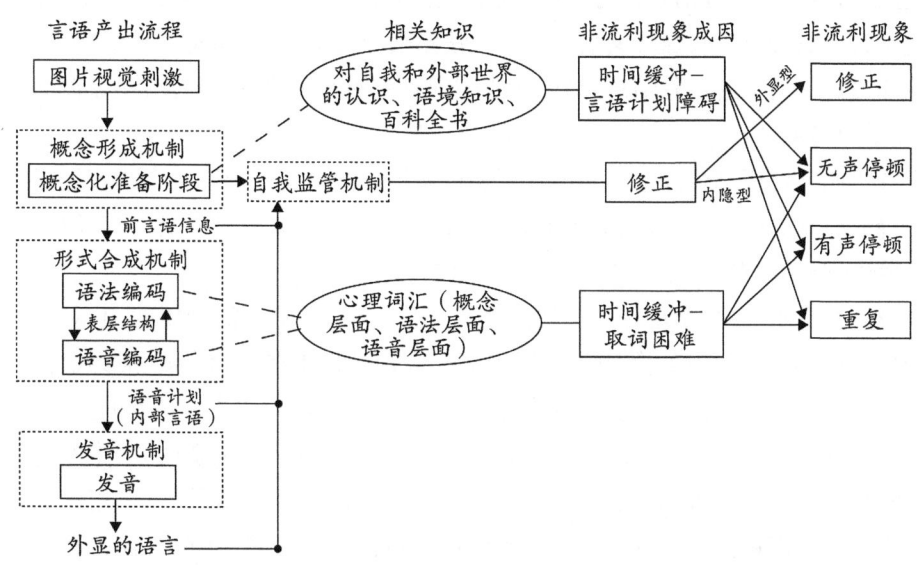

图 2　看图说话任务言语产出机制及对应非流利现象成因基于(Levelt, 1989 修订)

看图说话任务是从视觉客体识别开始的。通过对指标的统计分析发现,DAT 患者平均停顿时间更长,长时间停顿频率更高,表现出语言周期制定计划阶段的困难。脑成像研究显示,在疾病初期,相比于广泛受损的海马体、额叶和颞叶新皮质,负责视觉加工的枕叶相对完好(宋娟、吕勇,2006),视知觉障碍是 DAT 患者晚期才有的特征。但在一些对缺少颜色模态和表面纹理信息的黑白线条图片的视觉加工研究中,DAT 患者较为普遍地存在黑白线条图片识别障碍(Silveri & Leggio, 1996; Paek et al., 2009)。也就是说,在"看图说话"任务的概念化准备阶段,患者在接收视觉刺激后,存在未能成功识别图片内容的风险,可能会直接影响意象编码,导致语言周期"制定计划"阶段出现困难。部分患者因需要更长的客体识别时间,表现出句法单位之间长时间的停顿。为了避免长时间的缄默,部分患者会按照自己理解的但不正确的信息内容对画面进行描述,并在结尾填充评价型短语缓解因说错内容造成的尴尬,如例(5);部分患者会重复之前说过的内容,为识别图片信息,制定言语计划争取时间。

形式合成阶段将概念信息转化为语言内容,需要利用由视觉客体识别得到的意象概念激活特定词汇表征(lemma),并进一步激活特定词汇的语音信息(周晓林等,1999)。

这一过程需要调用存储词汇知识的语义记忆。但神经病理学研究显示，阿尔茨海默病患者大脑皮质出现萎缩，累及颞叶内侧、颞顶联合区及额叶等重要脑区，导致患者语义记忆出现损伤（李坤成，2014），临床表现为找词困难、命名不能、命名错误。本研究分析结果显示，DAT患者表现出多次词内重复和非句法分界处停顿，给人主观上话语不流利的印象。本文推测，语义记忆损伤导致患者语义层面的激活无法有效传递到语音层面，意象和音象之间的映射暂时中断，从而导致语音提取困难。当意象激活无法完全通达到语音层面时，患者只能提取部分语音信息，就可能出现非句法分界处的停顿或音节重复现象，如饼[饼]干、窗[窗]帘布等；当语义信息完全无法激活语音信息时，就可能导致"舌尖现象"，即被试知道这一词汇的意象信息，却无法匹配到对应的音象信息，只能对意象概念进行描述，而使话语显得冗长。

发音机制是对概念合成机制和形式合成机制结果的呈现。患者发音内容受概念合成与形式合成机制的影响，给人话语产出非流利的主观印象。发音特征更多涉及声带结构、喉软骨等生理机能（黄立鹤，2015），不在本文的讨论范围。

自我监管机制贯穿"制定计划—建立结构—执行计划"整个活动周期，起着监控和修正的作用，可分为"内隐型监管"和"外显型监管"。前者发生在概念合成和形式合成阶段，在发音机制运作前就对话语内容进行修正和调整，具体表现为句法分界处的长时间停顿；后者发生在计划执行阶段，当被试察觉到表达有误或表达内容不完善时，会中断对话进行补充、替换或修正（王希竹、彭爽，2017）。对外显型修正的统计结果显示，相比于健康对照组的高恰当性修正占比，DAT患者的错误修正占比更高，与其在概念合成和形式合成阶段遇到的障碍相对应。在概念合成阶段，DAT患者由于视知觉障碍，对图片内容识解存在误差，如将盘子识别为镜子，后在言语产出中结合语境察觉到表达有误，中断对话对错误进行修正。语义障碍导致形式合成阶段意象和音象的映射暂时中断，在无法有效提取目标词语音的情况下，患者可能采用对意象概念进行描述的方式替换目标词，如用"装菜的东西"替代"盘子"。当意象与音象之间的映射通达时，患者会对之前内容进行修正。因此，与健康对照组相比，DAT患者的错误修正频率更高。

本节结合话语产出机制和阿尔茨海默病的病理特征，对DAT患者言语表现进行讨论。可以看出，阿尔茨海默病患者存在一定的视知觉障碍，导致对图片信息的识别失败，影响言语计划制定，在话语上表现为句法分界处长时间的无声停顿、填充停顿和重复现象。语义记忆损伤增加了患者语音信息提取难度，影响言语产出的形式合成机制，主要表现为高频率的词内重复。外显型修正与患者在"制定计划"和"建立结构"阶段遇到的困难相对应，虽然一定程度上反映了被试在话语表达中的监管能力，但不利于流利性的构建。

6 总结

本研究考察了DAT患者和健康对照组在口语流利度表现上的差异。相比健康对照组,DAT 患者在口语流利度上的差异主要体现在语速、发音速度和无声停顿平均长度三个指标,表明患者口语产出时存在较长时间的停顿,一定程度上指向其认知能力的下降。虽然两组被试在其他指标上未出现显著差异,但更进一步的分析发现,DAT 患者的重复现象多与语义记忆损伤相关,其修正也多为错误性修正,指向其语义表征和语音表征之间的联结弱化或提取语义记忆的通道受损。

阿尔茨海默病患者的言语非流利现象,为我们研究人类言语产出机制提供了不同的视角,可以在一定程度上了解相同话语产出条件下,面临不同认知压力的被试如何进行言语规划实现口语产出。目前对 DAT 患者口语流利性的研究主要是语言障碍描述,但仅从语言学的角度出发,尚不能判断造成患者话语非流利的主要原因。本文在此基础上借鉴神经语言学、心理语言学的研究成果对 DAT 患者的话语表现进行了尝试性解读。但如何打通语言现象描述、认知机制解释和病理结构支撑的研究逻辑链还需不同学科共同努力,特别是阿尔茨海默病患者认知功能损伤的神经现实性这一环节。需要指出,本研究所得出的口语非流利特征具有一定的敏感性,一定程度上反映出 DAT 患者的语义记忆损伤和视知觉障碍,但特异性略有不足,不是阿尔茨海默病患者特有的语言表现。学者或可尝试历时追踪研究,探究口语表达能力随病程发展的互动关系,深入探讨阿尔茨海默病患者的语言衰退进程,找寻患者口语表达的特异性指标。

参考文献

[1] Towell, R., Hawkins, R., Bazergui, N. (1996). The development of fluency in advanced learners of French. *Applied Linguistics*, 17(1), 84-119.

[2] Wood, D. (2001). In search of fluency: What is it and how can we teach it. *Canadian Modern Language Review*, 57(4), 573-589.

[3] Dijkstra, K., Bourgeois, M. S., Allen, R. S., et al. (2004). Conversational coherence: Discourse analysis of older adults with and without dementia. *Journal of Neurolinguistics*, 17(4), 263-283.

[4] Drott, E. R. (2018). Aging bodies, minds and selves: Representations of senile dementia in Japanese film. *Journal of Aging Studies*, 47, 10-23.

[5] Gitit, K., Dassa, A. (2018). Severity of Alzheimer's disease and language features in picture descriptions. *Aphasiology*, 32(1), 27-40.

[6] Goodglass, H., Kaplan, E. (1983). *The assessment of aphasia and related disorders*. Philadelphia, PA: Lea & Febiger.

[7] Hier, D. B., Hagenlocker, K., Shindler, A. G. (1985). Language disintegration in dementia: Effects of etiology and severity. *Brain and Language*, 25(1), 117-133.

[8] Holmes, V. M. (1988). Hesitations and sentence planning. *Language and Cognitive Processes*, 3(4), 323-361.

[9] Lennon, P. (1990). Investigating fluency in EFL: A quantitative approach. *Language Learning*, 40(3), 387-417.

[10] Levelt, W. J. M. (1983). Monitoring and self-repair in speech. *Cognition*, 14(1), 41-104.

[11] Levelt, W. J. M. (1989). *Speaking: From intention to articulation*. Cambridge, MA: The MIT Press.

[12] Maclay, H., Osgood, C. E. (1959). Hesitation phenomena in spontaneous English speech. *Word*, 15, 19-44.

[13] Paek, E. J., Sohn, Y. H., Kim, H. H. (2011). The effect of visual perception on confrontation naming performance: Alzheimer's disease versus Parkinson's disease with dementia. *Communication Sciences & Disorders*, 16(1), 34-45.

[14] Sajjadi, S. A., Patterson, K., Tomek, M., et al. (2014). Abnormalities of connected speech in semantic dementia vs Alzheimer's disease. *Aphasiology*, 26(6), 847-866.

[15] Shriberg, E. (1994). Preliminaries to a theory of speech disfluencies. University of California, Berkeley.

[16] Silveri, M. C., Leggio, M. G. (1996). Influence of disorders of visual perception in word-to-picture matching tasks in patients with Alzheimer's disease. *Brain and Language*, 54(2), 326-334.

[17] Young, J. A., Lind, C., van Steenbrugge, W. (2016). A conversation analytic study of patterns of overlapping talk in conversations between individuals with dementia and their frequent communication partners. *International Journal of Language & Communication Disorders*, 51(6), 745-756.

[18] 陈浩. (2013). 第二语言口语非流利产出的重复现象研究. 解放军外国语学院学报, (1), 72-77.

[19] 高莹, 樊宇. (2011). 基于语料库的中美大学生口语叙述中停顿现象比较研究. 解放军外国语学院学报. (4), 71-75.

[20] 黄立鹤. (2015). 近十年老年人语言衰老现象研究：回顾与前瞻. 北京第二外国语学院学报, (10), 17-24.

[21] 黄立鹤, 王晶, 李云霞. (2019). 阿尔茨海默病言语障碍表现及相关神经心理学量表编制问题. 语言战略研究, (5), 34-45.

[22] 李坤成. (2014). 阿尔茨海默病神经影像学研究进展. 中国现代神经疾病杂志, (3), 176-180.

[23] 刘楚群. (2016). 老年人口语非流利性词内重复研究. 汉语学报, (2), 66-74.

[24] 刘楚群. (2020). 口语非流利产出与衰老关联度研究. 井冈山大学学报（社会科学版）, (5), 108-114.

[25] 马冬梅. (2012). 口语非流利产出分类体系研究. 外语与外语教学, (4), 30-34.

[26] 缪海燕. (2009). 第二语言口语非流利产出的停顿研究. 解放军外国语学院学报, (4), 56-60.

[27] 宋娟, 吕勇. (2006). 语义启动效应的脑机制研究综述. 心理与行为研究, (1), 75-80.

[28] 王希竹, 金晓艳. (2020). 汉语二语学习者口语非流利填充型停顿研究. 东北师大报（哲学社会科学版）, (2), 84-92.

[29] 王希竹, 彭爽. (2017). 汉语二语学习者口语非流利产出分类体系探析. 延边大学学报（社会科学版）, (5), 100-105.

[30] 杨军. (2004). 口语非流利产出研究述评. 外语教学与研究, (4), 278-284.

[31] 杨群, 张清芳. (2015). 口语产生中的认知年老化及其神经机制. 心理科学进展, (12), 2072-2084.

[32] 于涵静. (2020). 中国学习者英语口语流利性动态发展研究——兼论复杂性、准确性和流利性的互动关系. 外语界, (2), 81-89.

[33] 翟艳. (2011). 口语流利性主观标准的客观化研究. 语言教学与研究, (5), 79-86.

[34] 翟艳, 冯红梅. (2014). 基于"看图说话"任务的汉语学习者口语流利性发展研究. 华文教学与研究, (4), 1-7.

[35] 张文忠. (1999). 第二语言口语流利性发展的理论模式. 现代外语, (2), 202-217.

［36］张文忠. (2000). 第二语言口语流利性发展的定性研究. 现代外语,（3），273-283.
［37］张文忠，吴旭东. (2001). 第二语言口语流利性发展定量研究. 现代外语,（4），341-351.
［38］周爱洁，张弛. (2006). Cool Edit Pro 软件在英语口语流利性测量中的应用. 外语电化教学,（2），67-70.
［39］周晓林，柏晓利，舒华，等. (1999). 非语义性命名障碍——一个认知神经心理学的个案研究. 心理科学,（4），289-292.